Spiel nicht mit meinem Herz

Yuo Yodogawa

Inhalt

Catch my Love 005

Play my Love Game 039

War of Love!
Eroberung mit Zungenkuss 065

War of Love!
Sexy Überraschung 091

War of Love!
Gebrochene Herzen 117

War of Love!
Endlich vereint 143

Ende gut, alles gut 169

Nachwort 175

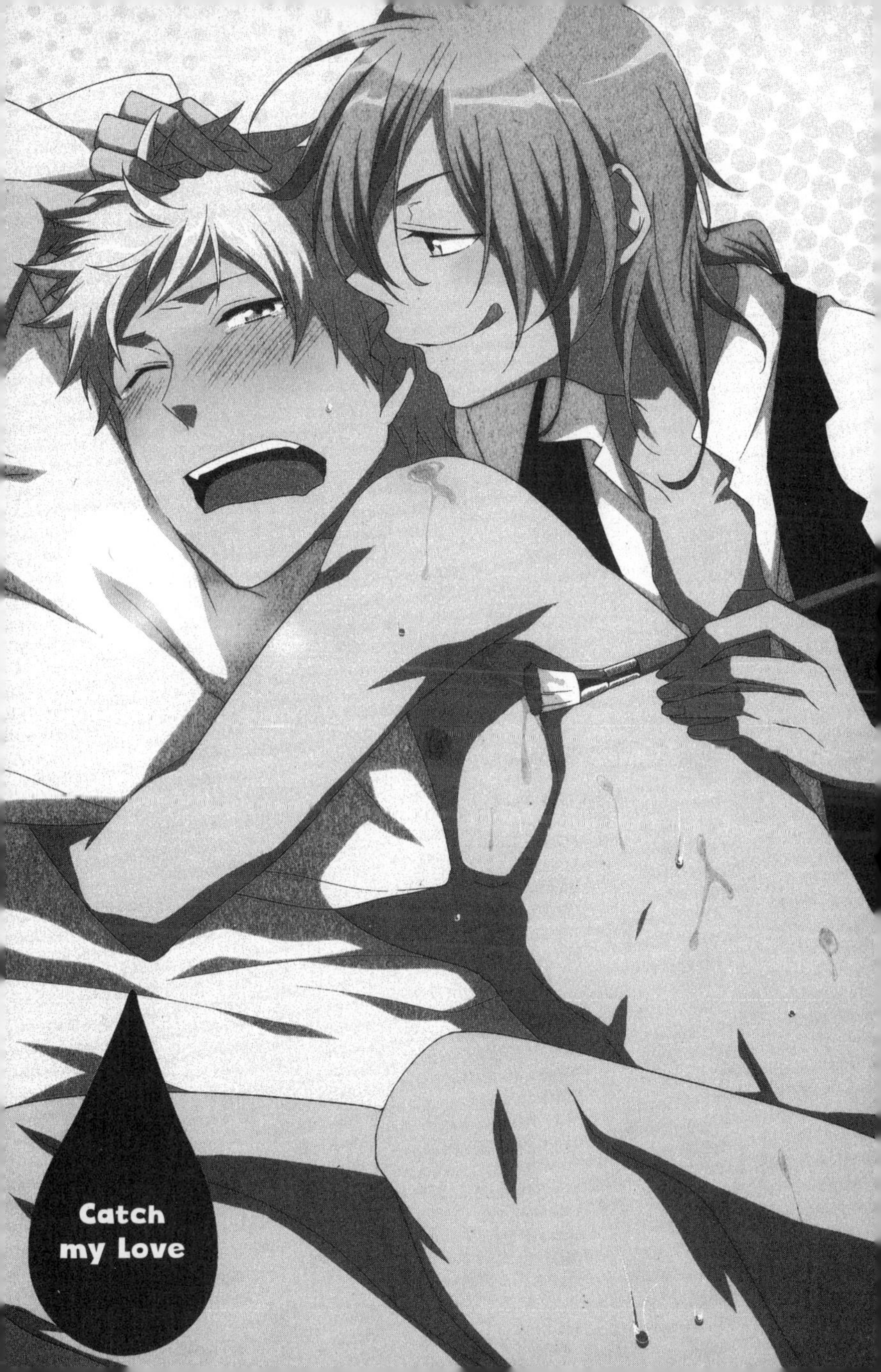
Catch
my Love

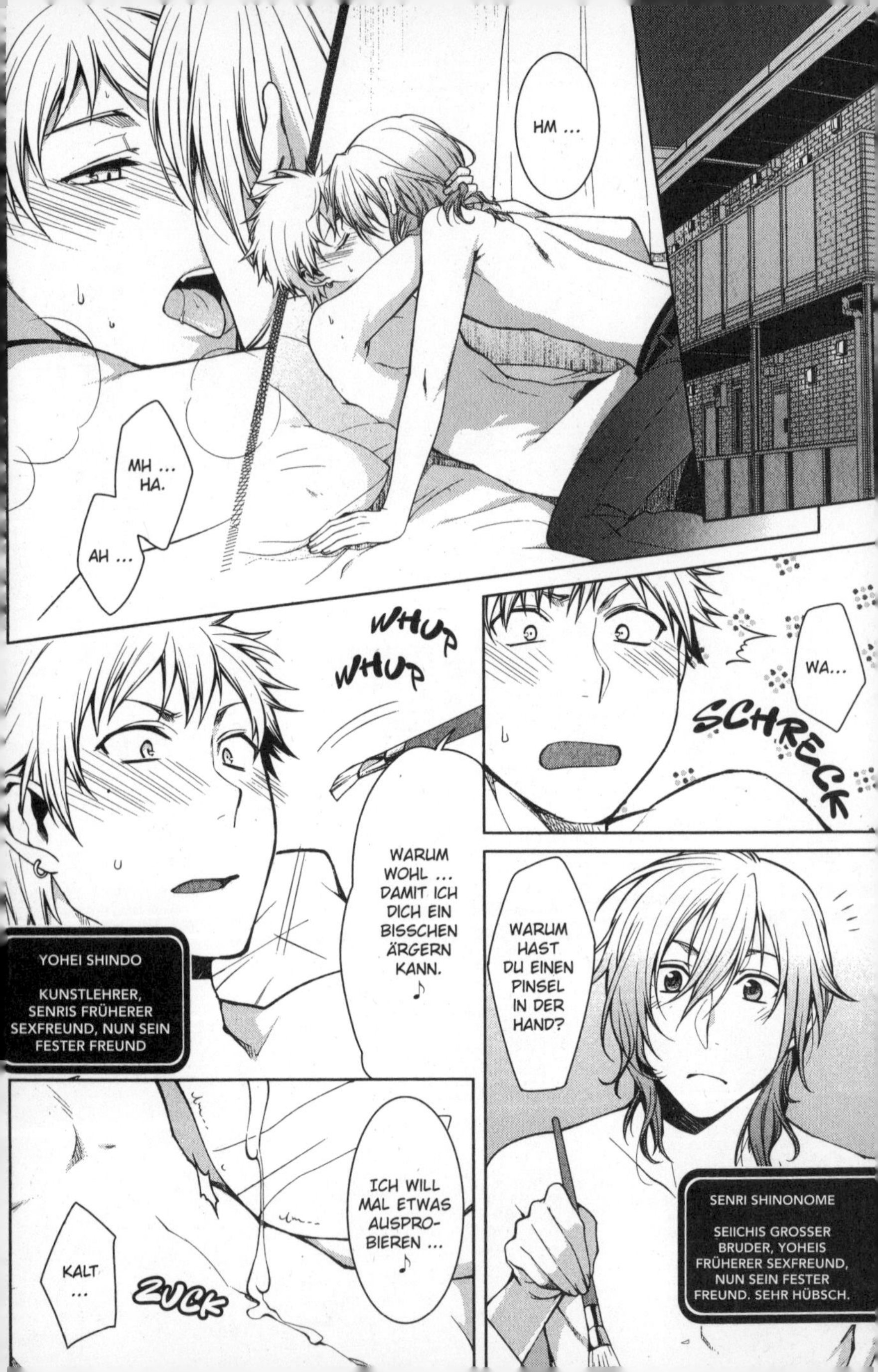
HM ...
MH ... HA.
AH ...
WHUP
WHUP
WA...
SCHRECK
WARUM WOHL ... DAMIT ICH DICH EIN BISSCHEN ÄRGERN KANN. ♪
YOHEI SHINDO
KUNSTLEHRER, SENRIS FRÜHERER SEXFREUND, NUN SEIN FESTER FREUND
WARUM HAST DU EINEN PINSEL IN DER HAND?
ICH WILL MAL ETWAS AUSPROBIEREN ... ♪
KALT ...
ZUCK
SENRI SHINONOME
SEIICHIS GROSSER BRUDER, YOHEIS FRÜHERER SEXFREUND, NUN SEIN FESTER FREUND. SEHR HÜBSCH.

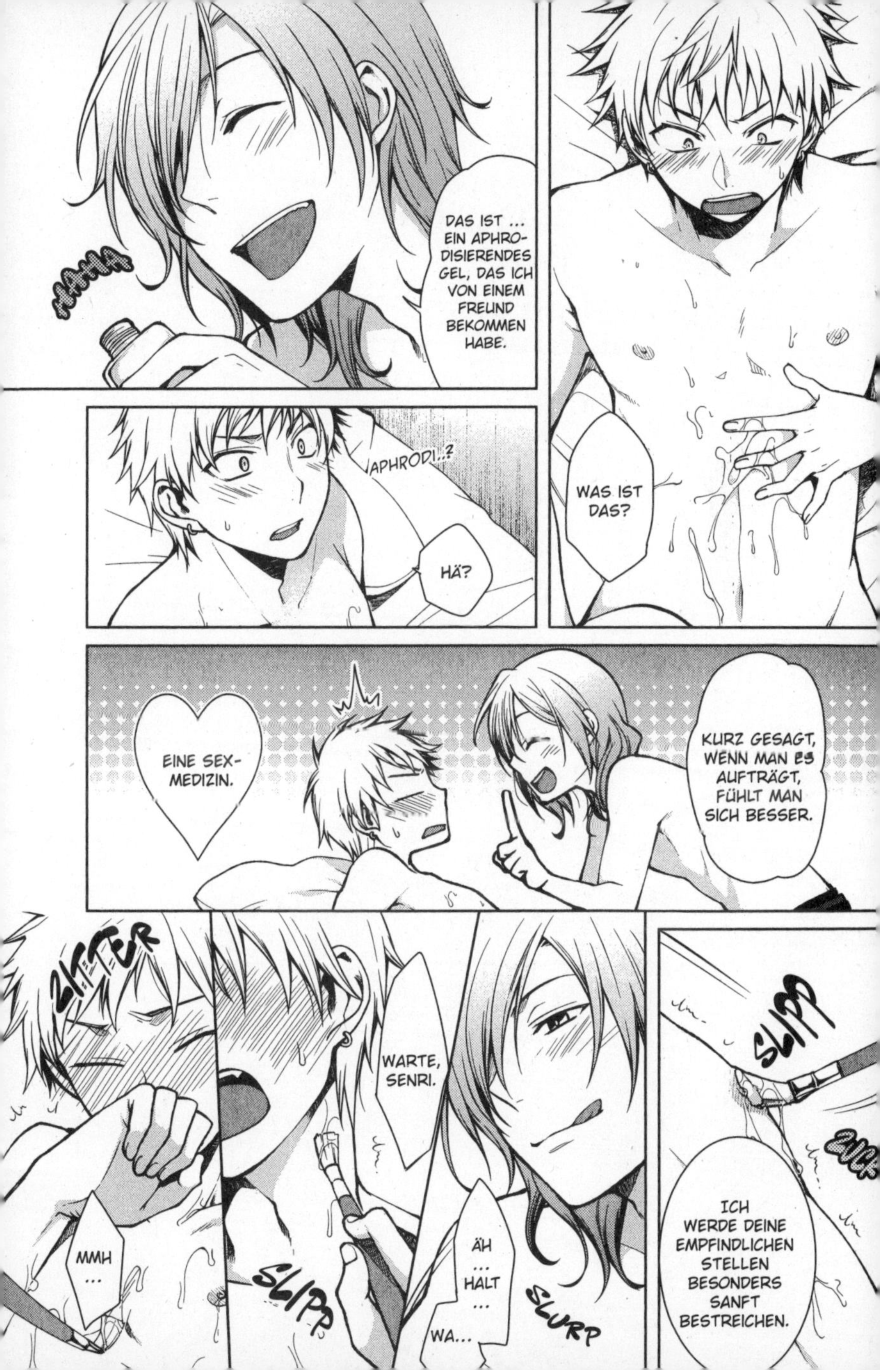
WAS IST DAS?
HAHA
DAS IST … EIN APHRODISIERENDES GEL, DAS ICH VON EINEM FREUND BEKOMMEN HABE.
HÄ?
APHRODI…?
KURZ GESAGT, WENN MAN ES AUFTRÄGT, FÜHLT MAN SICH BESSER.
EINE SEX-MEDIZIN.
SLIPP
ZUCK
ICH WERDE DEINE EMPFINDLICHEN STELLEN BESONDERS SANFT BESTREICHEN.
SLURP
WARTE, SENRI.
ÄH … HALT … WA…
SLIPP
ZITTER
MMH …

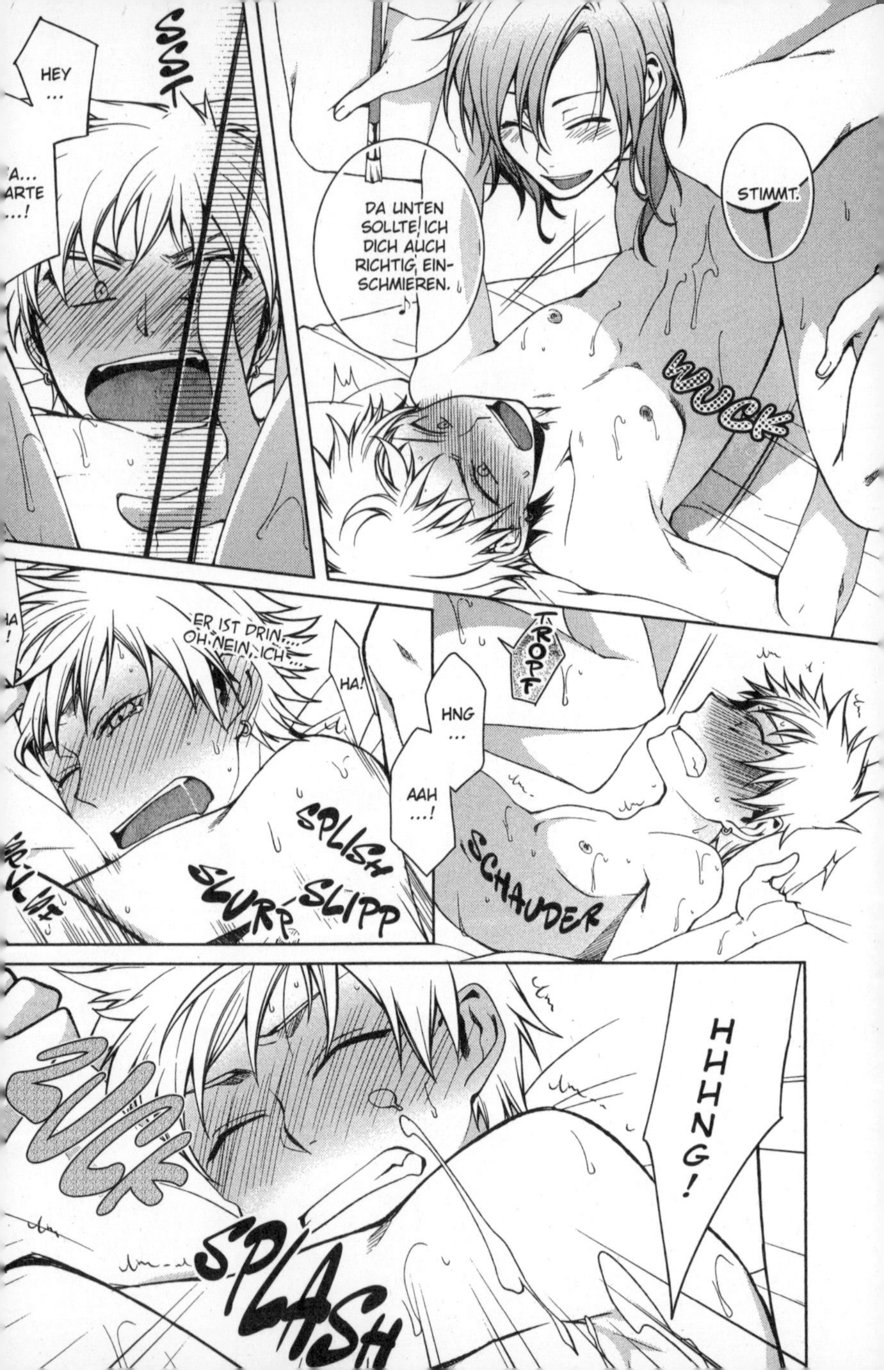
STIMMT.
DA UNTEN SOLLTE ICH DICH AUCH RICHTIG EIN-SCHMIEREN. ♪
WUCK
SSST
HEY ...
A... ARTE ...!
TROPF
HNG ...
AAH ...!
SCHAUDER
HA!
ER IST DRIN... OH NEIN, ICH...
SPLISH
SLIPP
SLURP
HHHNG!
SPLASH

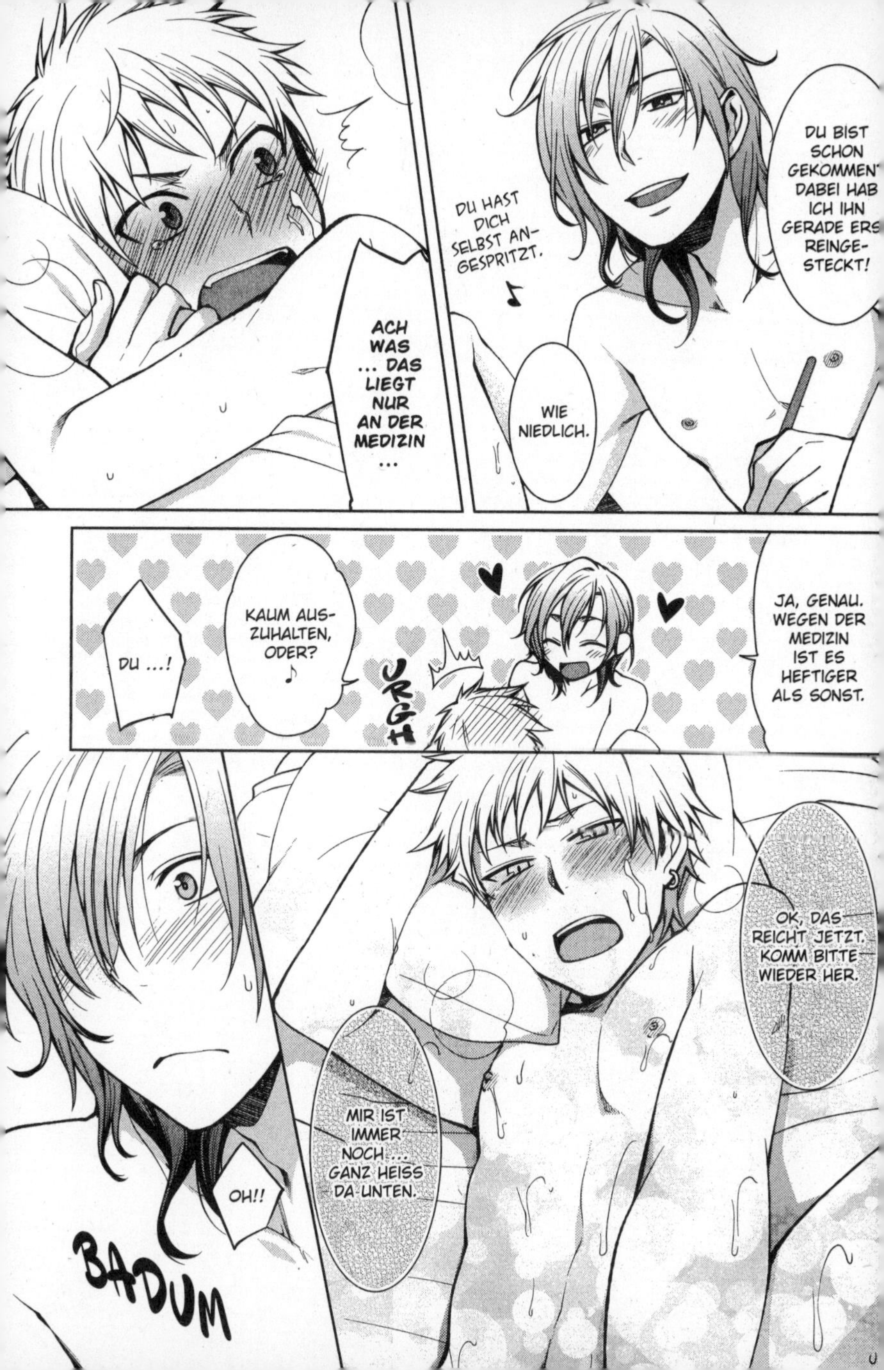
DU BIST SCHON GEKOMMEN! DABEI HAB ICH IHN GERADE ERST REINGESTECKT!
DU HAST DICH SELBST ANGESPRITZT. ♪
WIE NIEDLICH.
ACH WAS ... DAS LIEGT NUR AN DER MEDIZIN ...
JA, GENAU. WEGEN DER MEDIZIN IST ES HEFTIGER ALS SONST.
URGH
KAUM AUSZUHALTEN, ODER? ♪
DU ...!
OK, DAS REICHT JETZT. KOMM BITTE WIEDER HER.
MIR IST IMMER NOCH ... GANZ HEISS DA UNTEN.
OH!!
BADUM

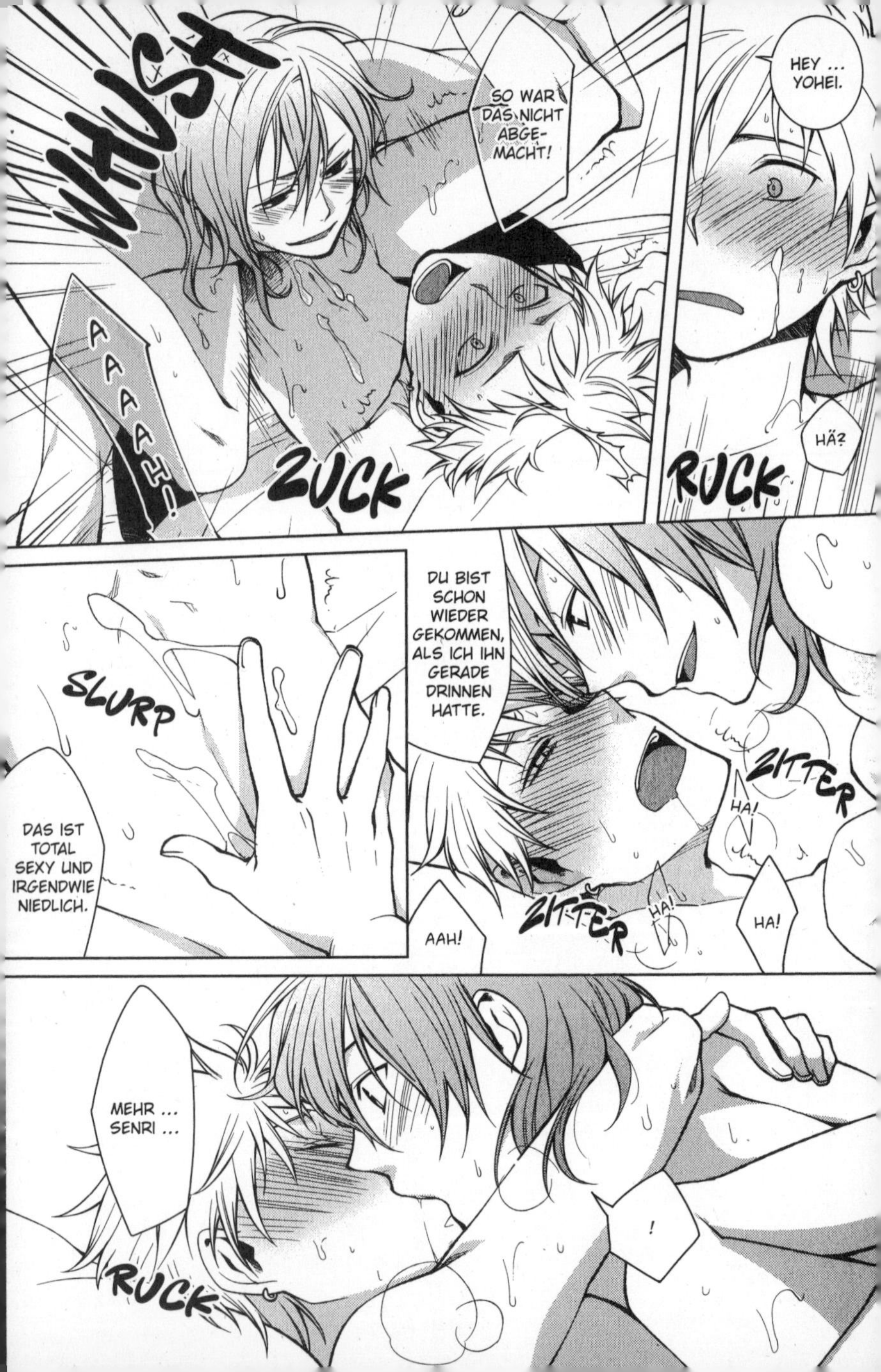
HEY ... YOHEI.
HÄ?
RUCK
SO WAR DAS NICHT ABGE-MACHT!
WHUSH
AAAAAH!
ZUCK
DU BIST SCHON WIEDER GEKOMMEN, ALS ICH IHN GERADE DRINNEN HATTE.
ZITTER
HA!
HA!
HA!
ZITTER
AAH!
SLURP
DAS IST TOTAL SEXY UND IRGENDWIE NIEDLICH.
!
MEHR ... SENRI ...
RUCK

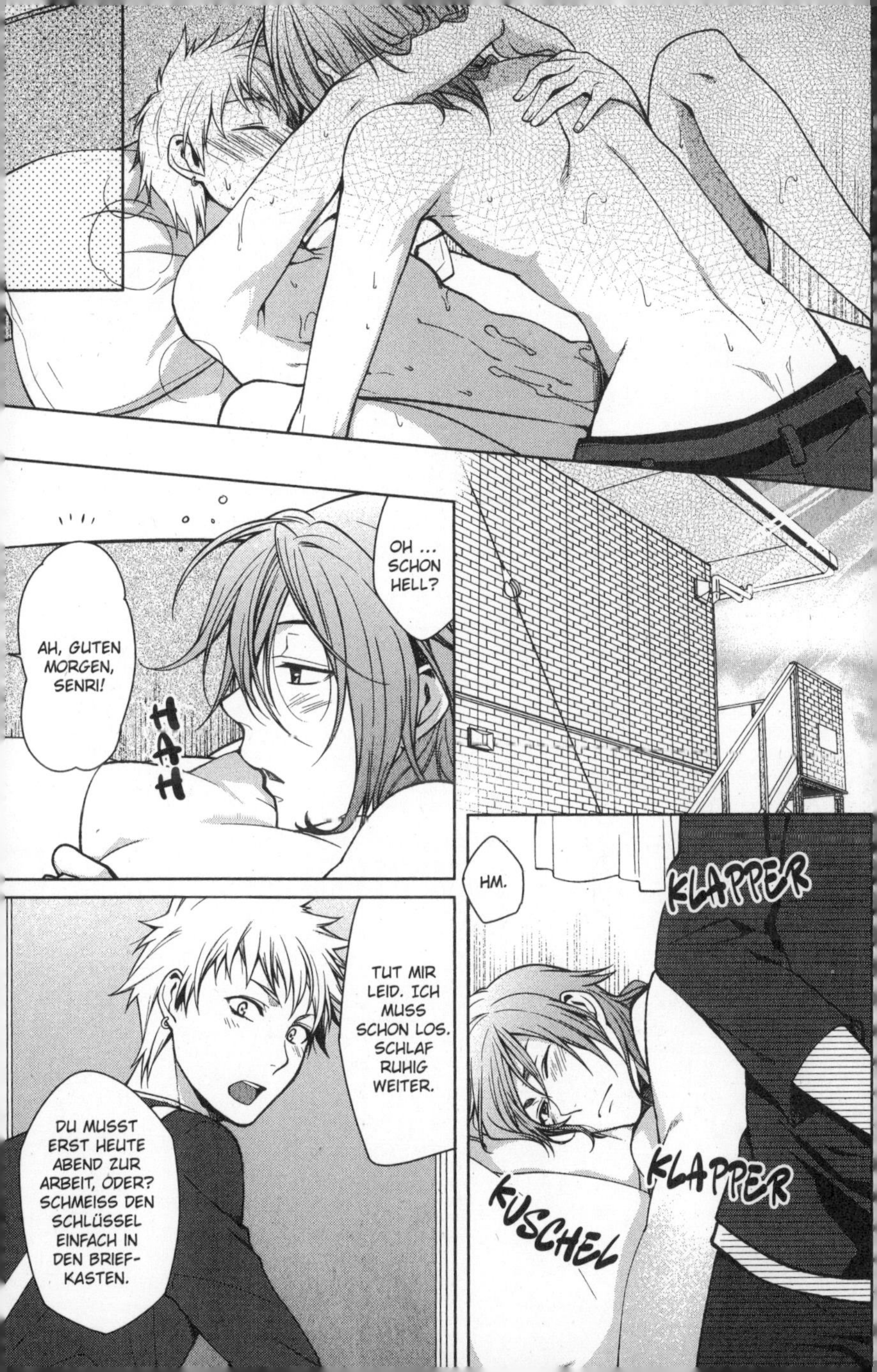
OH ...
SCHON
HELL?
AH, GUTEN
MORGEN,
SENRI!
HAH
HM.
KLAPPER
TUT MIR
LEID. ICH
MUSS
SCHON LOS.
SCHLAF
RUHIG
WEITER.
DU MUSST
ERST HEUTE
ABEND ZUR
ARBEIT, ODER?
SCHMEISS DEN
SCHLÜSSEL
EINFACH IN
DEN BRIEF-
KASTEN.
KLAPPER
KUSCHEL

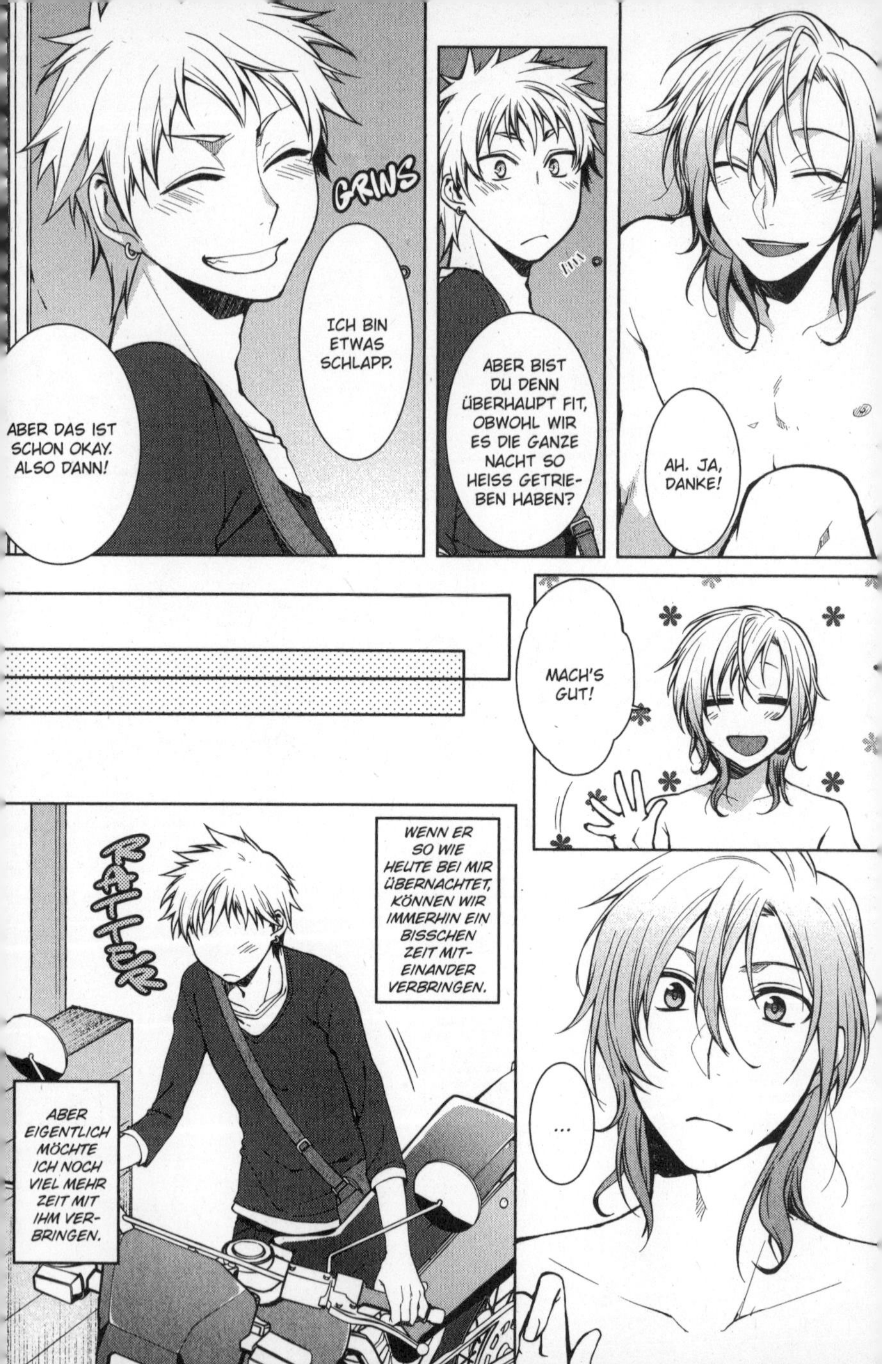
AH. JA, DANKE!
ABER BIST DU DENN ÜBERHAUPT FIT, OBWOHL WIR ES DIE GANZE NACHT SO HEISS GETRIEBEN HABEN?
GRINS
ICH BIN ETWAS SCHLAPP.
ABER DAS IST SCHON OKAY. ALSO DANN!
MACH'S GUT!
...
WENN ER SO WIE HEUTE BEI MIR ÜBERNACHTET, KÖNNEN WIR IMMERHIN EIN BISSCHEN ZEIT MITEINANDER VERBRINGEN.
RATTER
ABER EIGENTLICH MÖCHTE ICH NOCH VIEL MEHR ZEIT MIT IHM VERBRINGEN.

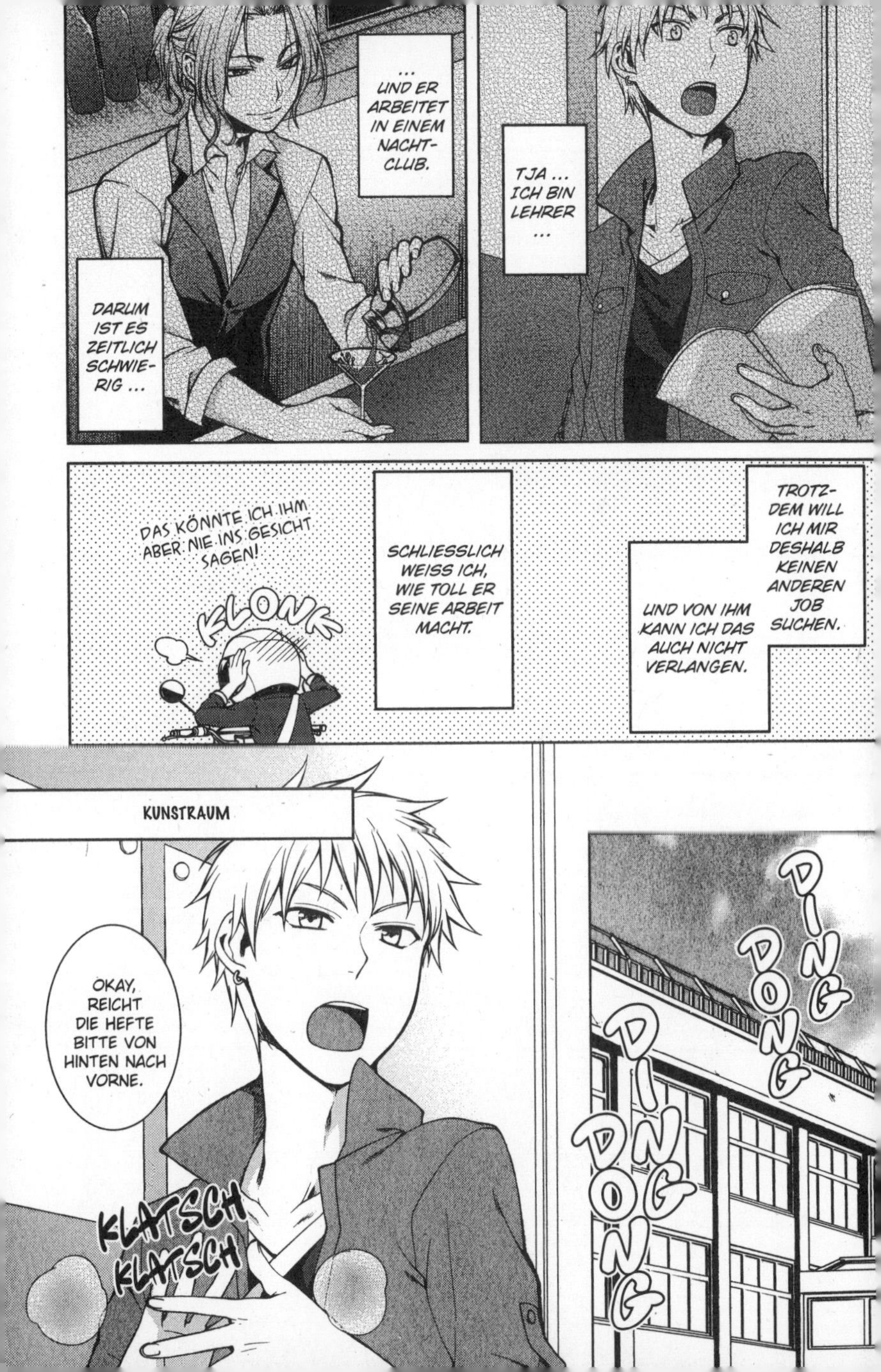

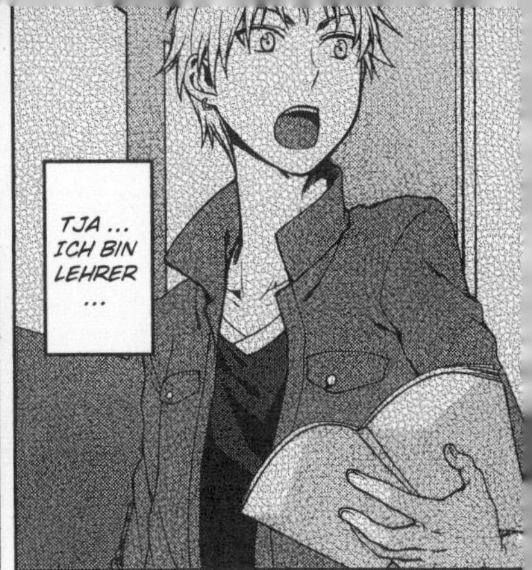

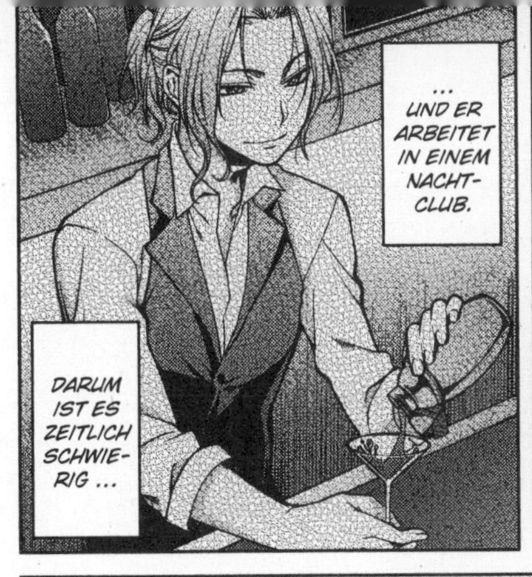

TROTZDEM WILL ICH MIR DESHALB KEINEN ANDEREN JOB SUCHEN.

UND VON IHM KANN ICH DAS AUCH NICHT VERLANGEN.

SCHLIESSLICH WEISS ICH, WIE TOLL ER SEINE ARBEIT MACHT.

DAS KÖNNTE ICH IHM ABER NIE INS GESICHT SAGEN!

KLONK

DING DONG DING DONG

KUNSTRAUM

OKAY, REICHT DIE HEFTE BITTE VON HINTEN NACH VORNE.

KLATSCH KLATSCH

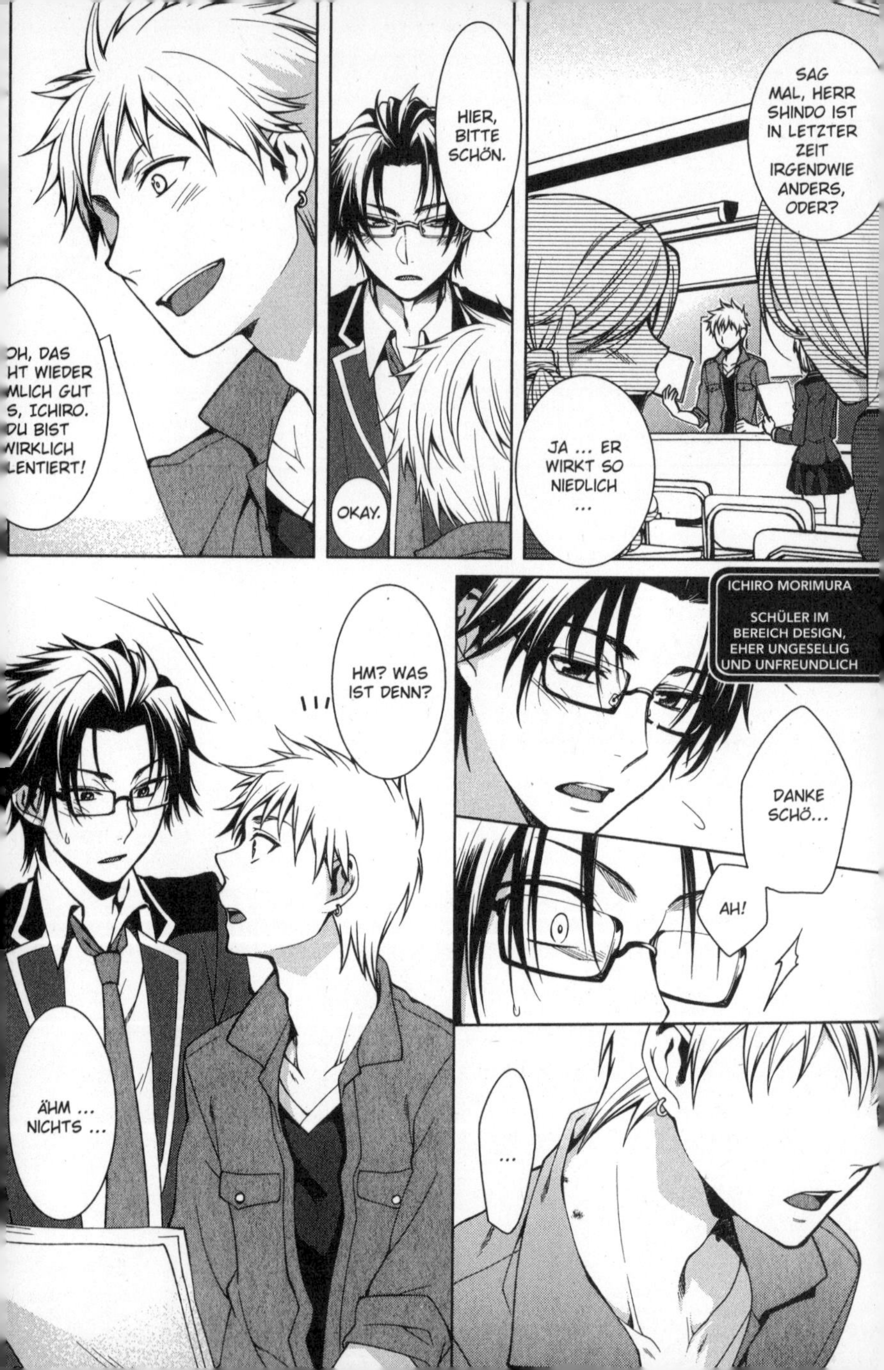
SAG MAL, HERR SHINDO IST IN LETZTER ZEIT IRGENDWIE ANDERS, ODER?
JA … ER WIRKT SO NIEDLICH …
HIER, BITTE SCHÖN.
OKAY.
OH, DAS
HT WIEDER
MLICH GUT
S, ICHIRO.
DU BIST
WIRKLICH
LENTIERT!
ICHIRO MORIMURA
SCHÜLER IM BEREICH DESIGN, EHER UNGESELLIG UND UNFREUNDLICH
DANKE SCHÖ…
AH!
…
HM? WAS IST DENN?
ÄHM … NICHTS …

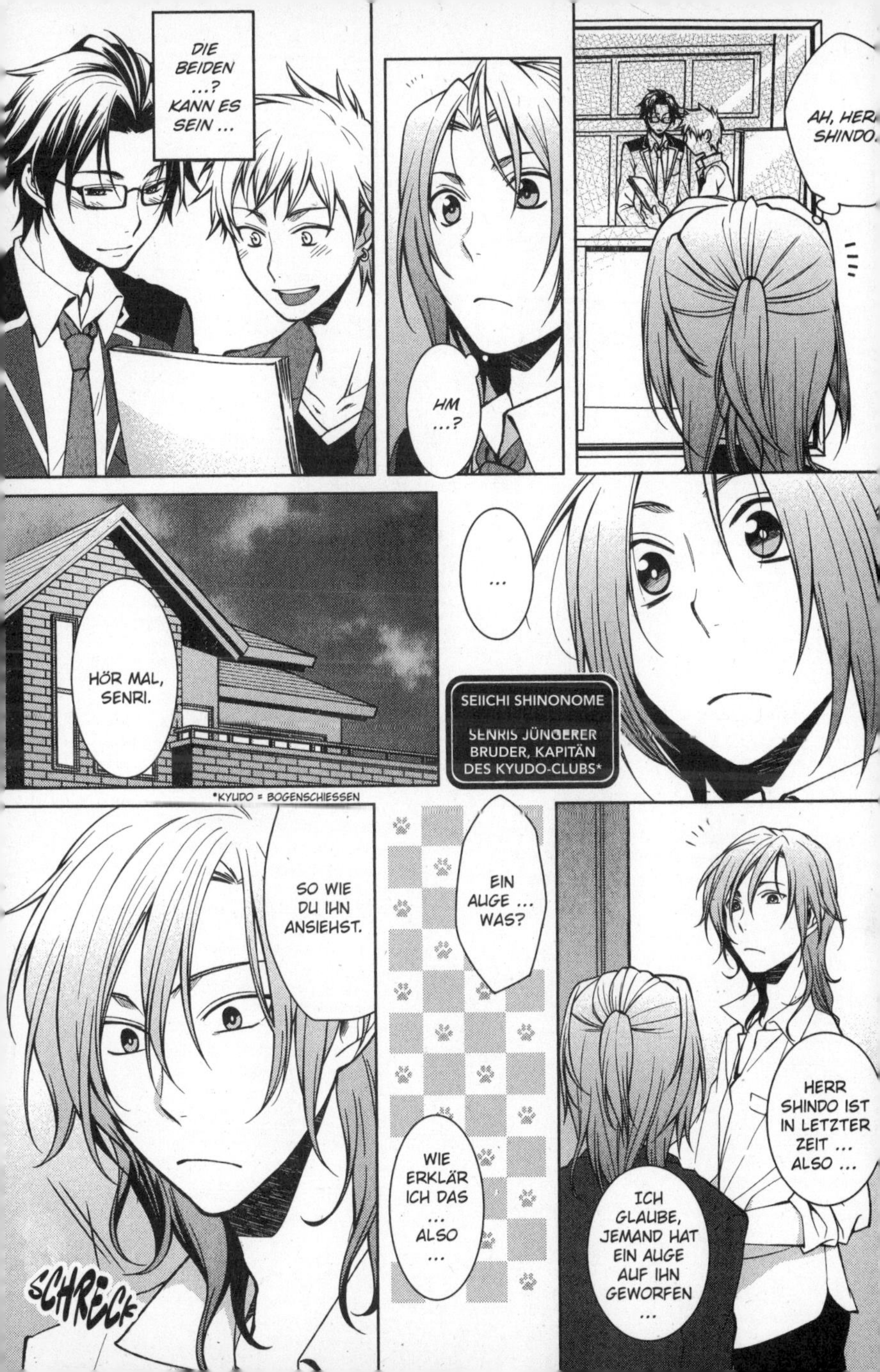
AH, HERR SHINDO.
HM ...?
DIE BEIDEN ...? KANN ES SEIN ...
...
SEIICHI SHINONOME
SENRIS JÜNGERER BRUDER, KAPITÄN DES KYUDO-CLUBS*
HÖR MAL, SENRI.
*KYUDO = BOGENSCHIESSEN
HERR SHINDO IST IN LETZTER ZEIT ... ALSO ...
ICH GLAUBE, JEMAND HAT EIN AUGE AUF IHN GEWORFEN ...
EIN AUGE ... WAS?
WIE ERKLÄR ICH DAS ... ALSO ...
SO WIE DU IHN ANSIEHST.
SCHRECK

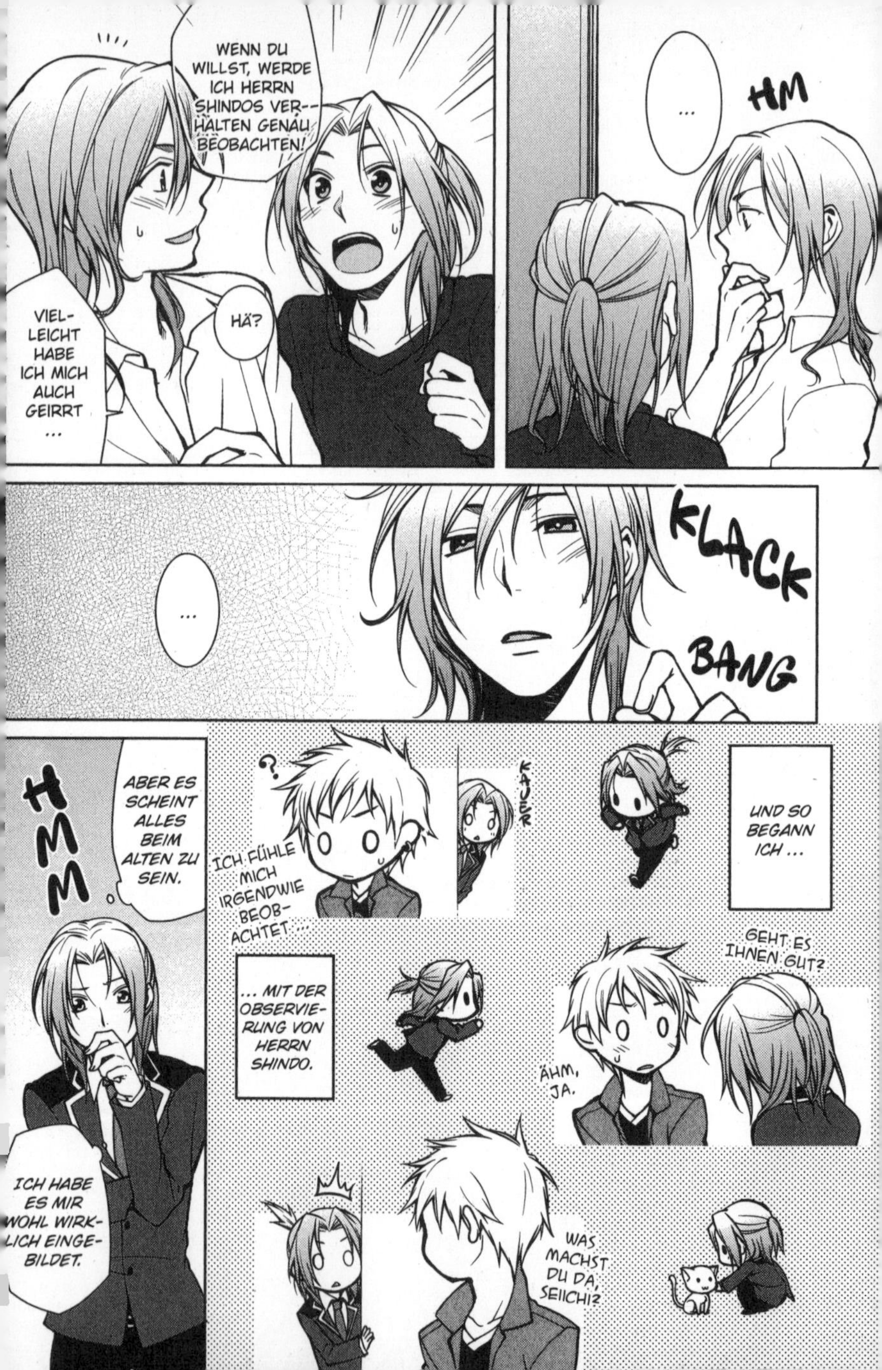
WENN DU WILLST, WERDE ICH HERRN SHINDOS VER-HALTEN GENAU BEOBACHTEN!
VIEL-LEICHT HABE ICH MICH AUCH GEIRRT ...
HÄ?
...
HM
...
KLACK
BANG
ABER ES SCHEINT ALLES BEIM ALTEN ZU SEIN.
HMM
ICH HABE ES MIR WOHL WIRK-LICH EINGE-BILDET.
UND SO BEGANN ICH ...
KAUER
ICH FÜHLE MICH IRGENDWIE BEOB-ACHTET ...
... MIT DER OBSERVIE-RUNG VON HERRN SHINDO.
GEHT ES IHNEN GUT?
ÄHM, JA.
WAS MACHST DU DA, SEIICHI?

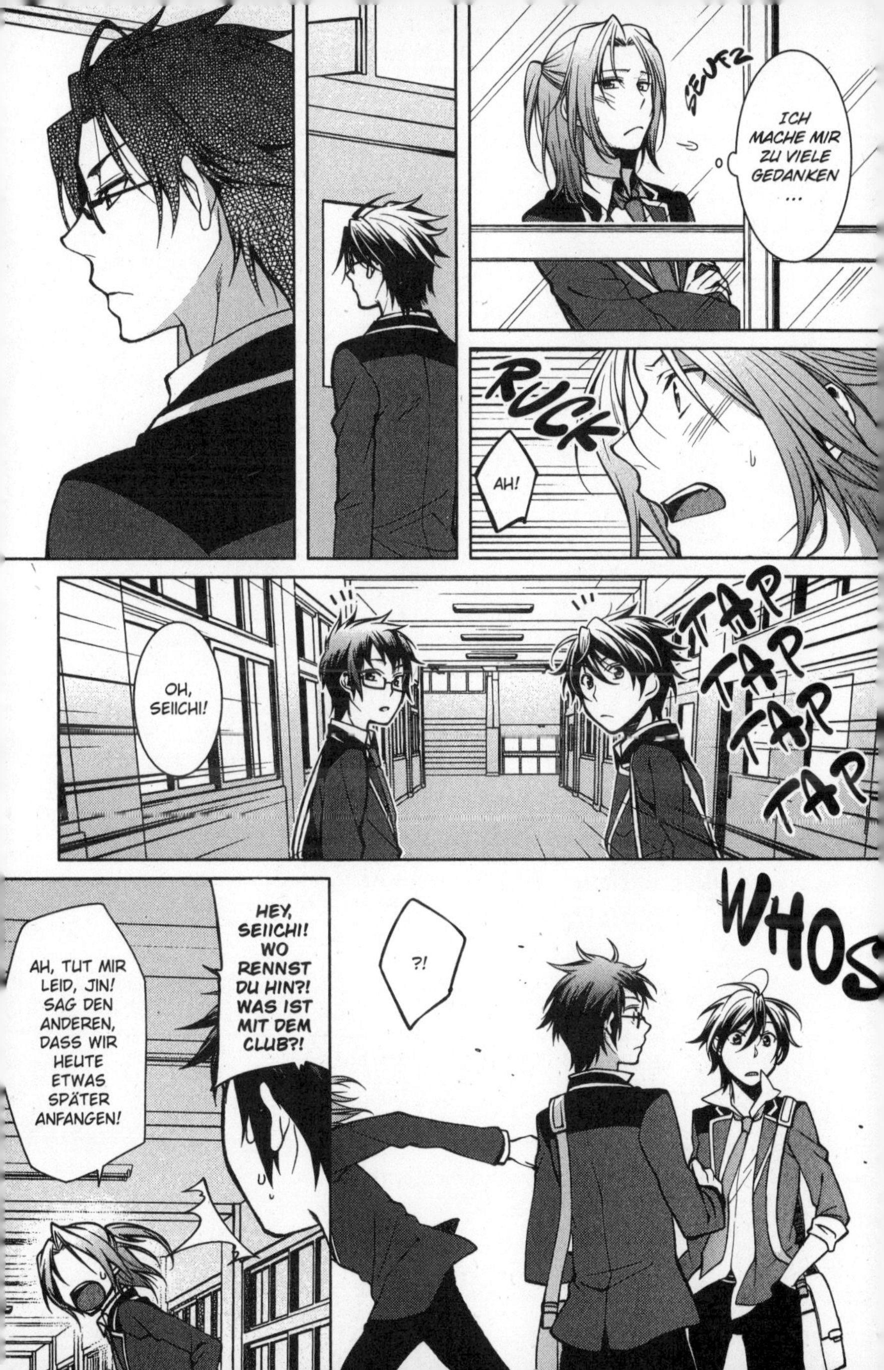
SEUFZ
ICH MACHE MIR ZU VIELE GEDANKEN ...
RUCK
AH!
TAP TAP TAP TAP
OH, SEIICHI!
WHOS
?!
HEY, SEIICHI! WO RENNST DU HIN?! WAS IST MIT DEM CLUB?!
AH, TUT MIR LEID, JIN! SAG DEN ANDEREN, DASS WIR HEUTE ETWAS SPÄTER ANFANGEN!

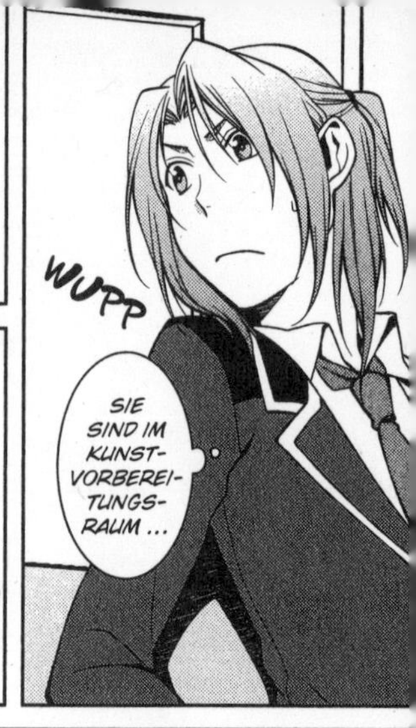
WUPP
SIE SIND IM KUNST-VORBEREI-TUNGS-RAUM …

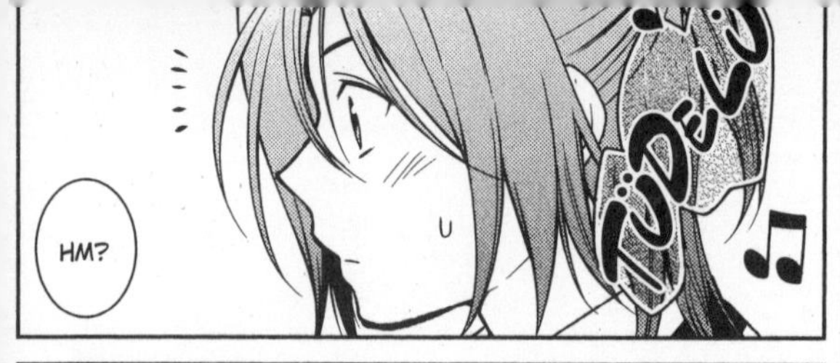
TÜDELÜ
HM?

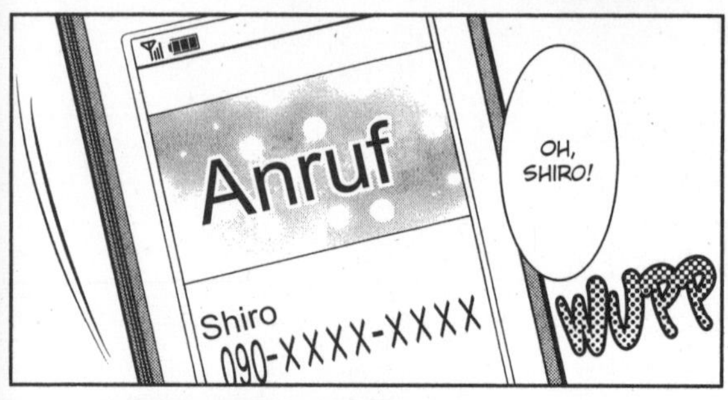
Anruf
Shiro
090-XXXX-XXXX
OH, SHIRO!
WUPP

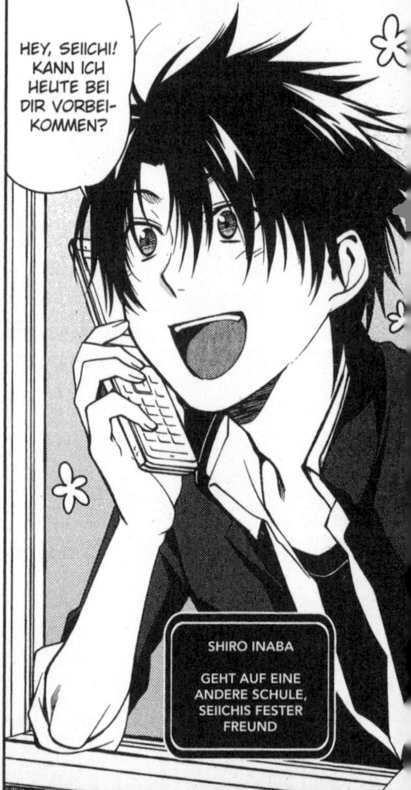
HEY, SEIICHI! KANN ICH HEUTE BEI DIR VORBEI-KOMMEN?
SHIRO INABA
GEHT AUF EINE ANDERE SCHULE, SEIICHIS FESTER FREUND

ÄHM … HEUTE …
WAS MACHST DU DA, SEIICHI?

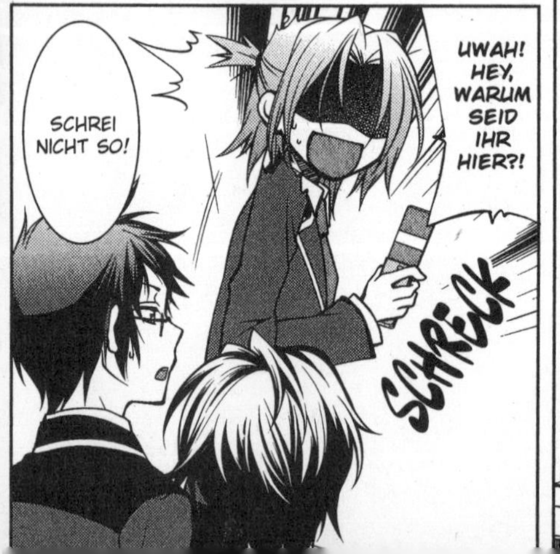
UWAH! HEY, WARUM SEID IHR HIER?!
SCHREI NICHT SO!
SCHRECK

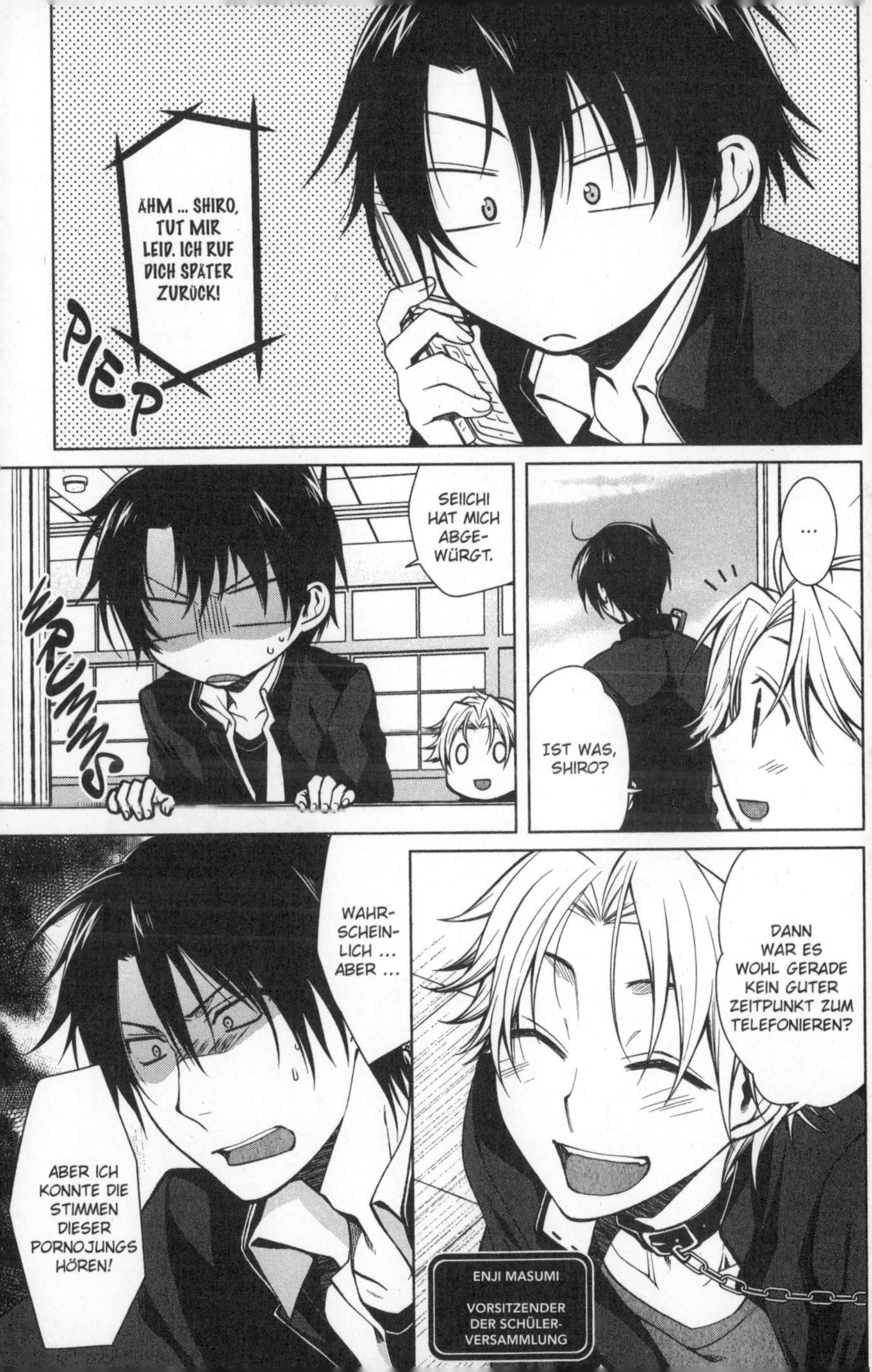

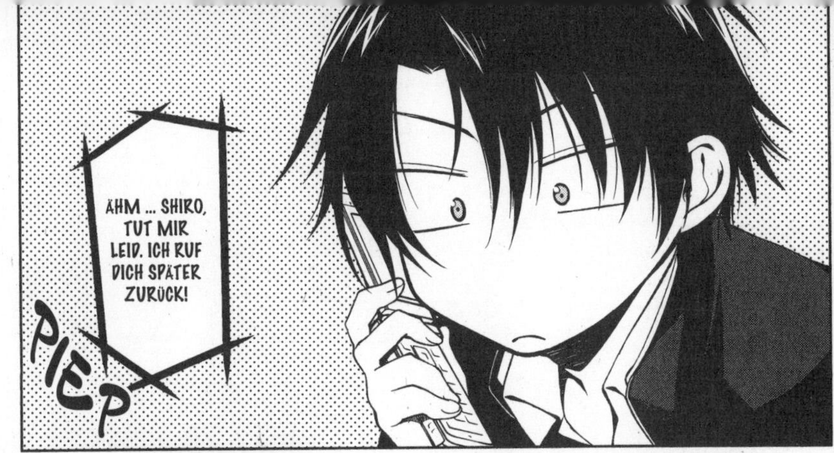

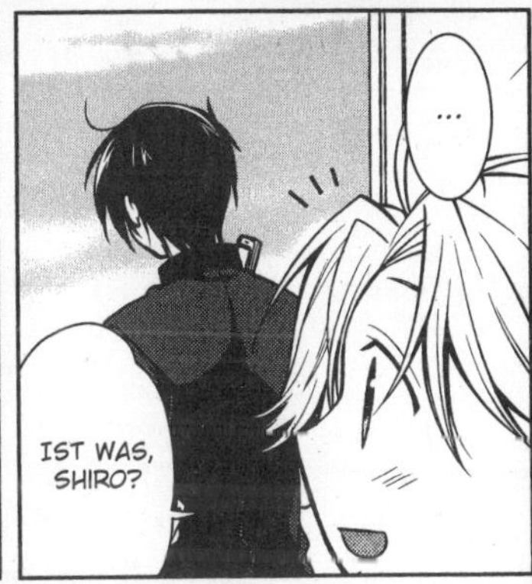

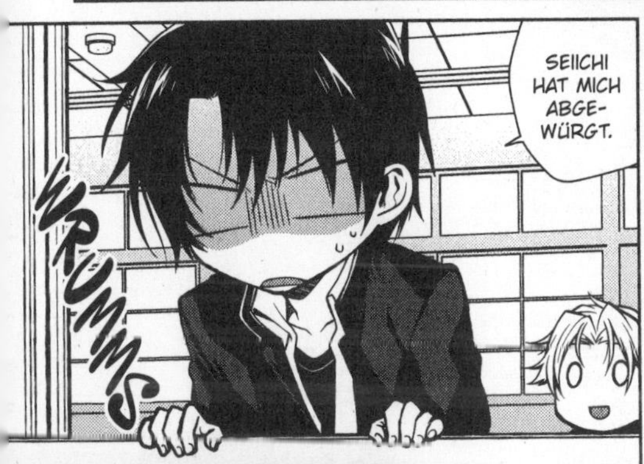

DANN WAR ES WOHL GERADE KEIN GUTER ZEITPUNKT ZUM TELEFONIEREN?

ENJI MASUMI

VORSITZENDER DER SCHÜLERVERSAMMLUNG

WAHRSCHEINLICH ... ABER ...

ABER ICH KONNTE DIE STIMMEN DIESER PORNOJUNGS HÖREN!

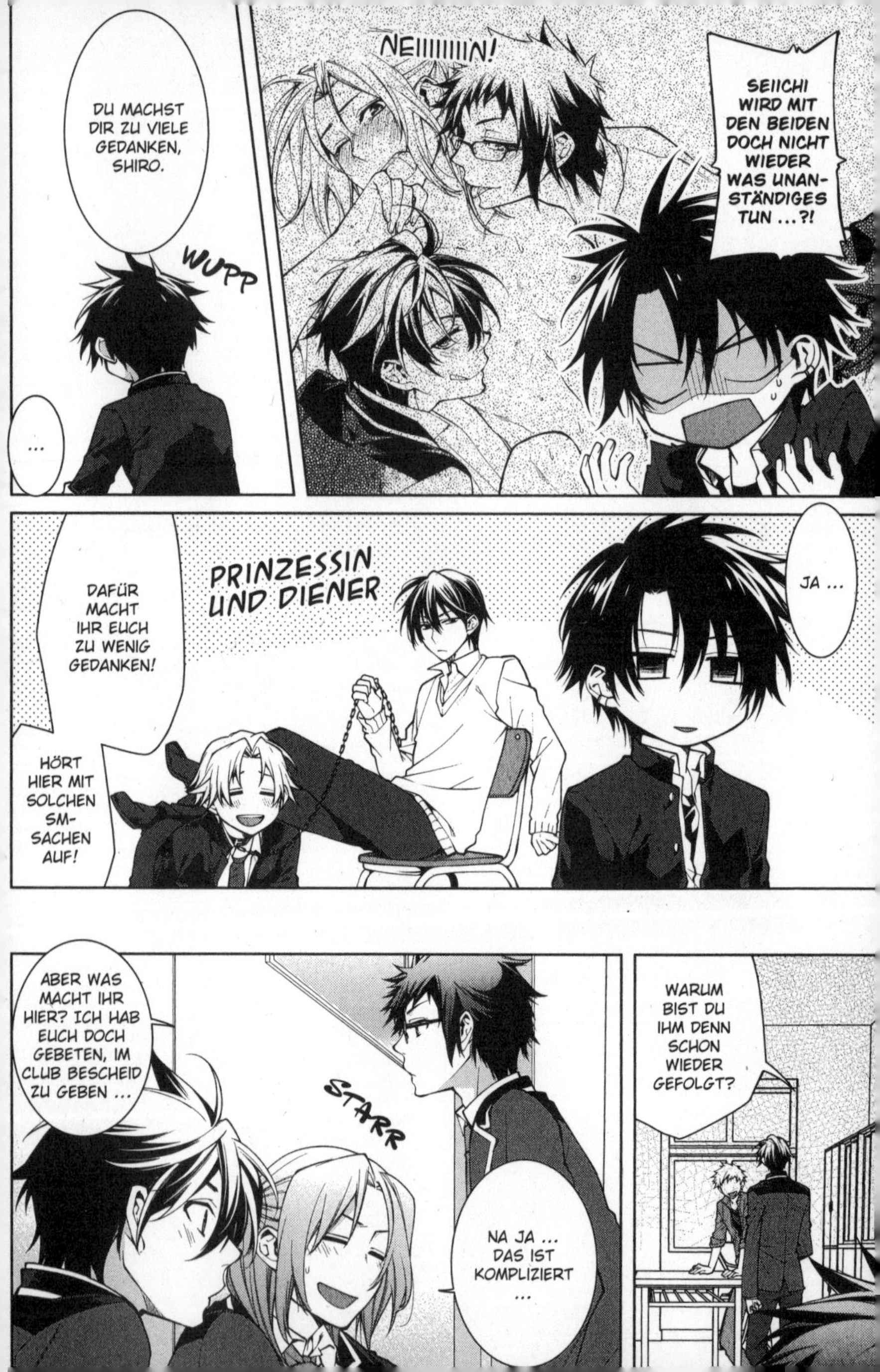

NEIIIIIIIIN!
SEIICHI WIRD MIT DEN BEIDEN DOCH NICHT WIEDER WAS UNANSTÄNDIGES TUN ...?!
DU MACHST DIR ZU VIELE GEDANKEN, SHIRO.
WUPP
...

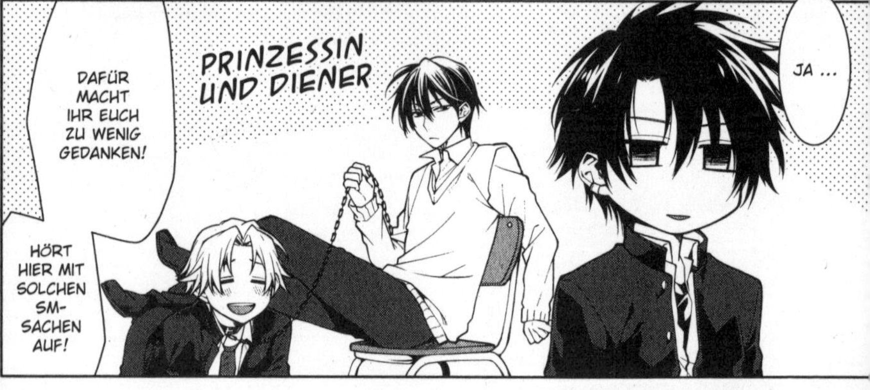

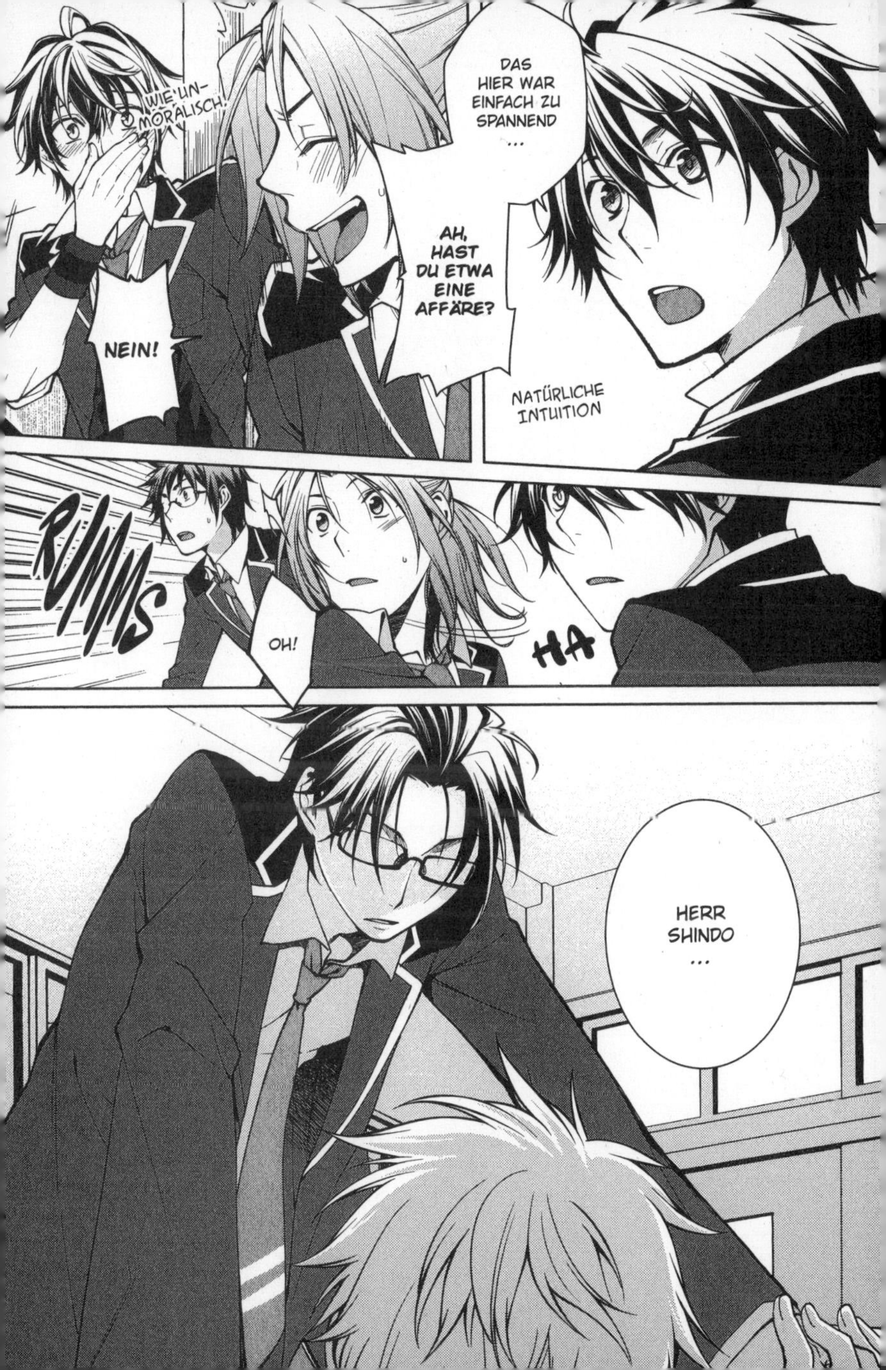
DAS HIER WAR EINFACH ZU SPANNEND ...
AH, HAST DU ETWA EINE AFFÄRE?
WIE UN-MORALISCH!
NEIN!
NATÜRLICHE INTUITION
HA
OH!
RUMMS
HERR SHINDO ...

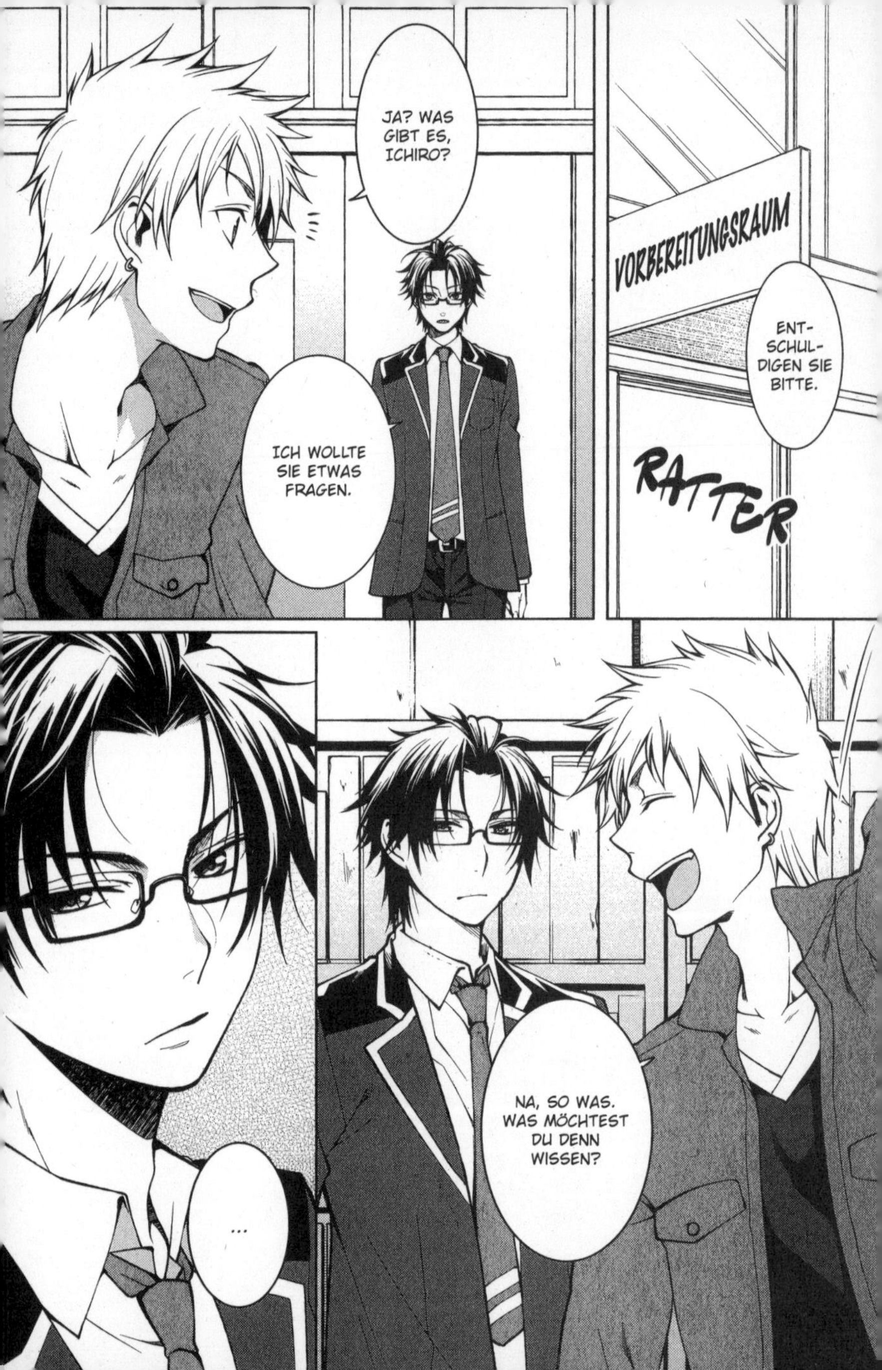
VORBEREITUNGSRAUM
ENT-SCHUL-DIGEN SIE BITTE.
RATTER
JA? WAS GIBT ES, ICHIRO?
ICH WOLLTE SIE ETWAS FRAGEN.
NA, SO WAS. WAS MÖCHTEST DU DENN WISSEN?
...

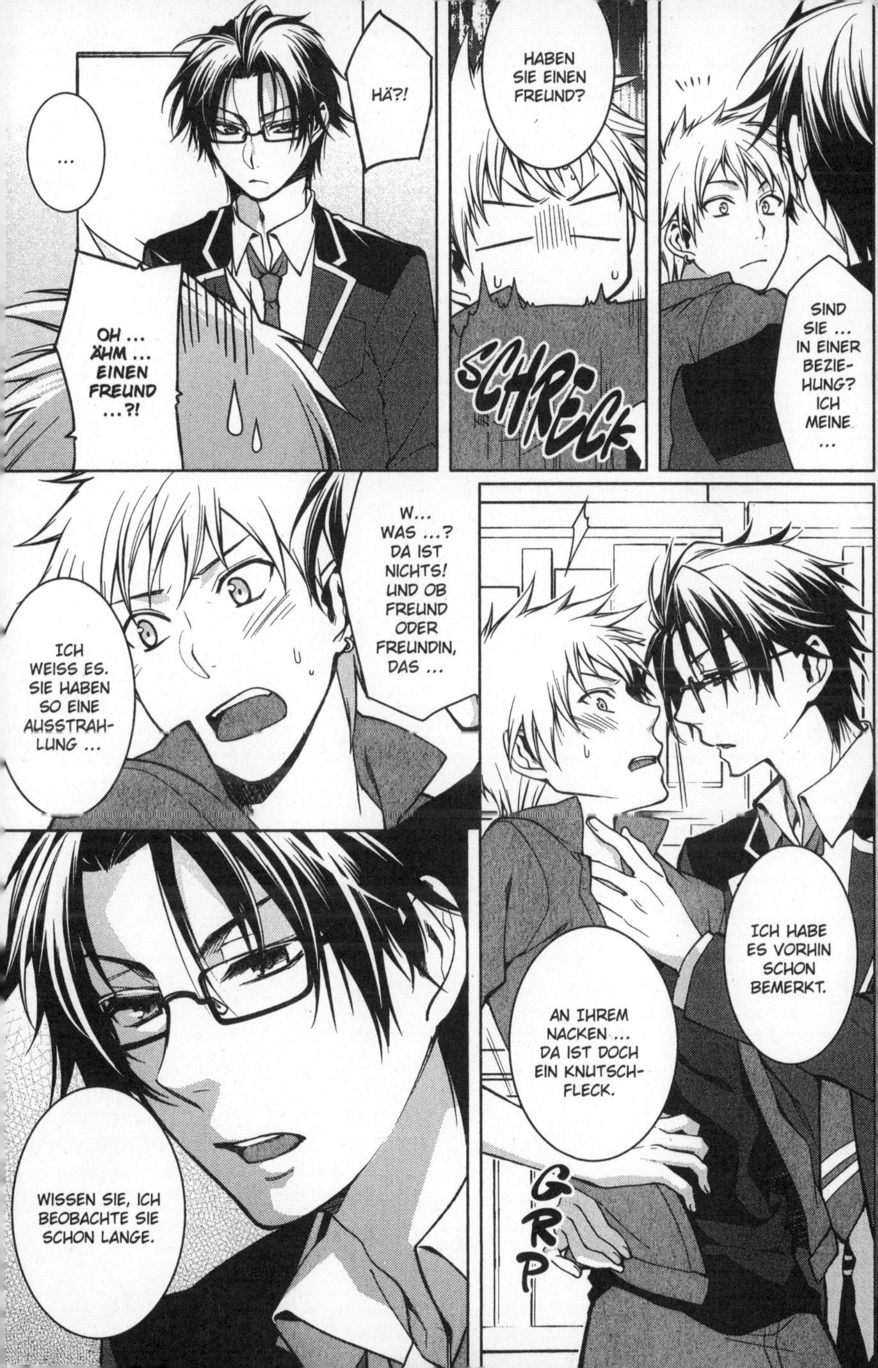
SIND SIE … IN EINER BEZIEHUNG? ICH MEINE …
HABEN SIE EINEN FREUND?
SCHRECK
HÄ?!
…
OH … ÄHM … EINEN FREUND …?!
W… WAS …? DA IST NICHTS! UND OB FREUND ODER FREUNDIN, DAS …
ICH WEISS ES. SIE HABEN SO EINE AUSSTRAHLUNG …
WISSEN SIE, ICH BEOBACHTE SIE SCHON LANGE.
GRP
ICH HABE ES VORHIN SCHON BEMERKT.
AN IHREM NACKEN … DA IST DOCH EIN KNUTSCHFLECK.

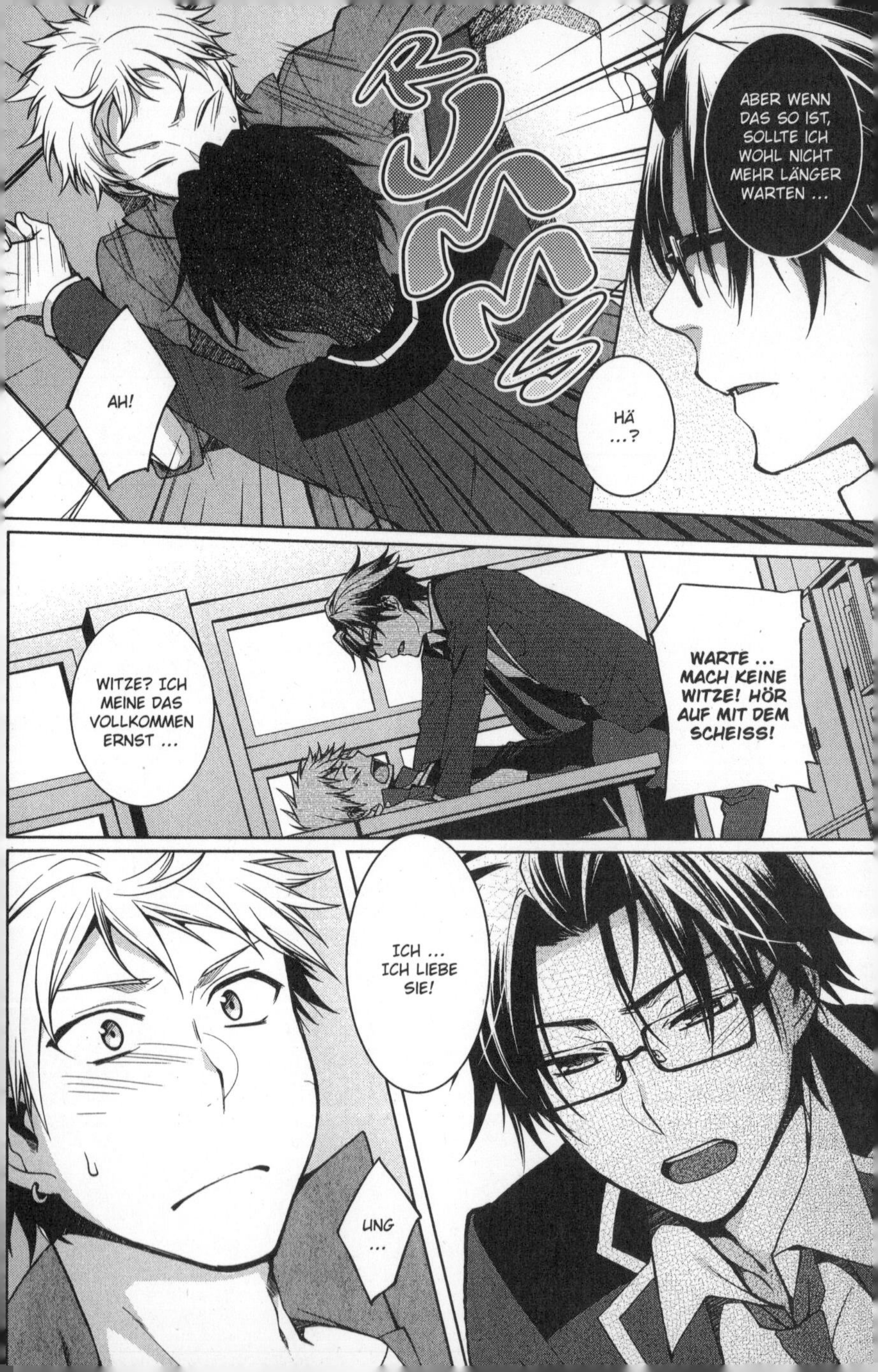
ABER WENN DAS SO IST, SOLLTE ICH WOHL NICHT MEHR LÄNGER WARTEN …
HÄ …?
AH!
WARTE … MACH KEINE WITZE! HÖR AUF MIT DEM SCHEISS!
WITZE? ICH MEINE DAS VOLLKOMMEN ERNST …
ICH … ICH LIEBE SIE!
UNG …

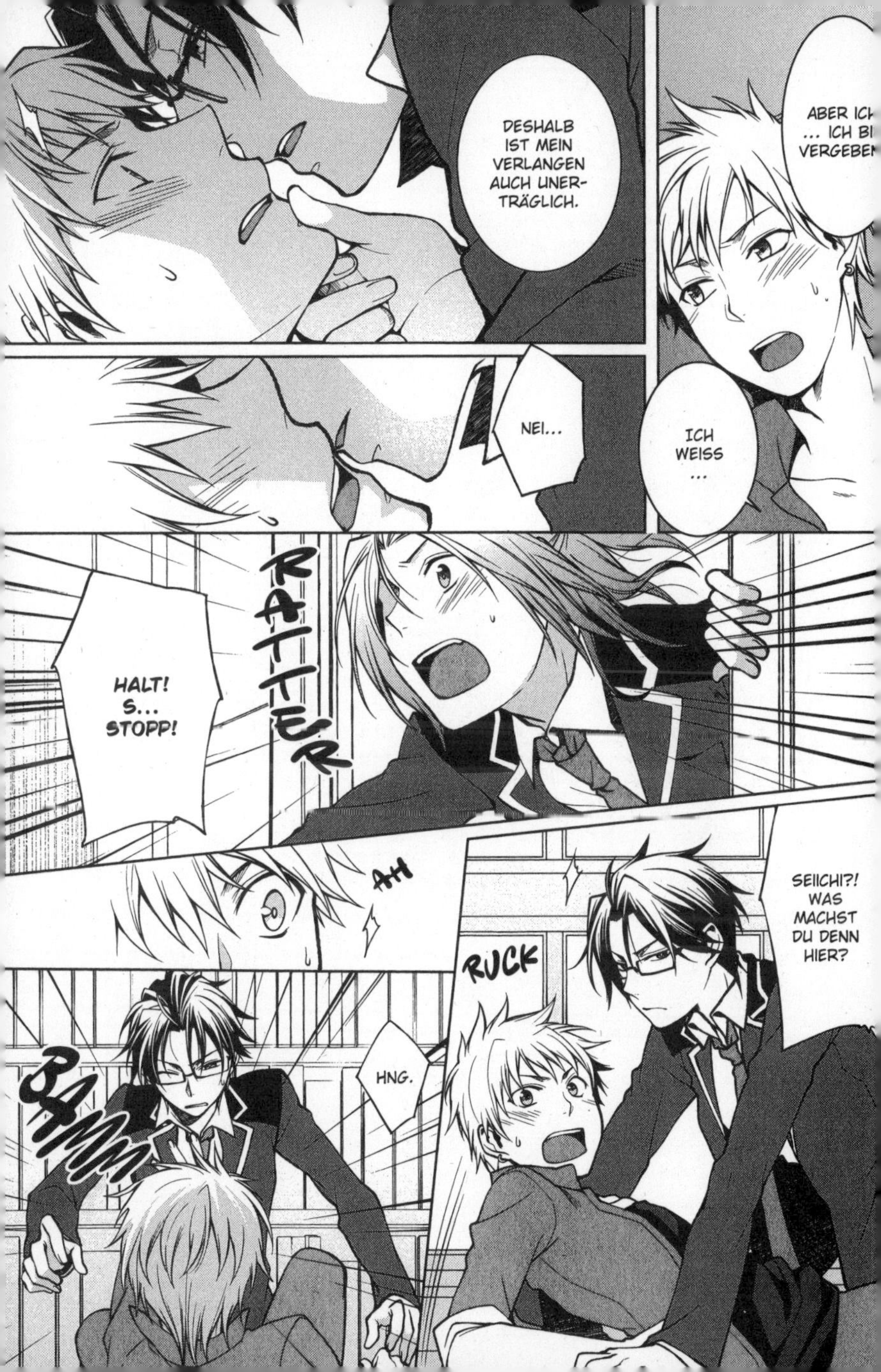
ABER ICH
... ICH BI
VERGEBEN
DESHALB IST MEIN VERLANGEN AUCH UNERTRÄGLICH.
ICH WEISS ...
NEI...
RATTER
HALT! S... STOPP!
SEIICHI?! WAS MACHST DU DENN HIER?
AH
RUCK
HNG.
BAMM

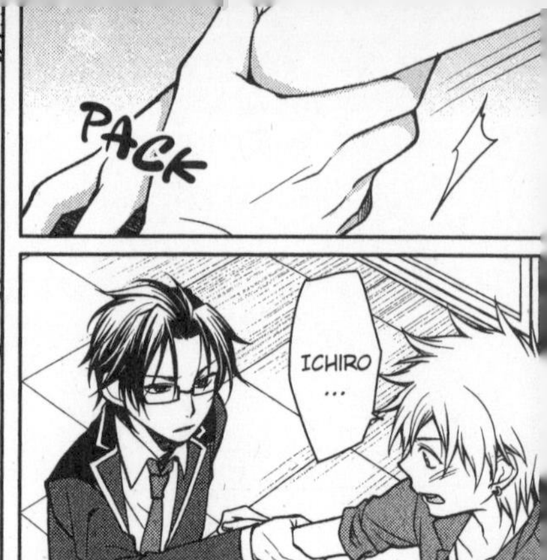
PACK
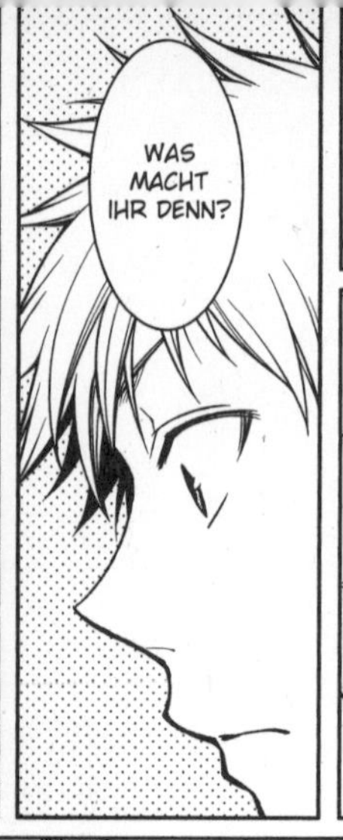
WAS MACHT IHR DENN?
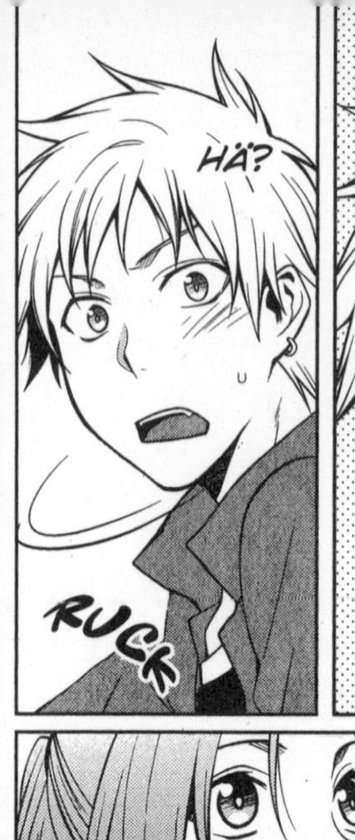
HÄ?
RUCK
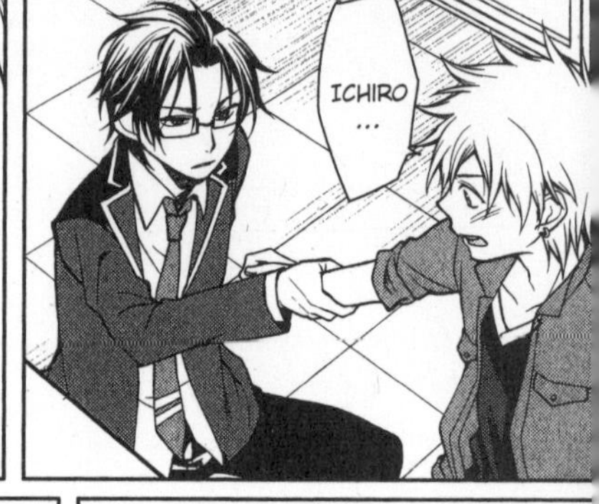
ICHIRO ...
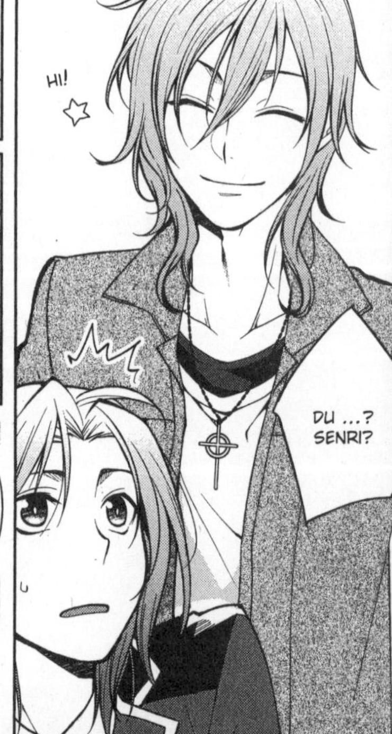
HI!
DU ...? SENRI?
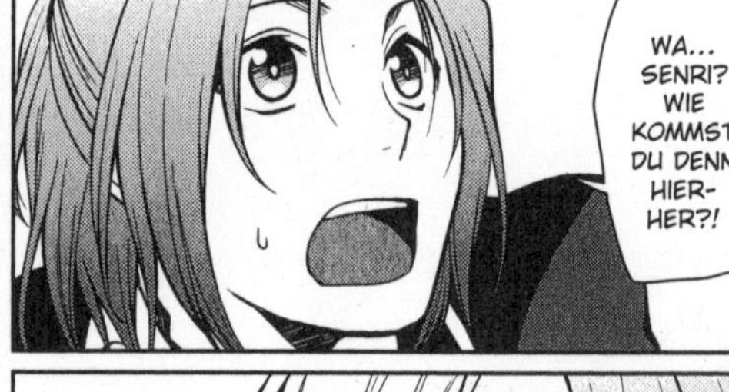
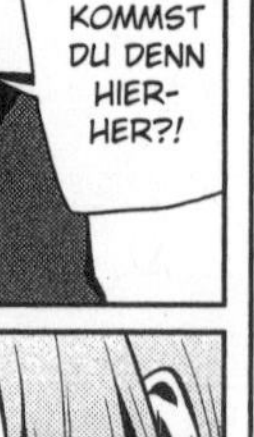
WA... SENRI? WIE KOMMST DU DENN HIER-HER?!
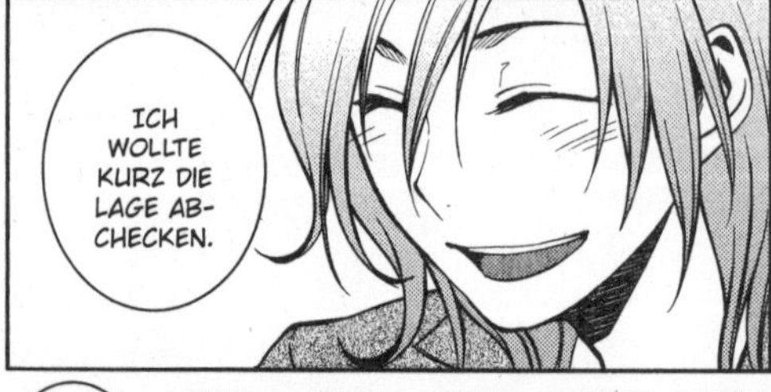
ICH WOLLTE KURZ DIE LAGE AB-CHECKEN.
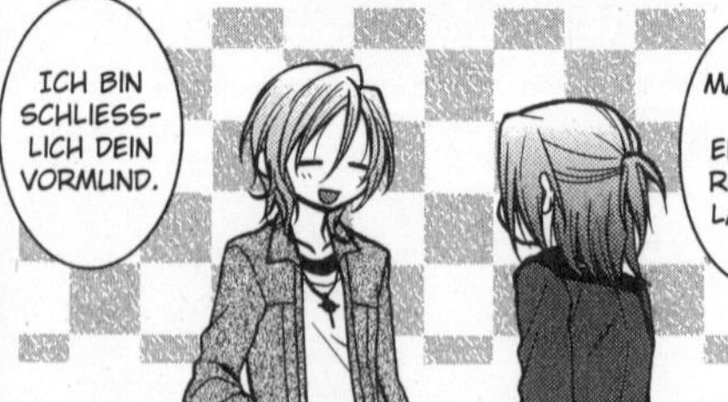
MAN HAT DICH EINFACH REINGE-LASSEN ...?
ICH BIN SCHLIESS-LICH DEIN VORMUND.

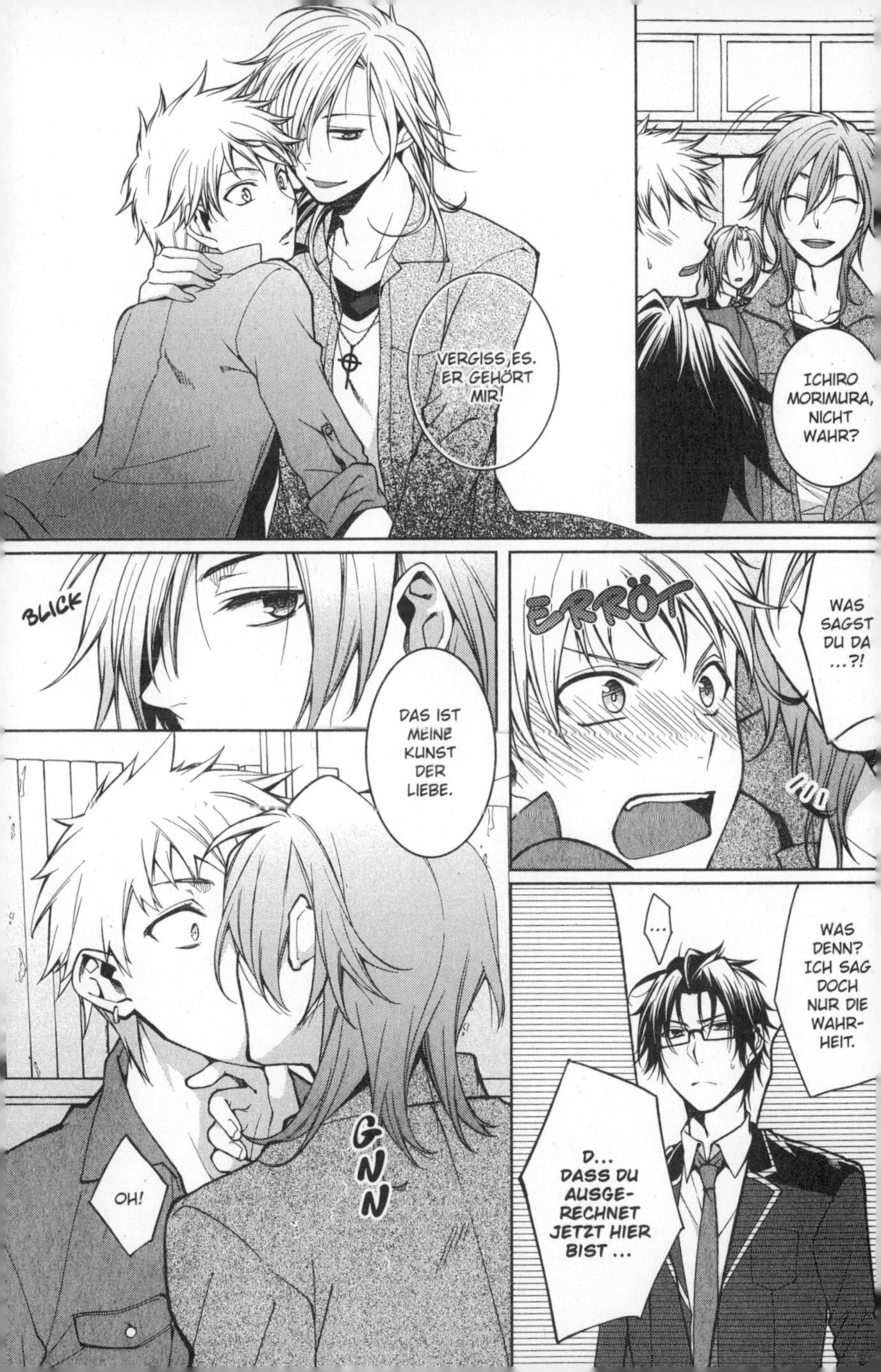
ICHIRO MORIMURA, NICHT WAHR?
VERGISS ES. ER GEHÖRT MIR!
ERRÖT
WAS SAGST DU DA ...?!
BLICK
DAS IST MEINE KUNST DER LIEBE.
GNN
OH!
...
WAS DENN? ICH SAG DOCH NUR DIE WAHRHEIT.
D... DASS DU AUSGERECHNET JETZT HIER BIST ...

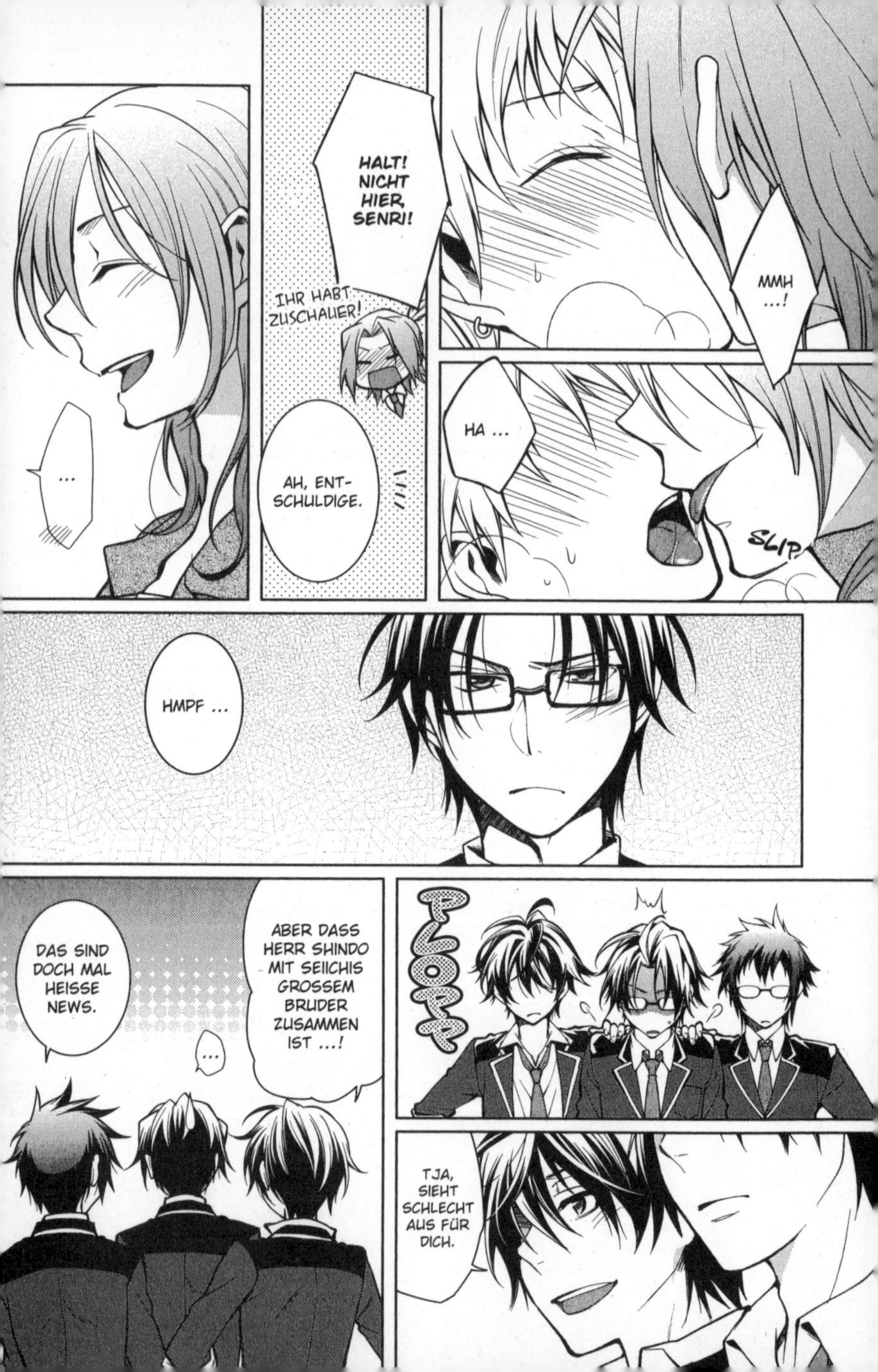

MMH ...!

HALT! NICHT HIER, SENRI!

IHR HABT ZUSCHAUER!

HA ...

SLIP

AH, ENT-SCHULDIGE.

...

HMPF ...

ABER DASS HERR SHINDO MIT SEIICHIS GROSSEM BRUDER ZUSAMMEN IST ...!

DAS SIND DOCH MAL HEISSE NEWS.

...

PLOPP

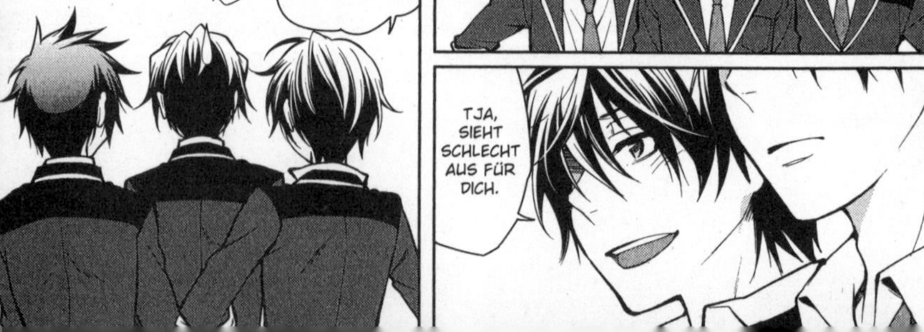

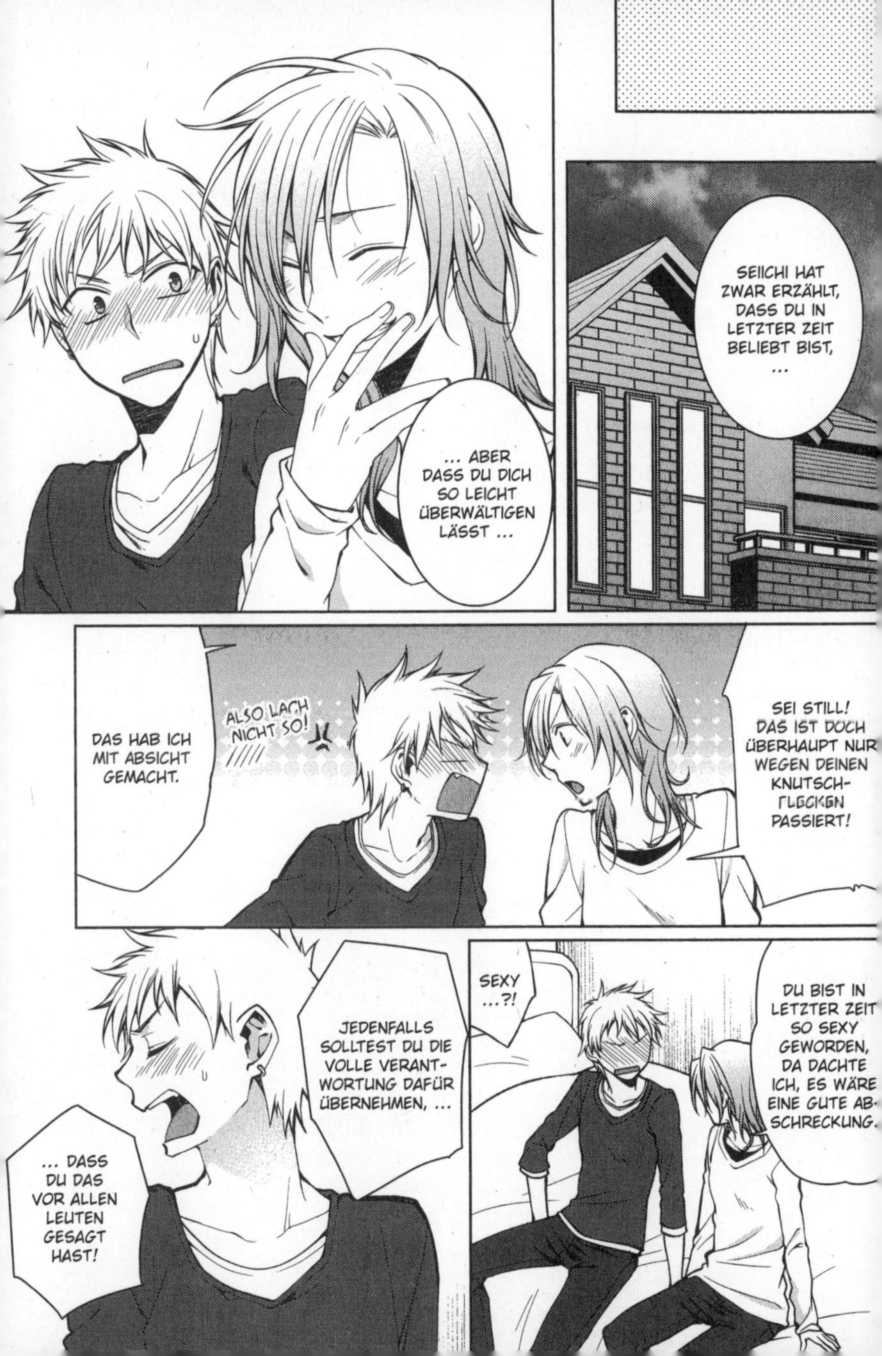
SEIICHI HAT ZWAR ERZÄHLT, DASS DU IN LETZTER ZEIT BELIEBT BIST, ...
... ABER DASS DU DICH SO LEICHT ÜBERWÄLTIGEN LÄSST ...
SEI STILL! DAS IST DOCH ÜBERHAUPT NUR WEGEN DEINEN KNUTSCHFLECKEN PASSIERT!
ALSO LACH NICHT SO! ////
DAS HAB ICH MIT ABSICHT GEMACHT.
DU BIST IN LETZTER ZEIT SO SEXY GEWORDEN, DA DACHTE ICH, ES WÄRE EINE GUTE ABSCHRECKUNG.
SEXY ...?!
JEDENFALLS SOLLTEST DU DIE VOLLE VERANTWORTUNG DAFÜR ÜBERNEHMEN, ...
... DASS DU DAS VOR ALLEN LEUTEN GESAGT HAST!

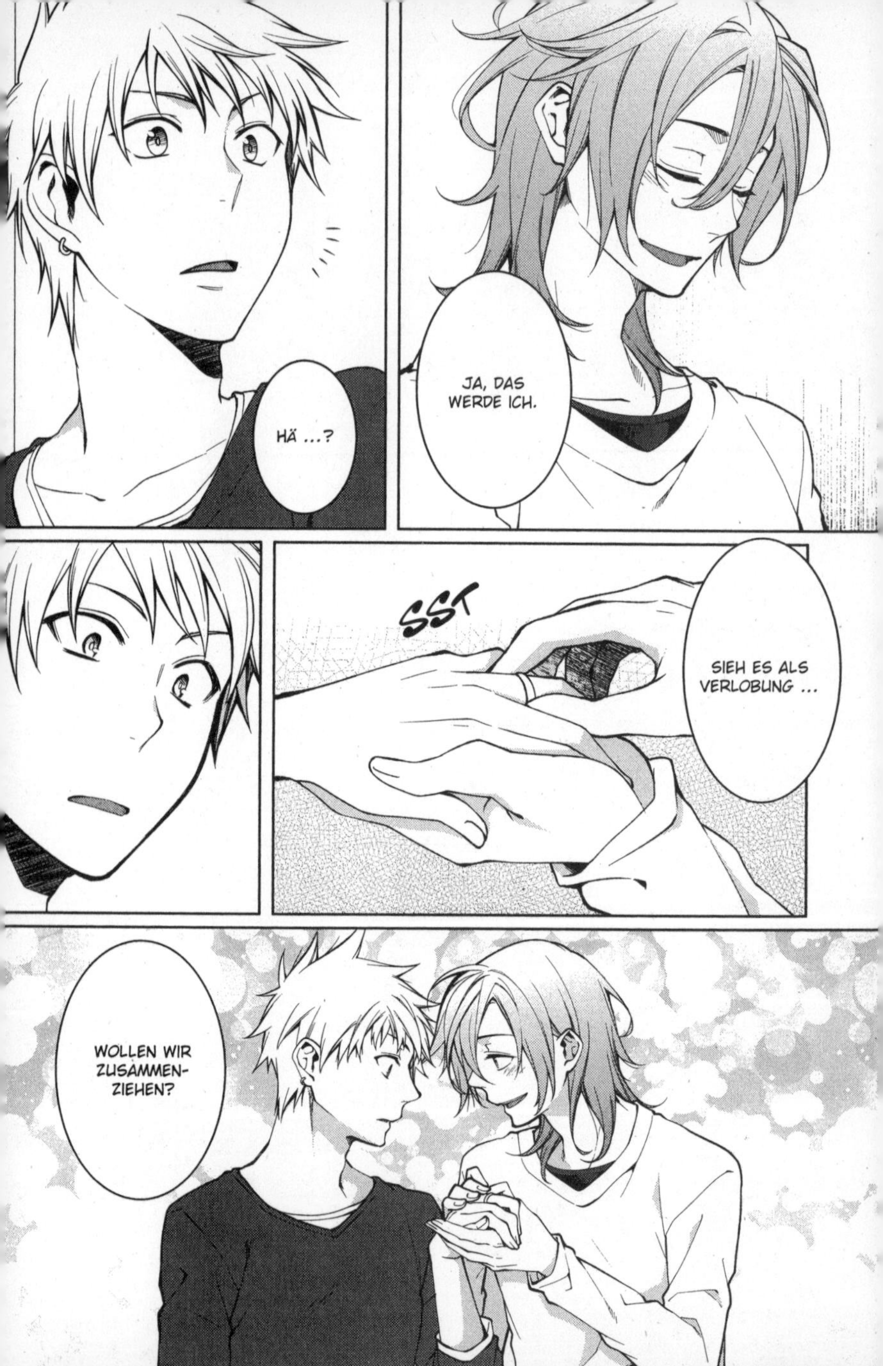
JA, DAS WERDE ICH.
HÄ ...?
SIEH ES ALS VERLOBUNG ...
SST
WOLLEN WIR ZUSAMMEN-ZIEHEN?

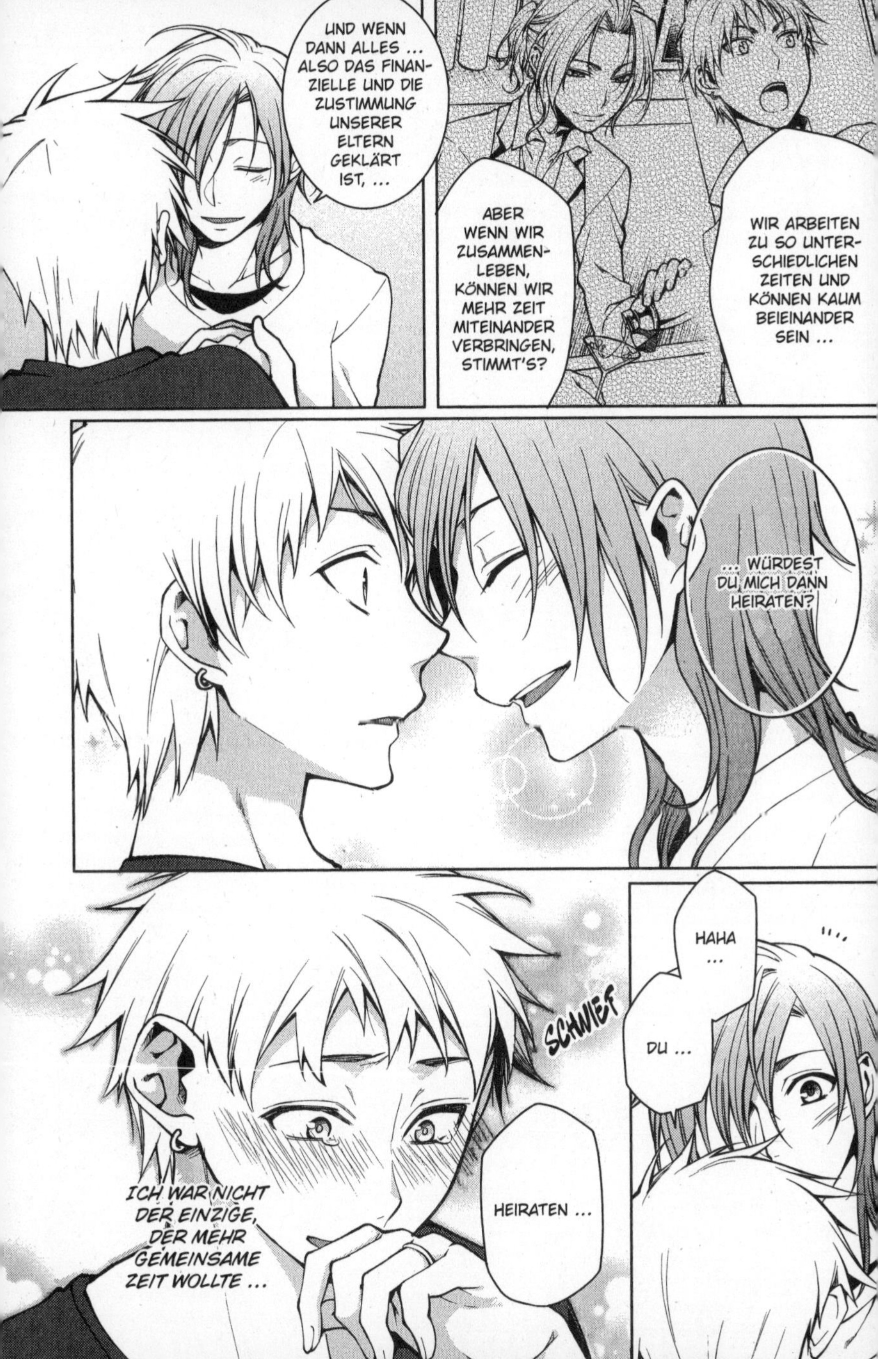
WIR ARBEITEN ZU SO UNTERSCHIEDLICHEN ZEITEN UND KÖNNEN KAUM BEIEINANDER SEIN …
ABER WENN WIR ZUSAMMENLEBEN, KÖNNEN WIR MEHR ZEIT MITEINANDER VERBRINGEN, STIMMT'S?
UND WENN DANN ALLES … ALSO DAS FINANZIELLE UND DIE ZUSTIMMUNG UNSERER ELTERN GEKLÄRT IST, …
… WÜRDEST DU MICH DANN HEIRATEN?
HAHA …
…,
DU …
HEIRATEN …
SCHNIEF
ICH WAR NICHT DER EINZIGE, DER MEHR GEMEINSAME ZEIT WOLLTE …

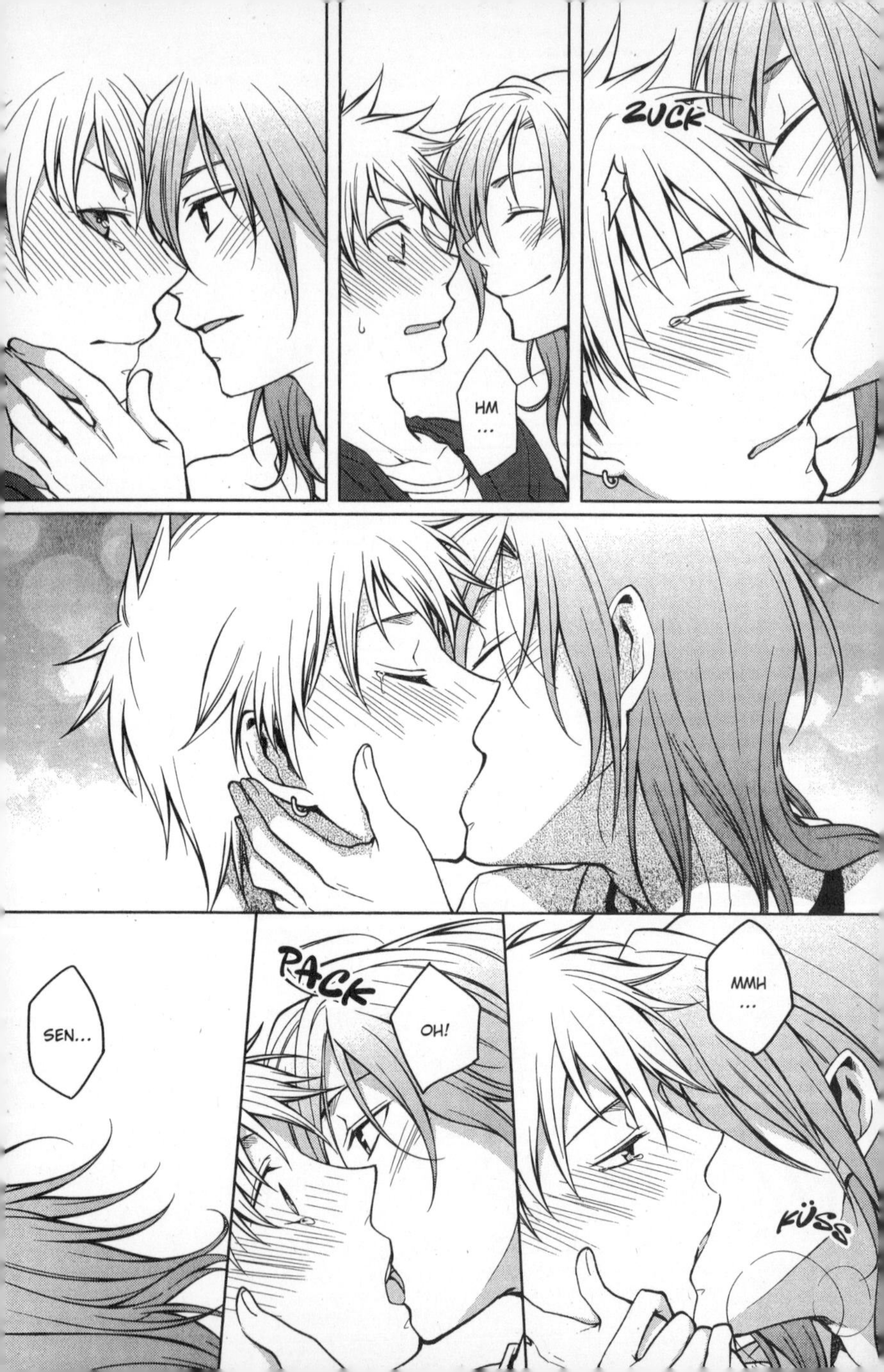
ZUCK
HM ...
MMH ...
KÜSS
PACK
OH!
SEN...

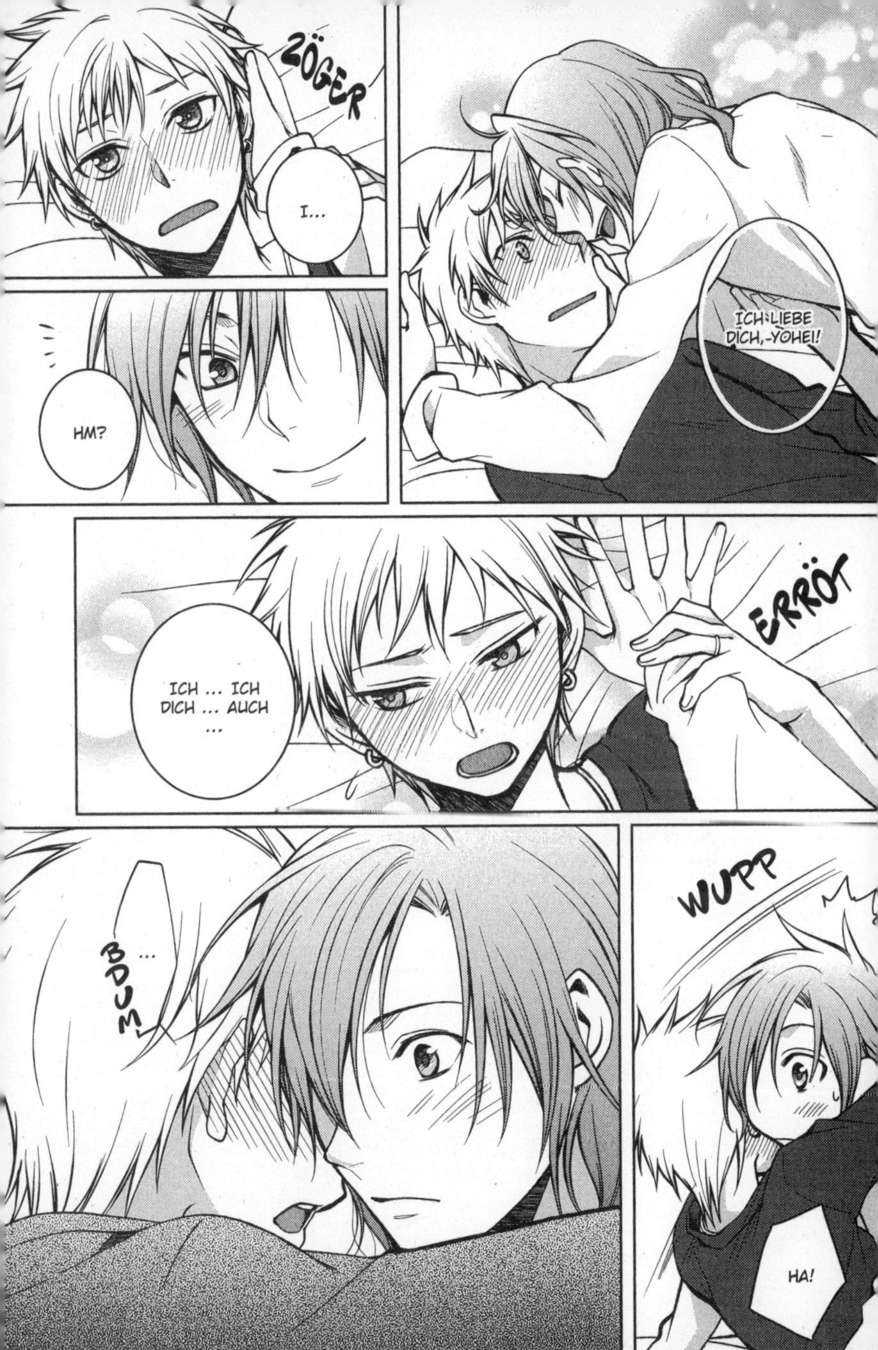
ICH LIEBE DICH, YOHEI!
ZÖGER
I...
HM?
ERRÖT
ICH ... ICH DICH ... AUCH ...
WUPP
HA!
BDUM
...

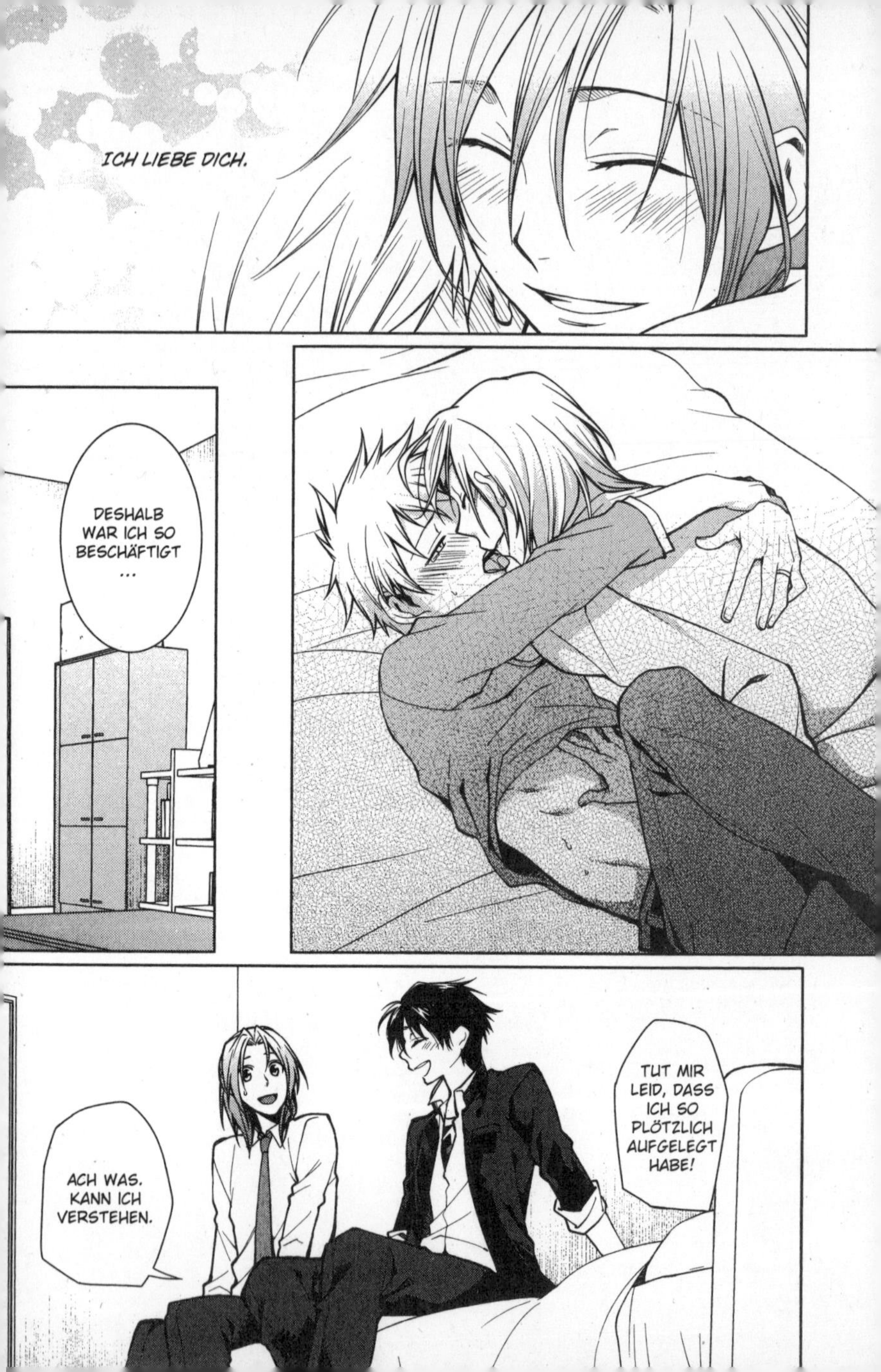

ICH LIEBE DICH.

DESHALB WAR ICH SO BESCHÄFTIGT ...

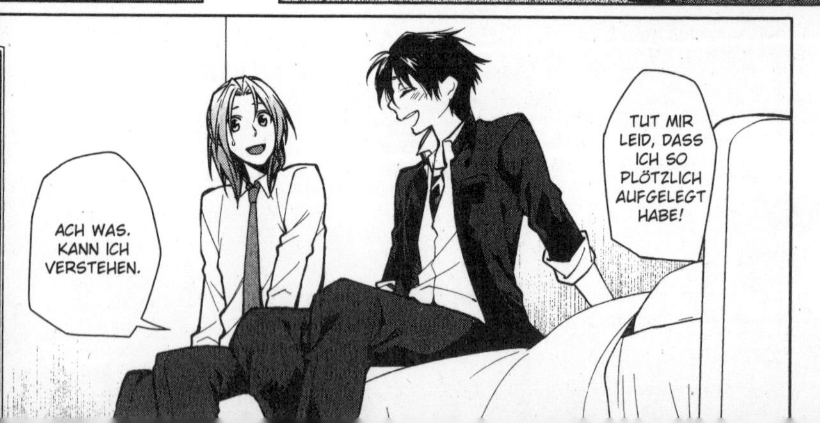

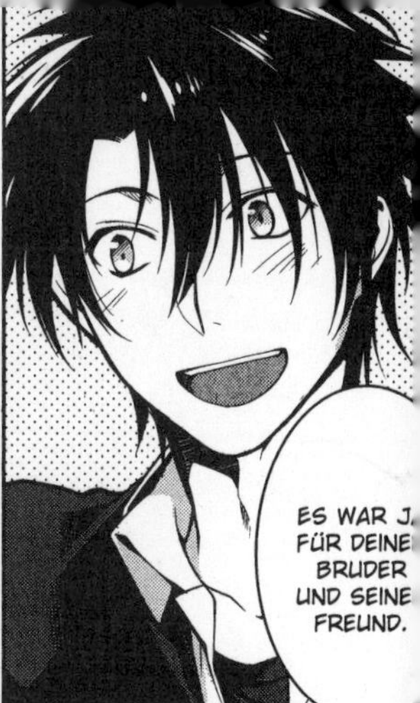
ES WAR J
FÜR DEINE
BRUDER
UND SEINE
FREUND.

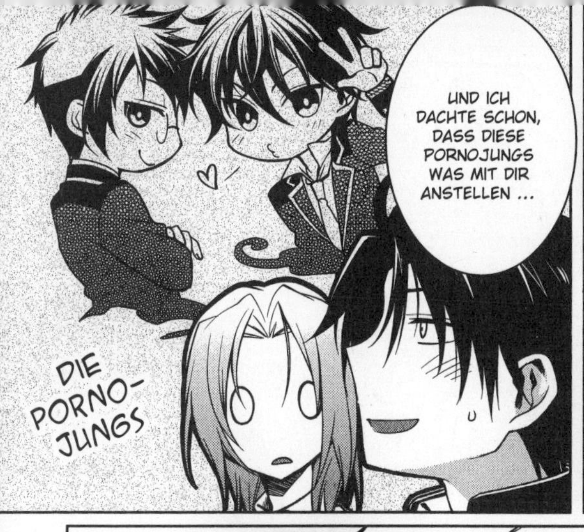
UND ICH DACHTE SCHON, DASS DIESE PORNOJUNGS WAS MIT DIR ANSTELLEN ...
DIE PORNO-JUNGS

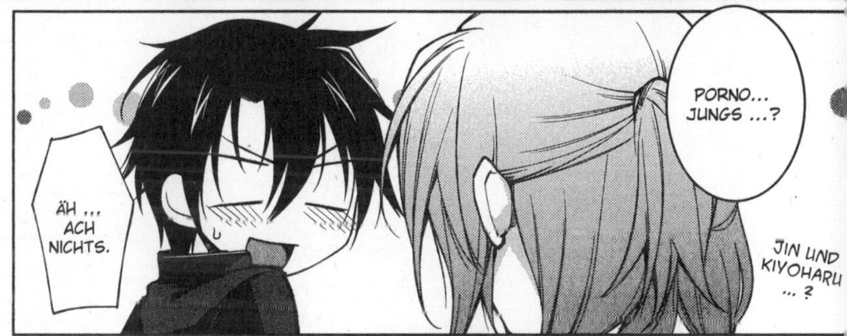
PORNO... JUNGS ...?
JIN UND KIYOHARU ... ?
ÄH ... ACH NICHTS.

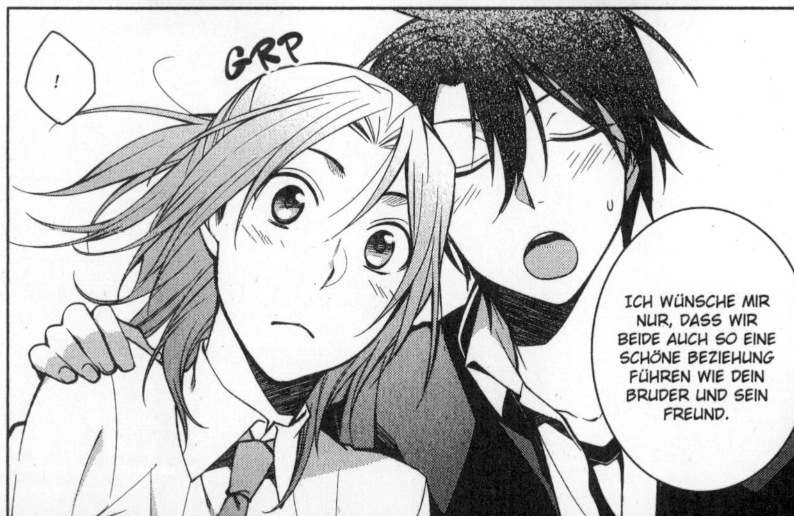
GRP
!
ICH WÜNSCHE MIR NUR, DASS WIR BEIDE AUCH SO EINE SCHÖNE BEZIEHUNG FÜHREN WIE DEIN BRUDER UND SEIN FREUND.

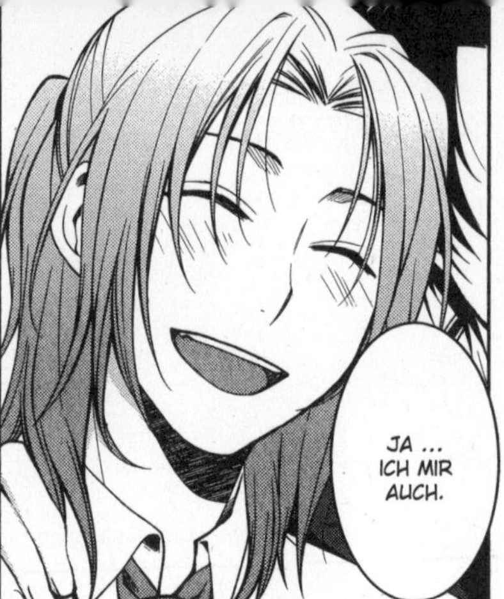
JA ...
ICH MIR AUCH.

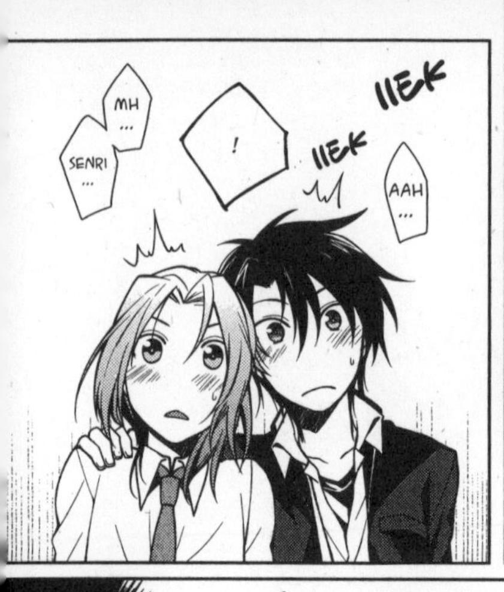
IIEK
IIEK
AAH ...
!
MH ...
SENRI ...

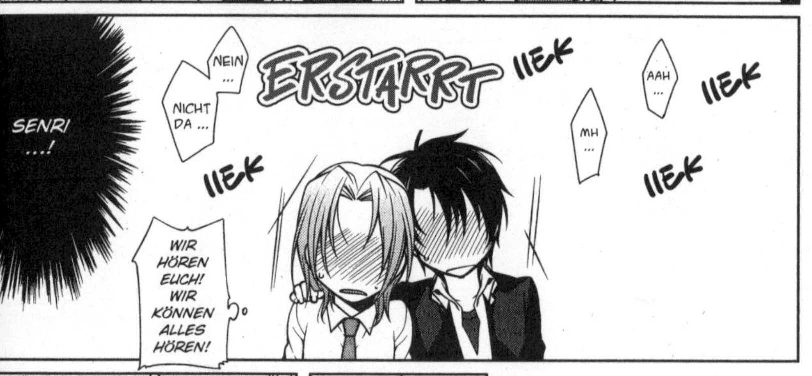
IIEK
AAH ...
MH ...
IIEK
IIEK
ERSTARRT
NEIN ...
NICHT DA ...
IIEK
WIR HÖREN EUCH! WIR KÖNNEN ALLES HÖREN!
SENRI ...!

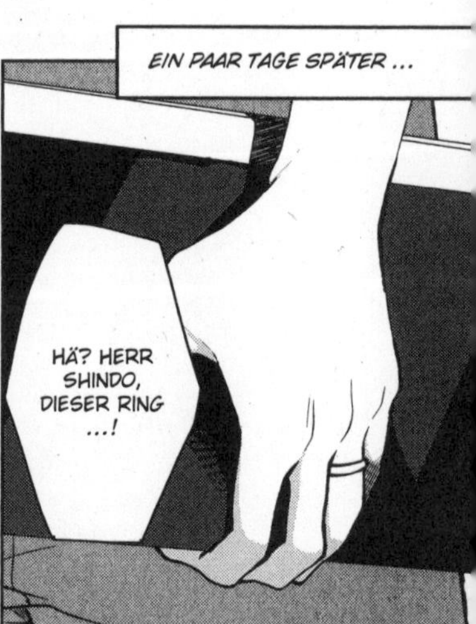
EIN PAAR TAGE SPÄTER ...
HÄ? HERR SHINDO, DIESER RING ...!

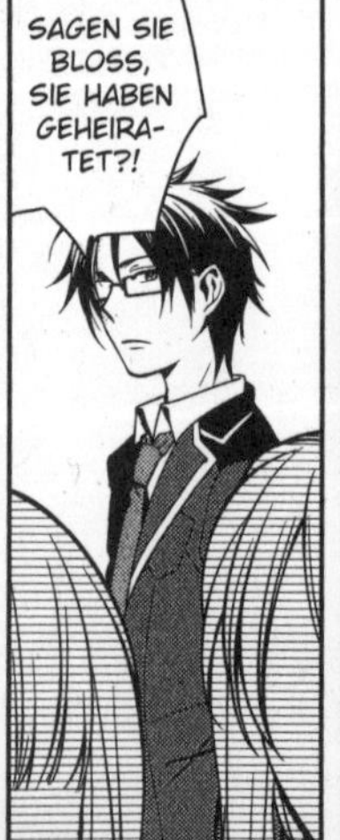
SAGEN SIE BLOSS, SIE HABEN GEHEIRATET?!

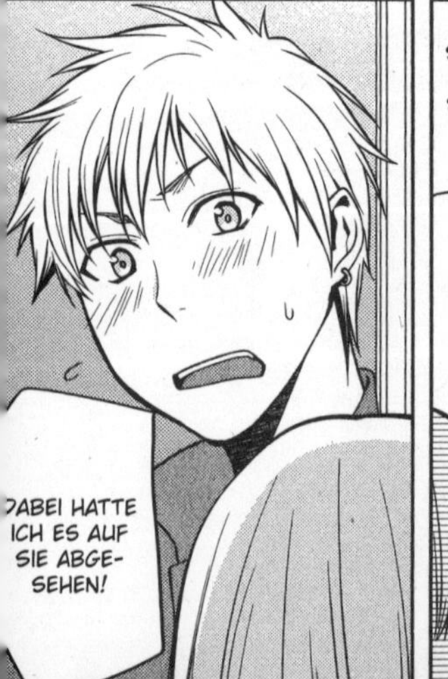
DABEI HATTE ICH ES AUF SIE ABGESEHEN!

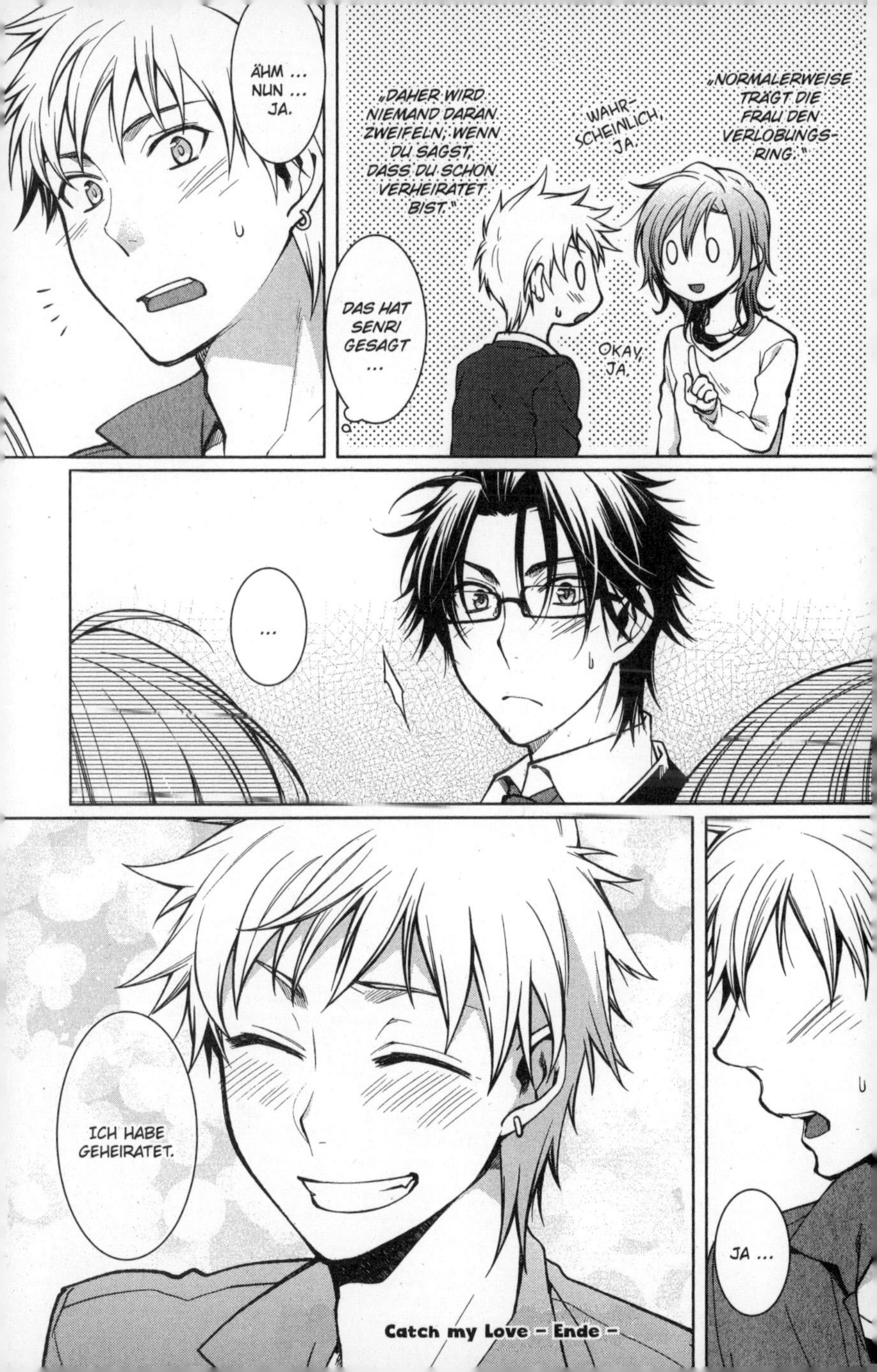

„NORMALERWEISE TRÄGT DIE FRAU DEN VERLOBUNGSRING."
WAHRSCHEINLICH, JA.
„DAHER WIRD NIEMAND DARAN ZWEIFELN, WENN DU SAGST, DASS DU SCHON VERHEIRATET BIST."
OKAY, JA.
DAS HAT SENRI GESAGT …
ÄHM … NUN … JA.
…

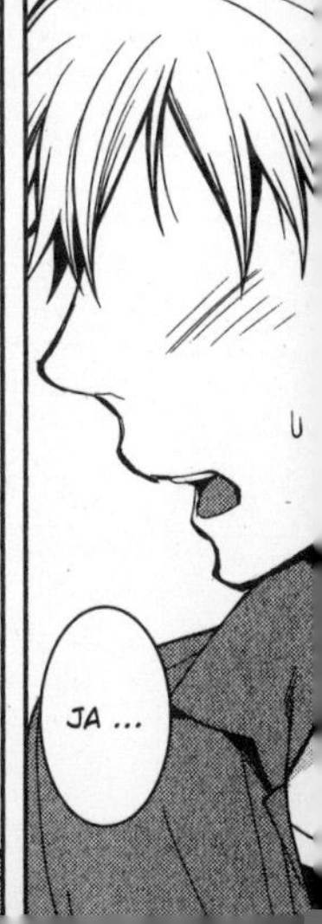

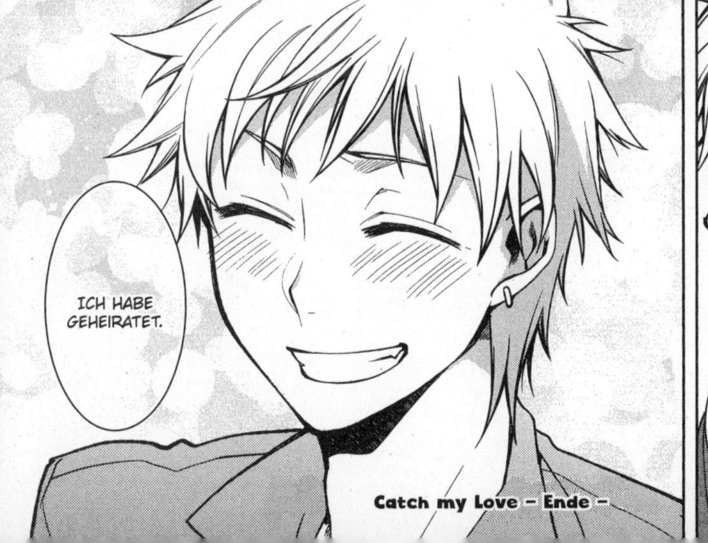

Catch my Love – Ende –

Spiel nicht mit meinem Herz

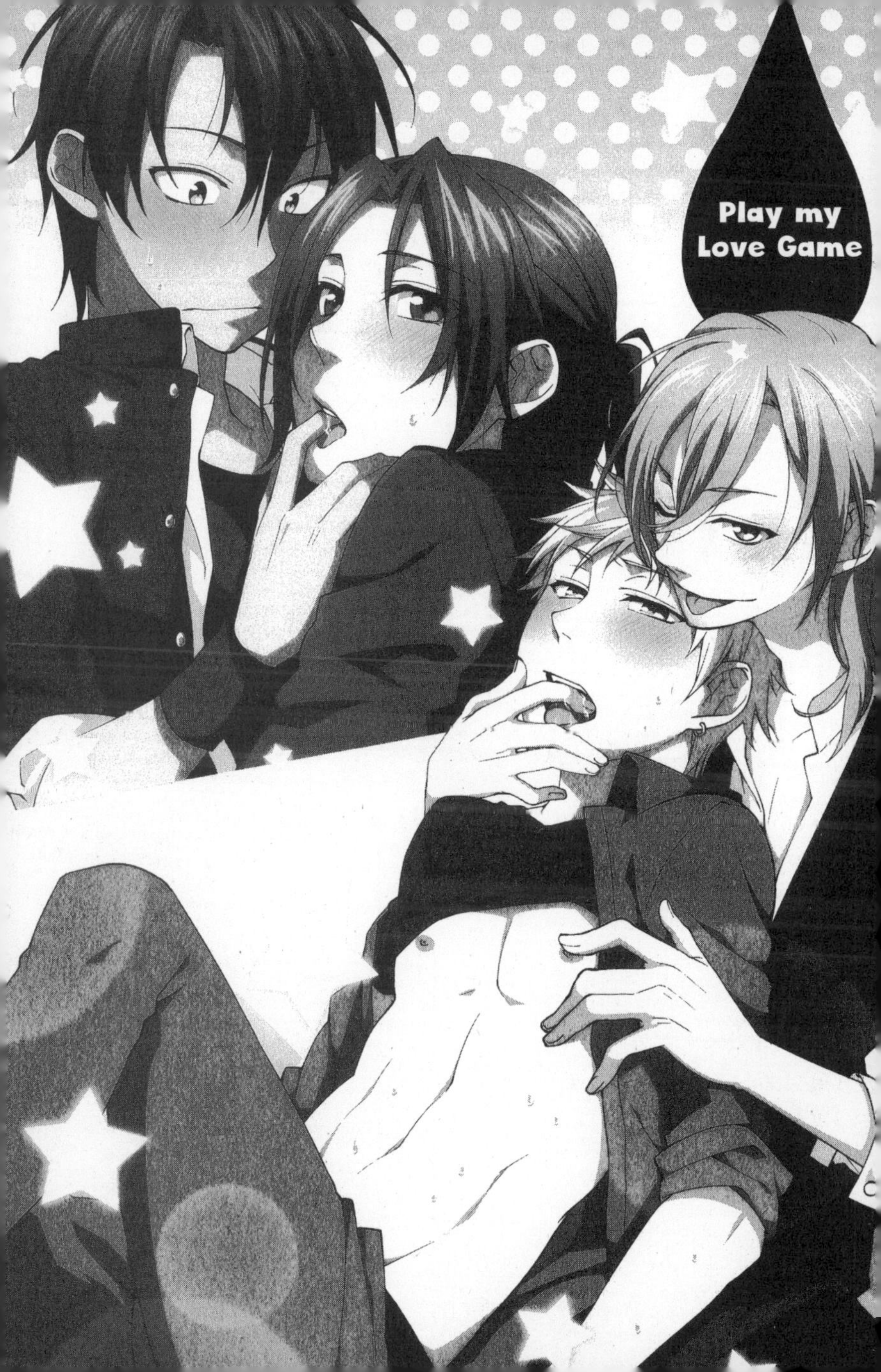
Play my
Love Game

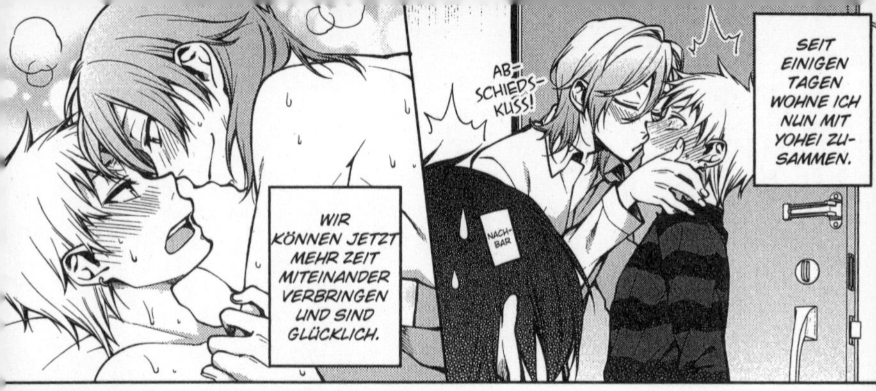
SEIT EINIGEN TAGEN WOHNE ICH NUN MIT YOHEI ZUSAMMEN.
ABSCHIEDSKUSS!
NACHBAR
WIR KÖNNEN JETZT MEHR ZEIT MITEINANDER VERBRINGEN UND SIND GLÜCKLICH.

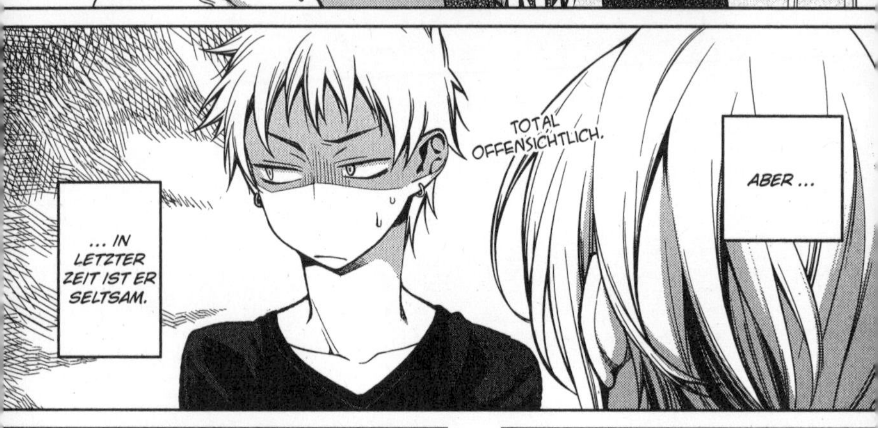
ABER ...
TOTAL OFFENSICHTLICH.
... IN LETZTER ZEIT IST ER SELTSAM.

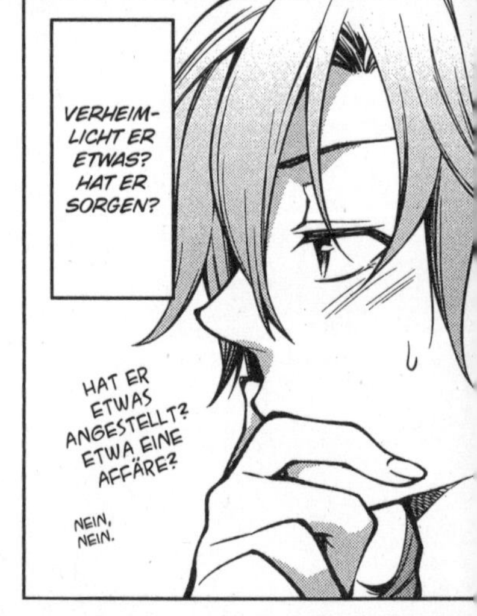
VERHEIMLICHT ER ETWAS? HAT ER SORGEN?
HAT ER ETWAS ANGESTELLT? ETWA EINE AFFÄRE?
NEIN, NEIN.

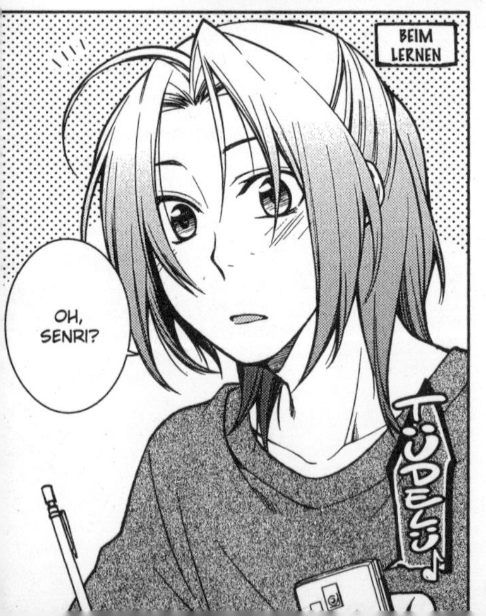
BEIM LERNEN
OH, SENRI?
TÜDELÜ

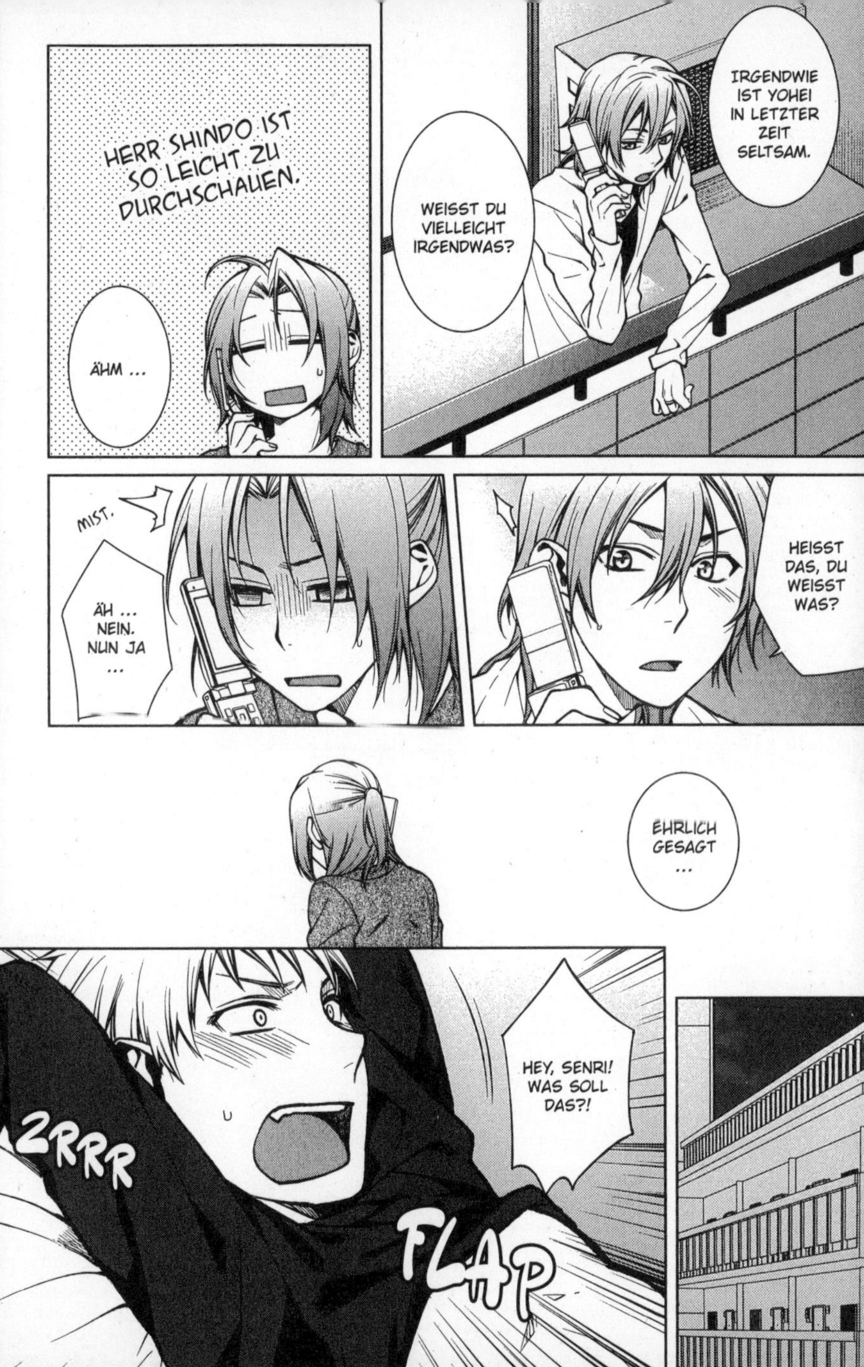
IRGENDWIE IST YOHEI IN LETZTER ZEIT SELTSAM.
WEISST DU VIELLEICHT IRGENDWAS?
HERR SHINDO IST SO LEICHT ZU DURCHSCHAUEN.
ÄHM ...
HEISST DAS, DU WEISST WAS?
MIST.
ÄH ... NEIN. NUN JA ...
EHRLICH GESAGT ...
HEY, SENRI! WAS SOLL DAS?!
ZRRR
FLAP

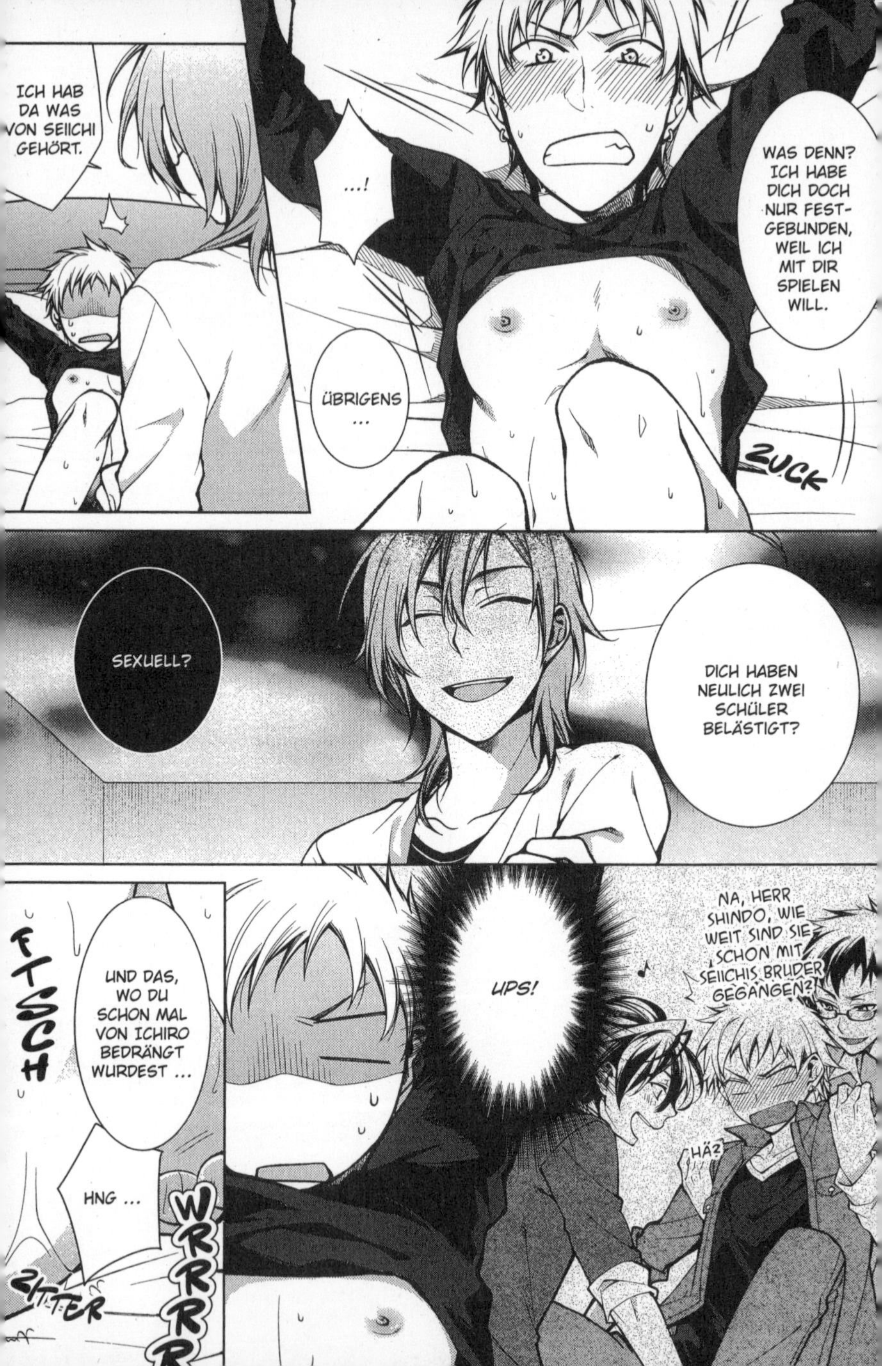
WAS DENN? ICH HABE DICH DOCH NUR FEST-GEBUNDEN, WEIL ICH MIT DIR SPIELEN WILL.
ZUCK
...!
ÜBRIGENS ...
ICH HAB DA WAS VON SEIICHI GEHÖRT.
DICH HABEN NEULICH ZWEI SCHÜLER BELÄSTIGT?
SEXUELL?
NA, HERR SHINDO, WIE WEIT SIND SIE SCHON MIT SEIICHIS BRUDER GEGANGEN?
HÄ?
UPS!
UND DAS, WO DU SCHON MAL VON ICHIRO BEDRÄNGT WURDEST ...
HNG ...
WRRRRR
FTSCH
ZITTER

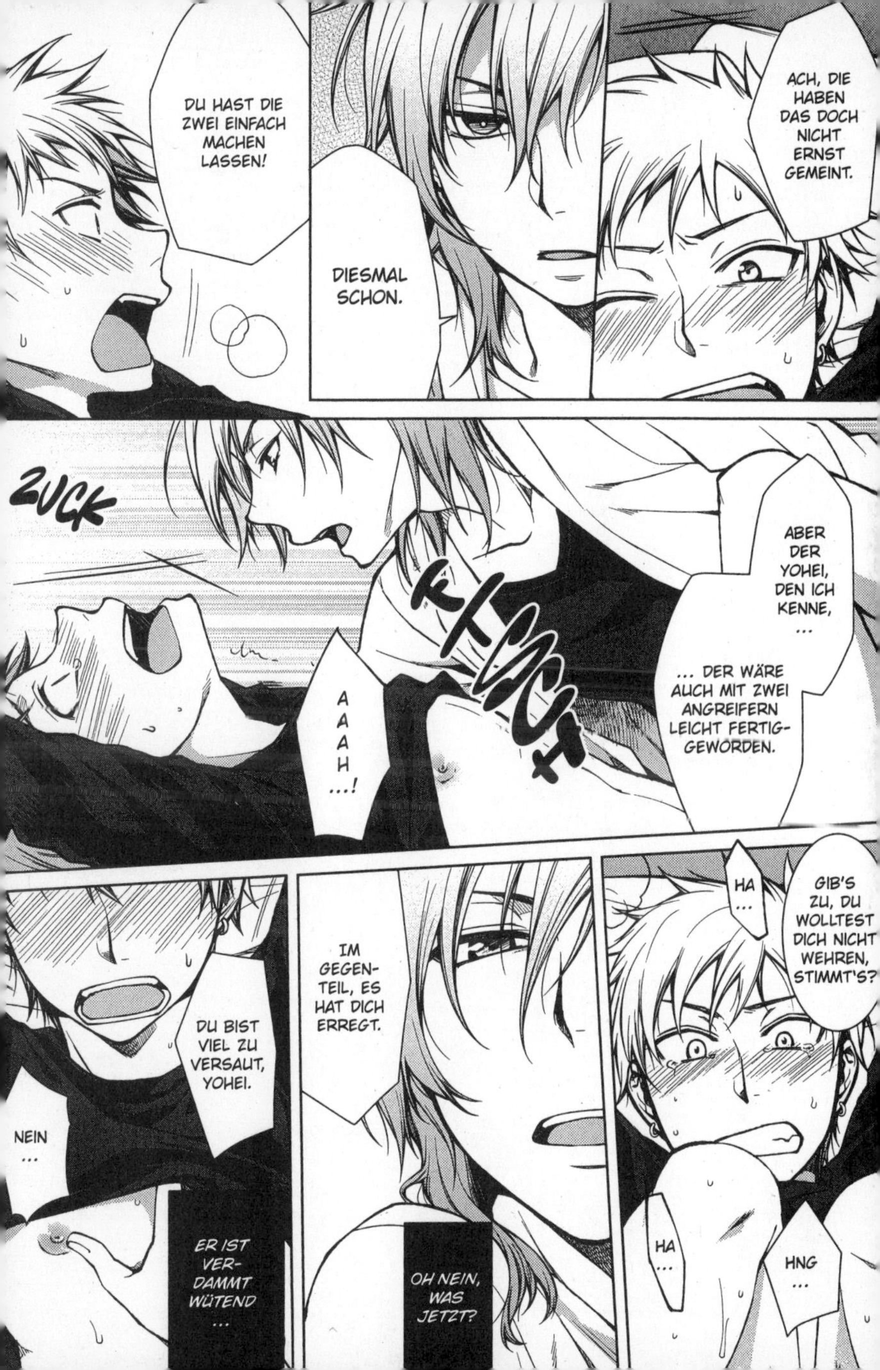
DU HAST DIE ZWEI EINFACH MACHEN LASSEN!
ACH, DIE HABEN DAS DOCH NICHT ERNST GEMEINT.
DIESMAL SCHON.
ABER DER YOHEI, DEN ICH KENNE, ...
... DER WÄRE AUCH MIT ZWEI ANGREIFERN LEICHT FERTIG-GEWORDEN.
ZUCK
AAAH ...!
HA ...
GIB'S ZU, DU WOLLTEST DICH NICHT WEHREN, STIMMT'S?
HA ...
HNG ...
IM GEGEN-TEIL, ES HAT DICH ERREGT.
OH NEIN, WAS JETZT?
DU BIST VIEL ZU VERSAUT, YOHEI.
NEIN ...
ER IST VER-DAMMT WÜTEND ...

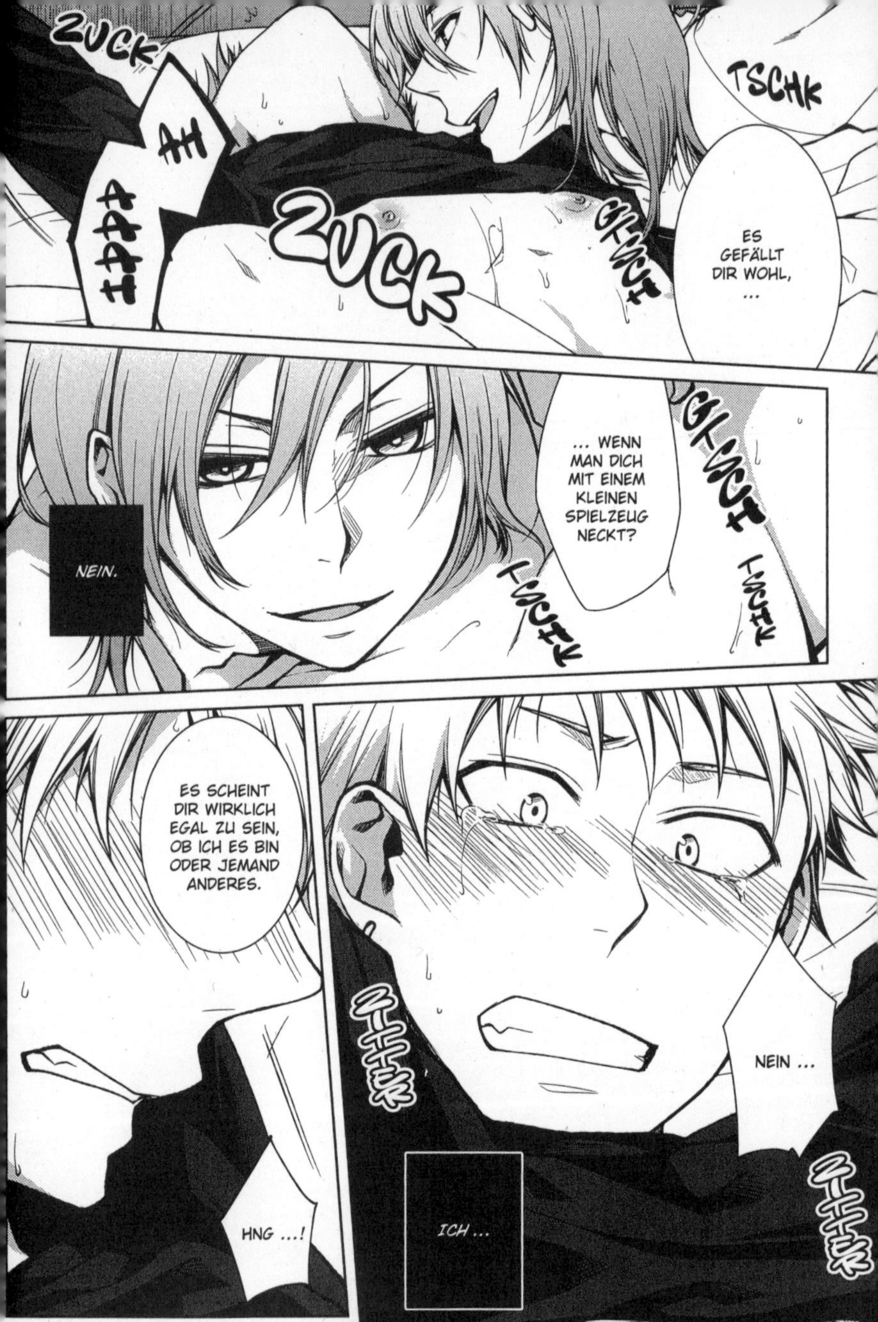
TSCHK
ES GEFÄLLT DIR WOHL, ...
GKSCH
ZUCK
AAAAH
AH
ZUCK
GKSCH
TSCHK
... WENN MAN DICH MIT EINEM KLEINEN SPIELZEUG NECKT?
TSCHK
NEIN.
NEIN ...
ZITTER
ZITTER
ICH ...
ES SCHEINT DIR WIRKLICH EGAL ZU SEIN, OB ICH ES BIN ODER JEMAND ANDERES.
HNG ...!

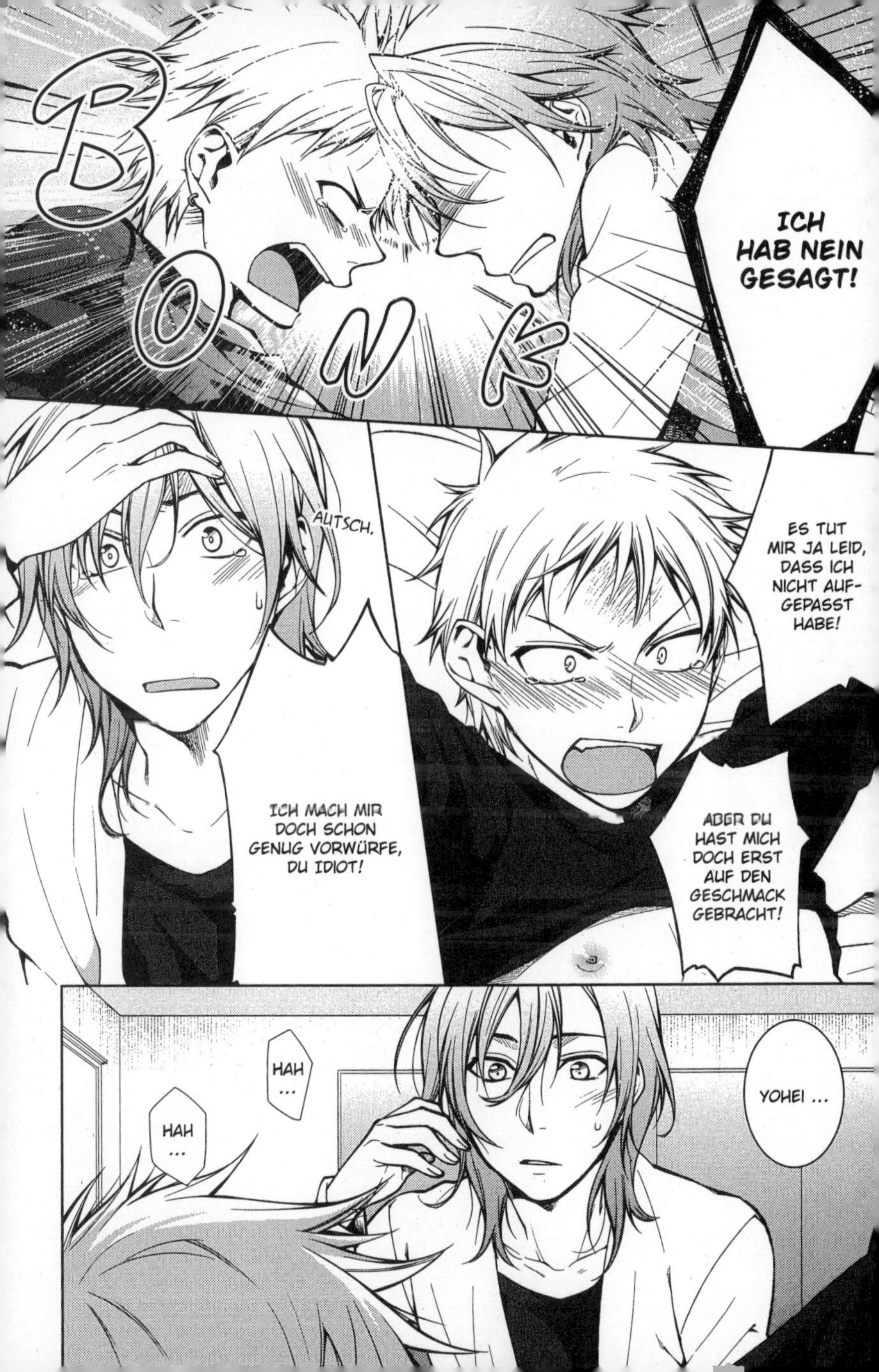
BONK
ICH HAB NEIN GESAGT!
ES TUT MIR JA LEID, DASS ICH NICHT AUF-GEPASST HABE!
AUTSCH.
ABER DU HAST MICH DOCH ERST AUF DEN GESCHMACK GEBRACHT!
ICH MACH MIR DOCH SCHON GENUG VORWÜRFE, DU IDIOT!
YOHEI ...
HAH ...
HAH ...

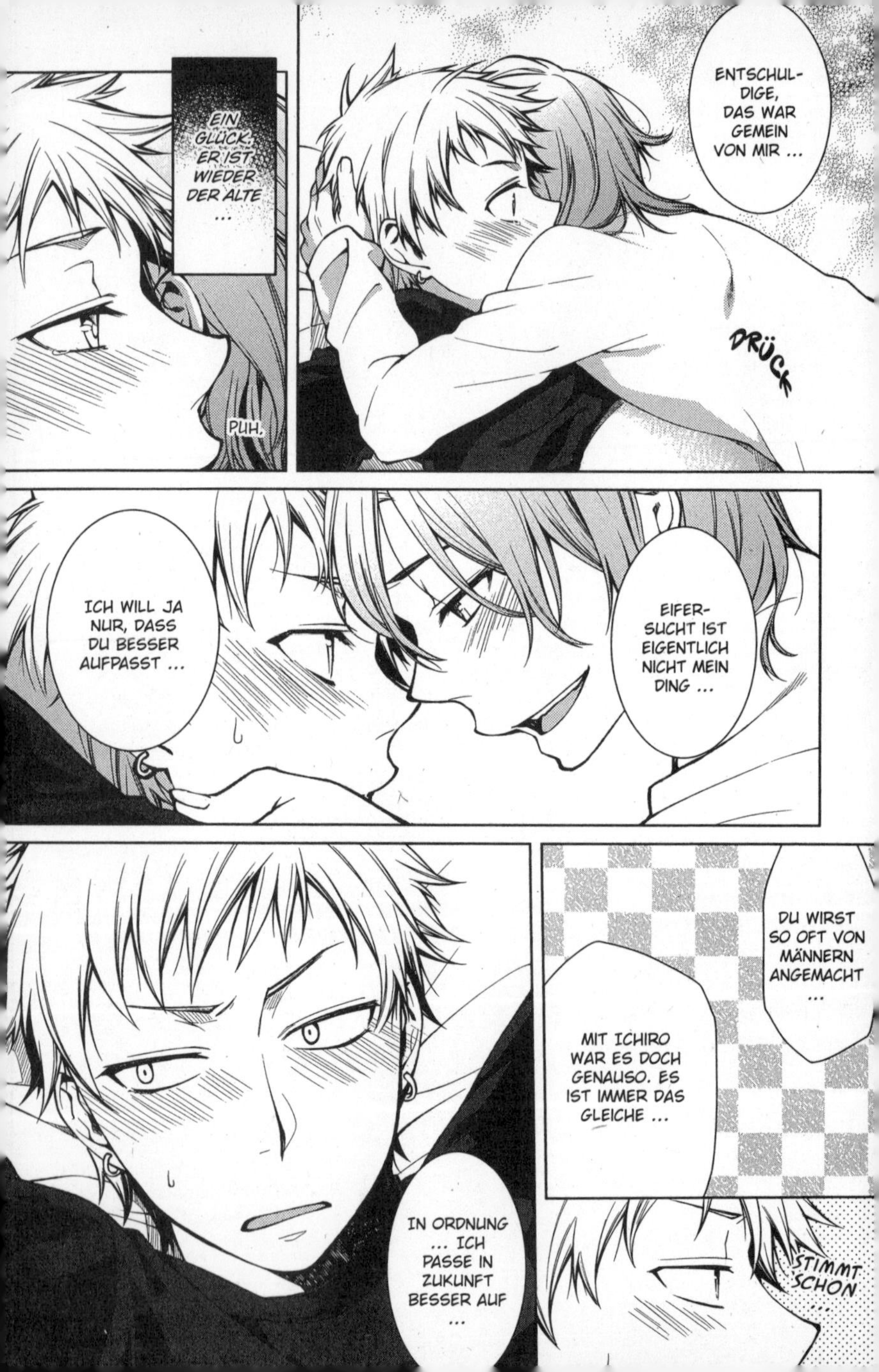

ENTSCHULDIGE, DAS WAR GEMEIN VON MIR …

DRÜCK

EIN GLÜCK, ER IST WIEDER DER ALTE …

PUH.

EIFERSUCHT IST EIGENTLICH NICHT MEIN DING …

ICH WILL JA NUR, DASS DU BESSER AUFPASST …

DU WIRST SO OFT VON MÄNNERN ANGEMACHT …

MIT ICHIRO WAR ES DOCH GENAUSO. ES IST IMMER DAS GLEICHE …

STIMMT SCHON …

IN ORDNUNG … ICH PASSE IN ZUKUNFT BESSER AUF …

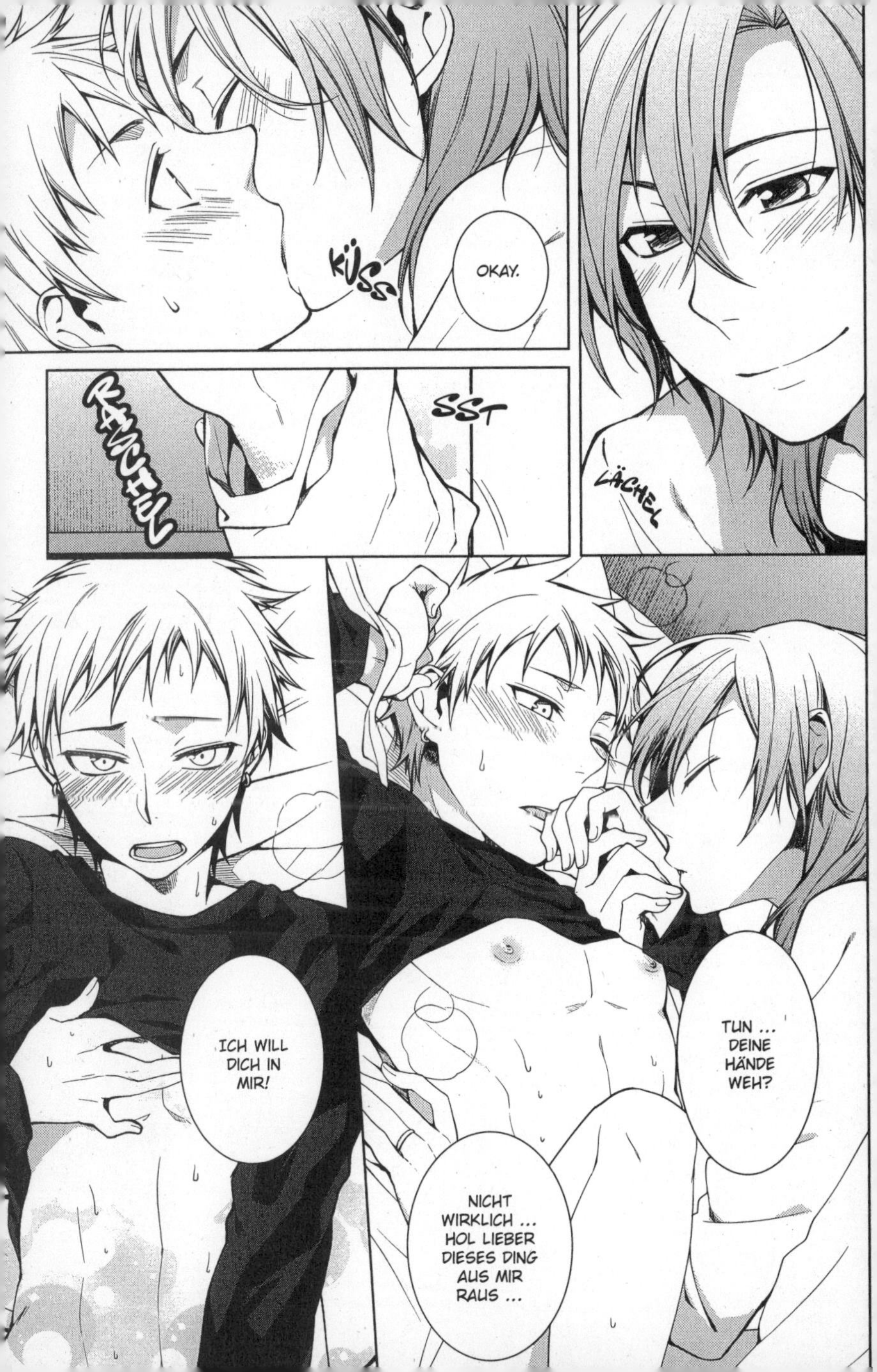
KÜSS
OKAY.
LÄCHEL
SST
RASCHEL
TUN ... DEINE HÄNDE WEH?
ICH WILL DICH IN MIR!
NICHT WIRKLICH ... HOL LIEBER DIESES DING AUS MIR RAUS ...

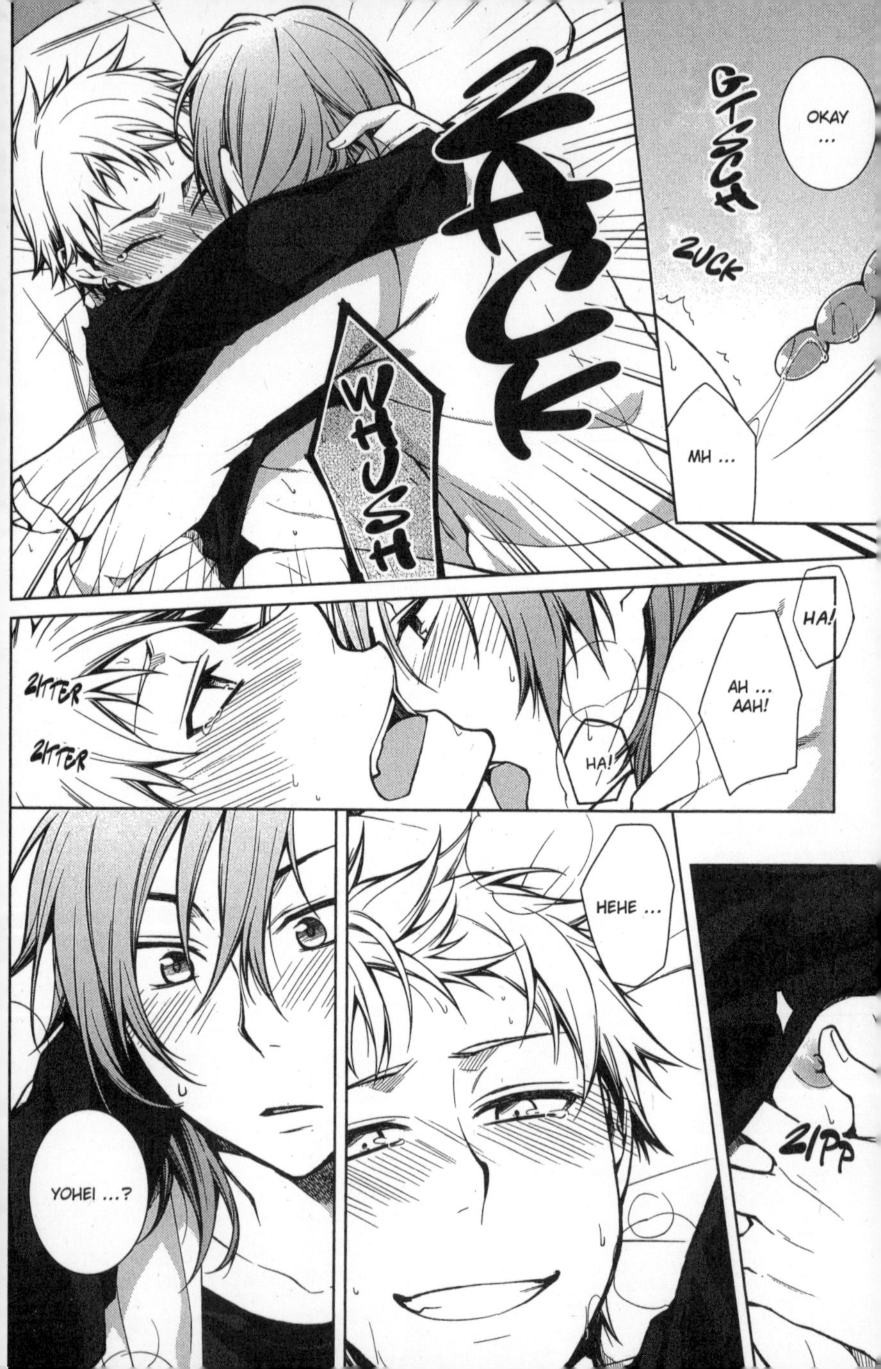
OKAY ...
GTSCH
ZUCK
MH ...
WHUSH
HA!
AH ... AAH!
HA!
ZITTER
ZITTER
HEHE ...
ZIPP
YOHEI ...?

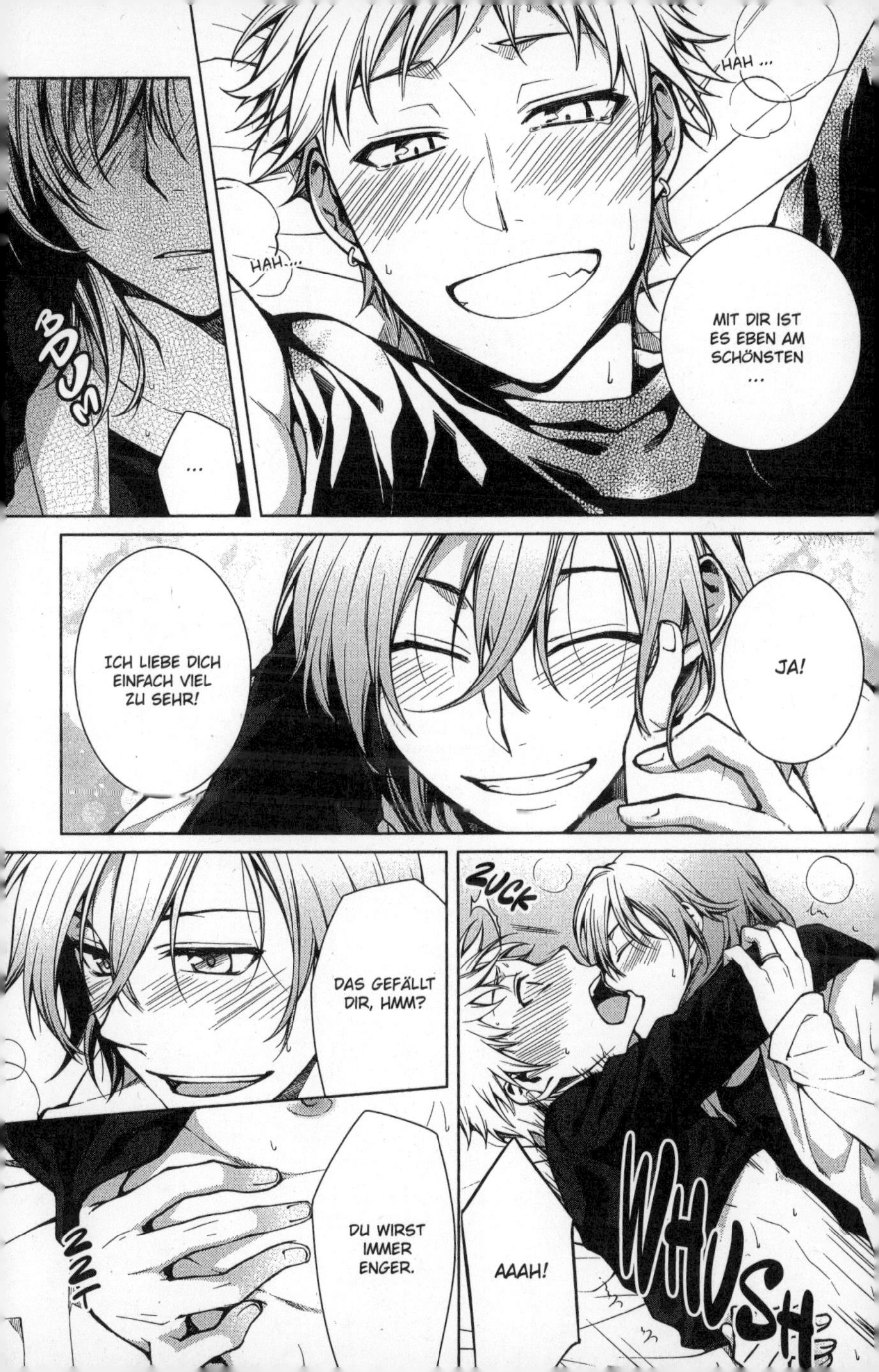

HAH ...
MIT DIR IST ES EBEN AM SCHÖNSTEN ...
HAH ...
...
JA!
ICH LIEBE DICH EINFACH VIEL ZU SEHR!
ZUCK
AAAH!
WHUSH
DAS GEFÄLLT DIR, HMM?
DU WIRST IMMER ENGER.

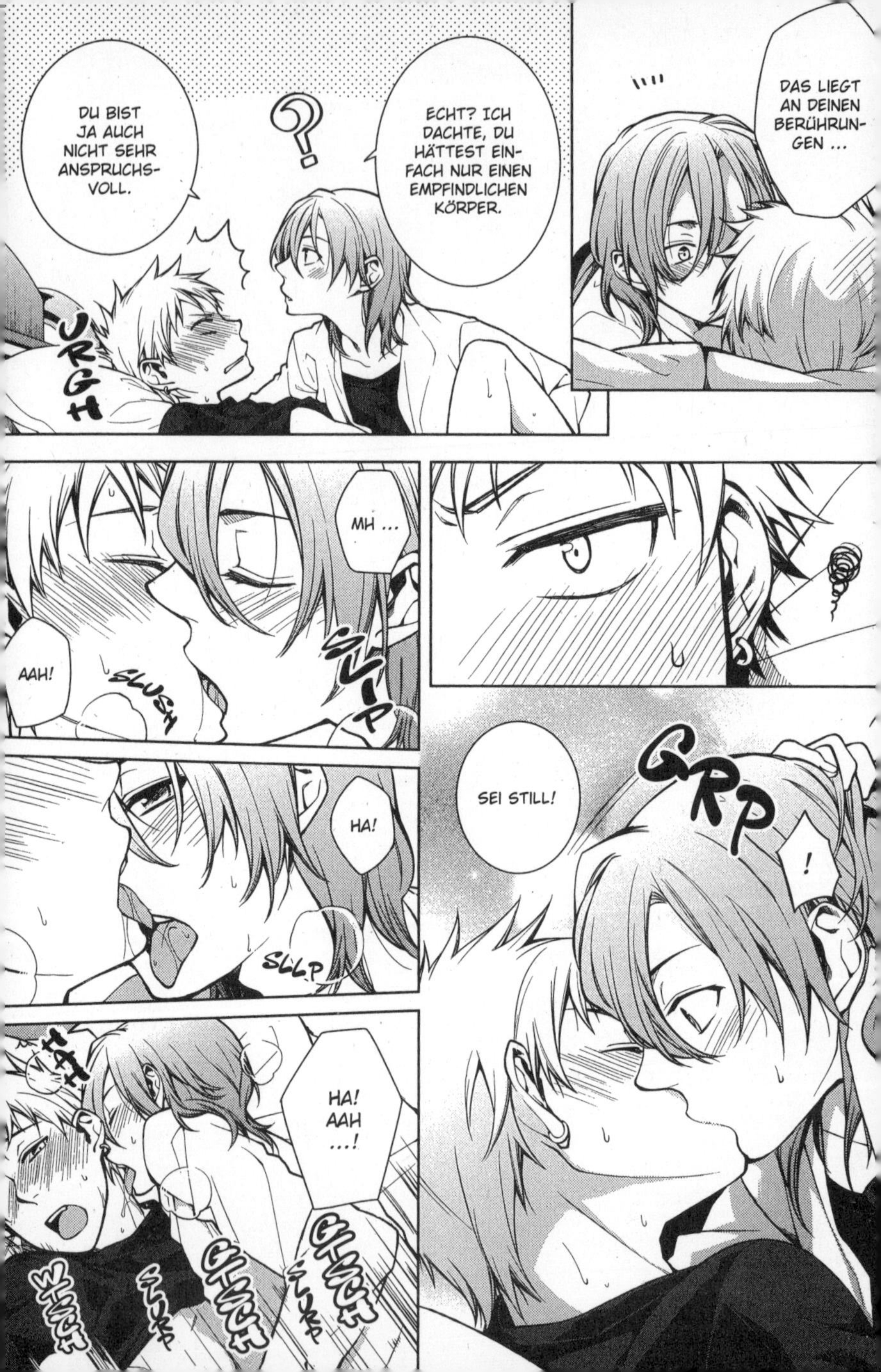

DAS LIEGT AN DEINEN BERÜHRUN-GEN ...
ECHT? ICH DACHTE, DU HÄTTEST EIN-FACH NUR EINEN EMPFINDLICHEN KÖRPER.
DU BIST JA AUCH NICHT SEHR ANSPRUCHS-VOLL.
URGH
MH ...
SLIP
SLUSH
AAH!
GRP
SEI STILL!
!
HA!
SLLP
HA! AAH ...!
GLSCH
SLURP
GLSCH
SLURP
WISCH
HAH

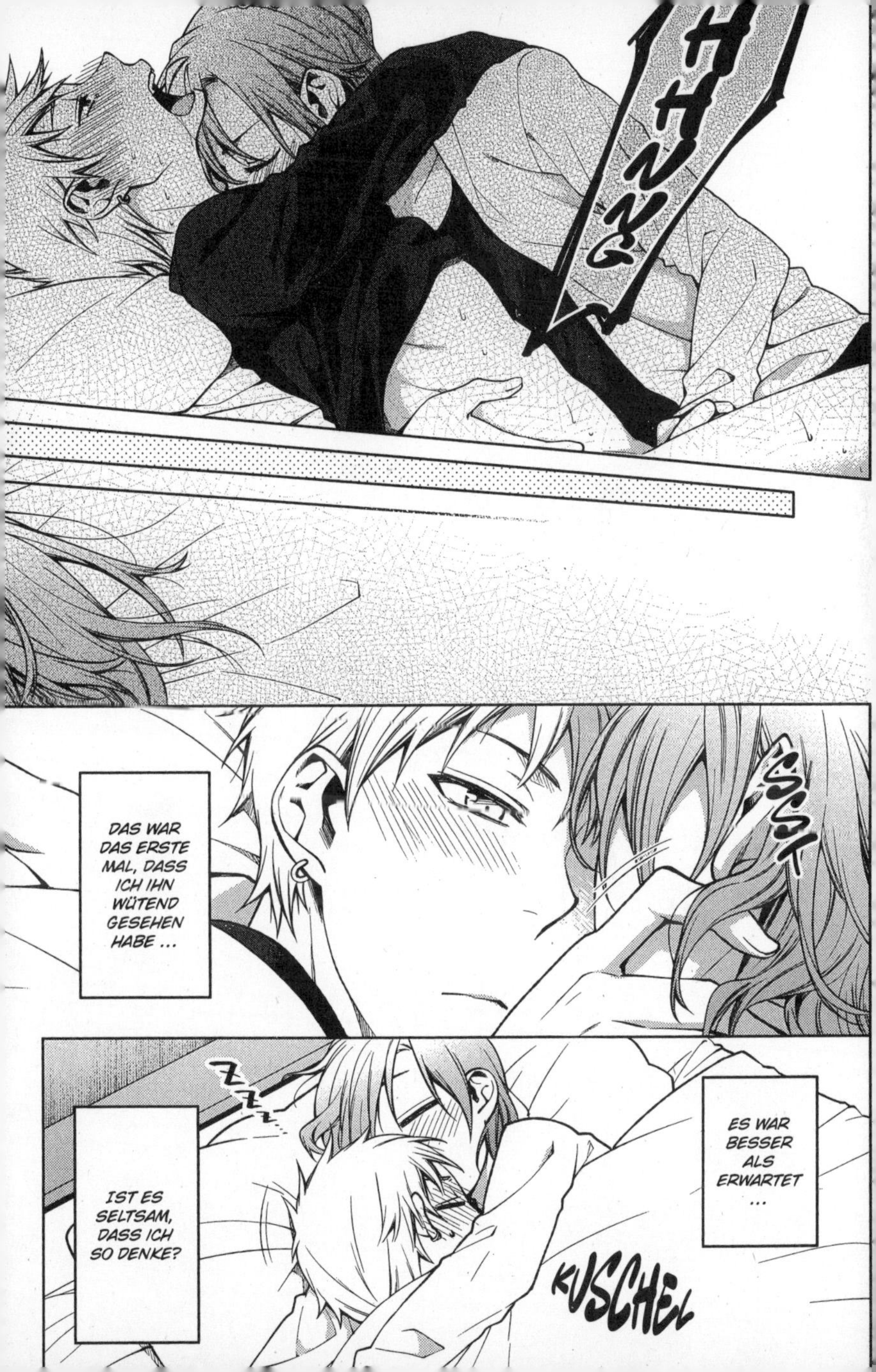
HHNNG
DAS WAR DAS ERSTE MAL, DASS ICH IHN WÜTEND GESEHEN HABE ...
SCHK
ES WAR BESSER ALS ERWARTET ...
ZZZ...
IST ES SELTSAM, DASS ICH SO DENKE?
KUSCHEL

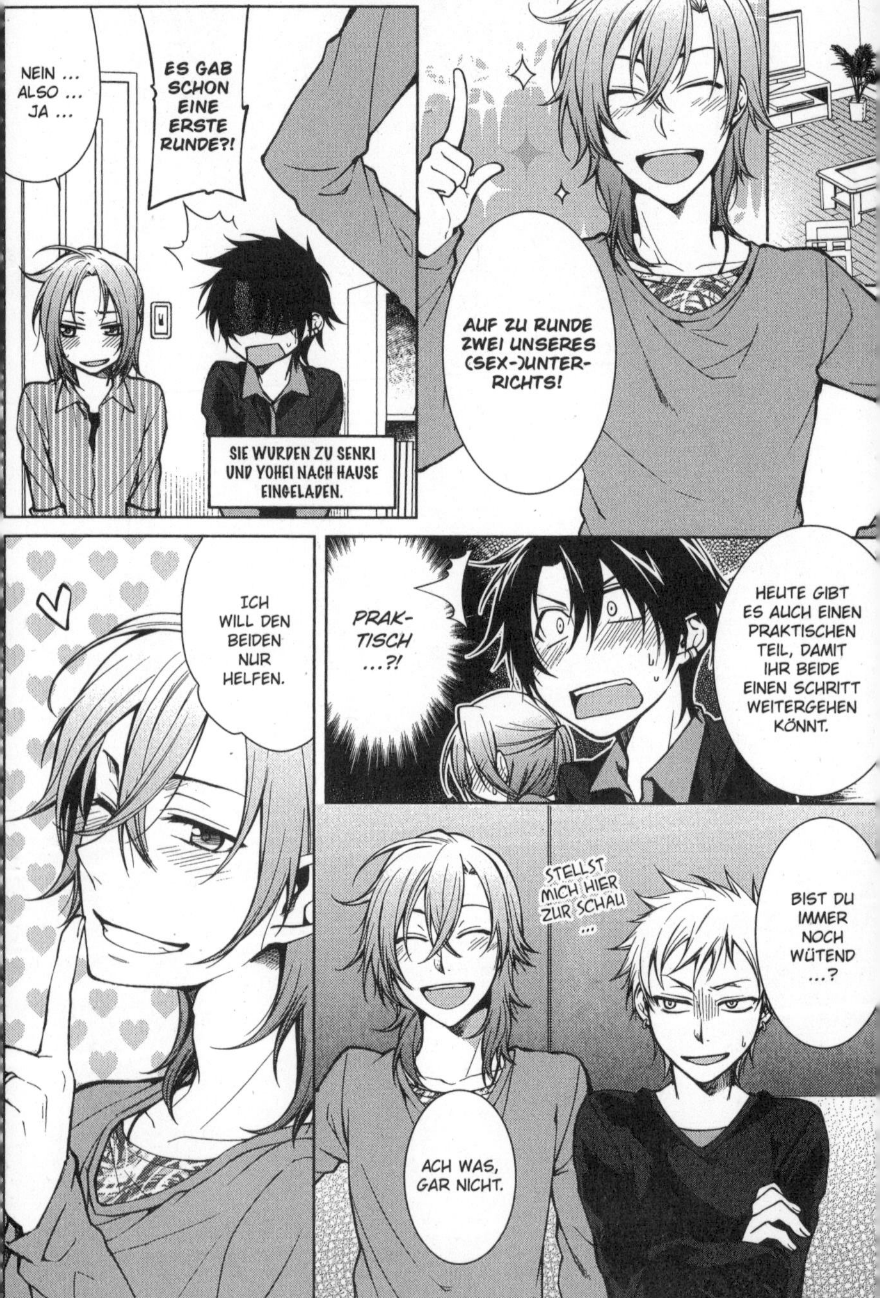

AUF ZU RUNDE ZWEI UNSERES (SEX-)UNTERRICHTS!

ES GAB SCHON EINE ERSTE RUNDE?!

NEIN ... ALSO ... JA ...

SIE WURDEN ZU SENRI UND YOHEI NACH HAUSE EINGELADEN.

HEUTE GIBT ES AUCH EINEN PRAKTISCHEN TEIL, DAMIT IHR BEIDE EINEN SCHRITT WEITERGEHEN KÖNNT.

PRAKTISCH ...?!

BIST DU IMMER NOCH WÜTEND ...?

STELLST MICH HIER ZUR SCHAU ...

ACH WAS, GAR NICHT.

ICH WILL DEN BEIDEN NUR HELFEN.

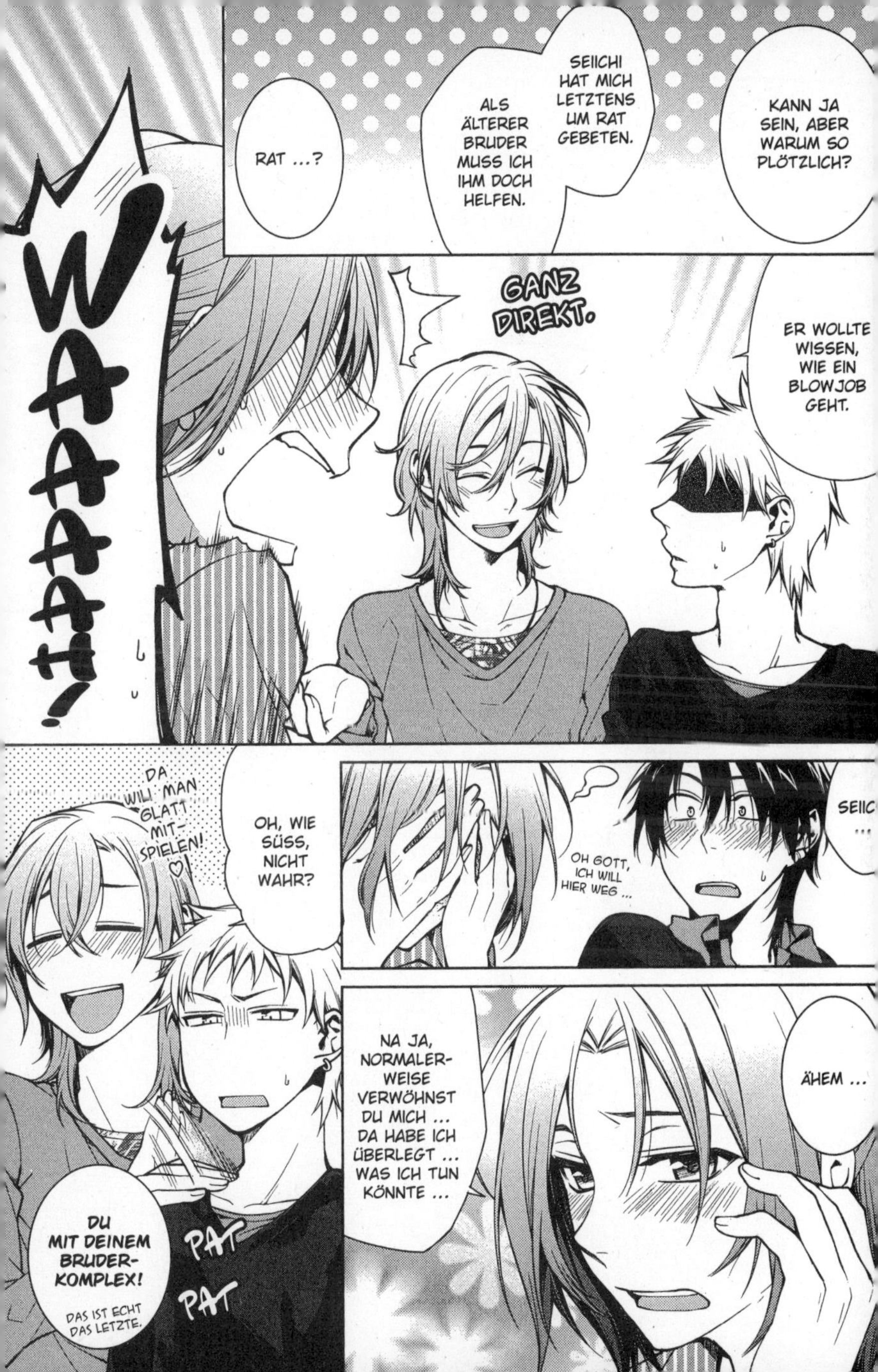
KANN JA SEIN, ABER WARUM SO PLÖTZLICH?
SEIICHI HAT MICH LETZTENS UM RAT GEBETEN.
ALS ÄLTERER BRUDER MUSS ICH IHM DOCH HELFEN.
RAT ...?
ER WOLLTE WISSEN, WIE EIN BLOWJOB GEHT.
GANZ DIREKT.
WAAAAAH!
SEIIC ...
OH GOTT, ICH WILL HIER WEG ...
OH, WIE SÜSS, NICHT WAHR?
DA WILL MAN GLATT MIT-SPIELEN! ♡
ÄHEM ...
NA JA, NORMALER-WEISE VERWÖHNST DU MICH ... DA HABE ICH ÜBERLEGT ... WAS ICH TUN KÖNNTE ...
PAT PAT
DU MIT DEINEM BRUDER-KOMPLEX!
DAS IST ECHT DAS LETZTE.

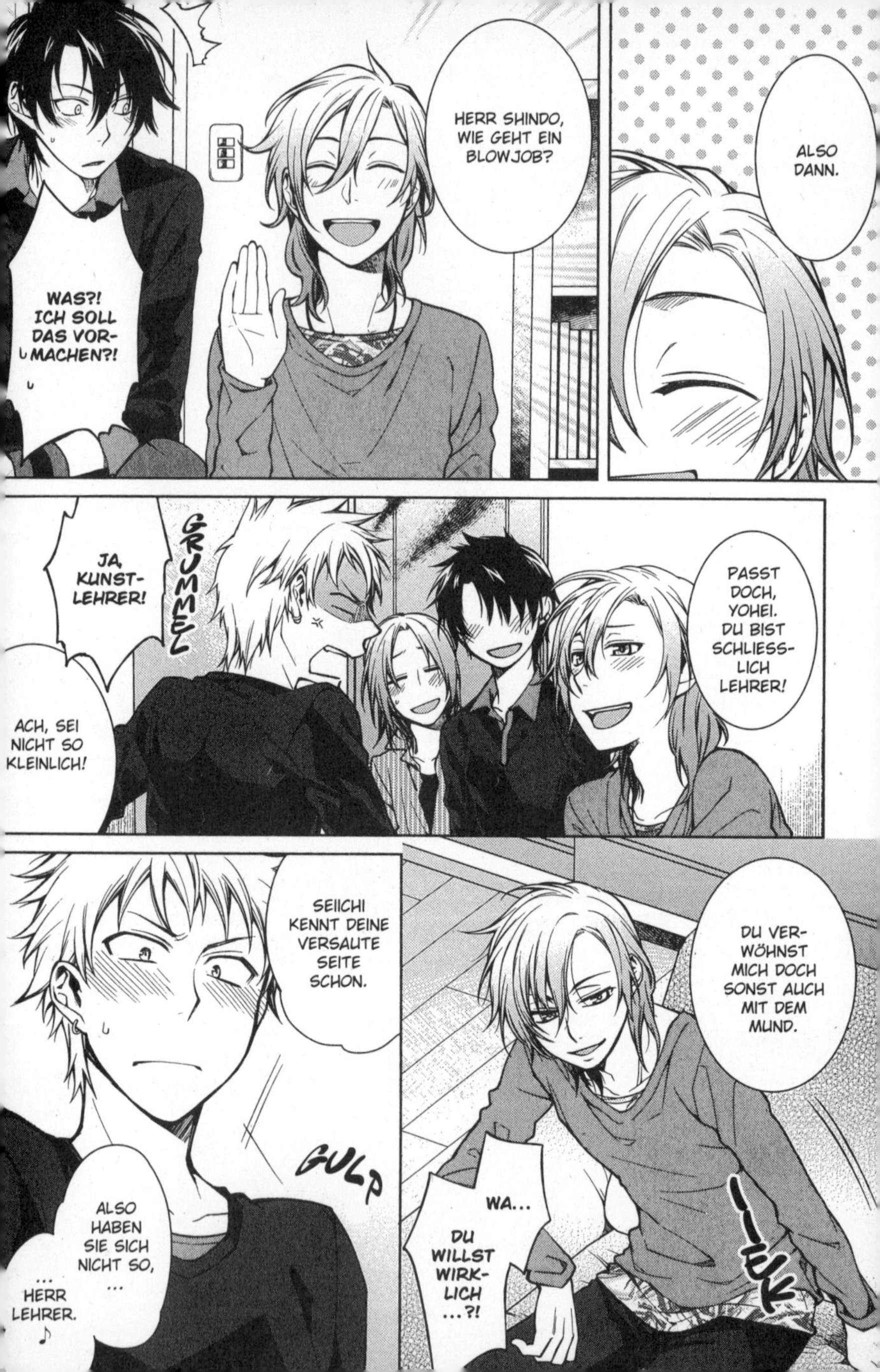
ALSO DANN.
HERR SHINDO, WIE GEHT EIN BLOWJOB?
WAS?! ICH SOLL DAS VOR-MACHEN?!
PASST DOCH, YOHEI. DU BIST SCHLIESS-LICH LEHRER!
JA, KUNST-LEHRER!
GRUMMEL
ACH, SEI NICHT SO KLEINLICH!
DU VER-WÖHNST MICH DOCH SONST AUCH MIT DEM MUND.
IEK
WA...
DU WILLST WIRK-LICH ...?!
SEIICHI KENNT DEINE VERSAUTE SEITE SCHON.
GULP
ALSO HABEN SIE SICH NICHT SO, ...
... HERR LEHRER. ♪

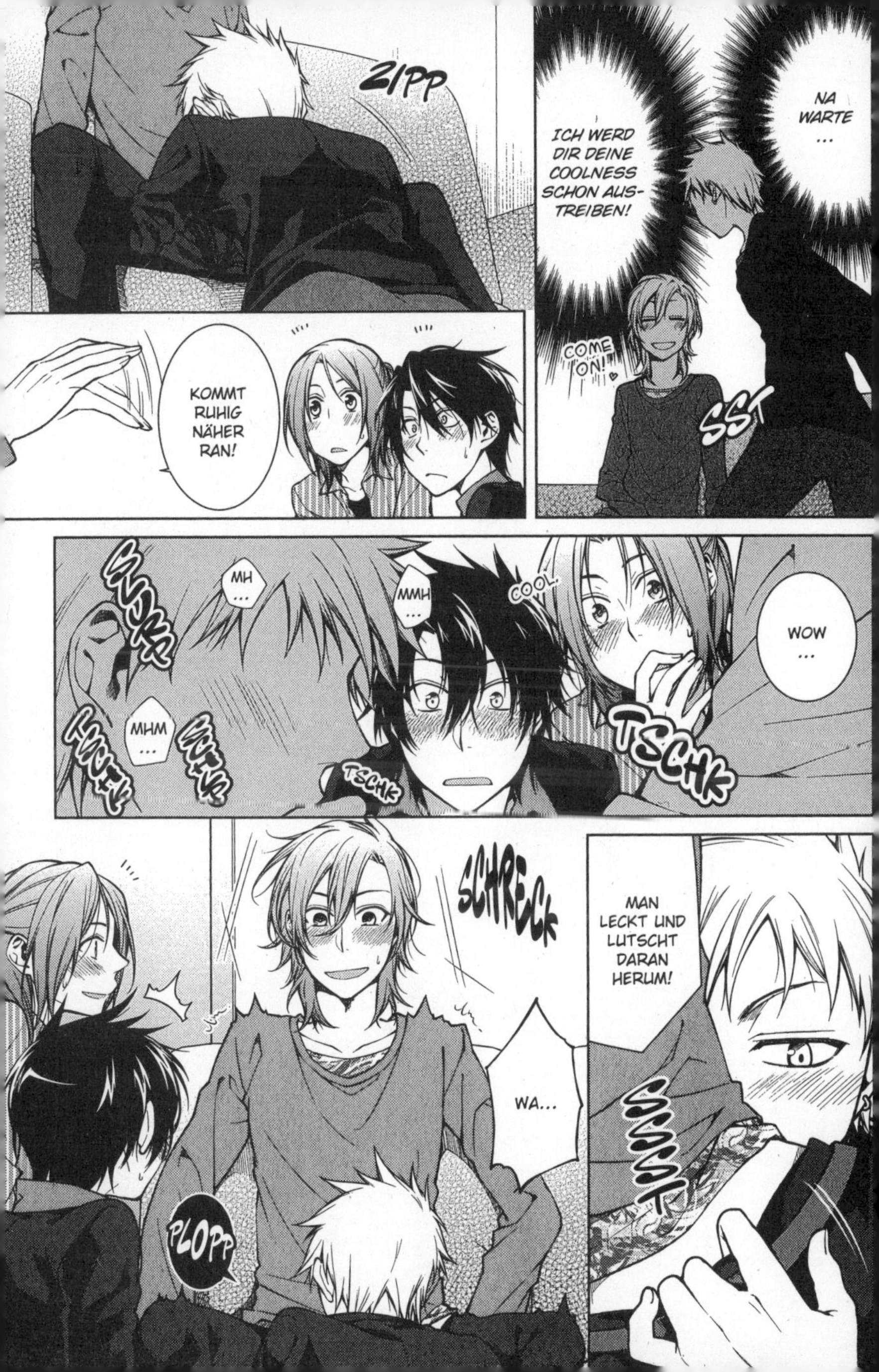

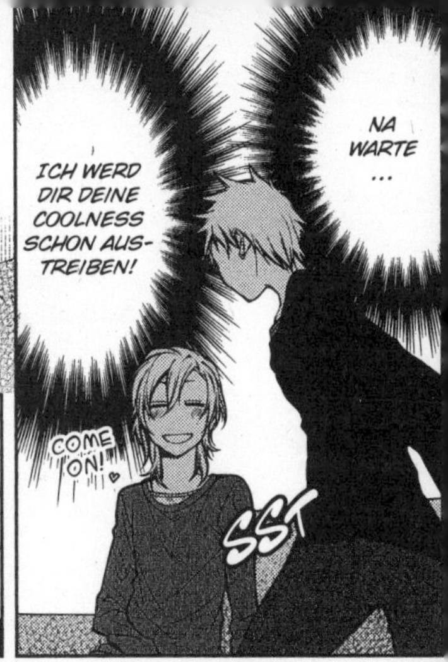
NA WARTE …
ICH WERD DIR DEINE COOLNESS SCHON AUS-TREIBEN!
COME ON!
SST

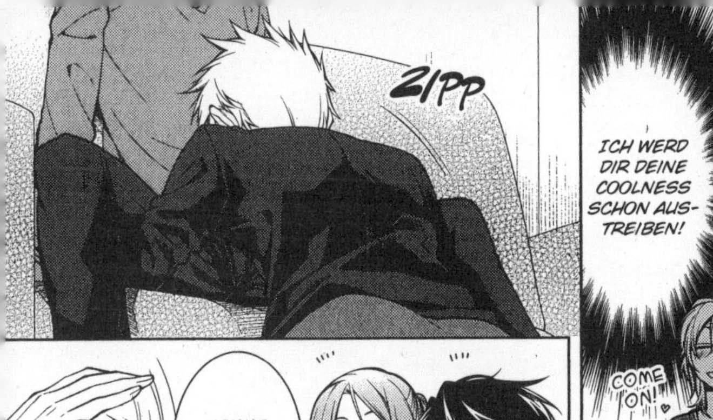
ZIPP

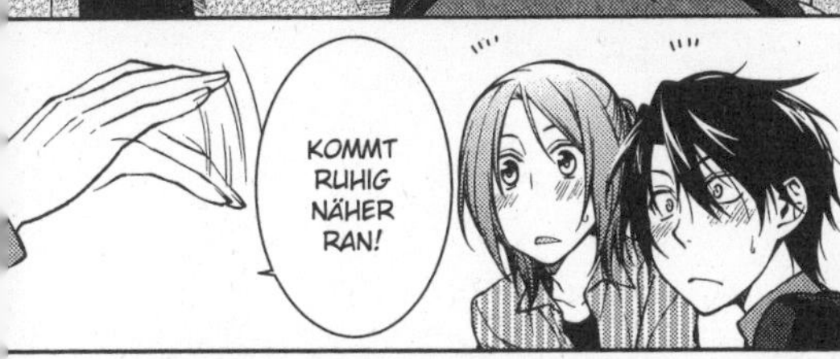
KOMMT RUHIG NÄHER RAN!

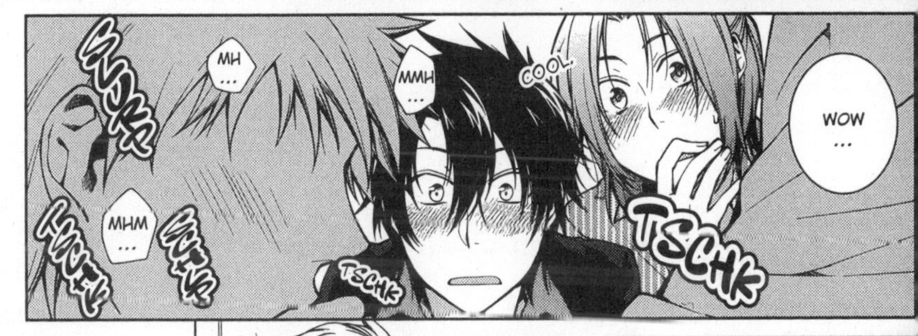
WOW …
COOL
TSCHK
MMH …
MH …
MHM …
TSCHK

MAN LECKT UND LUTSCHT DARAN HERUM!
SSSST
SCHRECK
WA…
PLOPP

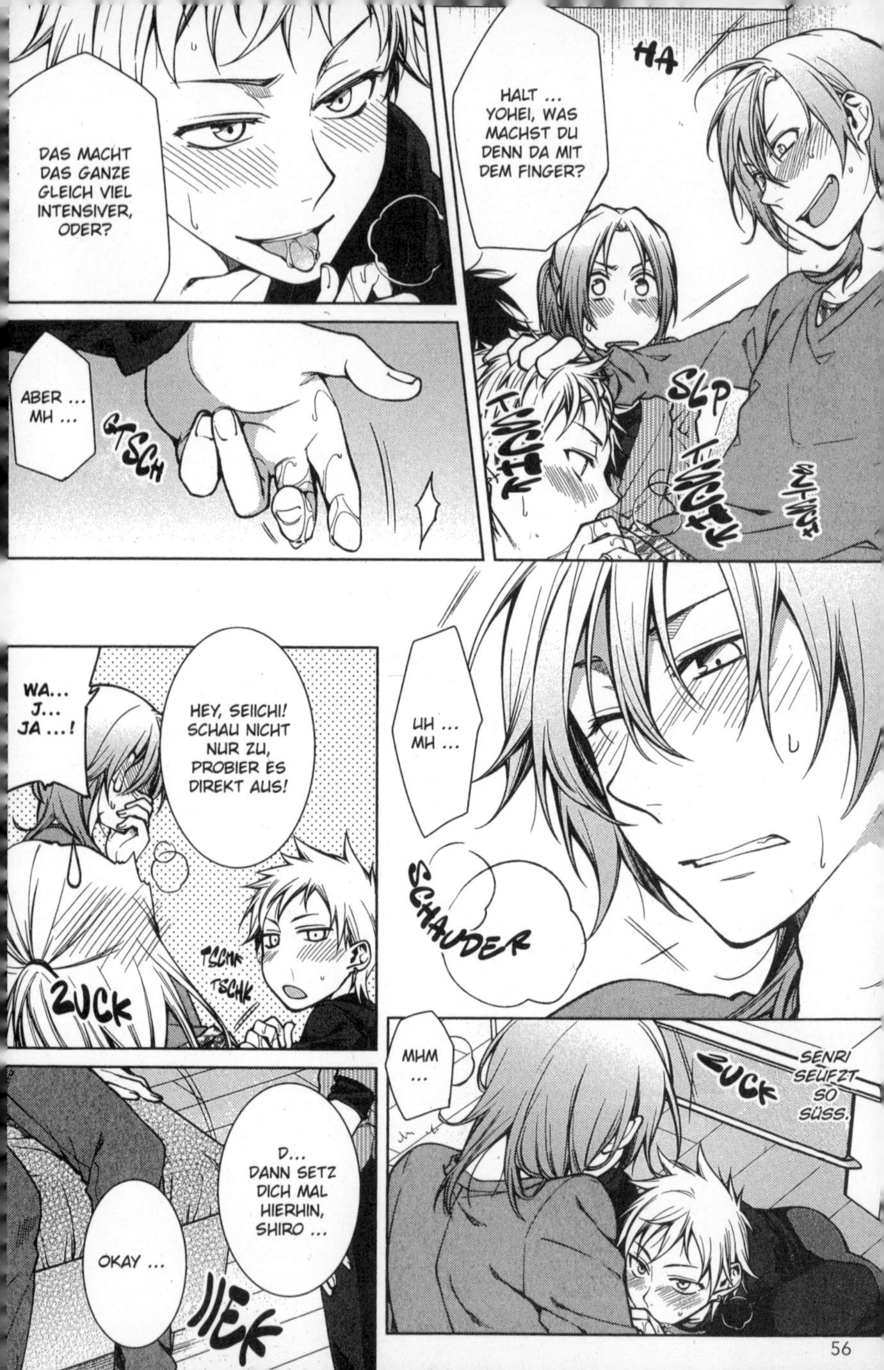
HA
HALT … YOHEI, WAS MACHST DU DENN DA MIT DEM FINGER?
DAS MACHT DAS GANZE GLEICH VIEL INTENSIVER, ODER?
SLP
TSCHK
TSCHK
TSCHK
ABER … MH …
QTSCH
UH … MH …
SCHAUDER
HEY, SEIICHI! SCHAU NICHT NUR ZU, PROBIER ES DIREKT AUS!
WA… J… JA …!
TSCHK
TSCHK
ZUCK
MHM …
ZUCK
SENRI SEUFZT SO SÜSS.
D… DANN SETZ DICH MAL HIERHIN, SHIRO …
OKAY …
IIEK

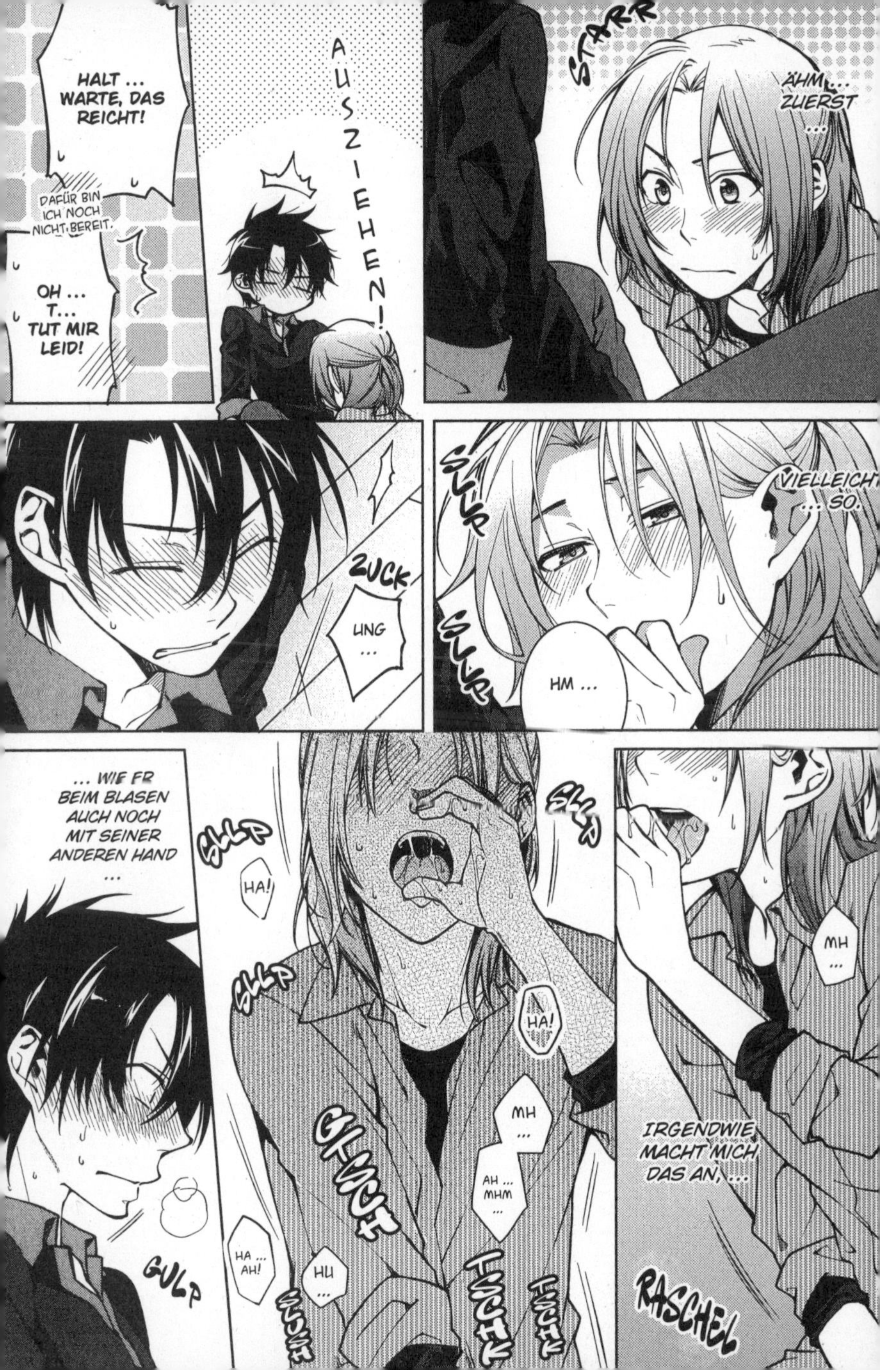
STARR
ÄHM ... ZUERST ...
AUSZIEHEN!
HALT ... WARTE, DAS REICHT!
DAFÜR BIN ICH NOCH NICHT BEREIT.
OH ... T... TUT MIR LEID!
SLLP
VIELLEICH ... SO.
SLLP
HM ...
ZUCK
UNG ...
MH ...
IRGENDWIE, MACHT MICH DAS AN, ...
RASCHEL
SLLP
SLLP
HA!
SLLP
HA!
MH ...
AH ... MHM ...
HA ... AH!
HU ...
SLUSH
TSCHK
TSCHK
... WIE ER BEIM BLASEN AUCH NOCH MIT SEINER ANDEREN HAND ...
GULP

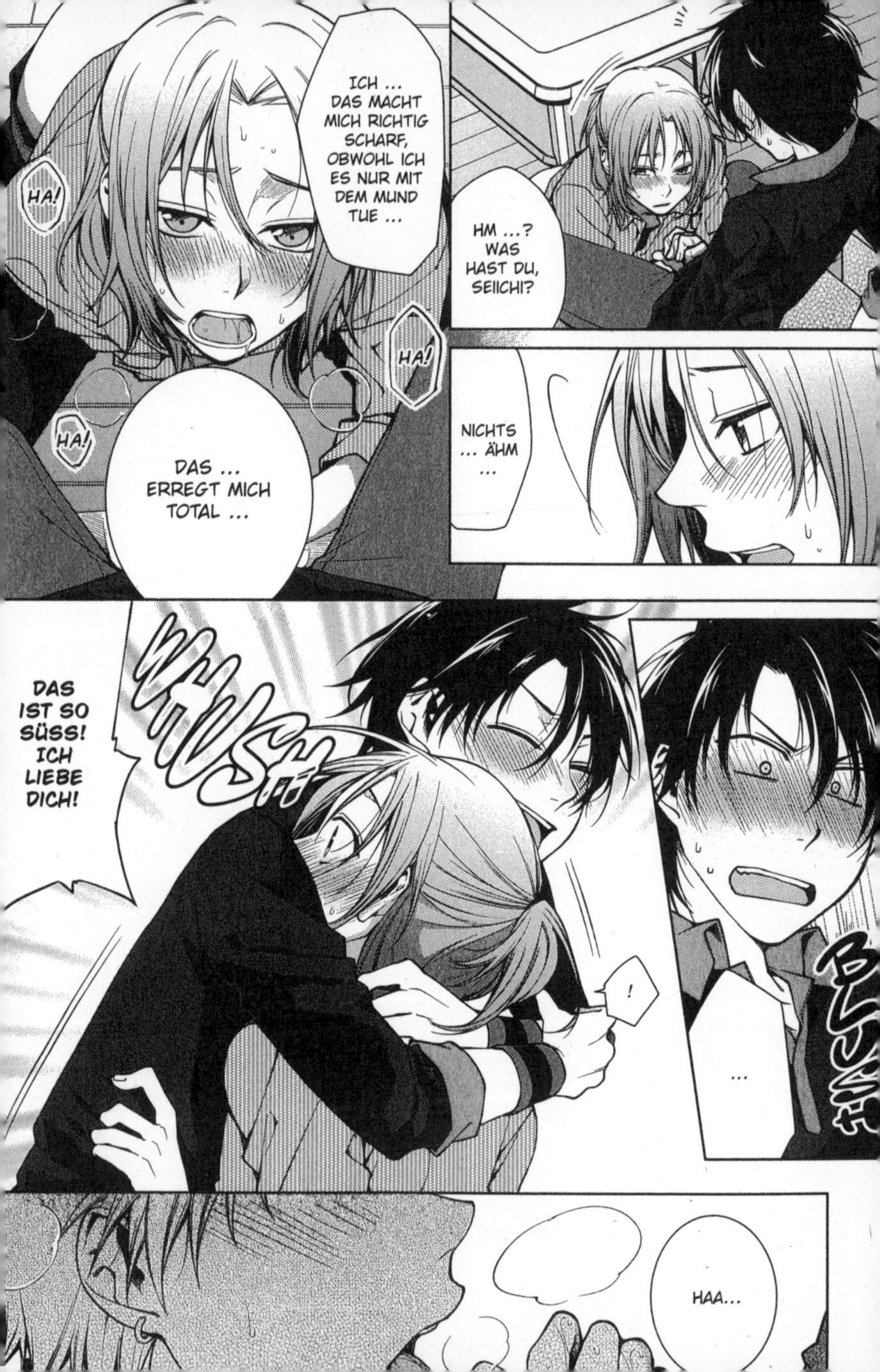
HM ...? WAS HAST DU, SEIICHI?
NICHTS ... ÄHM ...
ICH ... DAS MACHT MICH RICHTIG SCHARF, OBWOHL ICH ES NUR MIT DEM MUND TUE ...
HA!
HA!
HA!
DAS ... ERREGT MICH TOTAL ...
...
BLUSH
WHUSH
DAS IST SO SÜSS! ICH LIEBE DICH!
!
HAA...

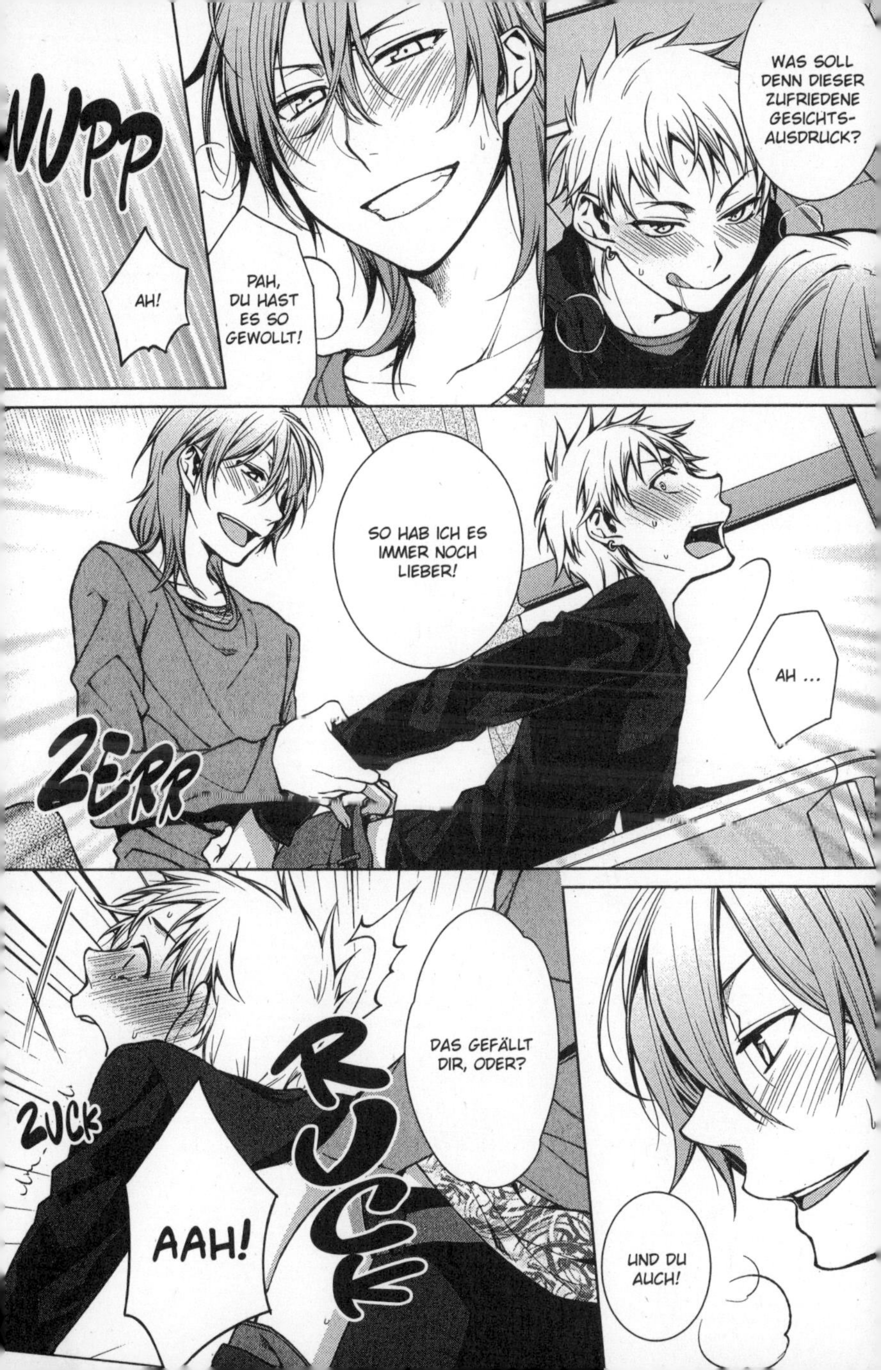
WAS SOLL DENN DIESER ZUFRIEDENE GESICHTS-AUSDRUCK?
PAH, DU HAST ES SO GEWOLLT!
AH!
NUPP
AH ...
SO HAB ICH ES IMMER NOCH LIEBER!
ZERR
UND DU AUCH!
DAS GEFÄLLT DIR, ODER?
RUCK
ZUCK
AAH!

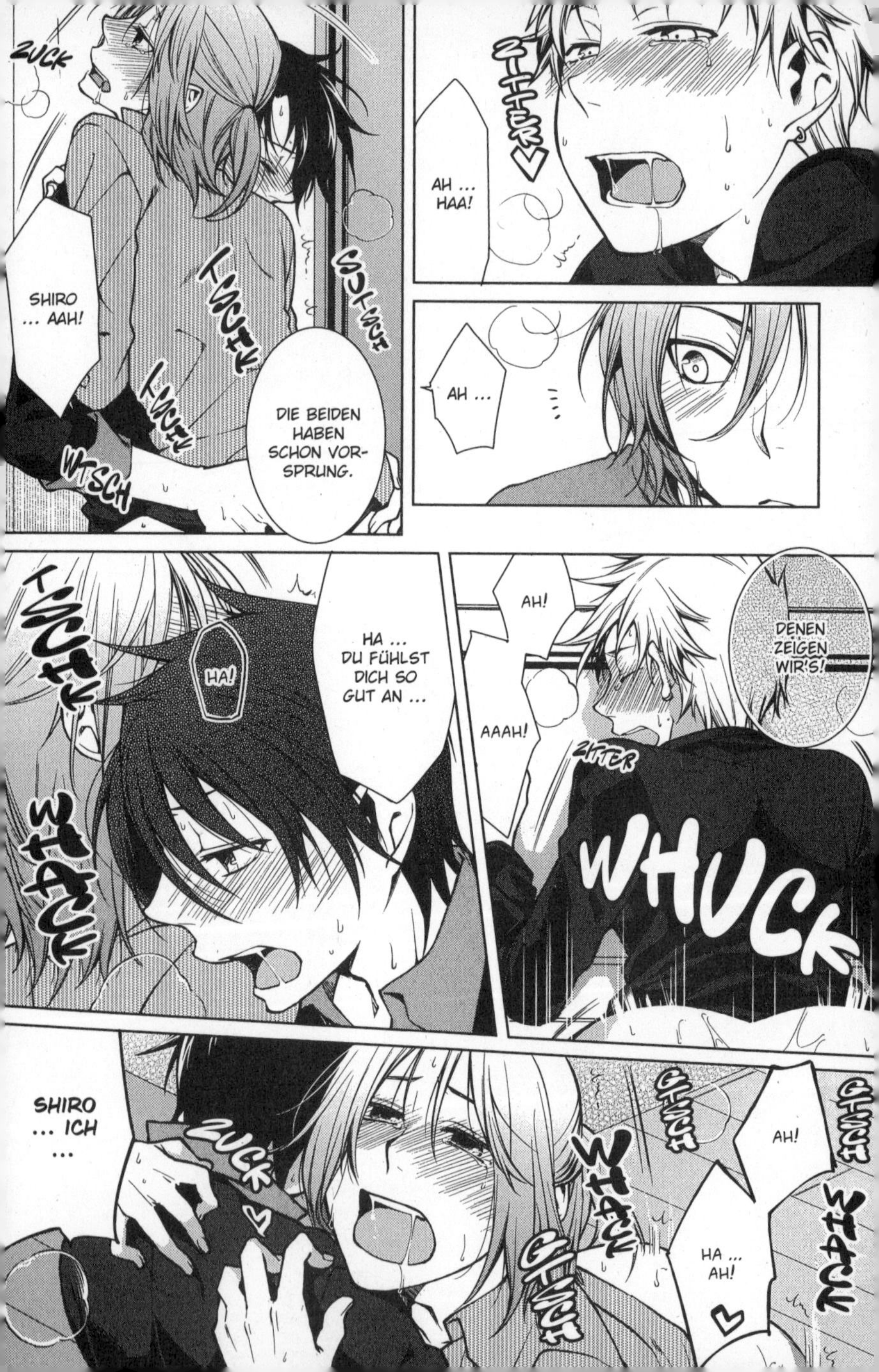

ZITTER
AH ... HAA!
AH ...
SUTSCH
DIE BEIDEN HABEN SCHON VORSPRUNG.
TSCHK
SHIRO ... AAH!
ZUCK
WITSCH

DENEN ZEIGEN WIR'S!
AH!
AAAH!
ZITTER
WHUCK
HA ... DU FÜHLST DICH SO GUT AN ...
HA!
TSCHK
WHACK

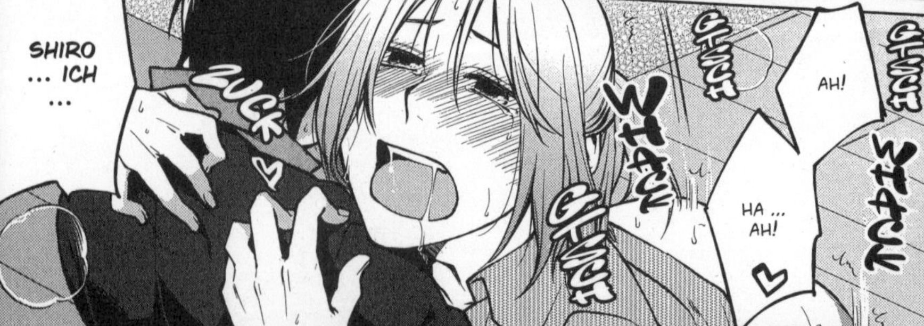

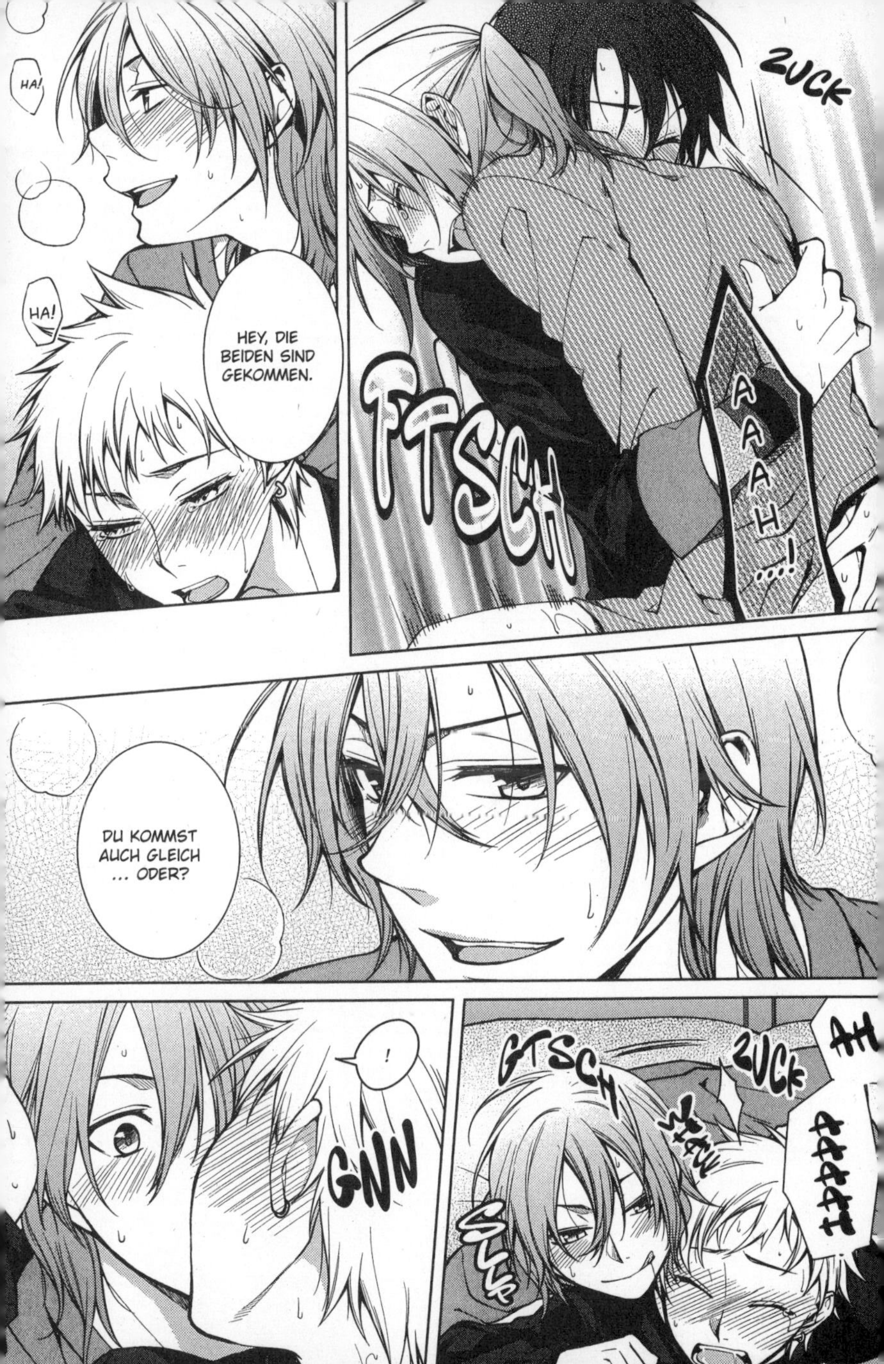
ZUCK
HA!
HA!
HEY, DIE BEIDEN SIND GEKOMMEN.
PTSCH
AAAAH...!
DU KOMMST AUCH GLEICH ... ODER?
!
GNN
AH
ZUCK
GTSCH
AAAAH
SLUP

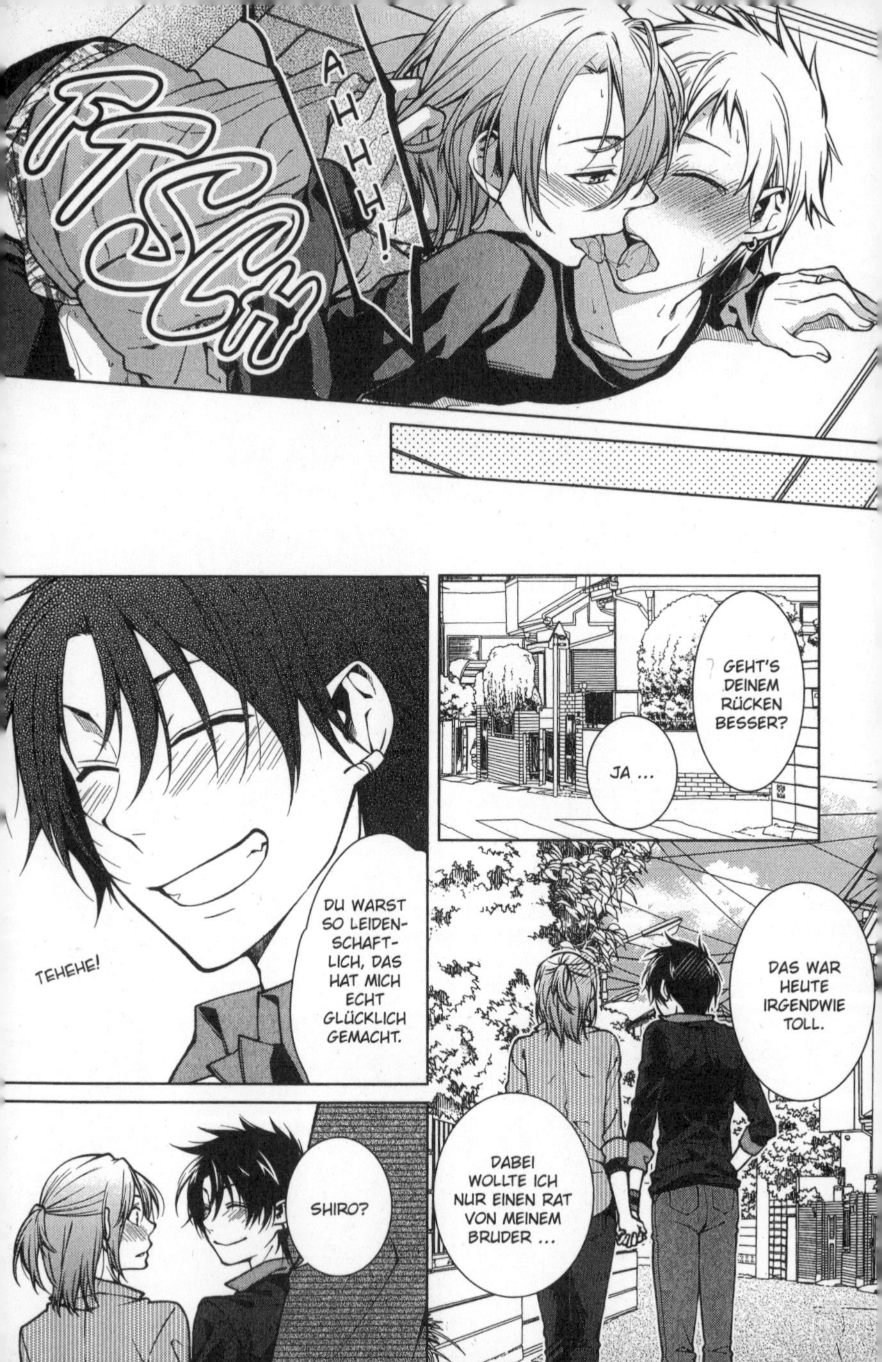
AHHHH!
FTSCH
GEHT'S DEINEM RÜCKEN BESSER?
JA ...
DAS WAR HEUTE IRGENDWIE TOLL.
DU WARST SO LEIDEN-SCHAFT-LICH, DAS HAT MICH ECHT GLÜCKLICH GEMACHT.
TEHEHE!
DABEI WOLLTE ICH NUR EINEN RAT VON MEINEM BRUDER ...
SHIRO?

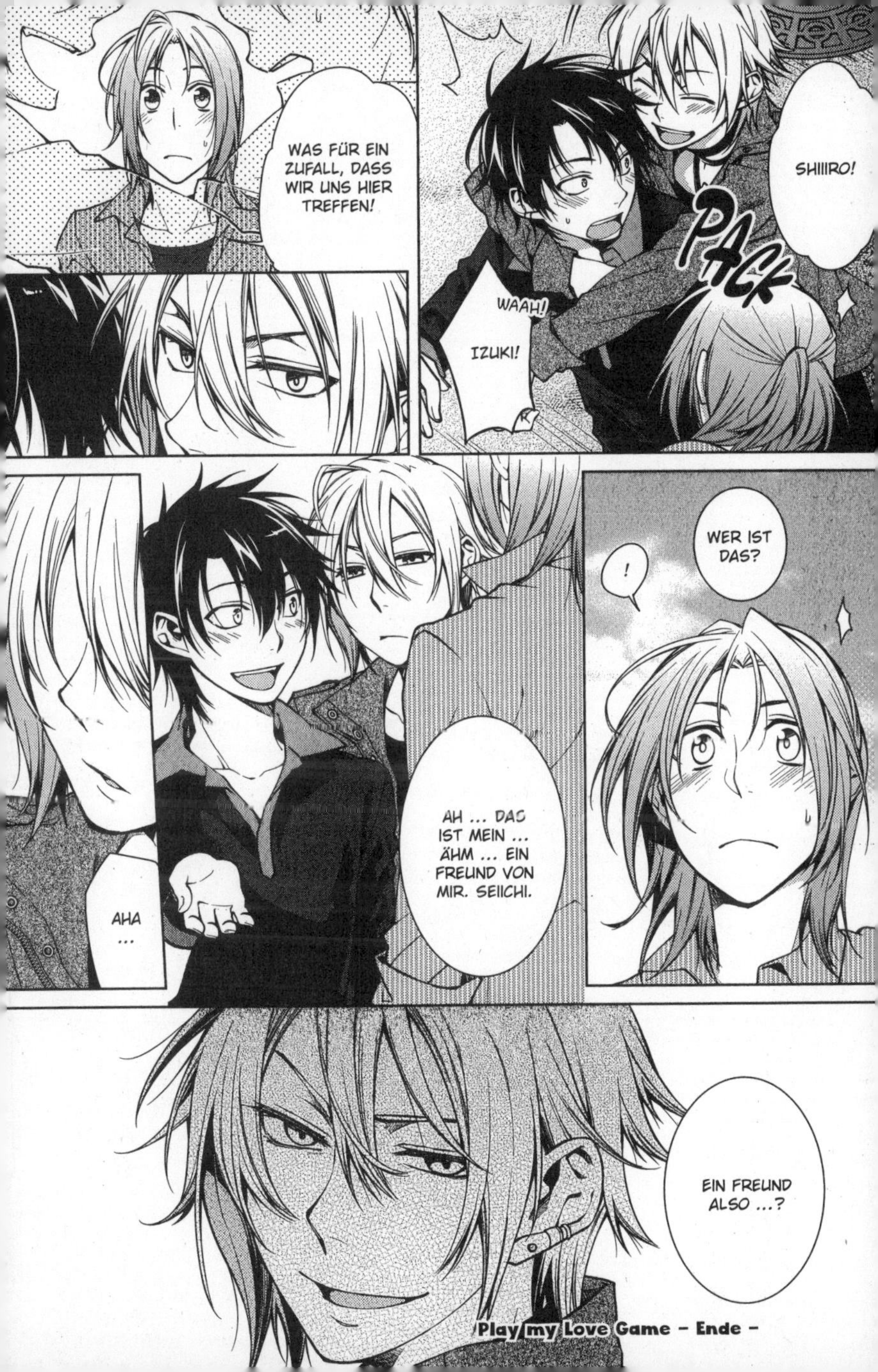
SHIIIRO!
PACK
WAAH!
IZUKI!
WAS FÜR EIN ZUFALL, DASS WIR UNS HIER TREFFEN!
!
WER IST DAS?
AH ... DAS IST MEIN ... ÄHM ... EIN FREUND VON MIR. SEIICHI.
AHA ...
EIN FREUND ALSO ...?
Play my Love Game – Ende –

Spiel nicht mit meinem Herz

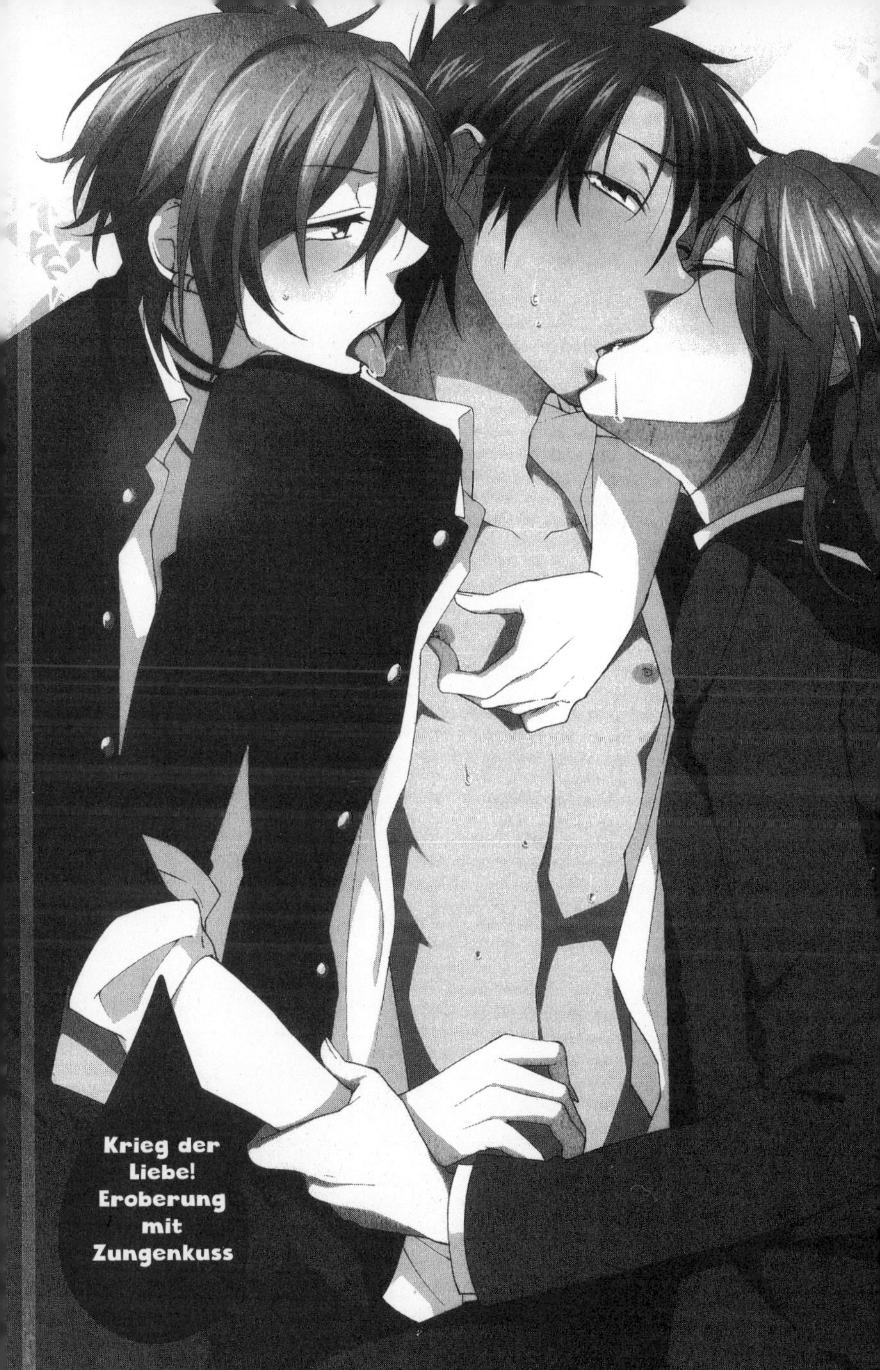
Krieg der
Liebe!
Eroberung
mit
Zungenkuss

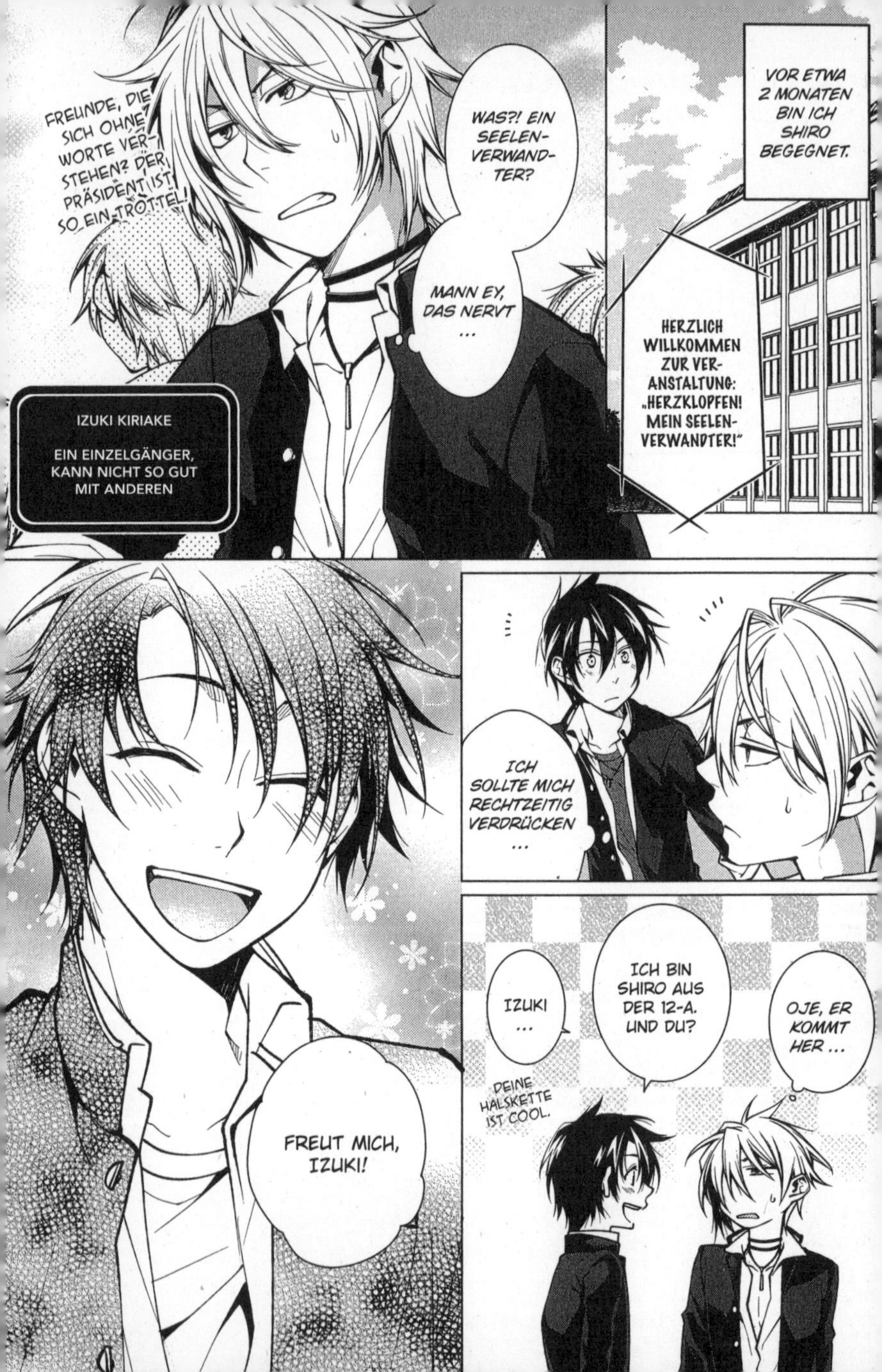
VOR ETWA 2 MONATEN BIN ICH SHIRO BEGEGNET.
HERZLICH WILLKOMMEN ZUR VERANSTALTUNG: „HERZKLOPFEN! MEIN SEELENVERWANDTER!“
WAS?! EIN SEELENVERWANDTER?
MANN EY, DAS NERVT …
FREUNDE, DIE SICH OHNE WORTE VERSTEHEN? DER PRÄSIDENT IST SO EIN TROTTEL!
IZUKI KIRIAKE
EIN EINZELGÄNGER, KANN NICHT SO GUT MIT ANDEREN
ICH SOLLTE MICH RECHTZEITIG VERDRÜCKEN …
OJE, ER KOMMT HER …
ICH BIN SHIRO AUS DER 12-A. UND DU?
IZUKI …
DEINE HALSKETTE IST COOL.
FREUT MICH, IZUKI!

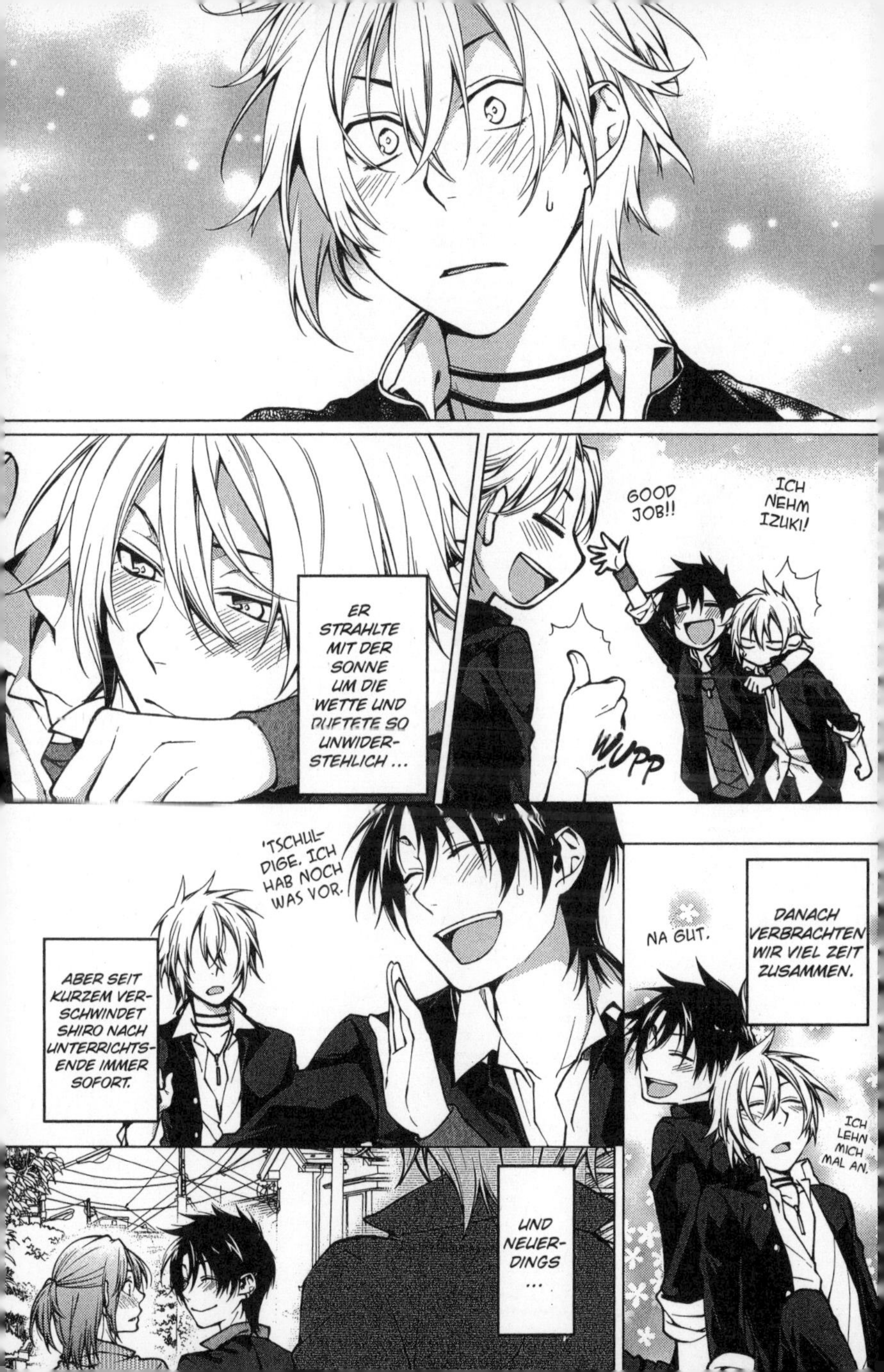
ICH NEHM IZUKI!
GOOD JOB!!
WUPP
ER STRAHLTE MIT DER SONNE UM DIE WETTE UND DUFTETE SO UNWIDERSTEHLICH …
DANACH VERBRACHTEN WIR VIEL ZEIT ZUSAMMEN.
NA GUT.
ICH LEHN MICH MAL AN.
'TSCHULDIGE. ICH HAB NOCH WAS VOR.
ABER SEIT KURZEM VERSCHWINDET SHIRO NACH UNTERRICHTSENDE IMMER SOFORT.
UND NEUERDINGS …

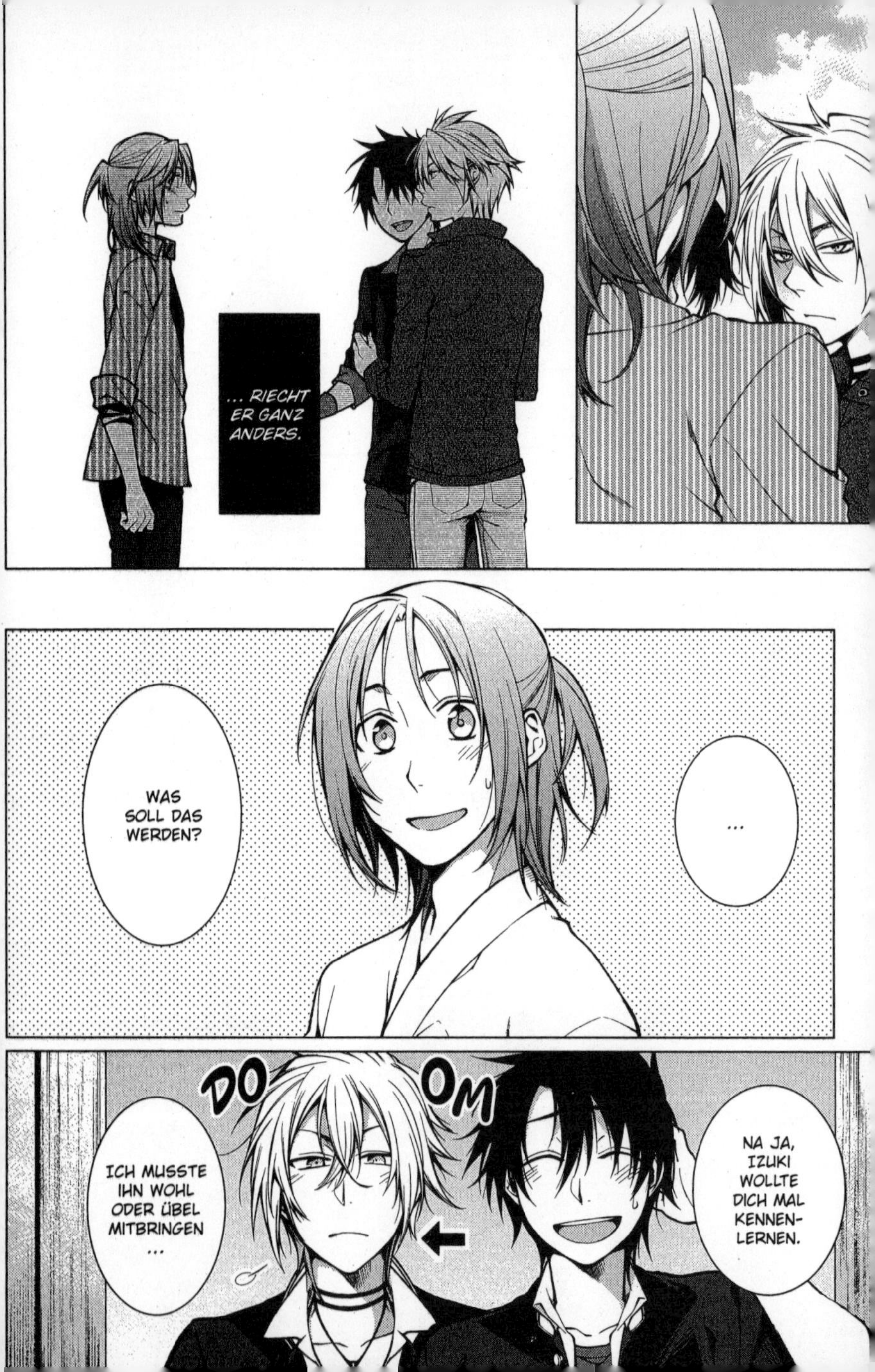

... RIECHT ER GANZ ANDERS.

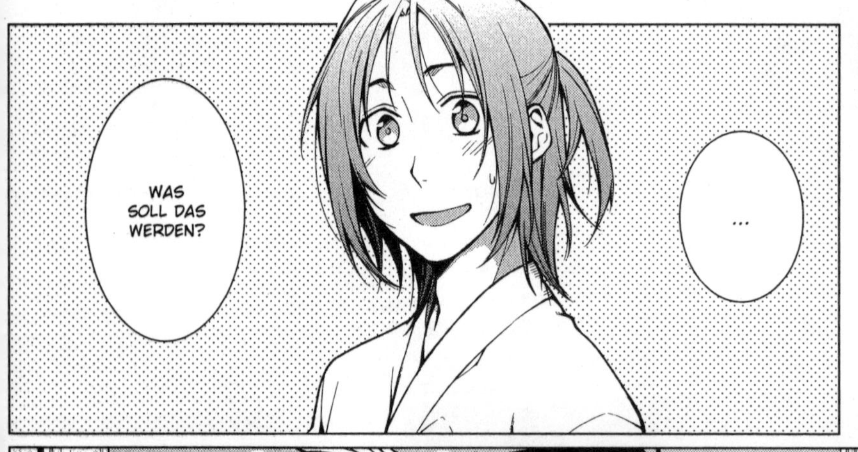

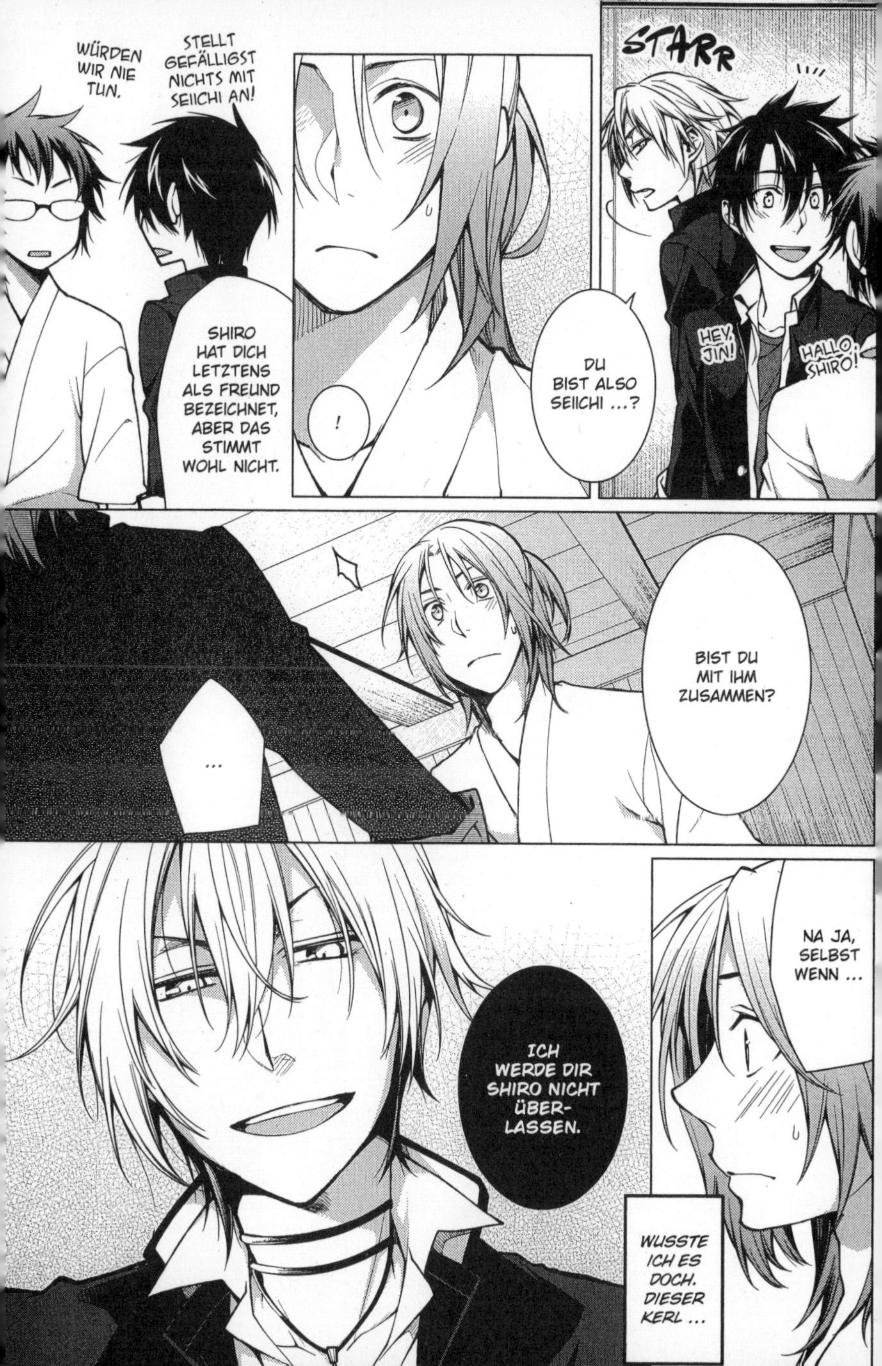
STARR
HALLO, SHIRO!
HEY, JIN!
DU BIST ALSO SEIICHI …?
!
STELLT GEFÄLLIGST NICHTS MIT SEIICHI AN!
WÜRDEN WIR NIE TUN.
SHIRO HAT DICH LETZTENS ALS FREUND BEZEICHNET, ABER DAS STIMMT WOHL NICHT.
BIST DU MIT IHM ZUSAMMEN?
…
NA JA, SELBST WENN …
WUSSTE ICH ES DOCH. DIESER KERL …
ICH WERDE DIR SHIRO NICHT ÜBER-LASSEN.

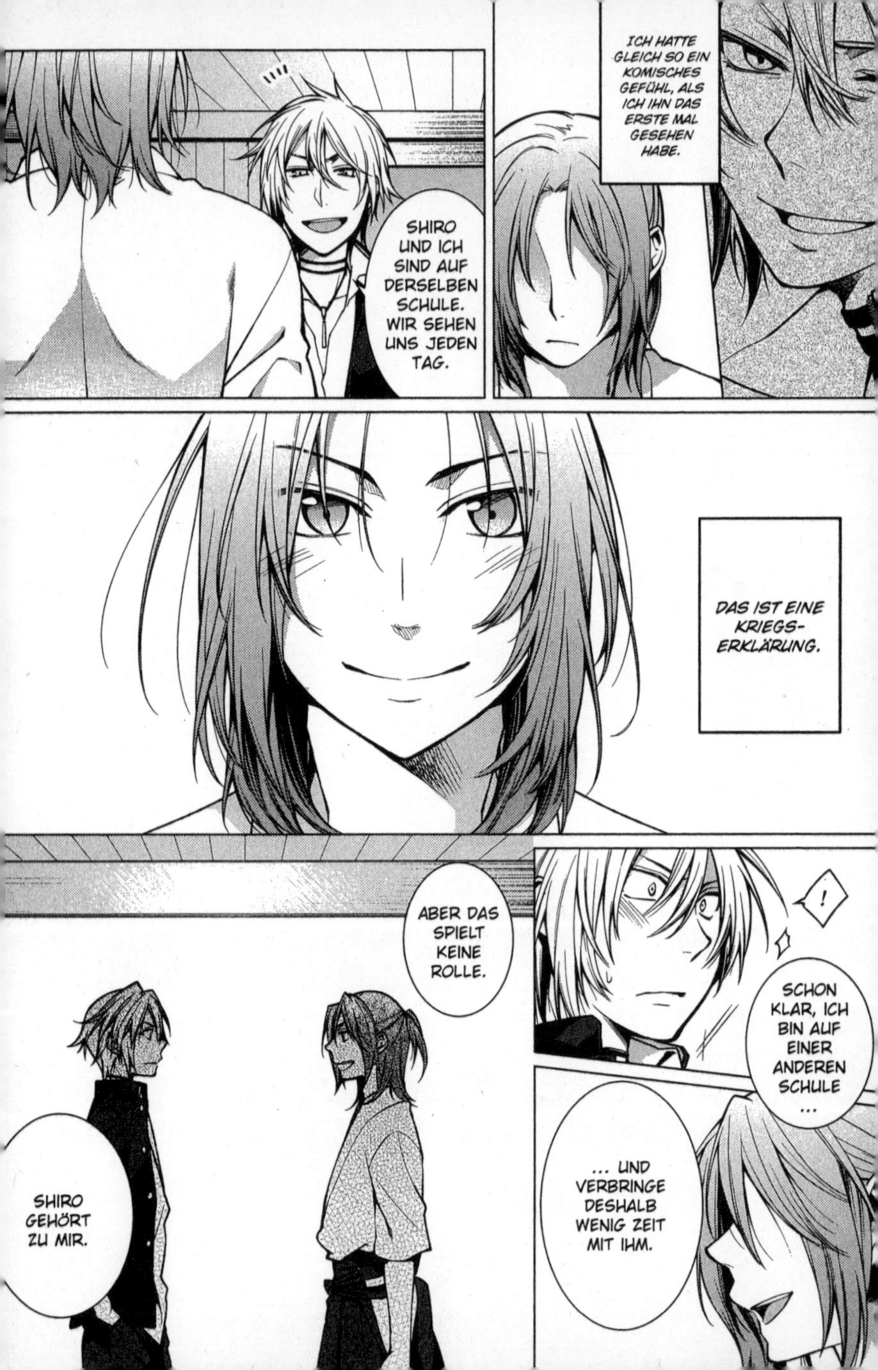
ICH HATTE GLEICH SO EIN KOMISCHES GEFÜHL, ALS ICH IHN DAS ERSTE MAL GESEHEN HABE.
SHIRO UND ICH SIND AUF DERSELBEN SCHULE. WIR SEHEN UNS JEDEN TAG.
DAS IST EINE KRIEGS-ERKLÄRUNG.
!
SCHON KLAR, ICH BIN AUF EINER ANDEREN SCHULE ...
... UND VERBRINGE DESHALB WENIG ZEIT MIT IHM.
ABER DAS SPIELT KEINE ROLLE.
SHIRO GEHÖRT ZU MIR.

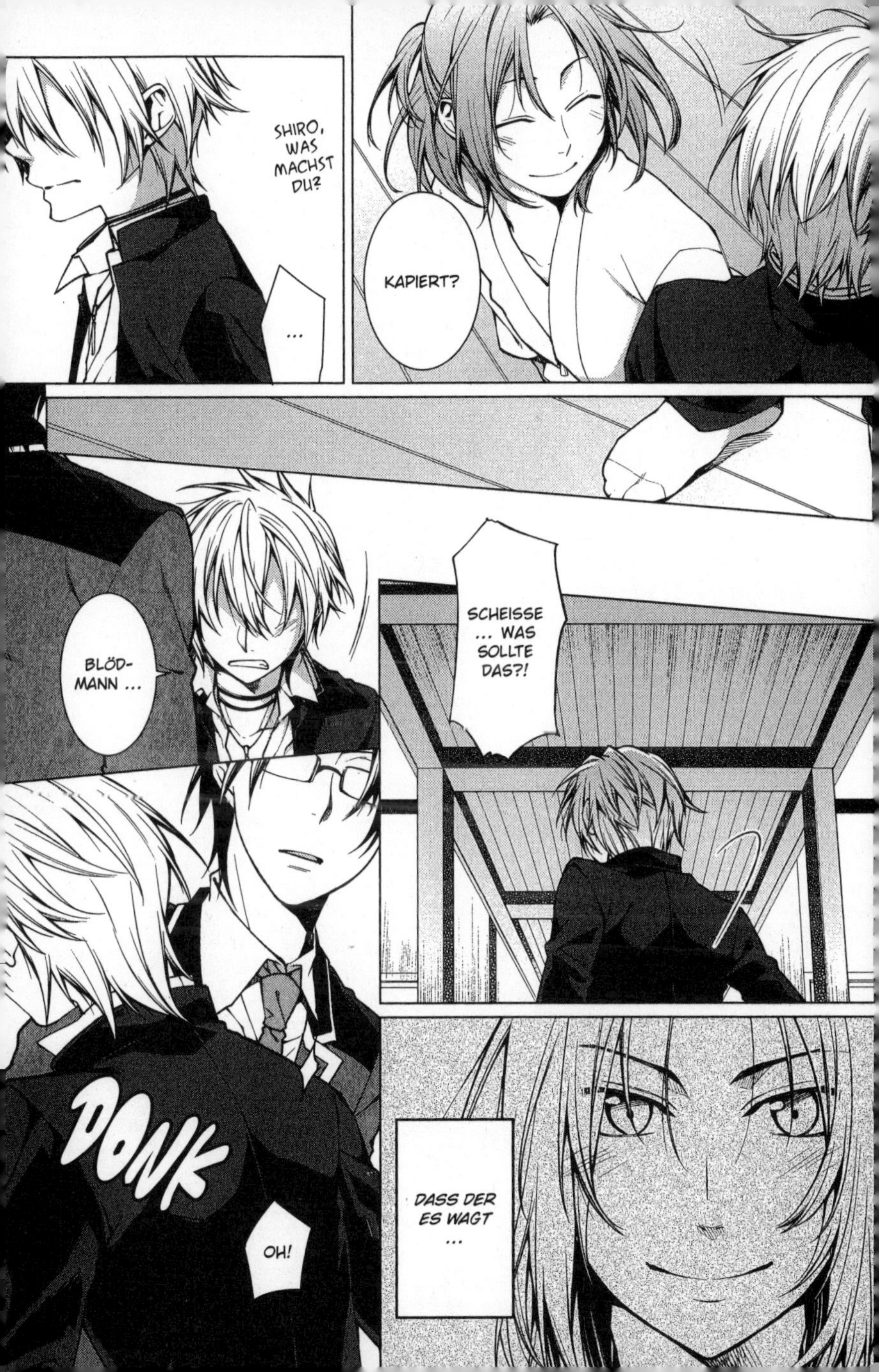
KAPIERT?
SHIRO, WAS MACHST DU?
...
SCHEISSE ... WAS SOLLTE DAS?!
BLÖD-MANN ...
DONK
OH!
DASS DER ES WAGT ...

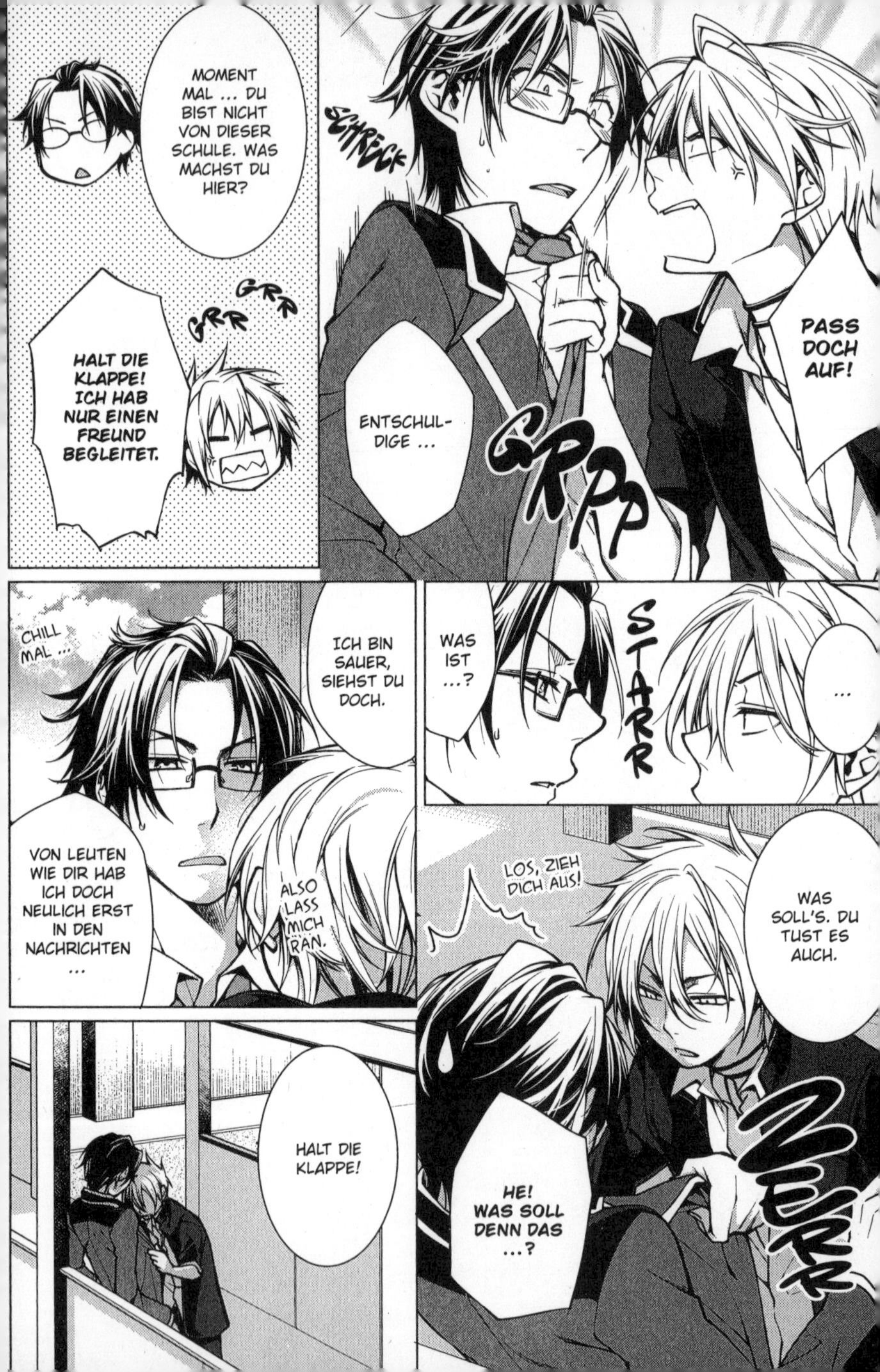
PASS DOCH AUF!
SCHRECK
GRRR
ENTSCHULDIGE …
MOMENT MAL … DU BIST NICHT VON DIESER SCHULE. WAS MACHST DU HIER?
GRR GRR
HALT DIE KLAPPE! ICH HAB NUR EINEN FREUND BEGLEITET.
…
STARRR
WAS IST …?
ICH BIN SAUER, SIEHST DU DOCH.
CHILL MAL …
VON LEUTEN WIE DIR HAB ICH DOCH NEULICH ERST IN DEN NACHRICHTEN …
ALSO LASS MICH RAN.
WAS SOLL'S. DU TUST ES AUCH.
LOS, ZIEH DICH AUS!
ZERRR
HE! WAS SOLL DENN DAS …?
HALT DIE KLAPPE!

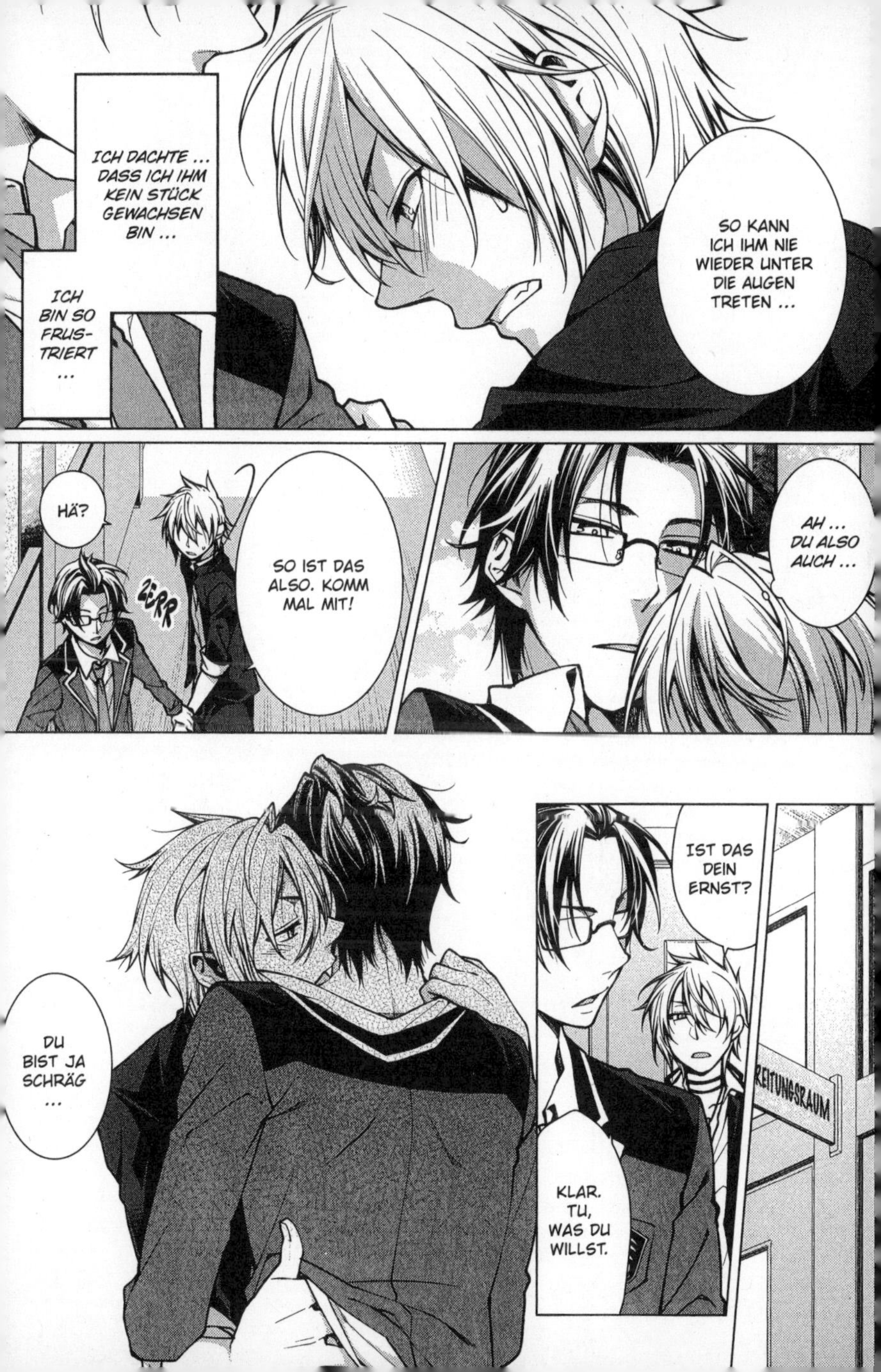

SO KANN ICH IHM NIE WIEDER UNTER DIE AUGEN TRETEN ...
ICH DACHTE ... DASS ICH IHM KEIN STÜCK GEWACHSEN BIN ...
ICH BIN SO FRUSTRIERT ...
AH ... DU ALSO AUCH ...
SO IST DAS ALSO. KOMM MAL MIT!
ZERR
HÄ?
IST DAS DEIN ERNST?
KLAR. TU, WAS DU WILLST.
DU BIST JA SCHRÄG ...

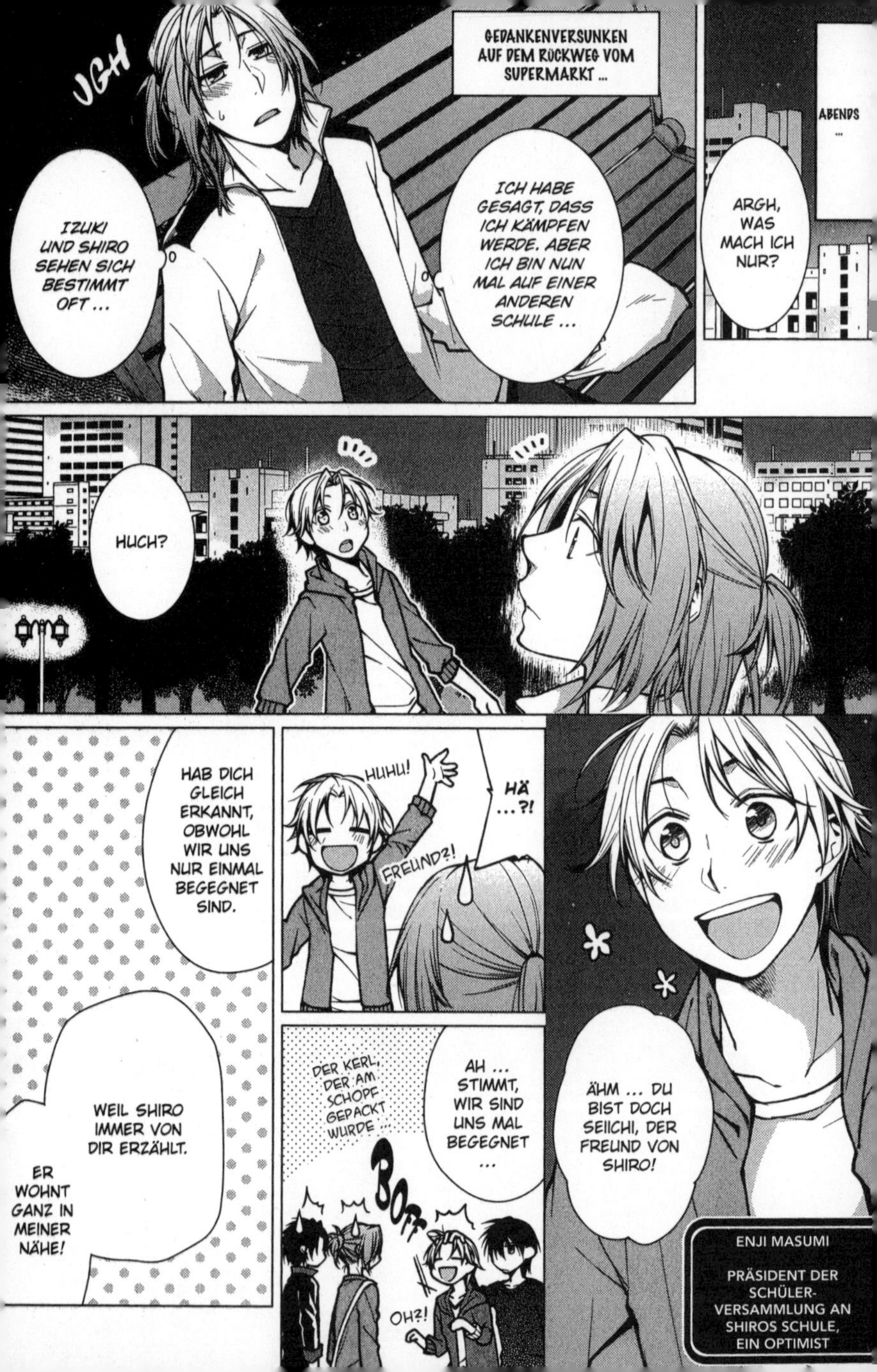

ABENDS ...

ARGH, WAS MACH ICH NUR?

GEDANKENVERSUNKEN AUF DEM RÜCKWEG VOM SUPERMARKT ...

UGH

ICH HABE GESAGT, DASS ICH KÄMPFEN WERDE. ABER ICH BIN NUN MAL AUF EINER ANDEREN SCHULE ...

IZUKI UND SHIRO SEHEN SICH BESTIMMT OFT ...

HUCH?

ÄHM ... DU BIST DOCH SEIICHI, DER FREUND VON SHIRO!

ENJI MASUMI

PRÄSIDENT DER SCHÜLER-VERSAMMLUNG AN SHIROS SCHULE, EIN OPTIMIST

HÄ ...?!

FREUND?!

HUHU!

HAB DICH GLEICH ERKANNT, OBWOHL WIR UNS NUR EINMAL BEGEGNET SIND.

AH ... STIMMT, WIR SIND UNS MAL BEGEGNET ...

DER KERL, DER AM SCHOPF GEPACKT WURDE ...

BOFF

OH?!

WEIL SHIRO IMMER VON DIR ERZÄHLT.

ER WOHNT GANZ IN MEINER NÄHE!

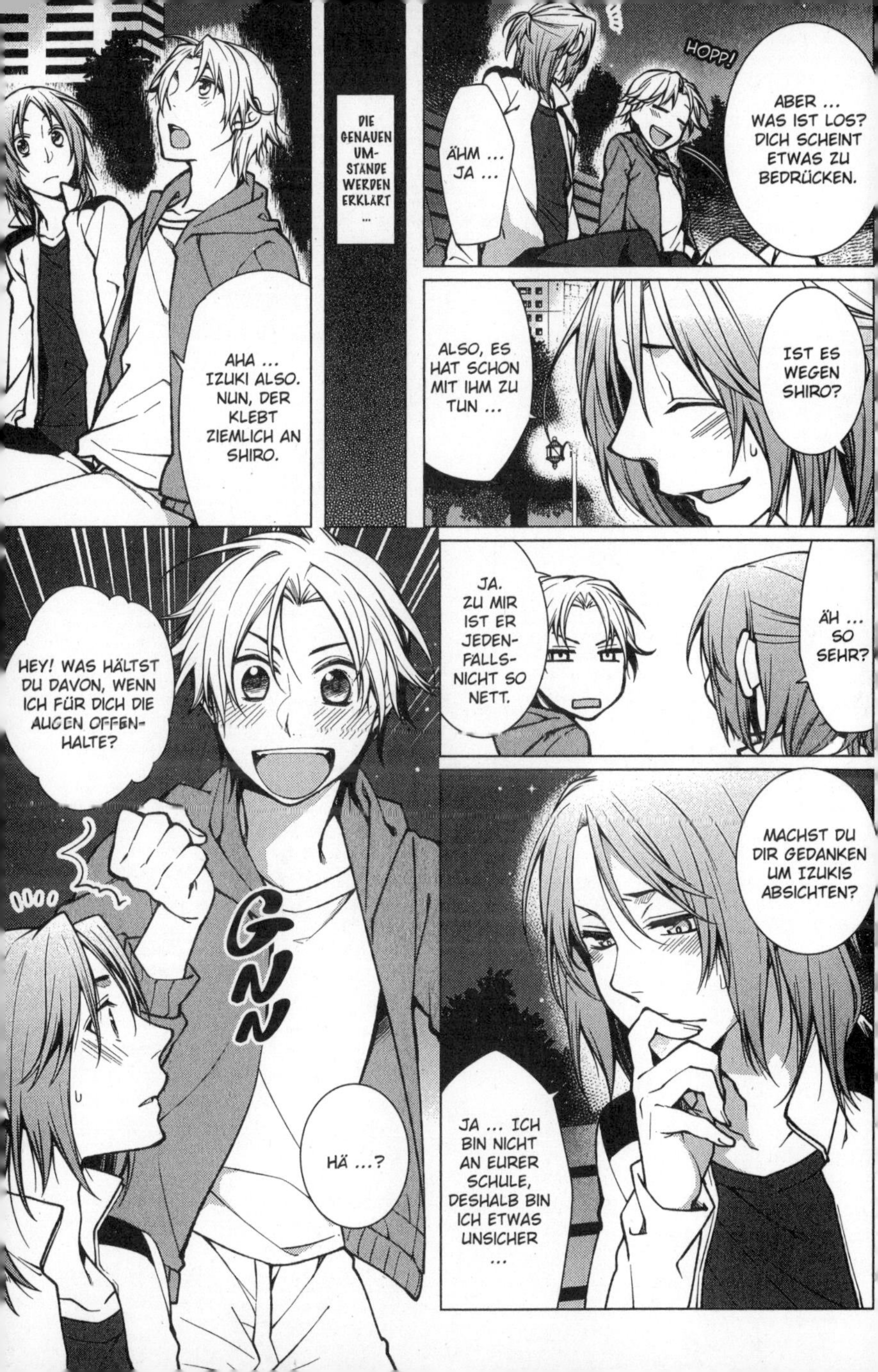
HOPP!
ABER … WAS IST LOS? DICH SCHEINT ETWAS ZU BEDRÜCKEN.
ÄHM … JA …
IST ES WEGEN SHIRO?
ALSO, ES HAT SCHON MIT IHM ZU TUN …
DIE GENAUEN UMSTÄNDE WERDEN ERKLÄRT …
AHA … IZUKI ALSO. NUN, DER KLEBT ZIEMLICH AN SHIRO.
ÄH … SO SEHR?
JA. ZU MIR IST ER JEDENFALLS NICHT SO NETT.
MACHST DU DIR GEDANKEN UM IZUKIS ABSICHTEN?
JA … ICH BIN NICHT AN EURER SCHULE, DESHALB BIN ICH ETWAS UNSICHER …
HEY! WAS HÄLTST DU DAVON, WENN ICH FÜR DICH DIE AUGEN OFFENHALTE?
GNN
OOOO
HÄ …?

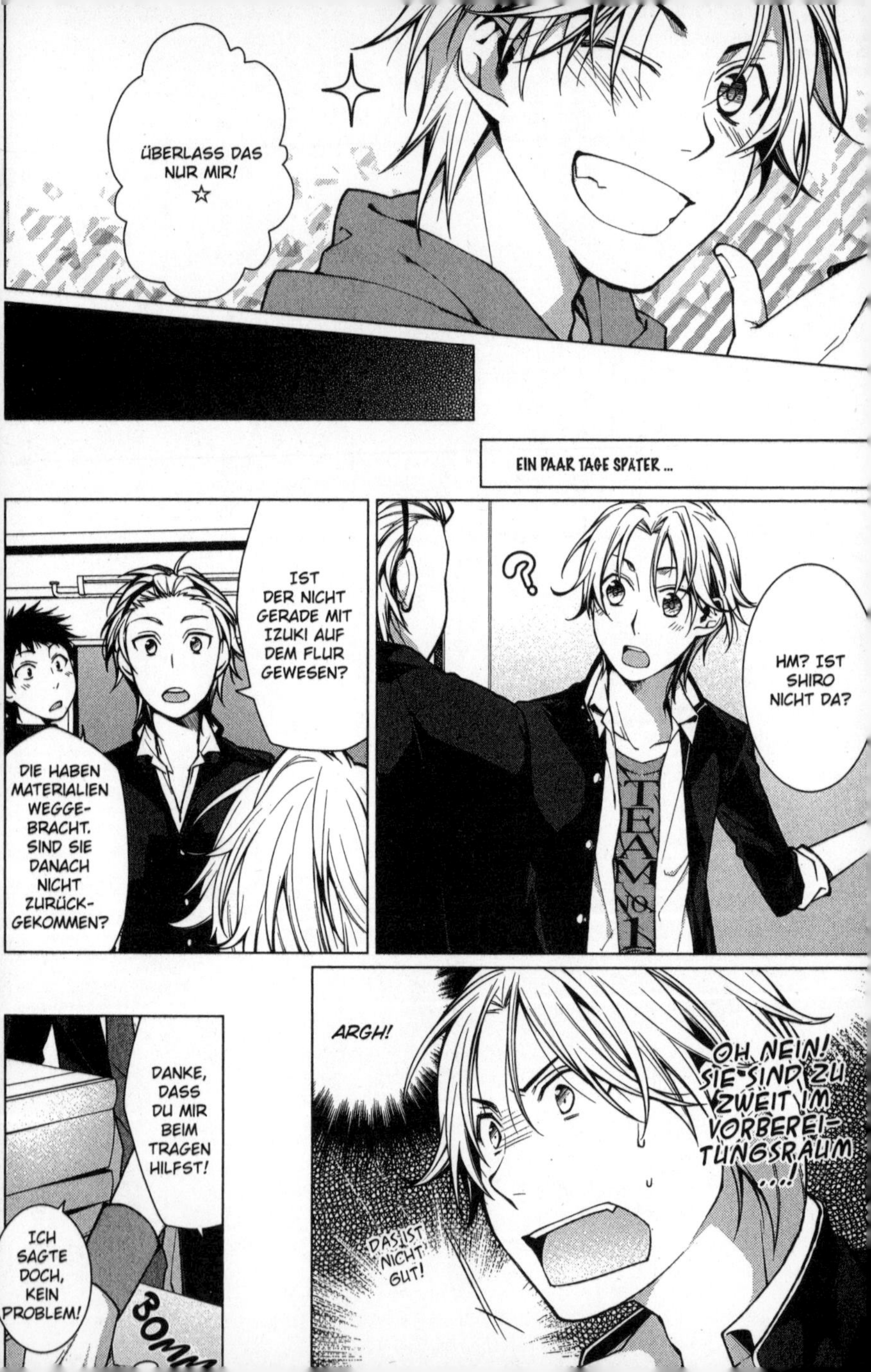

ÜBERLASS DAS NUR MIR! ☆

EIN PAAR TAGE SPÄTER ...

HM? IST SHIRO NICHT DA?

IST DER NICHT GERADE MIT IZUKI AUF DEM FLUR GEWESEN?

DIE HABEN MATERIALIEN WEGGEBRACHT. SIND SIE DANACH NICHT ZURÜCKGEKOMMEN?

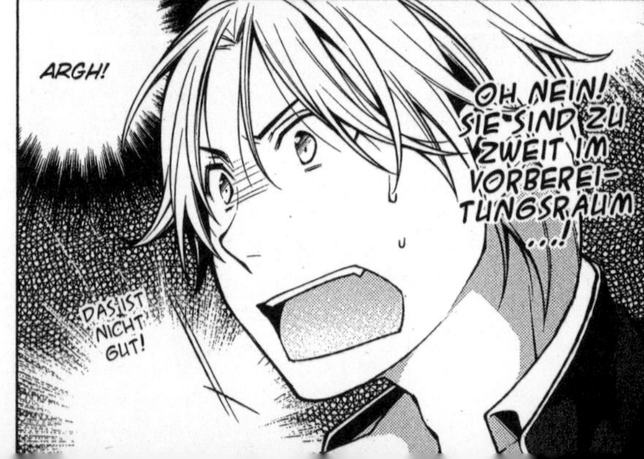

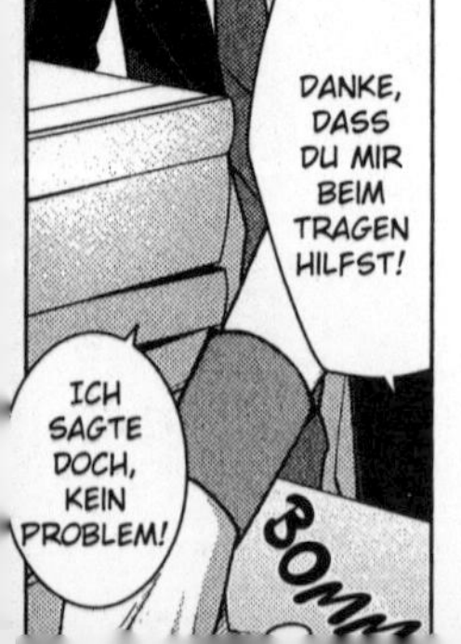

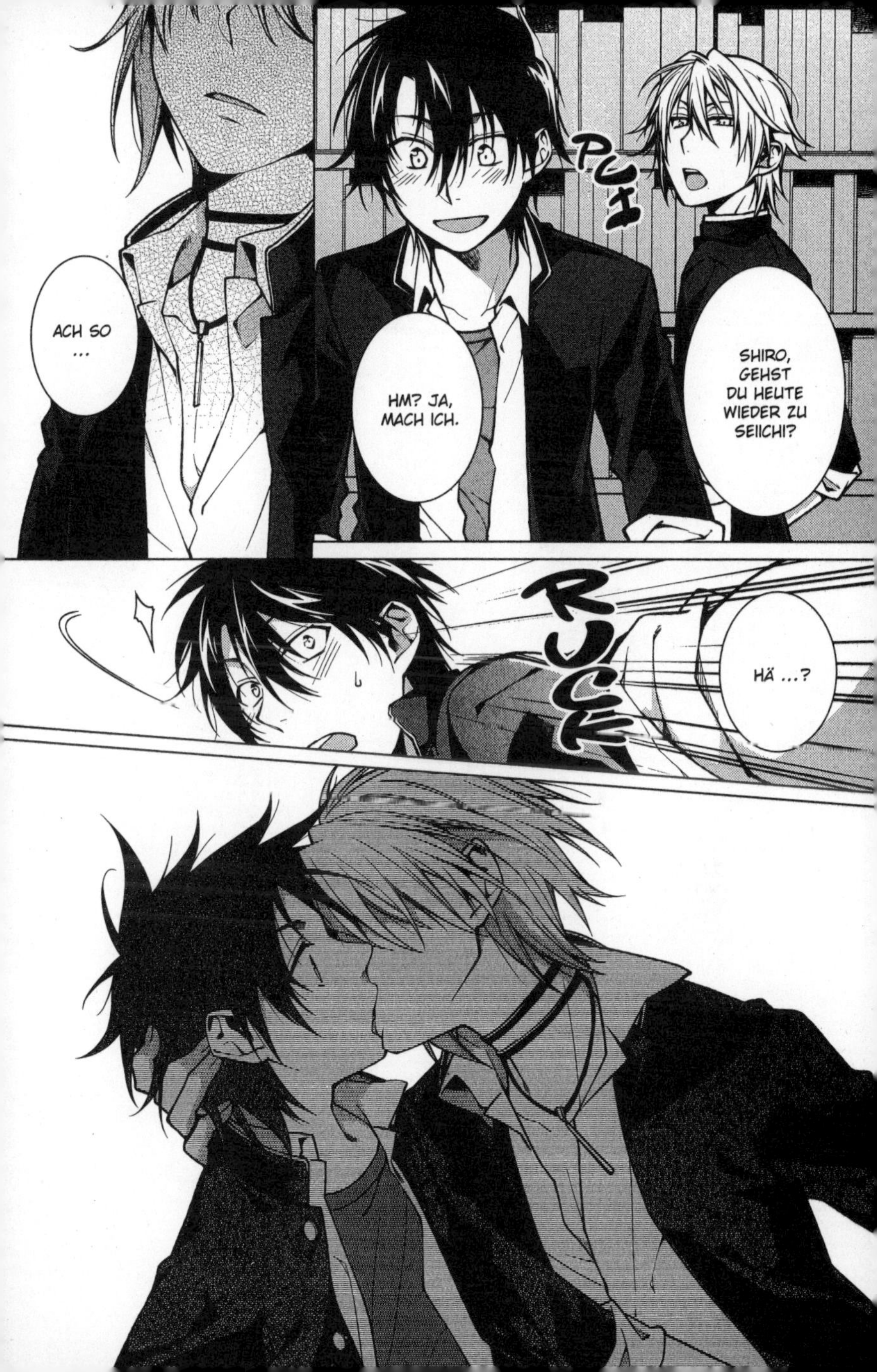
SHIRO, GEHST DU HEUTE WIEDER ZU SEIICHI?
HM? JA, MACH ICH.
ACH SO …
RUCK
HÄ …?

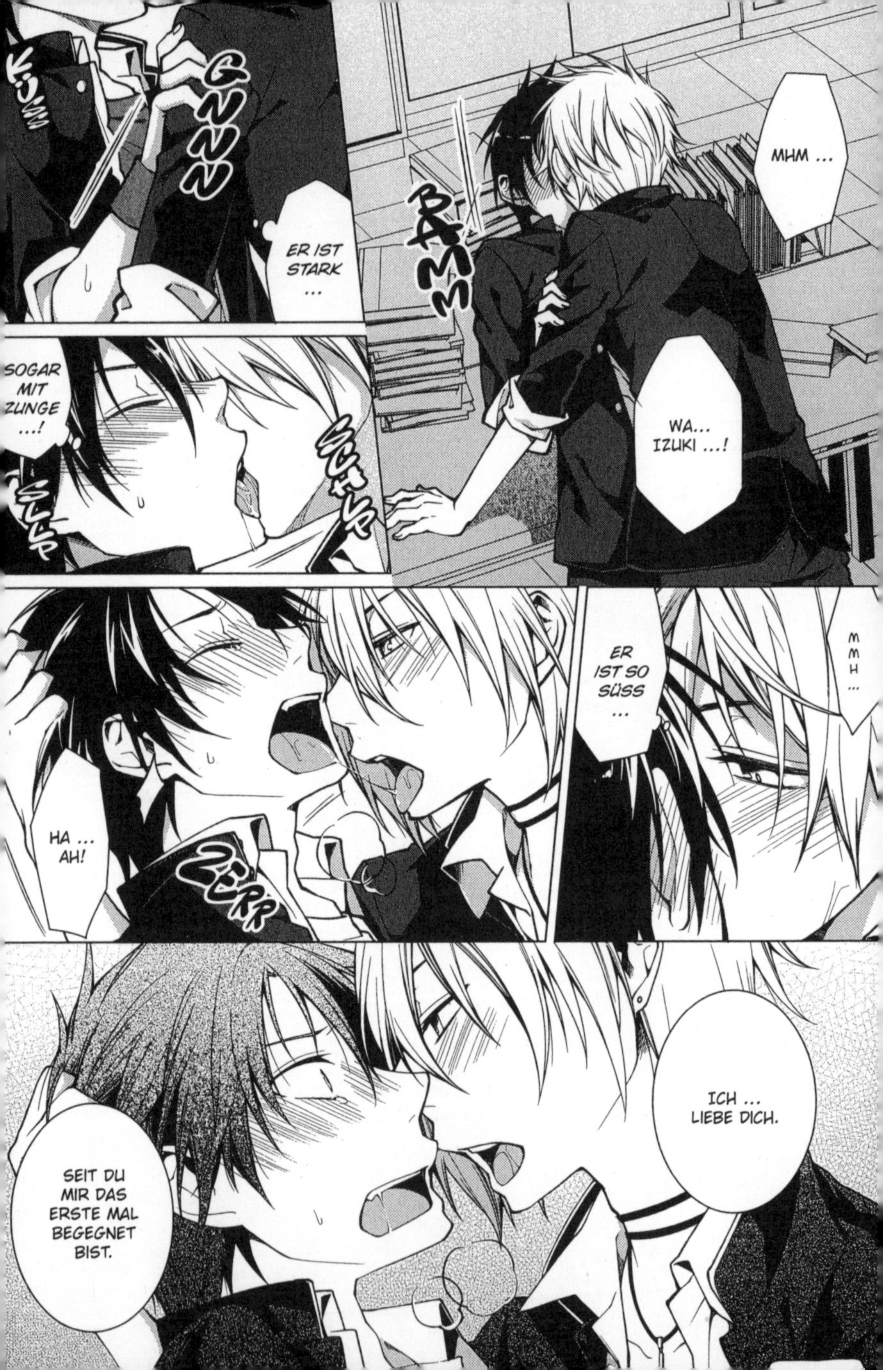
MHM ...
BAMMM
WA... IZUKI ...!
GNNN
ER IST STARK ...
SOGAR MIT ZUNGE ...!
MMH ...
ER IST SO SÜSS ...
ZERR
HA ... AH!
ICH ... LIEBE DICH.
SEIT DU MIR DAS ERSTE MAL BEGEGNET BIST.

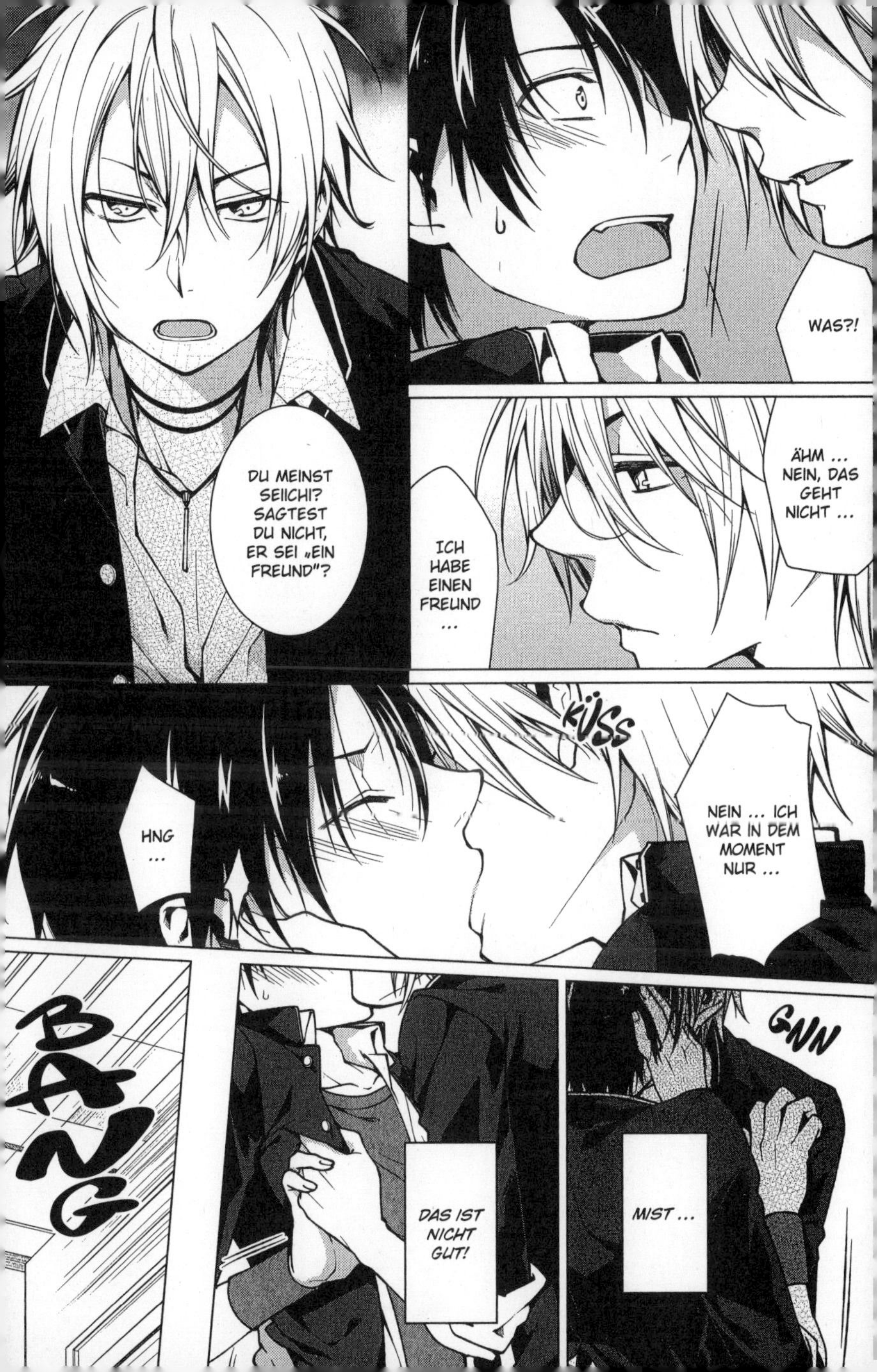
WAS?!
ÄHM … NEIN, DAS GEHT NICHT …
ICH HABE EINEN FREUND …
DU MEINST SEIICHI? SAGTEST DU NICHT, ER SEI „EIN FREUND"?
NEIN … ICH WAR IN DEM MOMENT NUR …
KÜSS
HNG …
GNN
MIST …
DAS IST NICHT GUT!
BANG

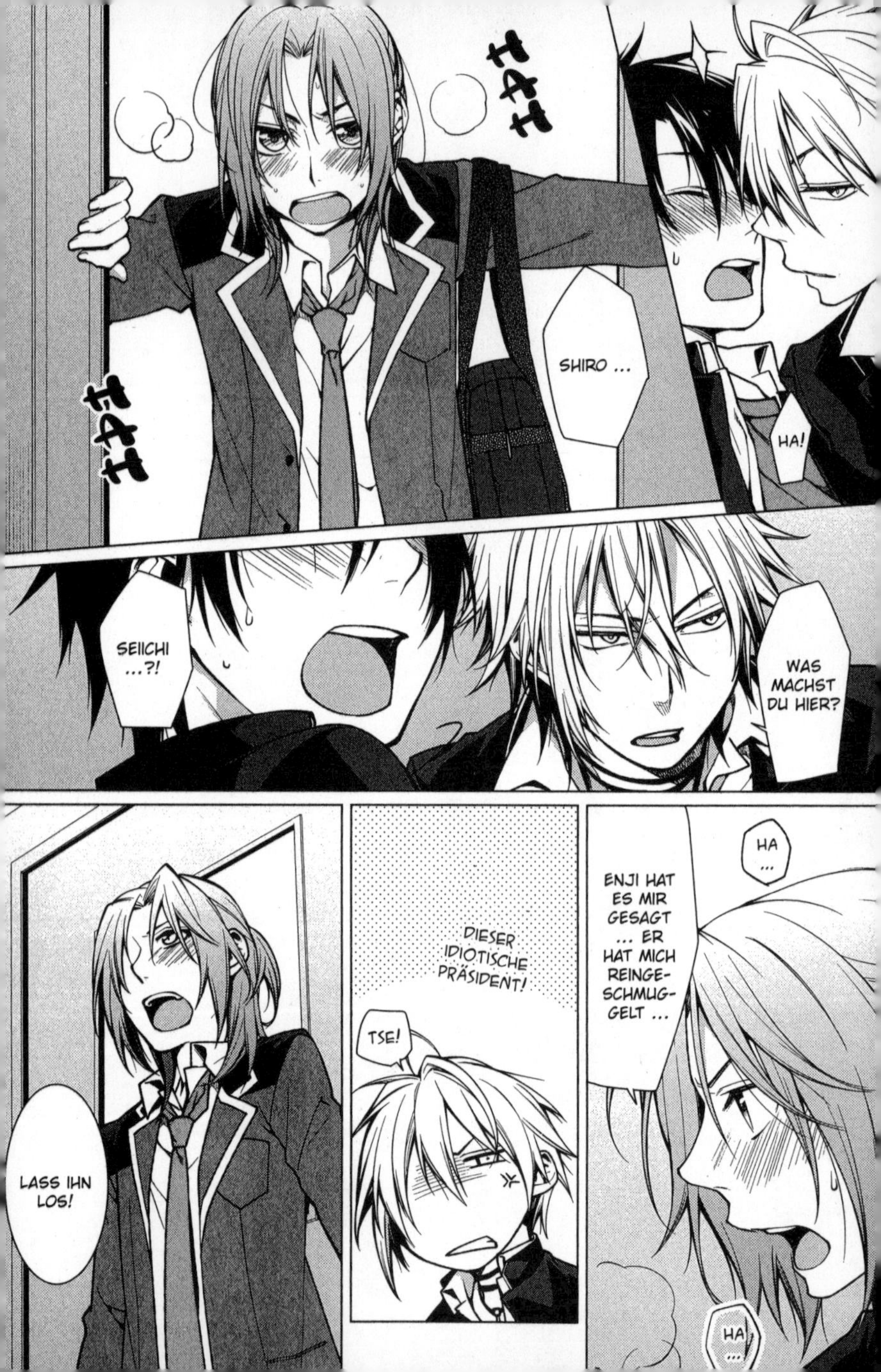
HA!
SHIRO …
HAH
HAH
WAS MACHST DU HIER?
SEIICHI …?!
HA …
ENJI HAT ES MIR GESAGT … ER HAT MICH REINGESCHMUGGELT …
HA …
DIESER IDIOTISCHE PRÄSIDENT!
TSE!
LASS IHN LOS!

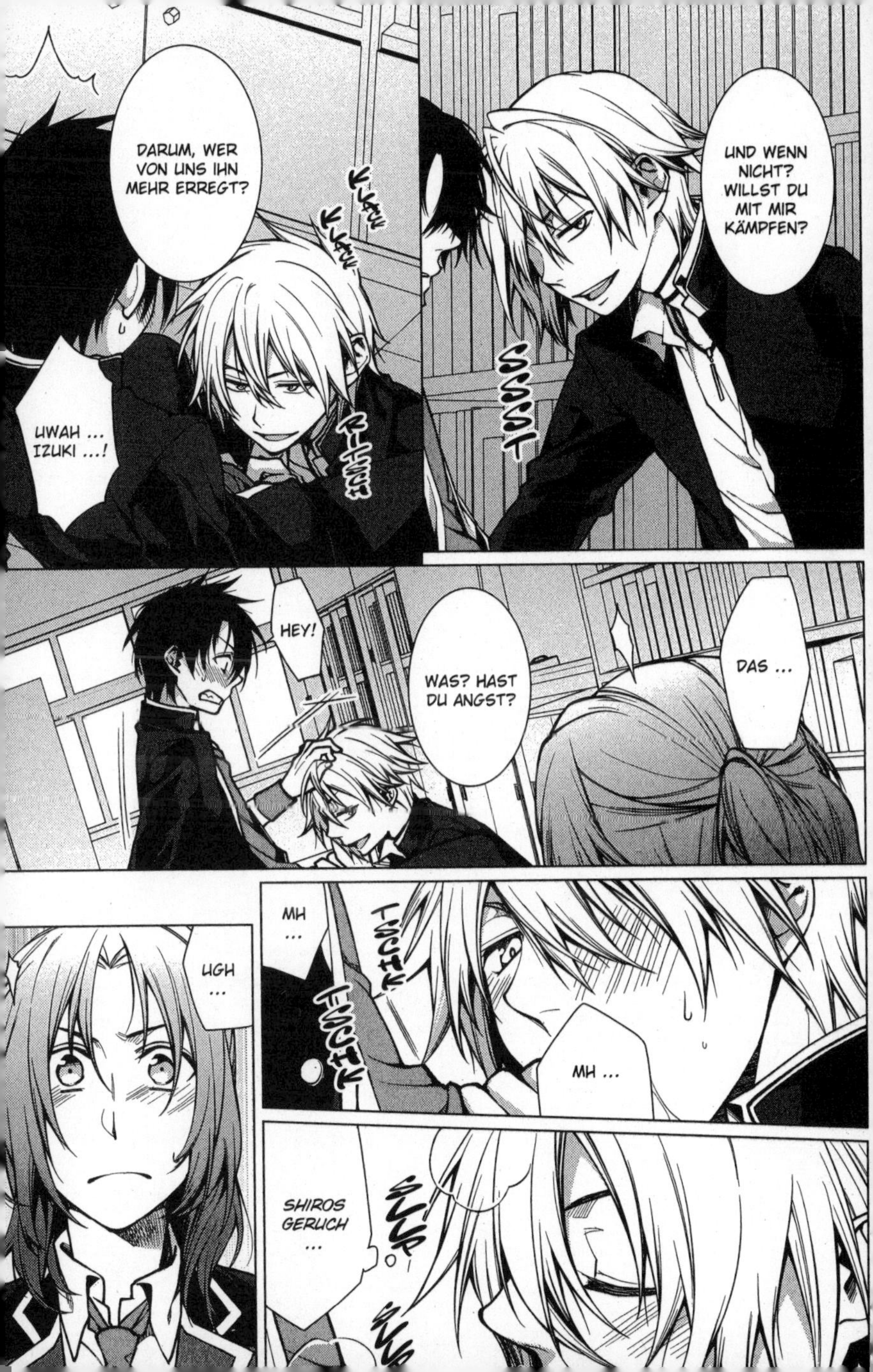
UND WENN NICHT? WILLST DU MIT MIR KÄMPFEN?
SSSST
DARUM, WER VON UNS IHN MEHR ERREGT?
KLACK
KLACK
RITSCH
UWAH ... IZUKI ...!
DAS ...
WAS? HAST DU ANGST?
HEY!
MH ...
TSCHK
TSCHK
MH ...
UGH ...
SHIROS GERUCH ...

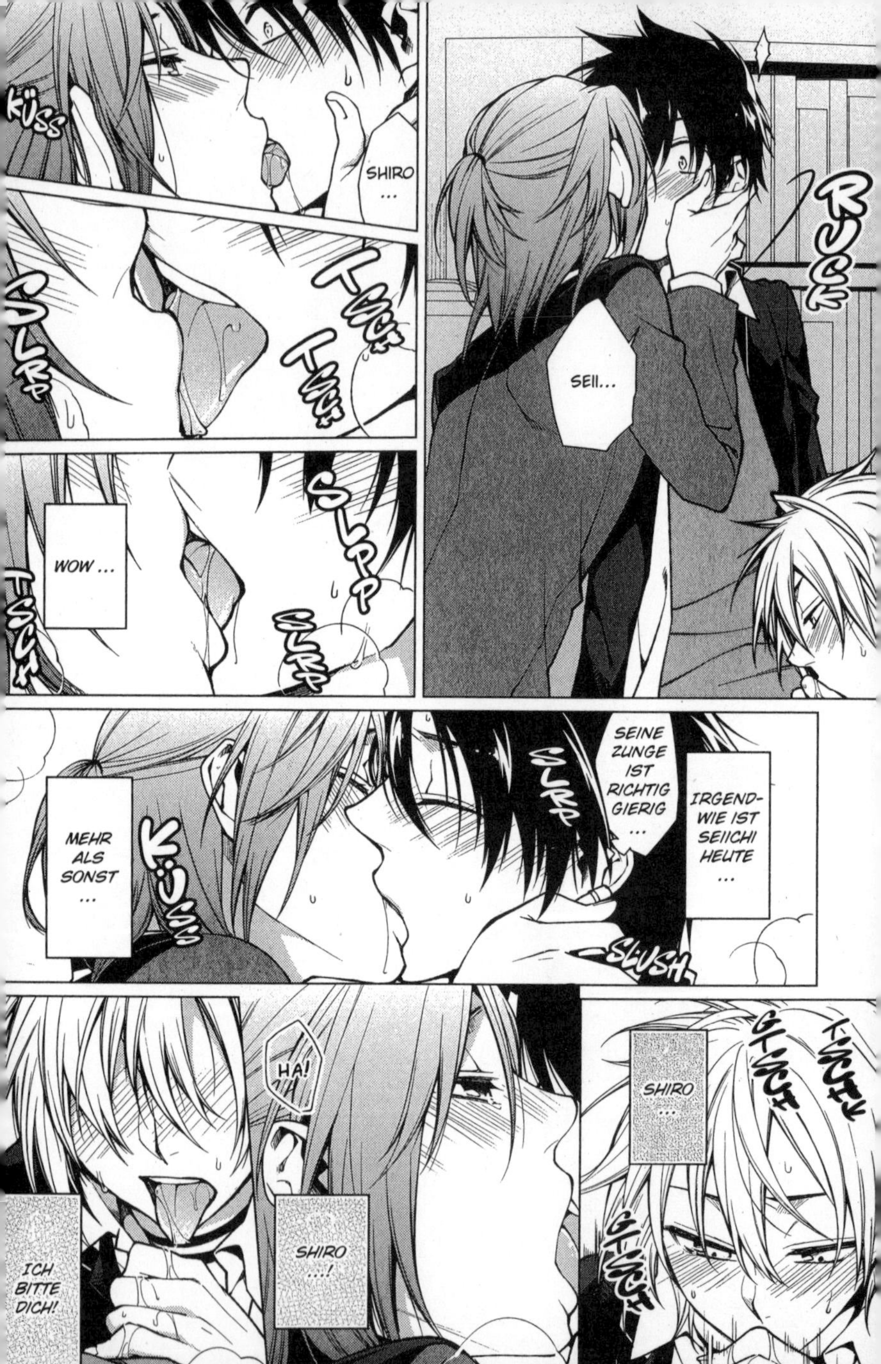
RUCK
SEII…
SHIRO …
KÜSS
TSCH
TSCH
SLRP
SLPP
SLRP
WOW …
TSCH
IRGENDWIE IST SEIICHI HEUTE …
SEINE ZUNGE IST RICHTIG GIERIG …
SLRP
SLUSH
KÜSS
MEHR ALS SONST …
TSCHK
GTSCH
SHIRO …
GTSCH
HA!
SHIRO …!
ICH BITTE DICH!

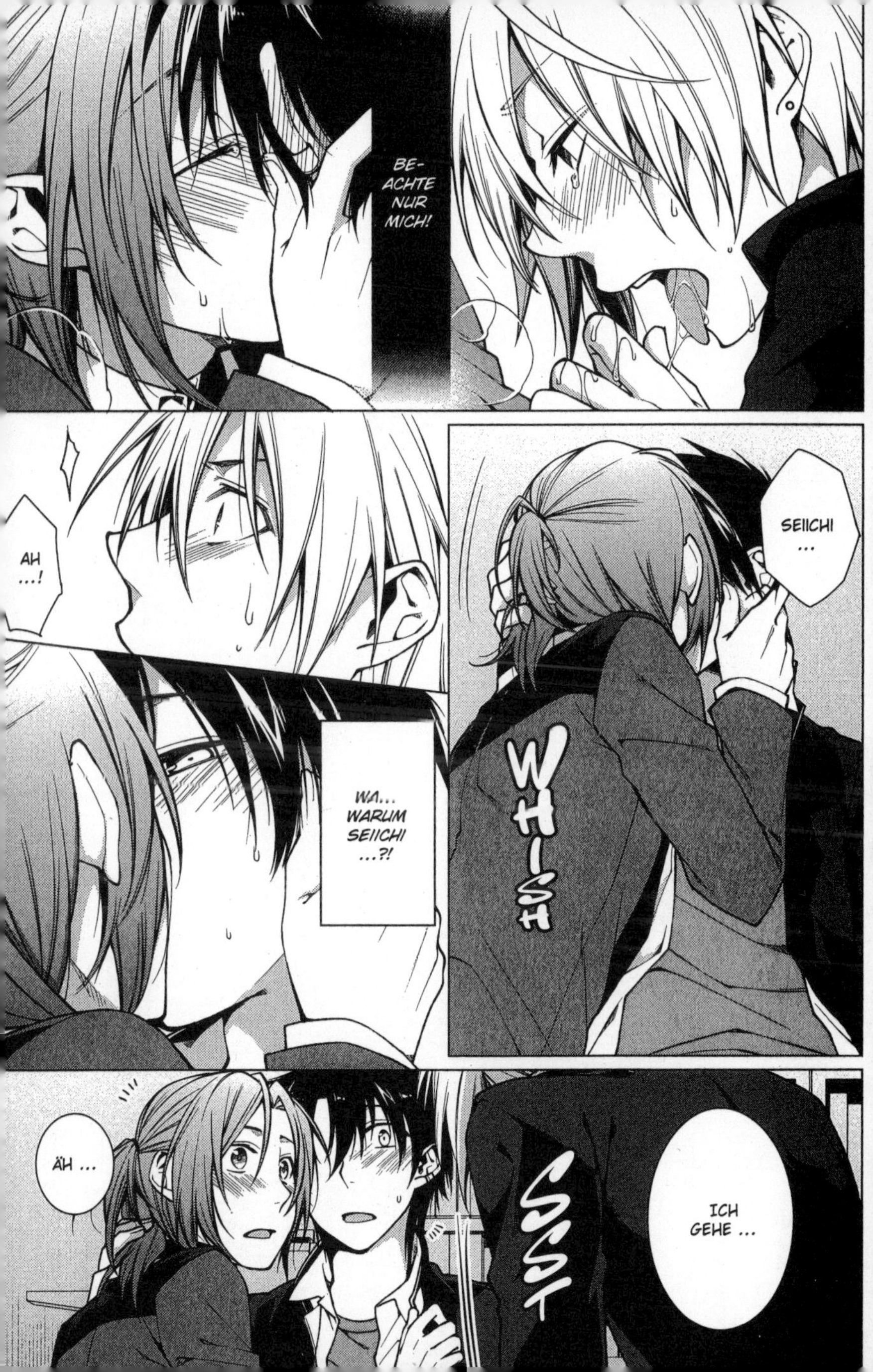
BE-
ACHTE
NUR
MICH!
SEIICHI
...
AH
...!
WA...
WARUM
SEIICHI
...?!
WHISH
ICH
GEHE ...
SCST
ÄH ...

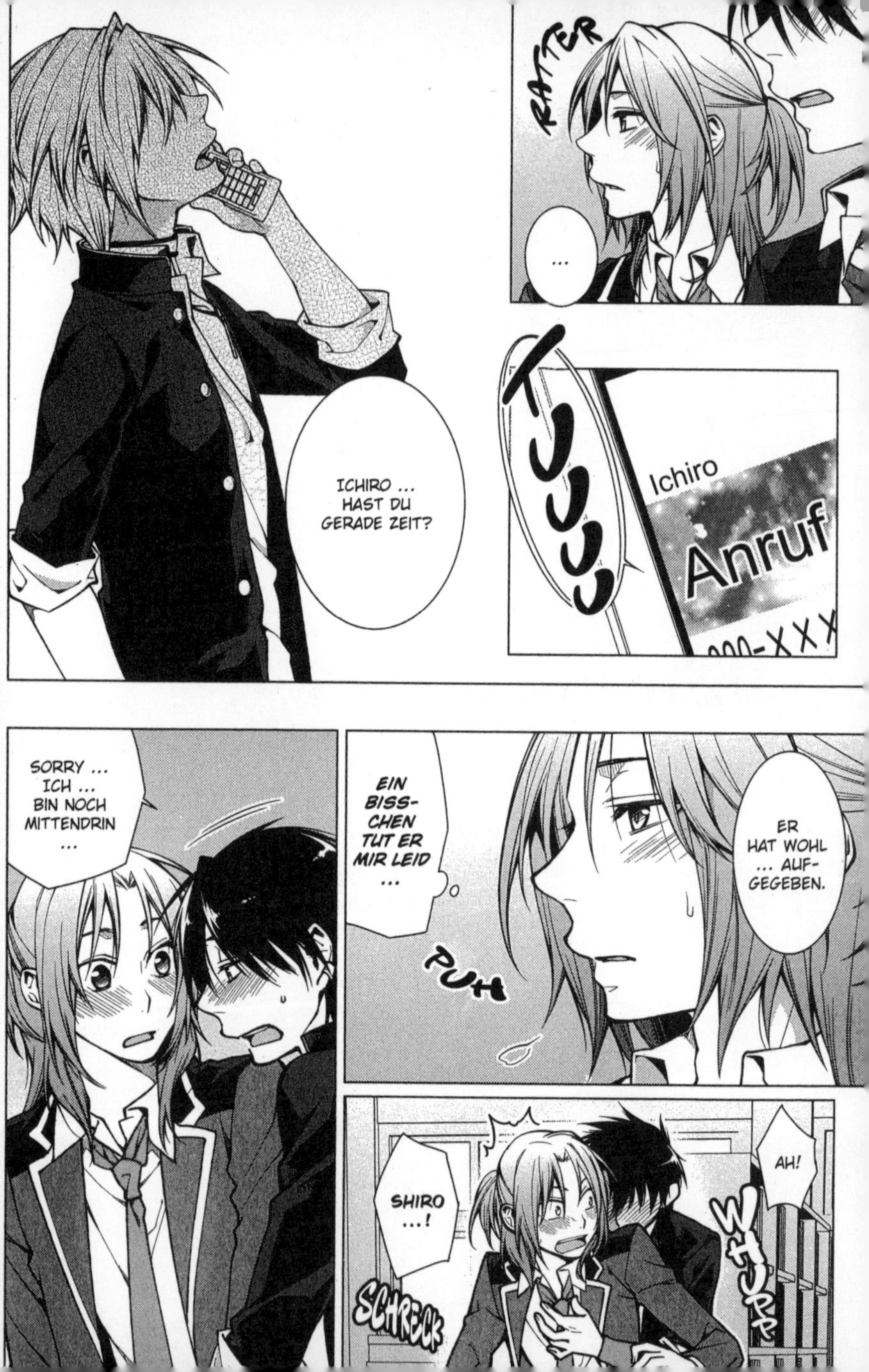

RATTER

…

Ichiro
Anruf

TUUUU

ICHIRO … HAST DU GERADE ZEIT?

ER HAT WOHL … AUF-GEGEBEN.

EIN BISS-CHEN TUT ER MIR LEID …

PUH

AH!

WHUPP

SHIRO …!

SCHRECK

SORRY … ICH … BIN NOCH MITTENDRIN …

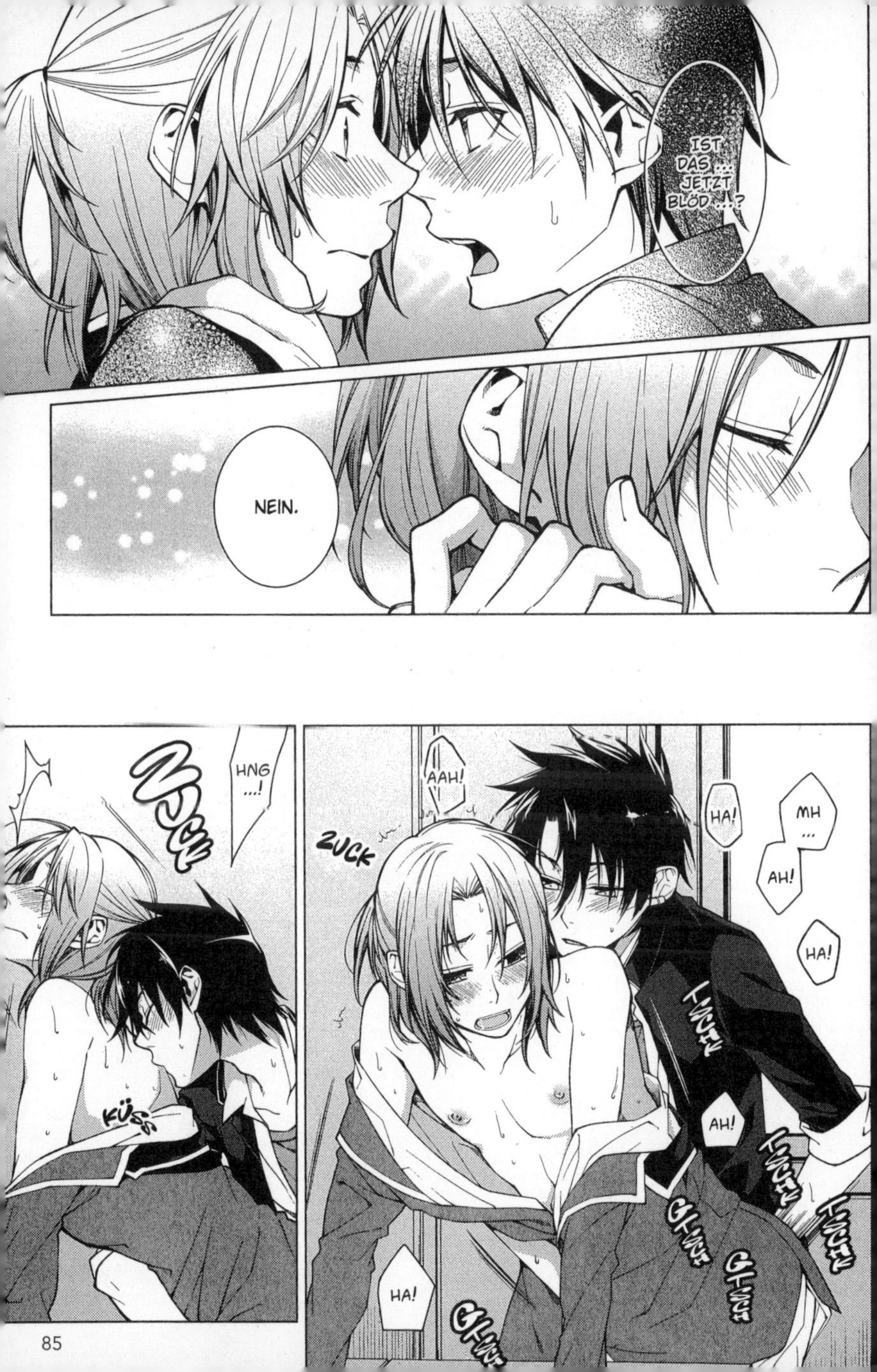

IST DAS ... JETZT BLÖD ...?

NEIN.

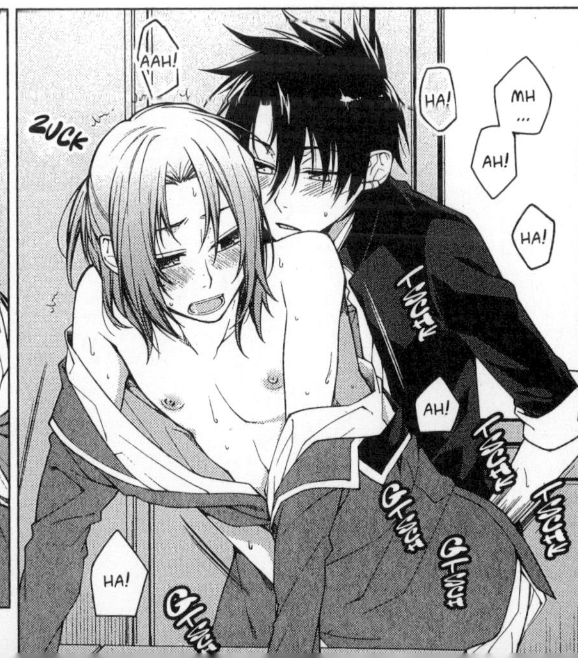

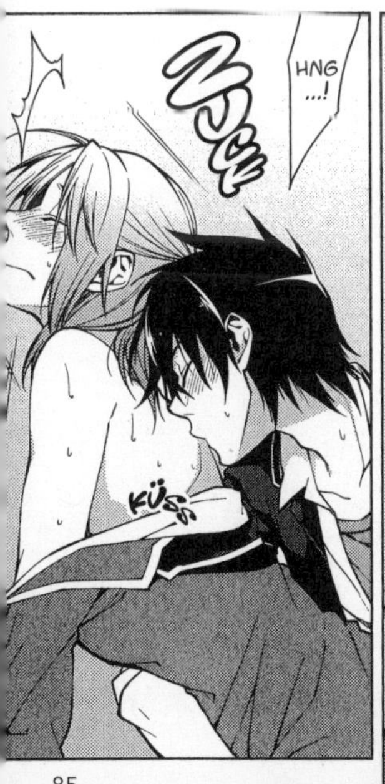

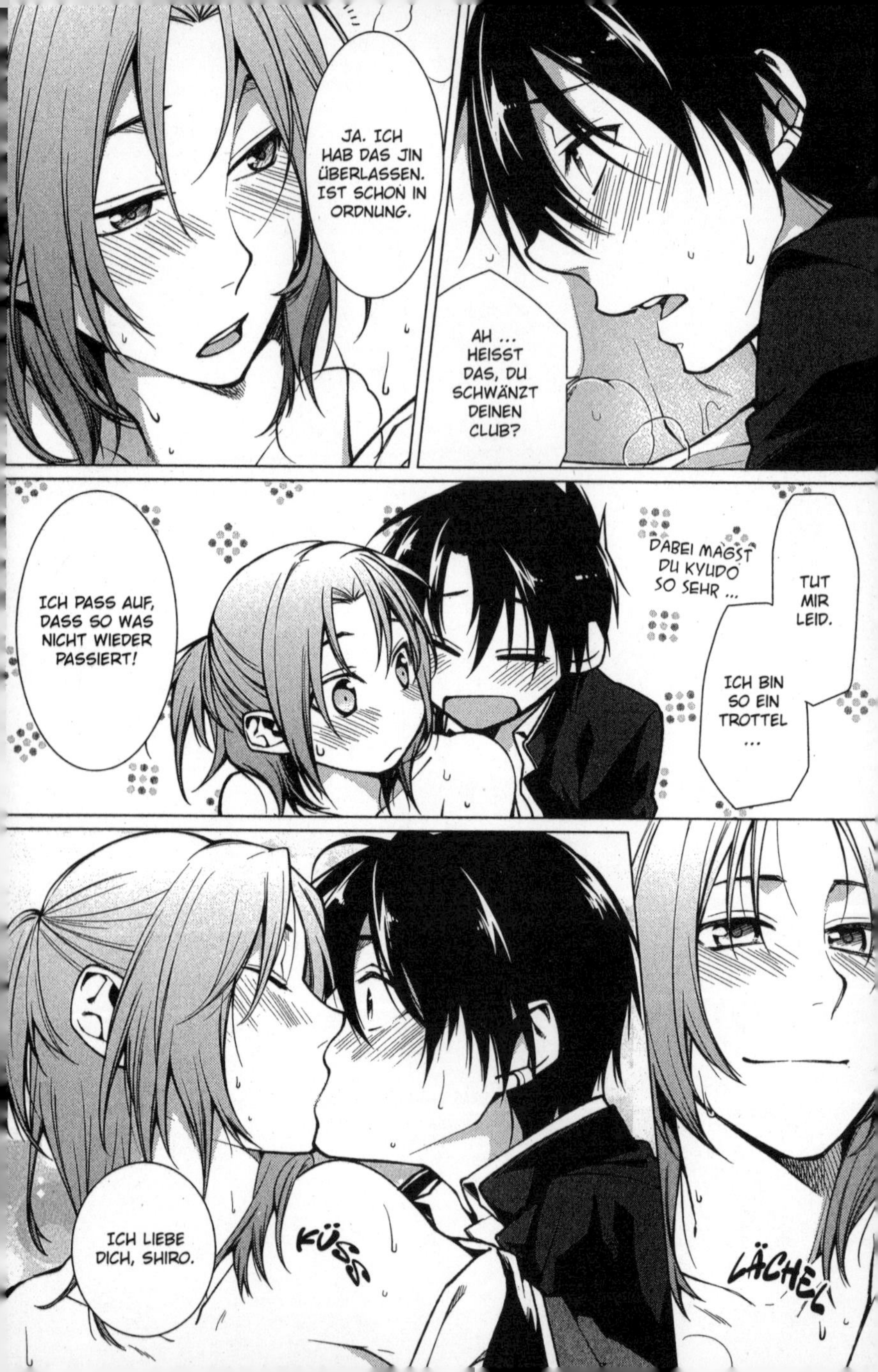
AH ... HEISST DAS, DU SCHWÄNZT DEINEN CLUB?
JA. ICH HAB DAS JIN ÜBERLASSEN. IST SCHON IN ORDNUNG.
TUT MIR LEID.
ICH BIN SO EIN TROTTEL ...
DABEI MAGST DU KYUDO SO SEHR ...
ICH PASS AUF, DASS SO WAS NICHT WIEDER PASSIERT!
LÄCHEL
KÜSS
ICH LIEBE DICH, SHIRO.

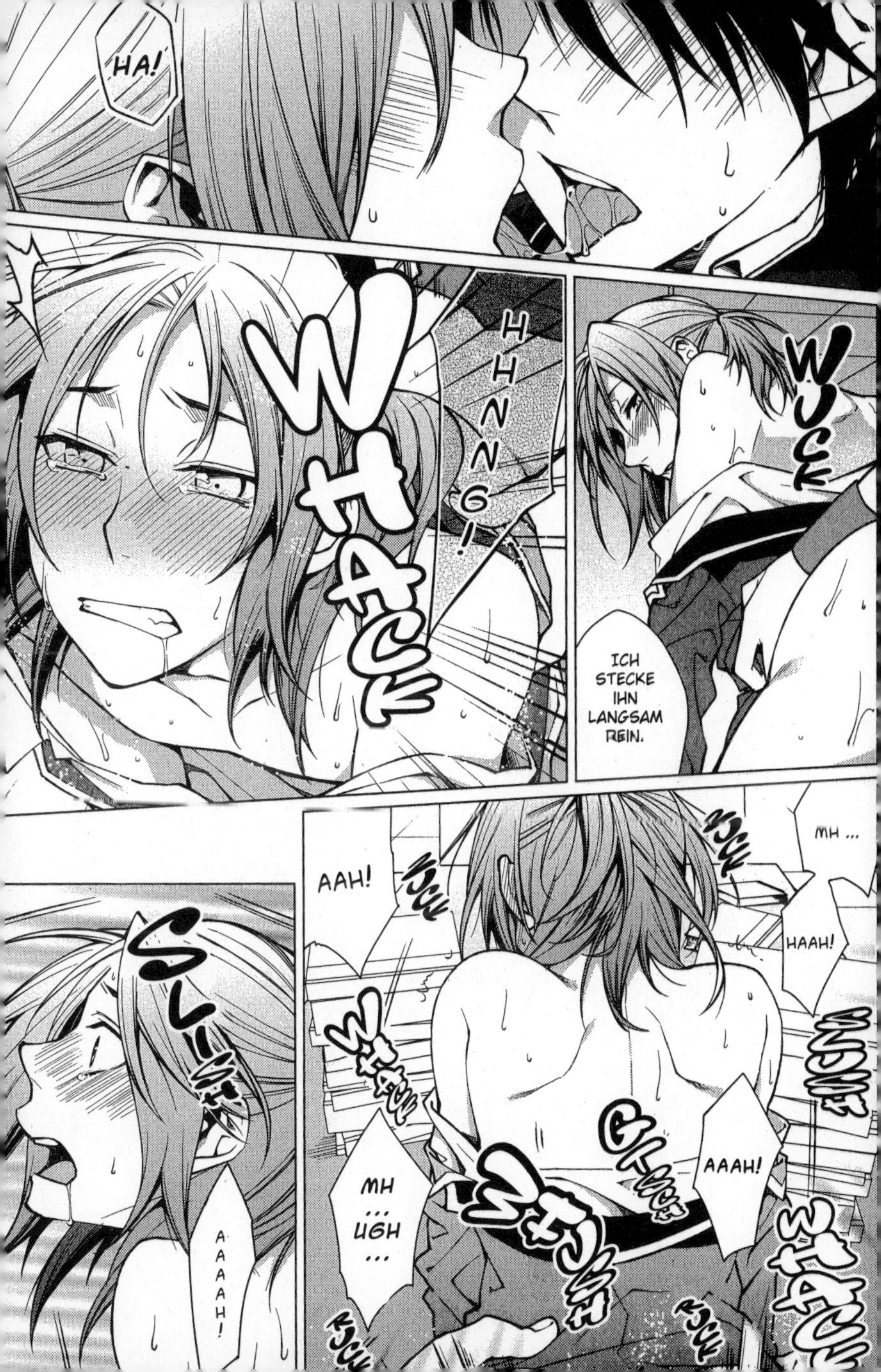
HA!
ICH STECKE IHN LANGSAM REIN.
HHNNG!
WHACK
MH ...
HAAH!
AAAH!
AAH!
MH ... UGH ...
AAAAAH!

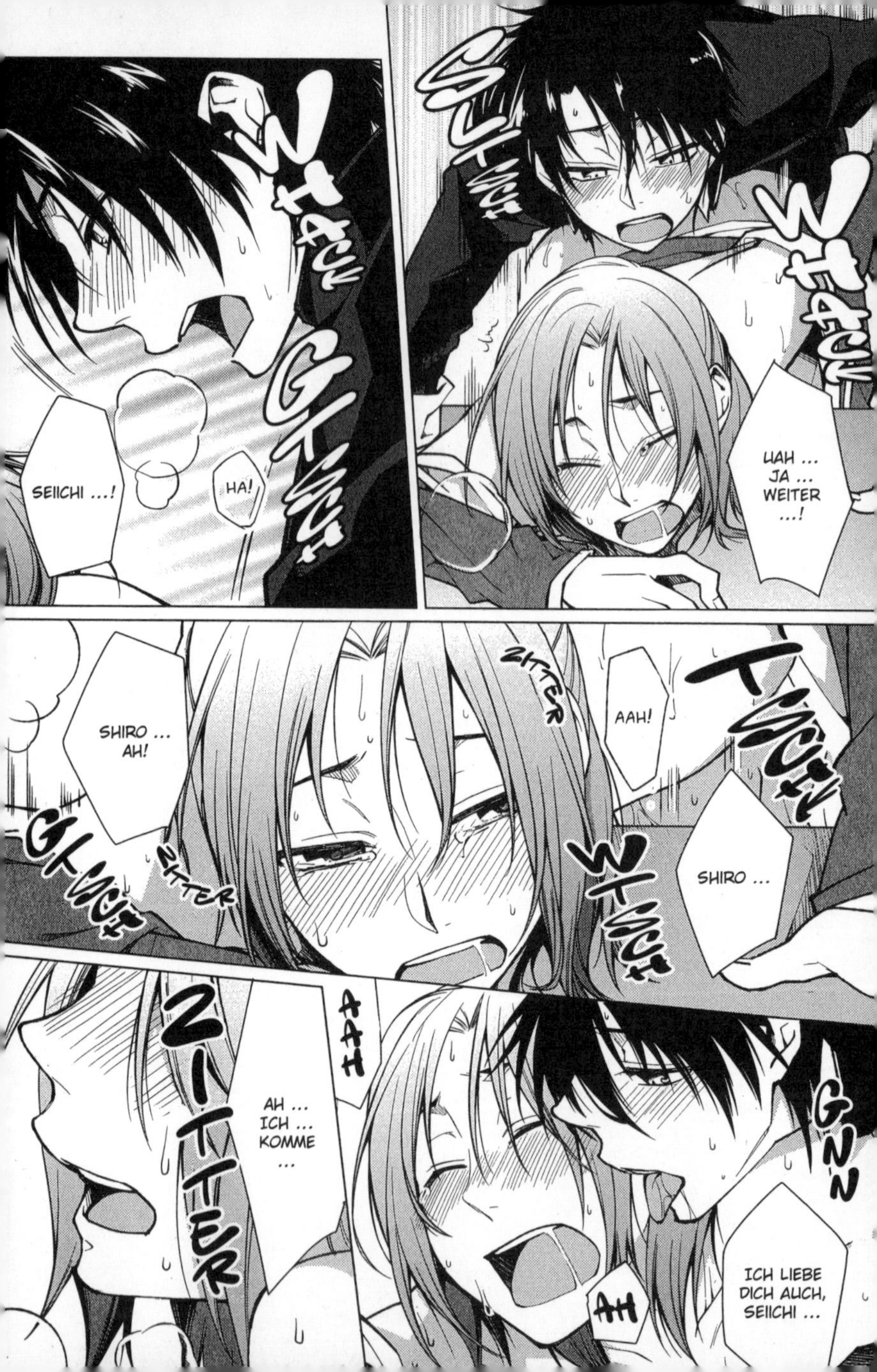
WHACK
UAH ... JA ... WEITER ...!
WHACK
HA!
SEIICHI ...!
AAH!
ZITTER
SHIRO ...
SHIRO ... AH!
ZITTER
GNN
ICH LIEBE DICH AUCH, SEIICHI ...
AH
AAH
AH ... ICH ... KOMME ...
ZITTER

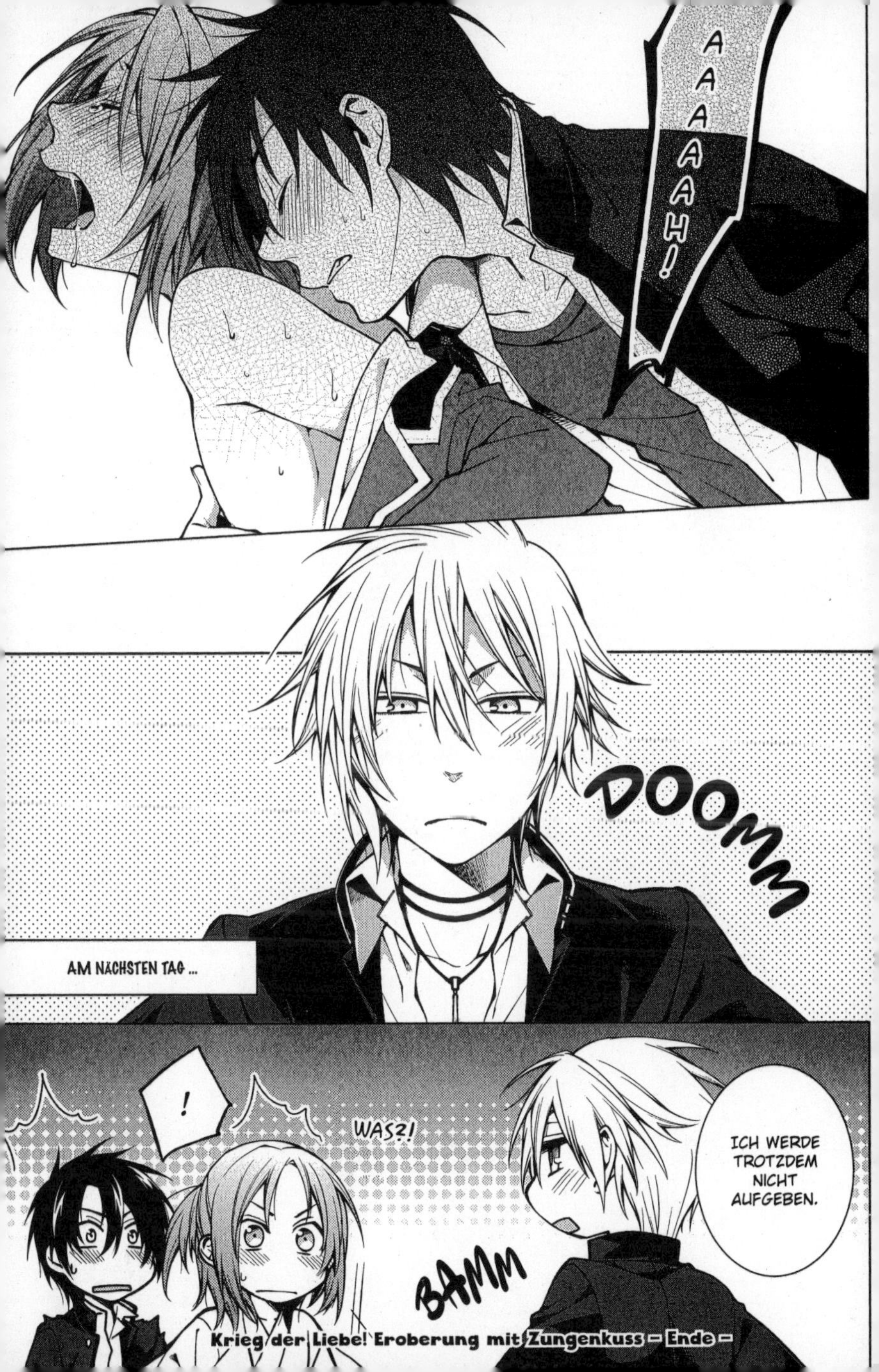

Krieg der Liebe! Eroberung mit Zungenkuss – Ende –

Spiel nicht
mit meinem
Herz

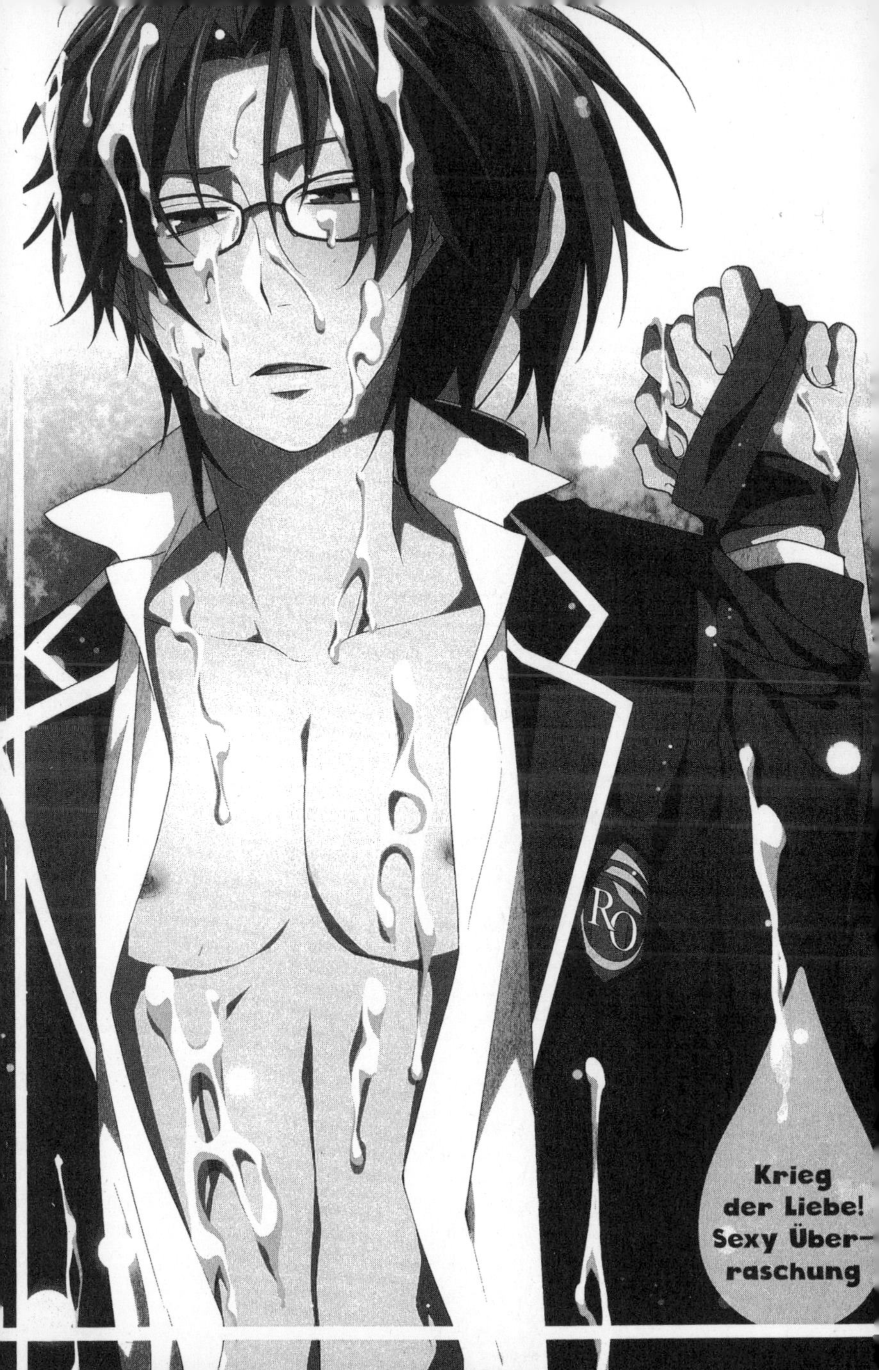
RO
Krieg der Liebe! Sexy Überraschung

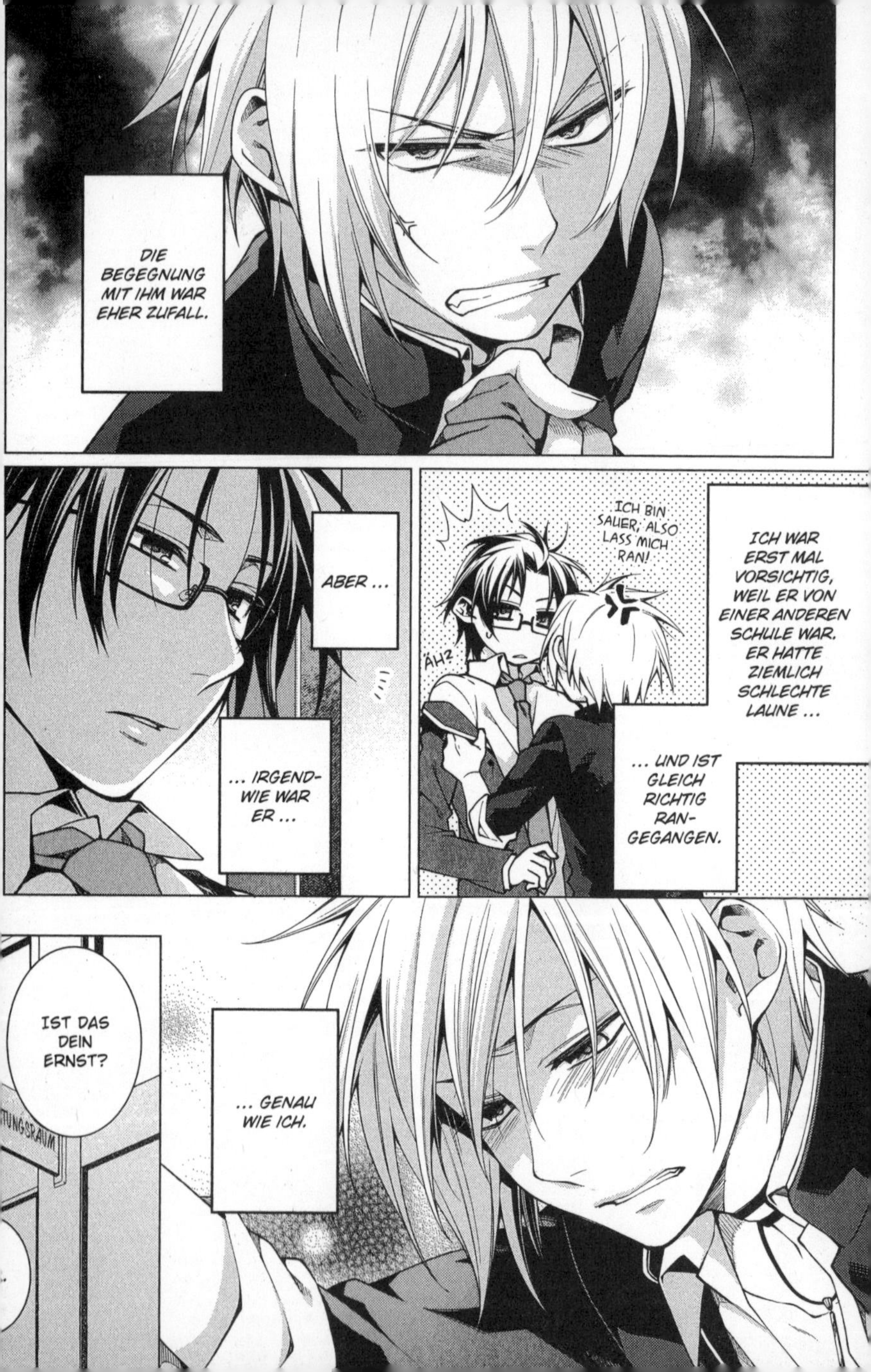

DIE BEGEGNUNG MIT IHM WAR EHER ZUFALL.

ICH WAR ERST MAL VORSICHTIG, WEIL ER VON EINER ANDEREN SCHULE WAR. ER HATTE ZIEMLICH SCHLECHTE LAUNE ...

ICH BIN SAUER, ALSO LASS MICH RAN!

ÄH?

... UND IST GLEICH RICHTIG RAN-GEGANGEN.

ABER ...

... IRGEND-WIE WAR ER ...

... GENAU WIE ICH.

IST DAS DEIN ERNST?

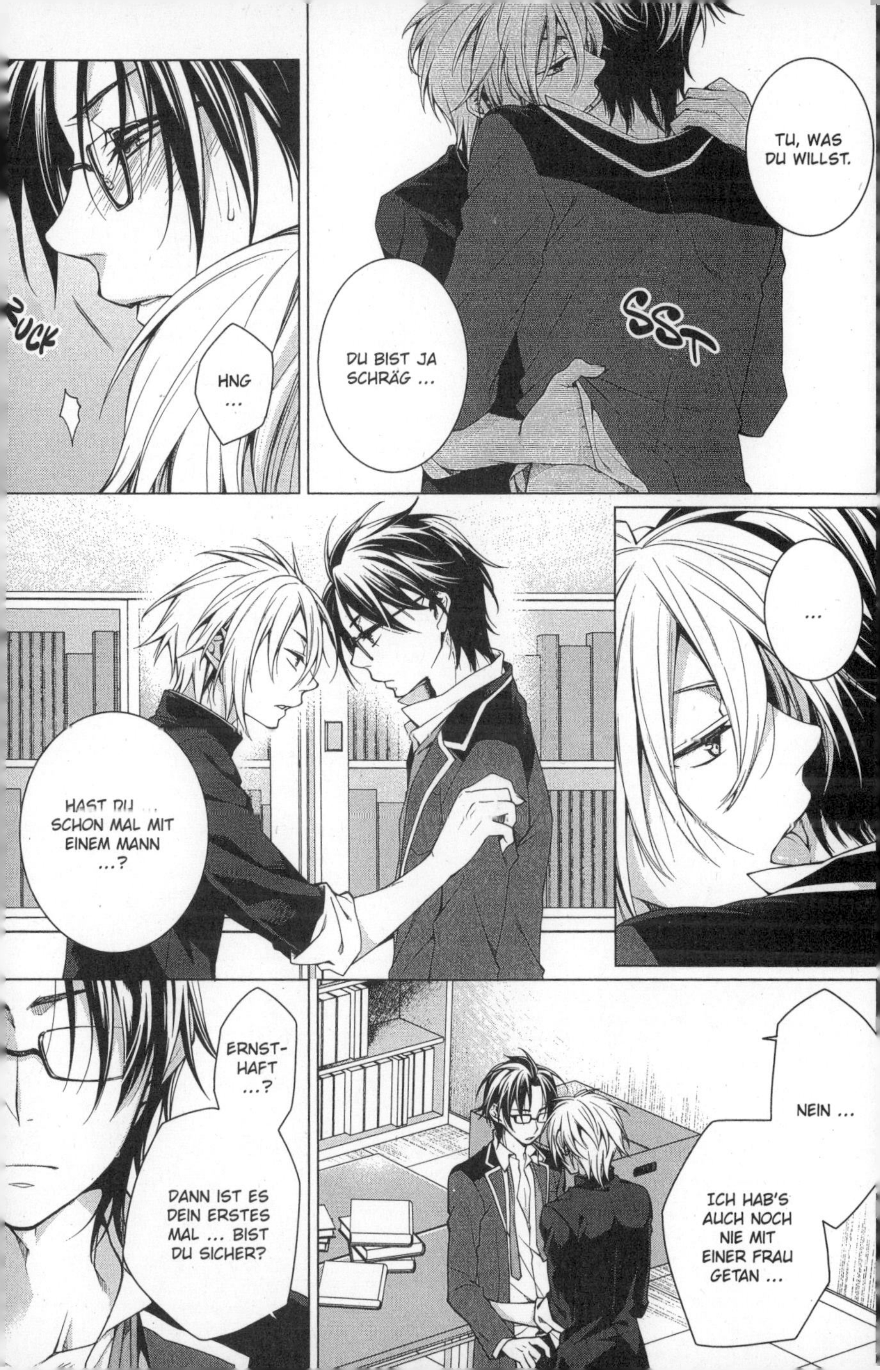
TU, WAS DU WILLST.
DU BIST JA SCHRÄG ...
ZUCK
HNG ...
...
HAST DU ... SCHON MAL MIT EINEM MANN ...?
NEIN ...
ICH HAB'S AUCH NOCH NIE MIT EINER FRAU GETAN ...
ERNST-HAFT ...?
DANN IST ES DEIN ERSTES MAL ... BIST DU SICHER?

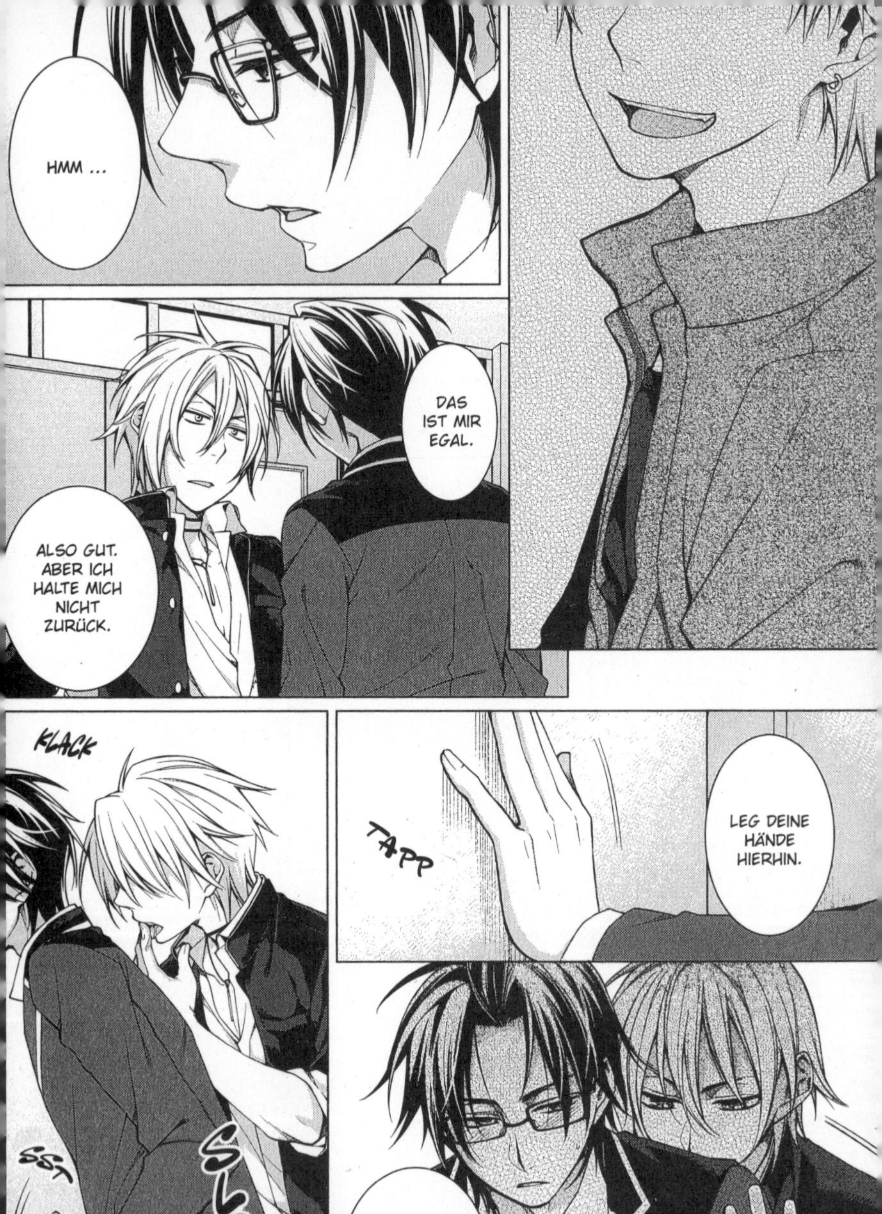
HMM ...
DAS IST MIR EGAL.
ALSO GUT. ABER ICH HALTE MICH NICHT ZURÜCK.
TAPP
LEG DEINE HÄNDE HIERHIN.
RASCHEL
ICH ZIEH MICH SELBST AUS.
KLACK
SLP
SST

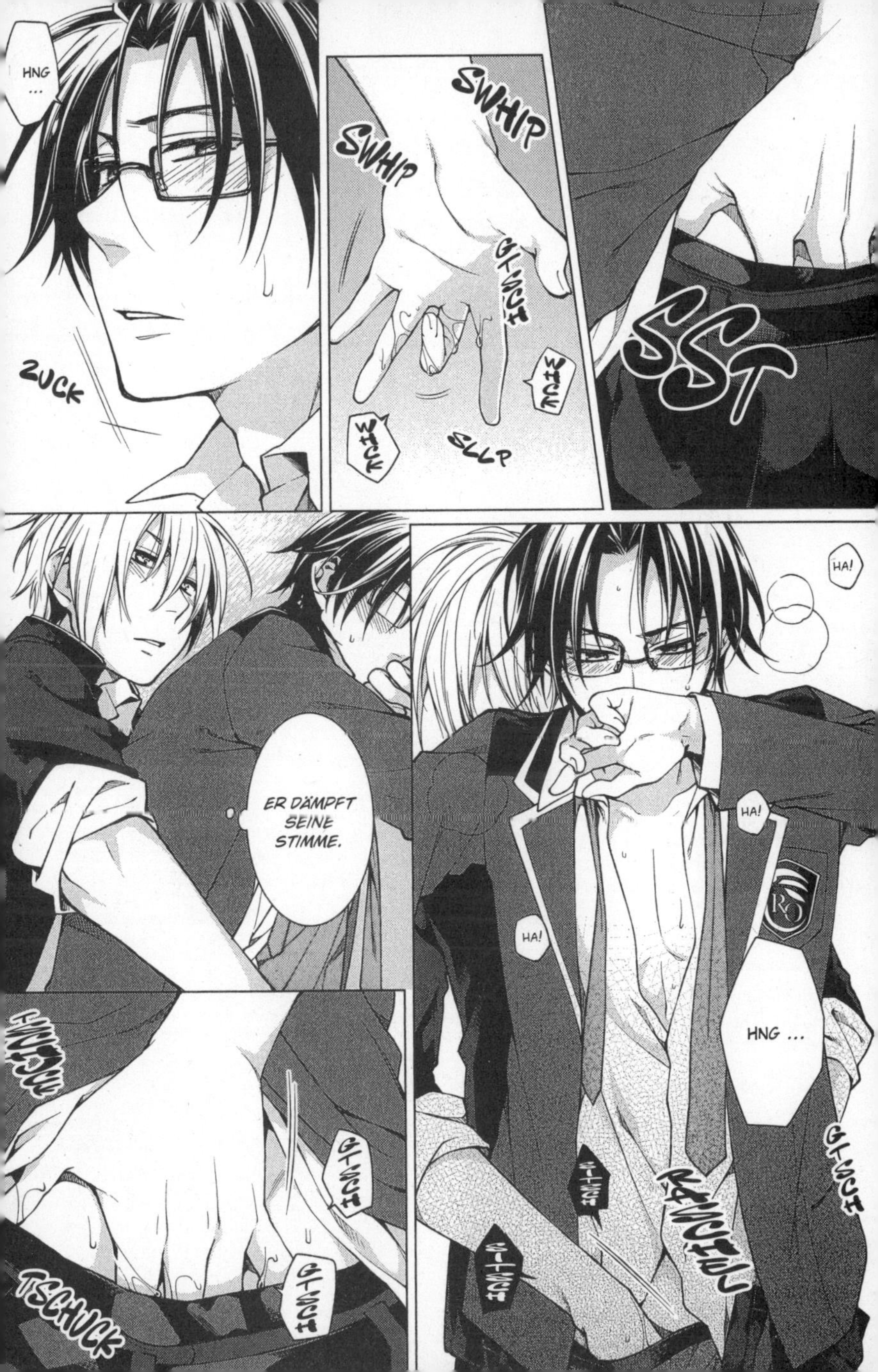
SST
SWHIP
SWHIP
GTSCH
WHCK
WHCK
SLLP
HNG …
ZUCK
HA!
HA!
HA!
HNG …
GTSCH
RASCHEL
GITSCH
GITSCH
ER DÄMPFT SEINE STIMME.
GTSCH
GTSCH
TSCHUCK

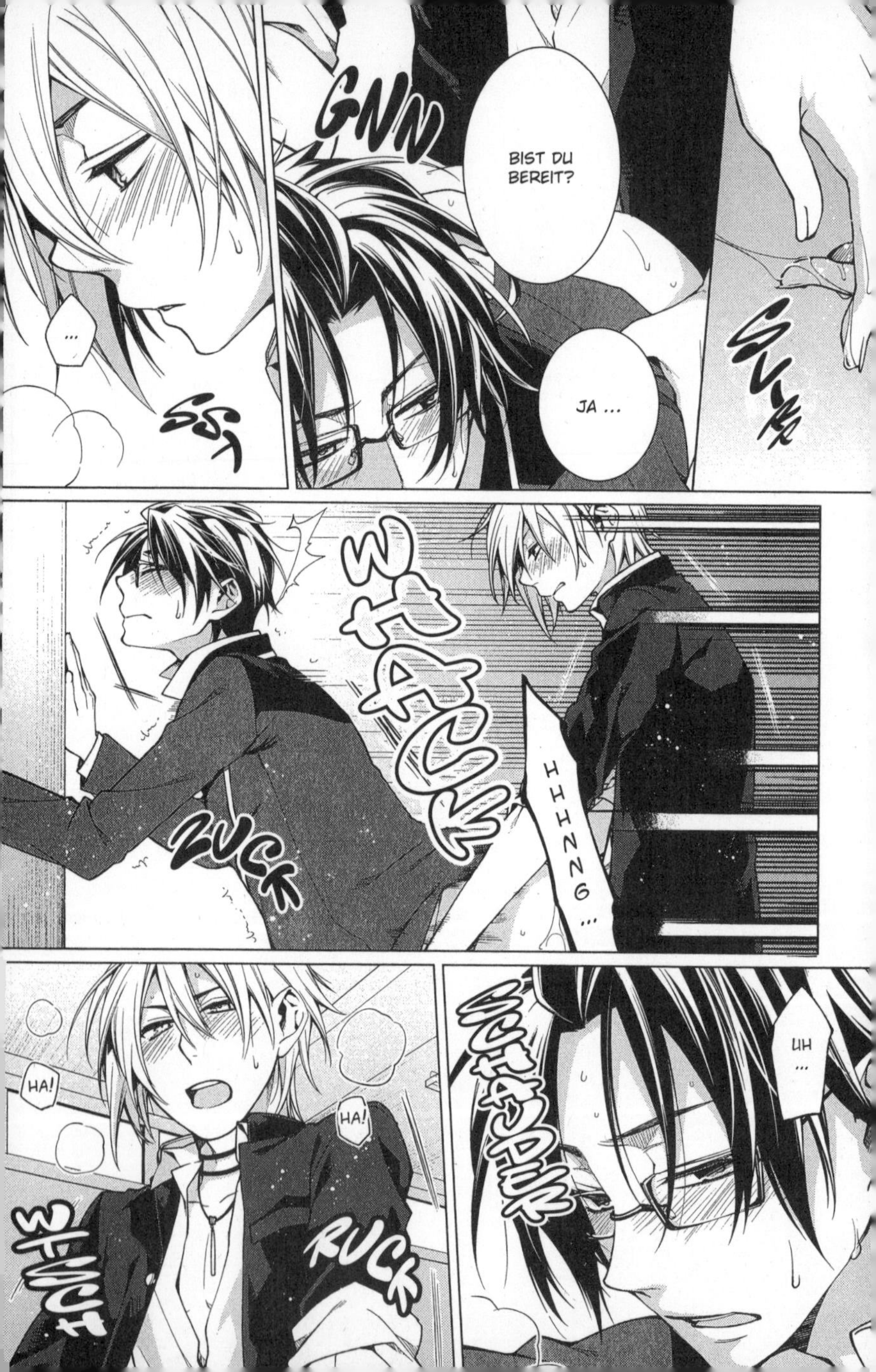

BIST DU BEREIT?
GNN
JA …
…
SST

HHHNNG …
ZUCK

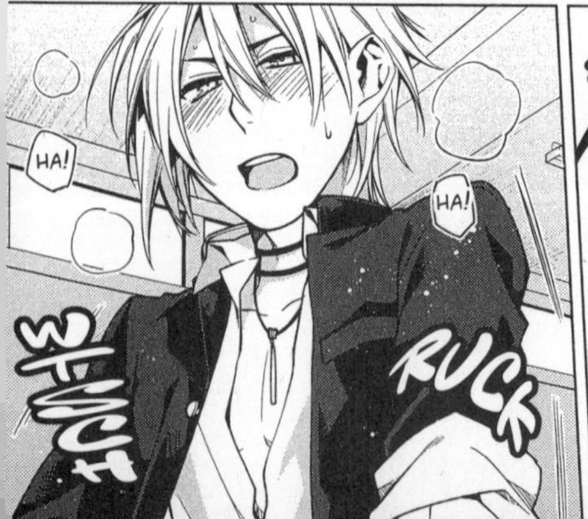

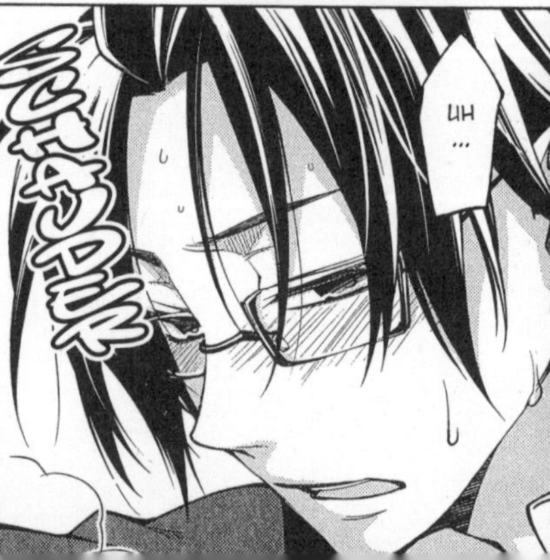

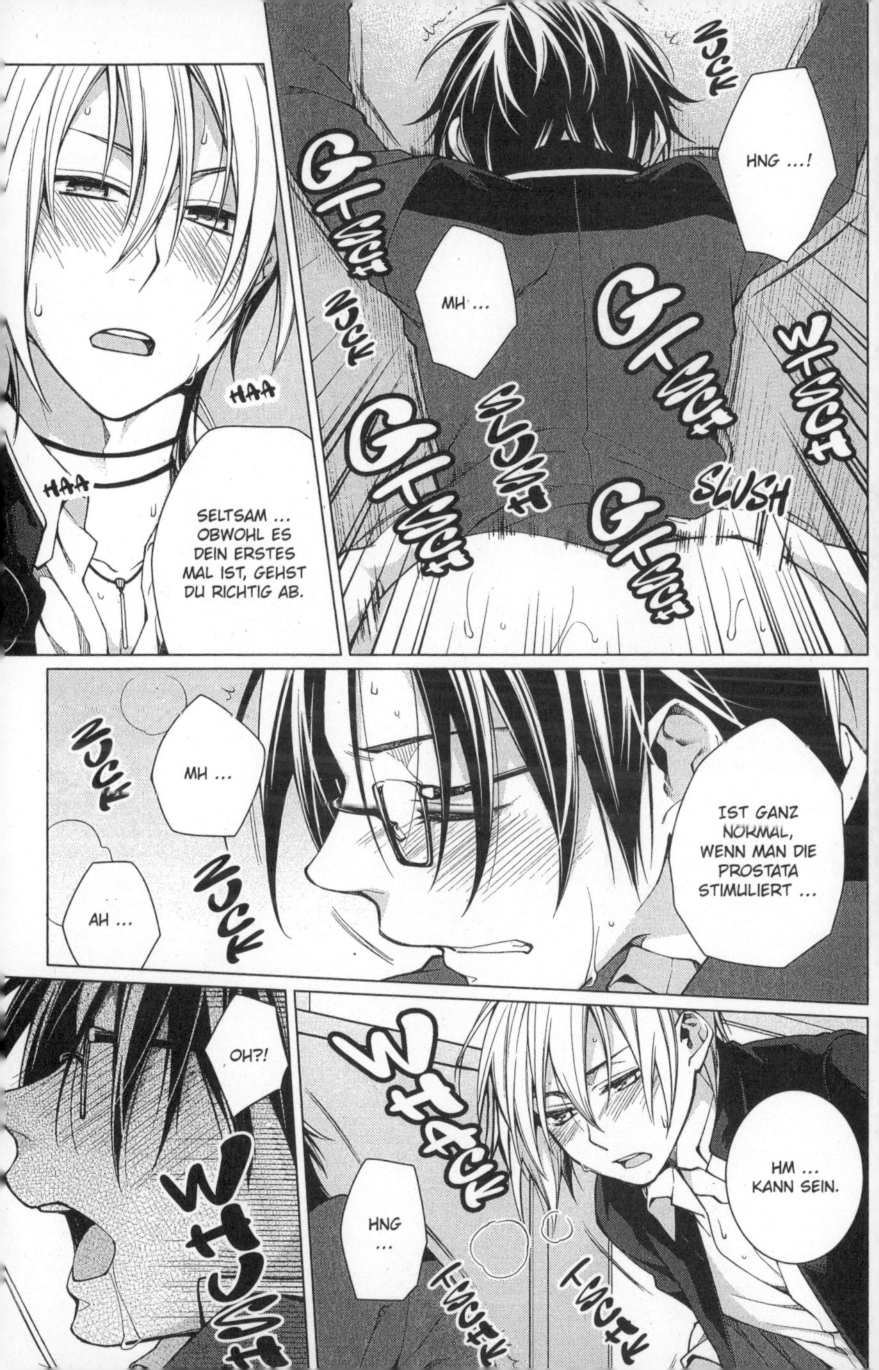
HNG ...!
MH ...
SLUSH
HAA
HAA
SELTSAM ... OBWOHL ES DEIN ERSTES MAL IST, GEHST DU RICHTIG AB.
IST GANZ NORMAL, WENN MAN DIE PROSTATA STIMULIERT ...
MH ...
AH ...
HM ... KANN SEIN.
HNG ...
OH?!

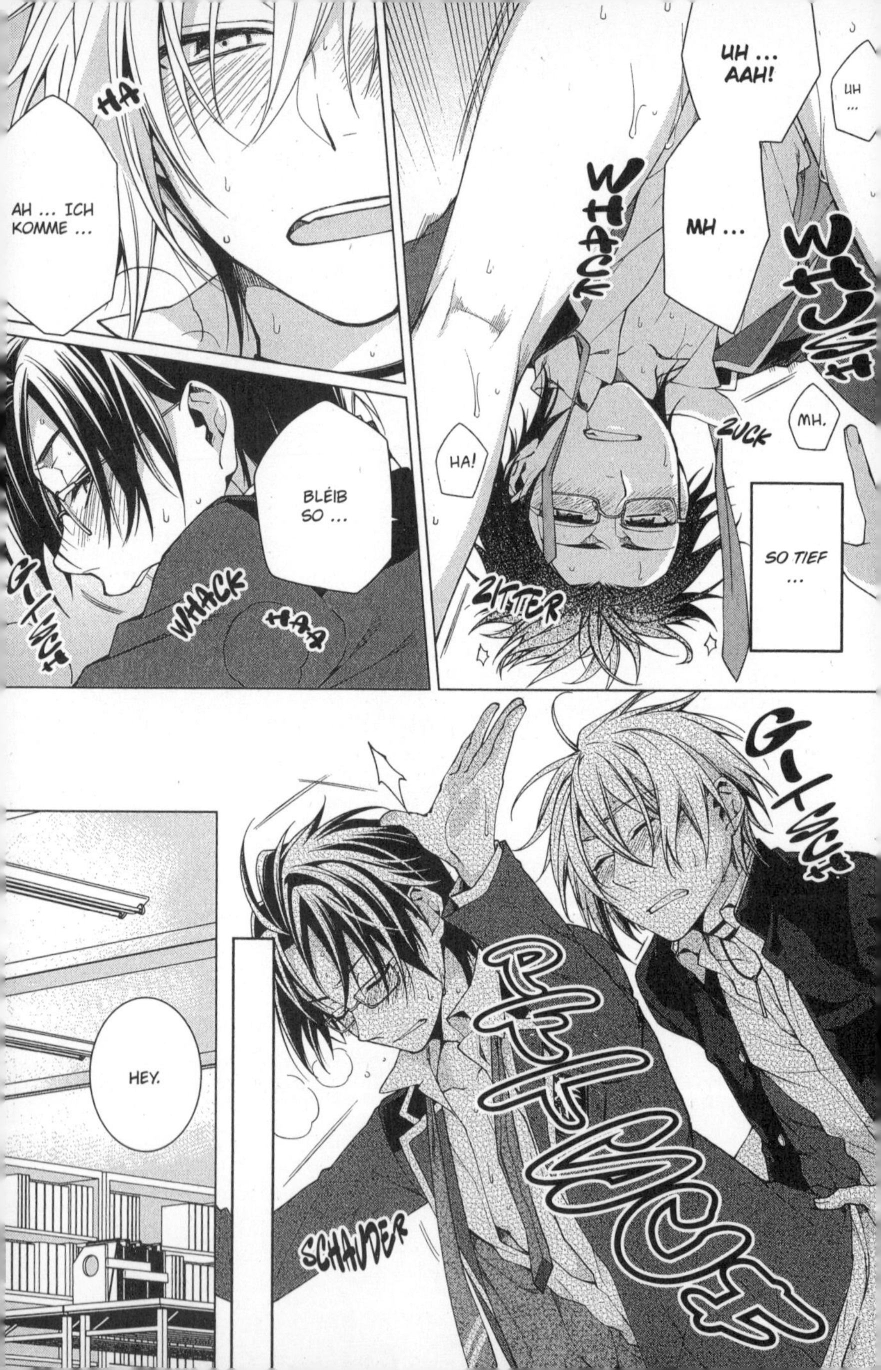

UH ... AAH!
UH ...
MH ...
WHACK
MH.
ZUCK
HA!
SO TIEF ...
ZITTER
HA
AH ... ICH KOMME ...
BLEIB SO ...
WHACK
HAA
HEY.
SCHAUDER

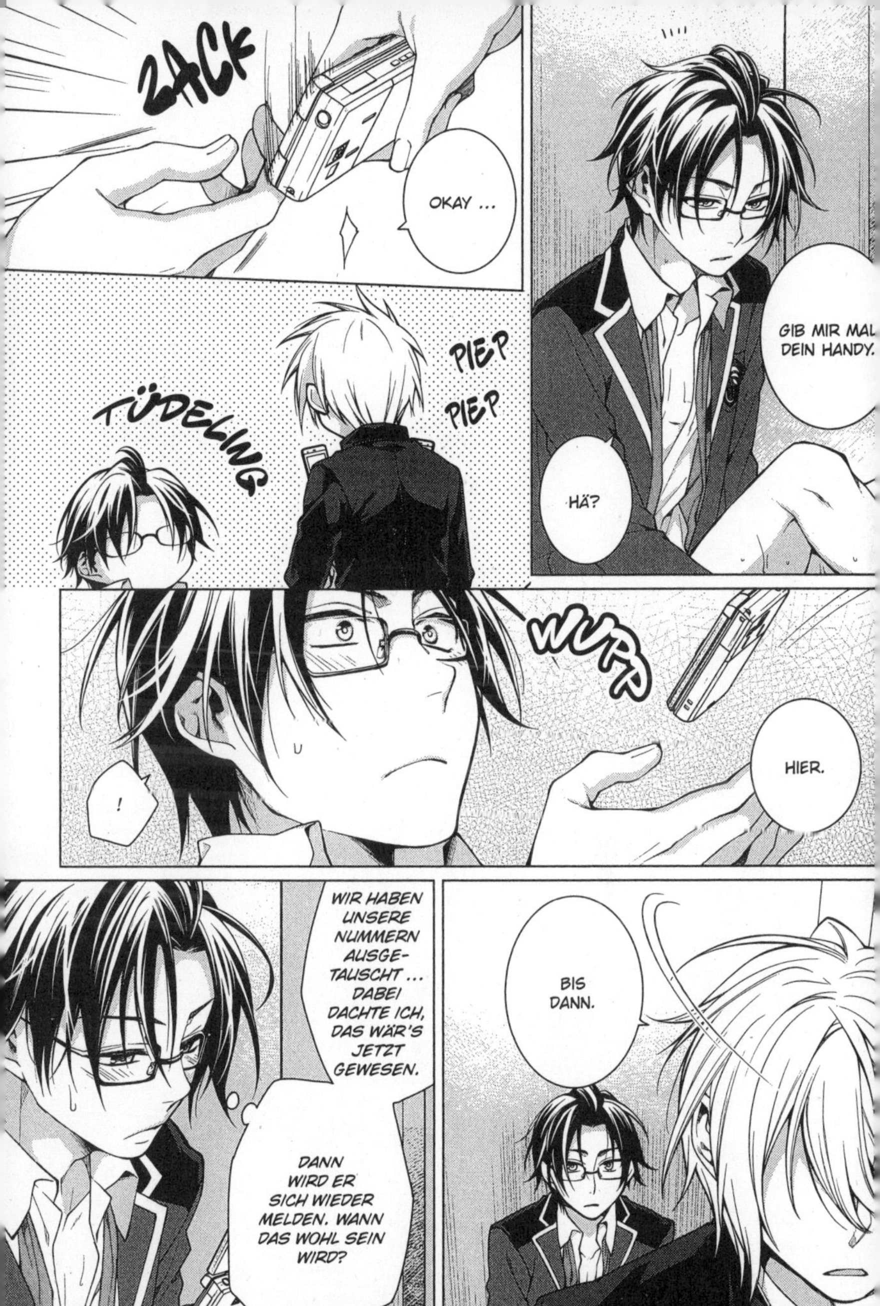
GIB MIR MAL DEIN HANDY.
HÄ?
ZACK
OKAY ...
PIEP
PIEP
TÜDELING
WUPP
HIER.
!
BIS DANN.
WIR HABEN UNSERE NUMMERN AUSGE-TAUSCHT ... DABEI DACHTE ICH, DAS WÄR'S JETZT GEWESEN.
DANN WIRD ER SICH WIEDER MELDEN. WANN DAS WOHL SEIN WIRD?

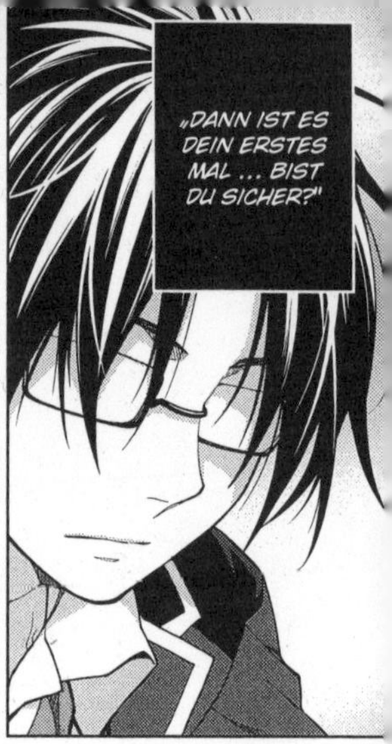
„DANN IST ES DEIN ERSTES MAL ... BIST DU SICHER?"

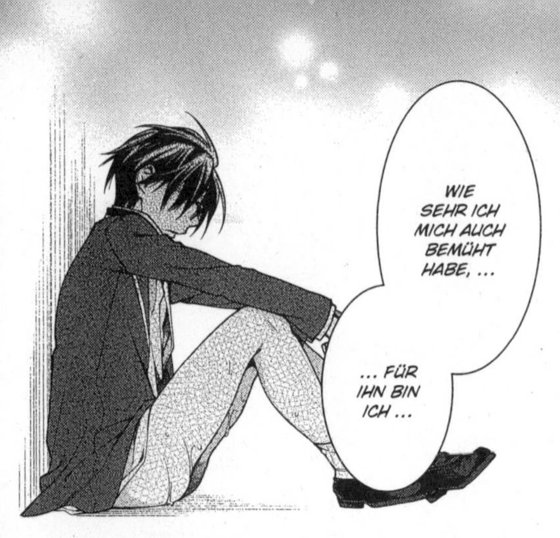
WIE SEHR ICH MICH AUCH BEMÜHT HABE, ...
... FÜR IHN BIN ICH ...

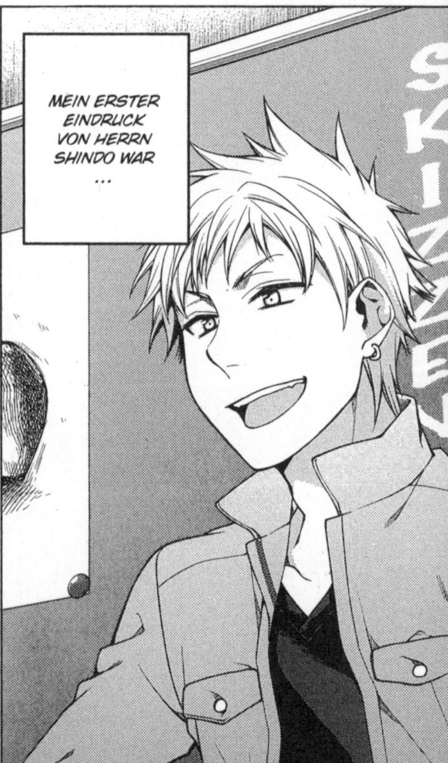
MEIN ERSTER EINDRUCK VON HERRN SHINDO WAR ...
SKIZZEN

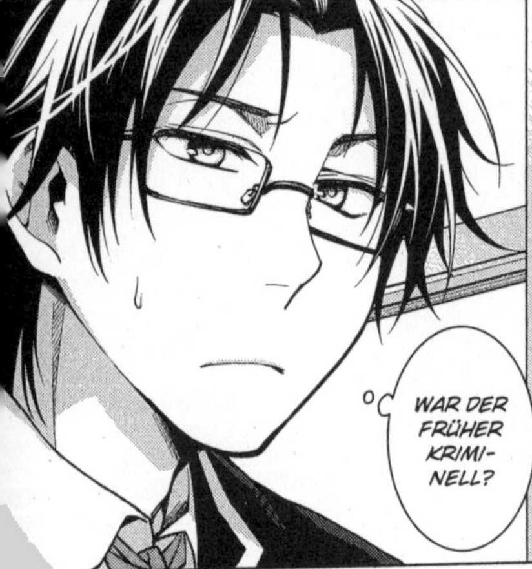
WAR DER FRÜHER KRIMI-NELL?

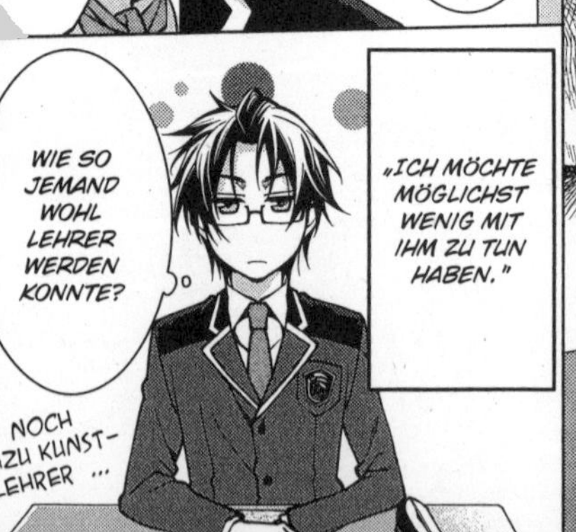
„ICH MÖCHTE MÖGLICHST WENIG MIT IHM ZU TUN HABEN."
WIE SO JEMAND WOHL LEHRER WERDEN KONNTE?
NOCH DAZU KUNST-LEHRER ...

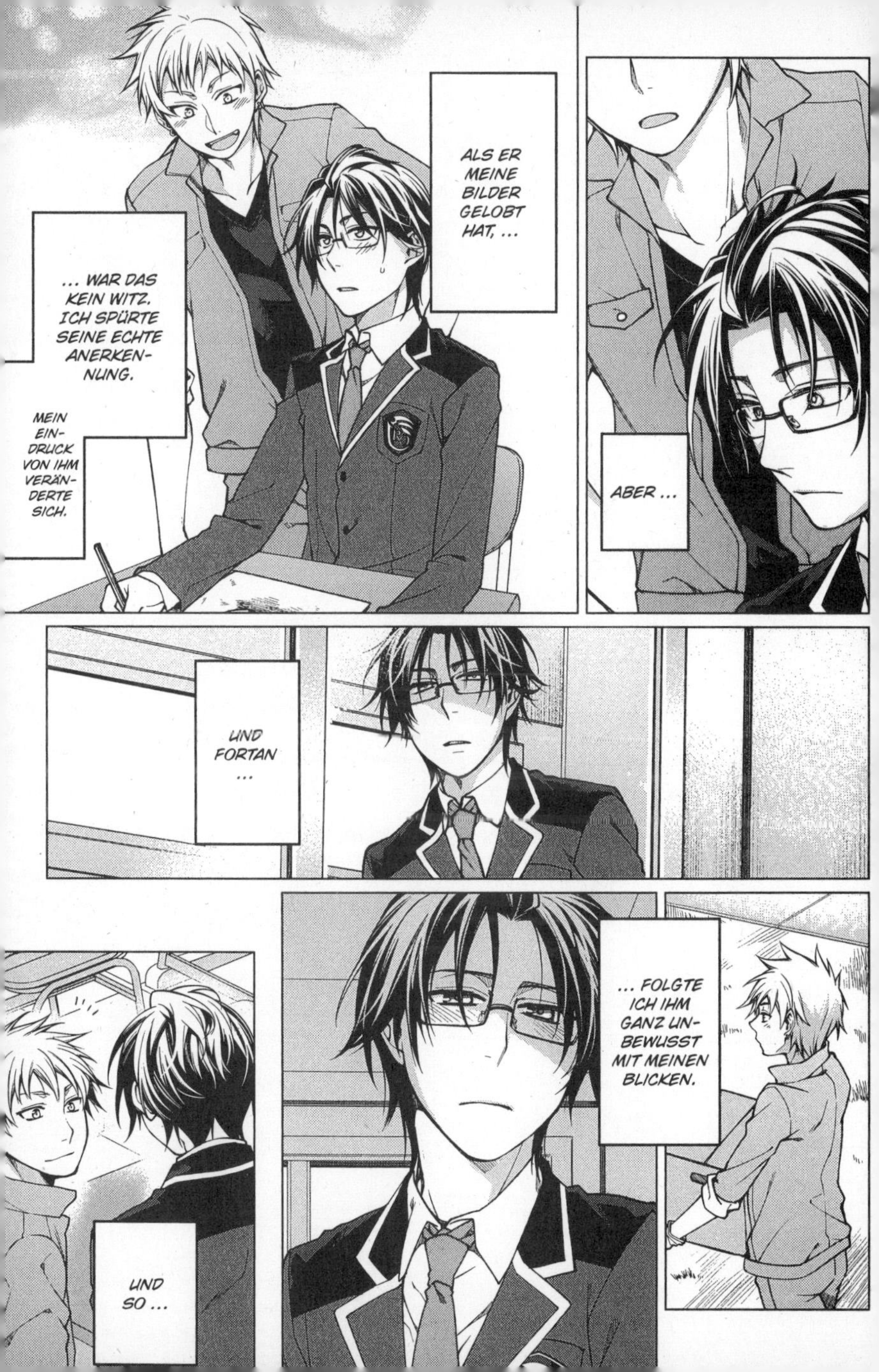

ALS ER MEINE BILDER GELOBT HAT, ...

... WAR DAS KEIN WITZ. ICH SPÜRTE SEINE ECHTE ANERKEN-NUNG.

MEIN EIN-DRUCK VON IHM VERÄN-DERTE SICH.

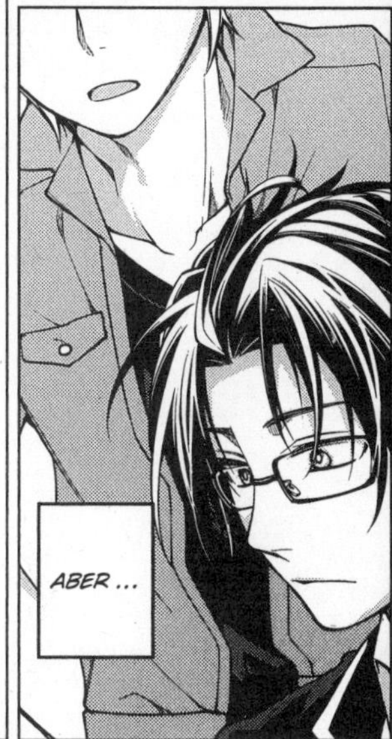

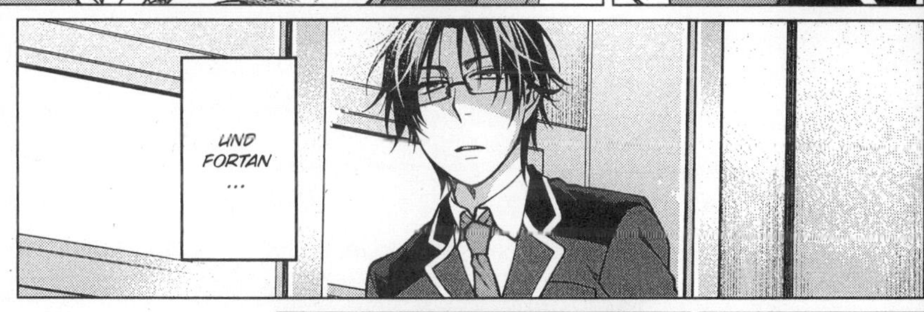

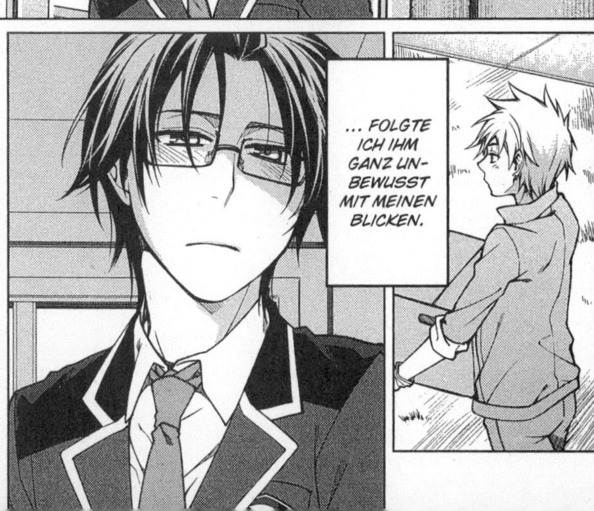

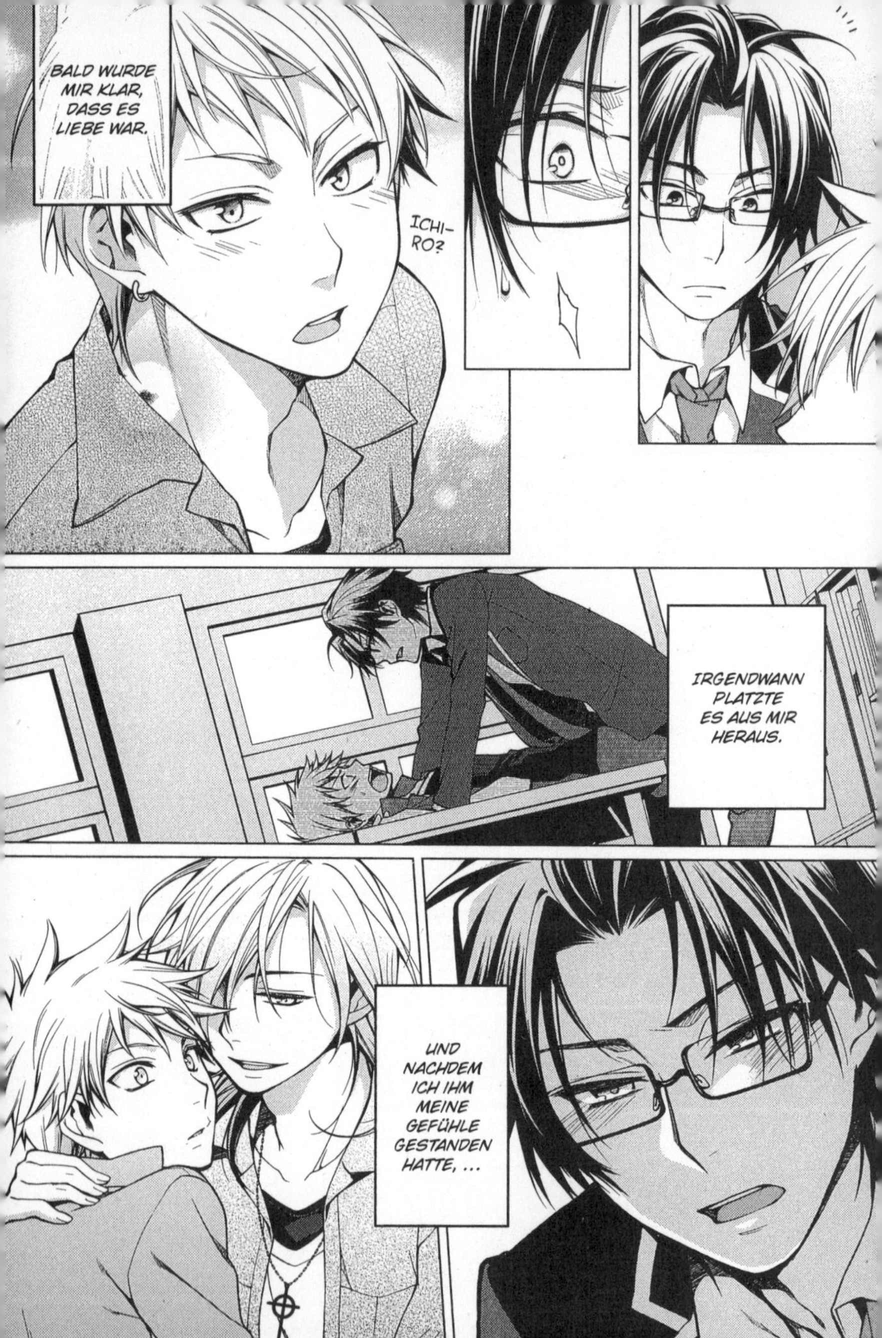
BALD WURDE MIR KLAR, DASS ES LIEBE WAR.
ICHI-RO?
IRGENDWANN PLATZTE ES AUS MIR HERAUS.
UND NACHDEM ICH IHM MEINE GEFÜHLE GESTANDEN HATTE, ...

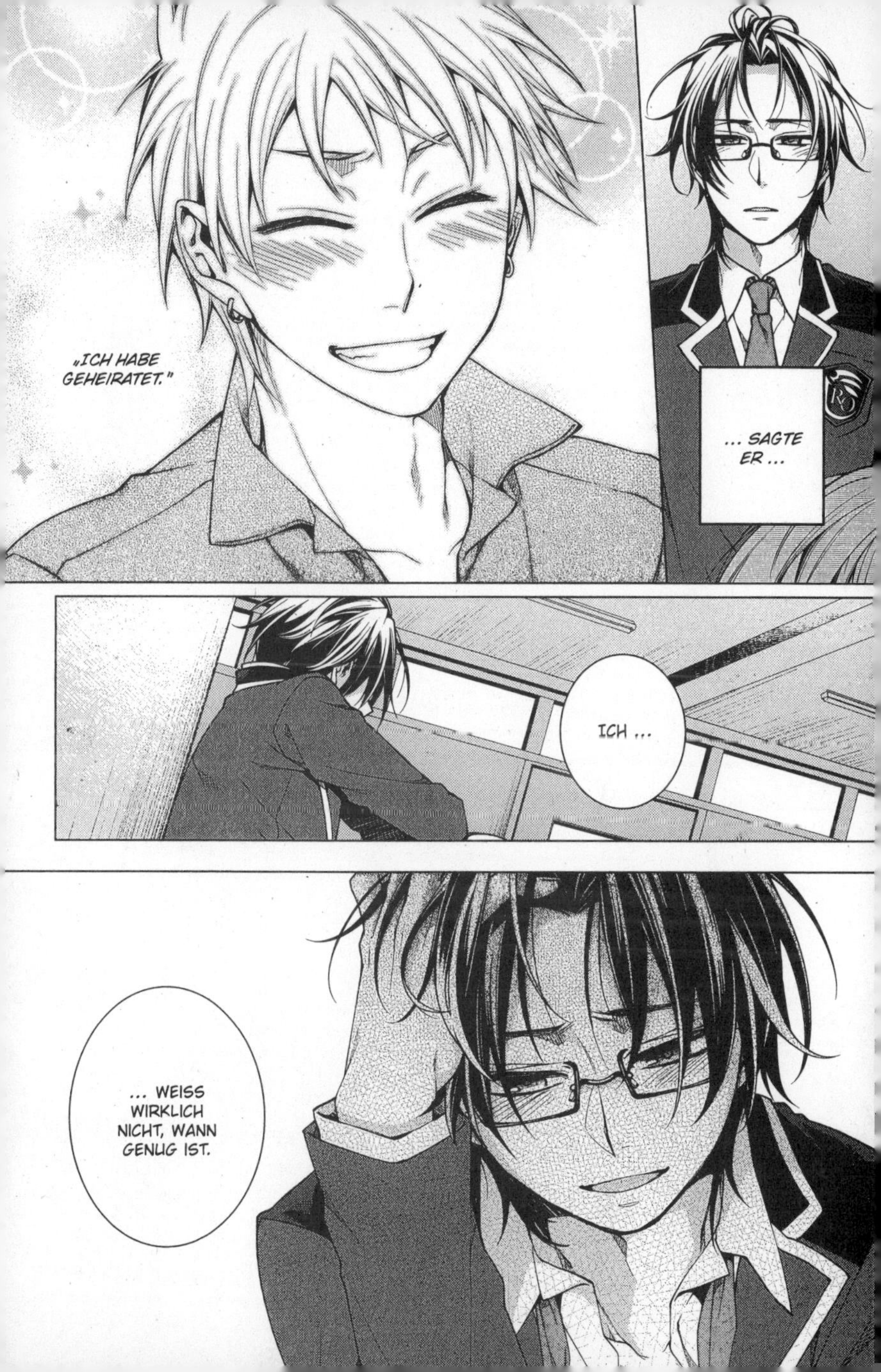

„ICH HABE GEHEIRATET."

... SAGTE ER ...

ICH ...

... WEISS WIRKLICH NICHT, WANN GENUG IST.

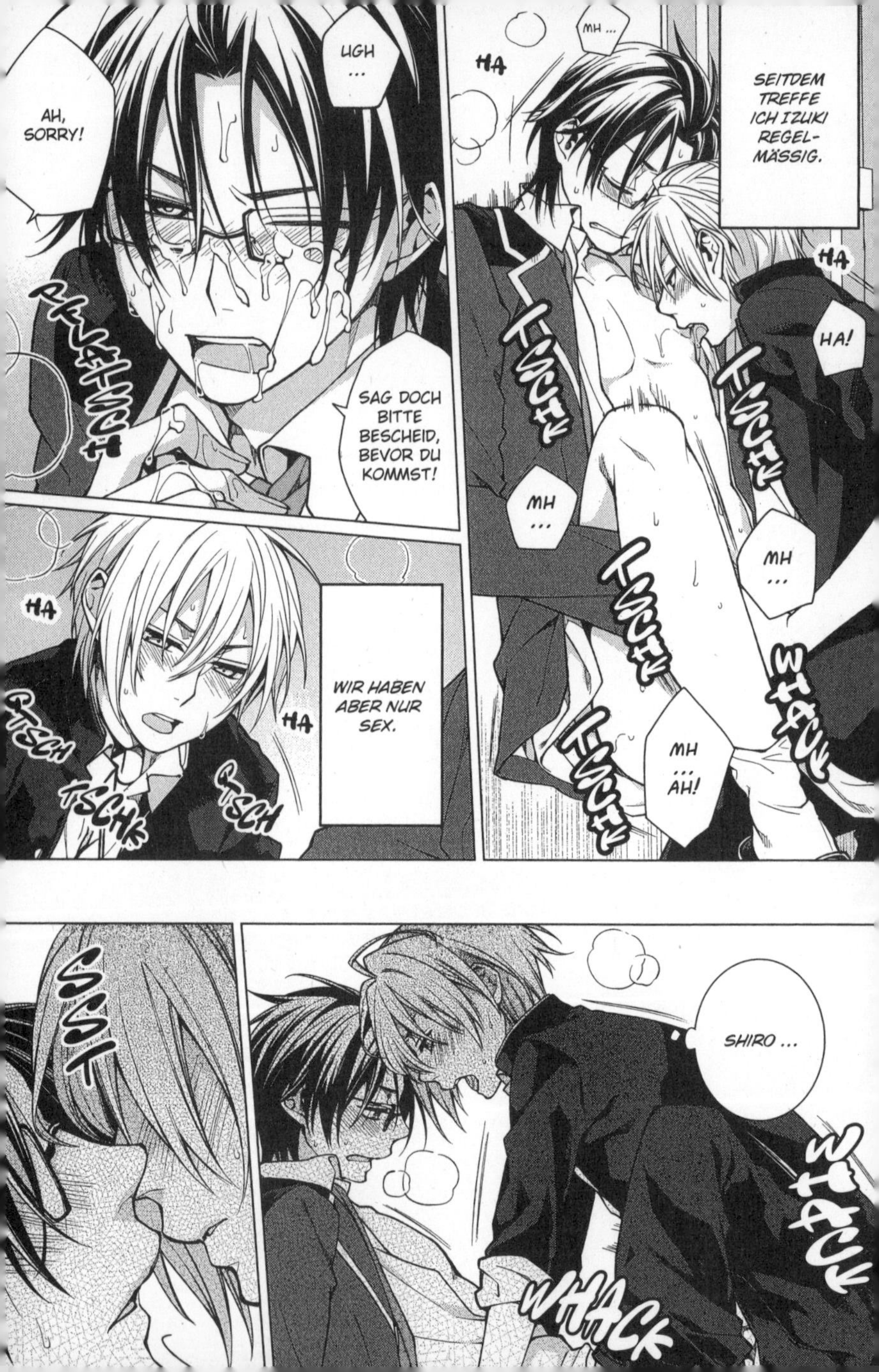

SEITDEM TREFFE ICH IZUKI REGEL-MÄSSIG.
MH ...
HA
HA
HA!
KSCHK
MH ...
MH ...
MH ... ÄH!
UGH ...
AH, SORRY!
SAG DOCH BITTE BESCHEID, BEVOR DU KOMMST!
WIR HABEN ABER NUR SEX.
HA
HA

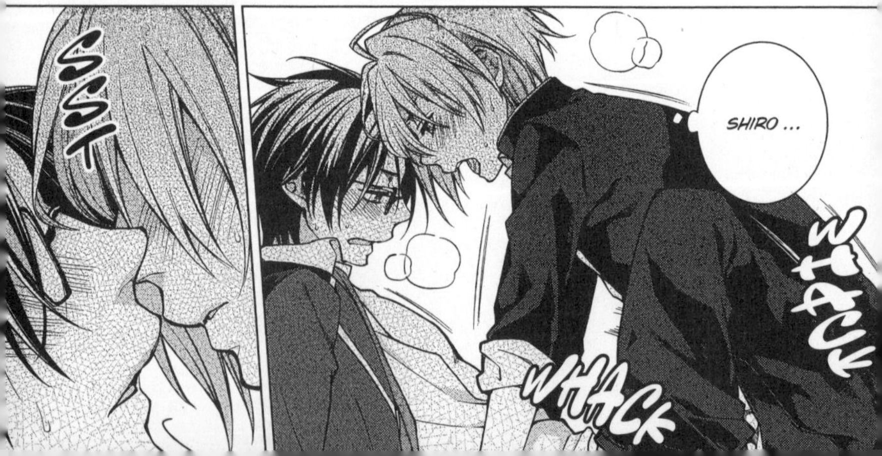

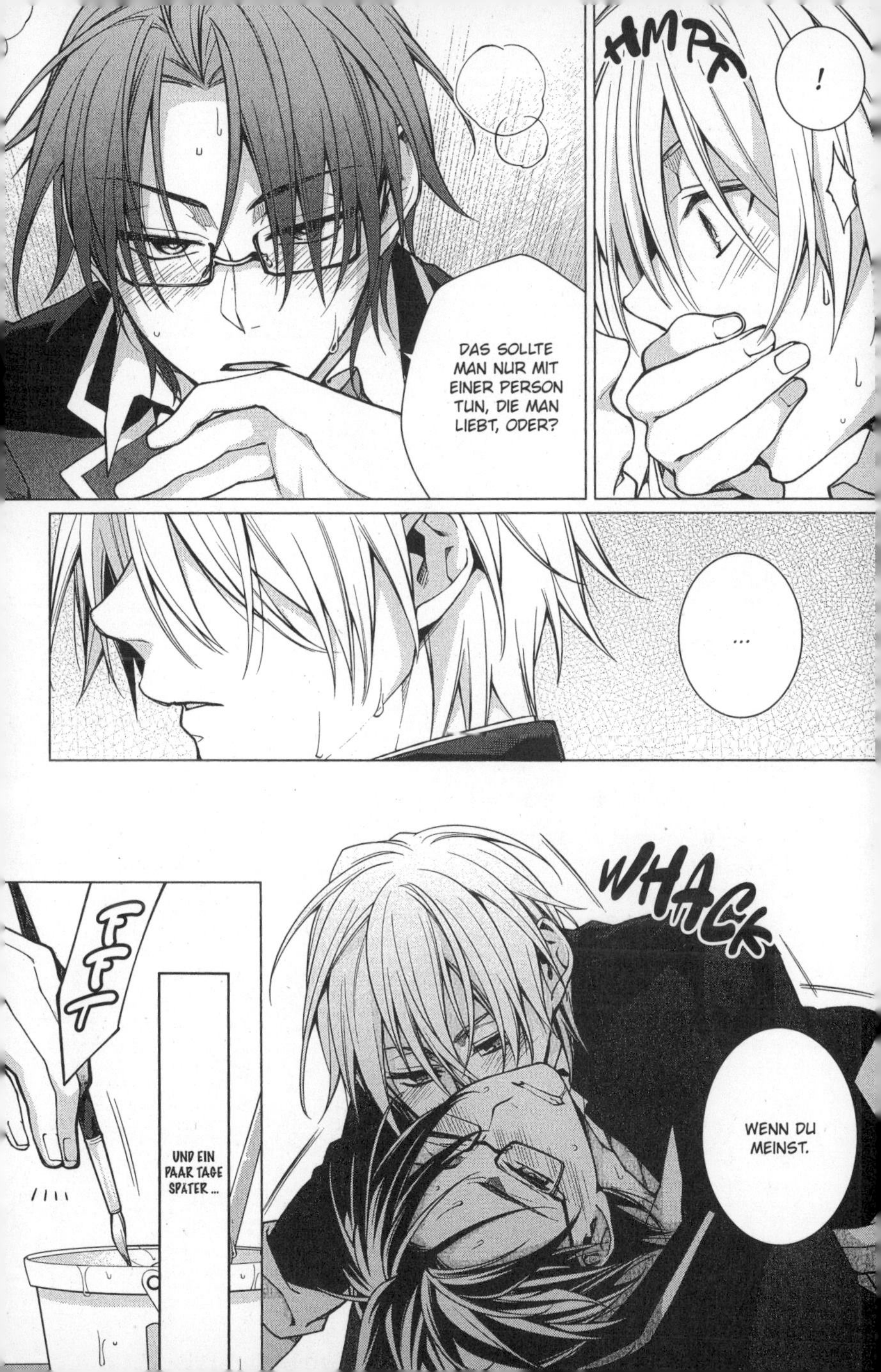
HMPF
!
DAS SOLLTE MAN NUR MIT EINER PERSON TUN, DIE MAN LIEBT, ODER?
...
WHACK
WENN DU MEINST.
FFT
UND EIN PAAR TAGE SPÄTER ...

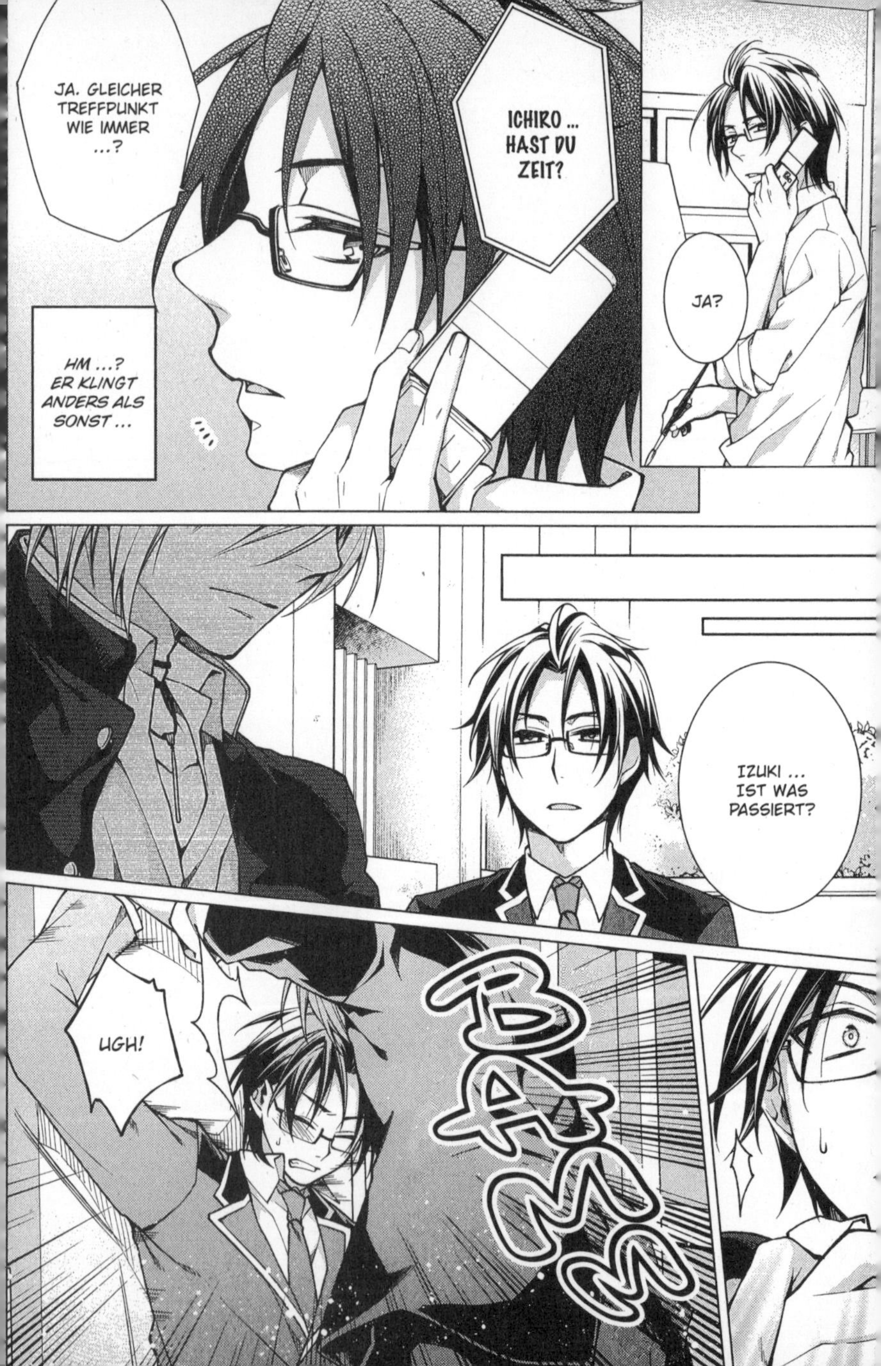
JA?
ICHIRO ... HAST DU ZEIT?
JA. GLEICHER TREFFPUNKT WIE IMMER ...?
...
HM ...? ER KLINGT ANDERS ALS SONST ...
IZUKI ... IST WAS PASSIERT?
BAMM
UGH!

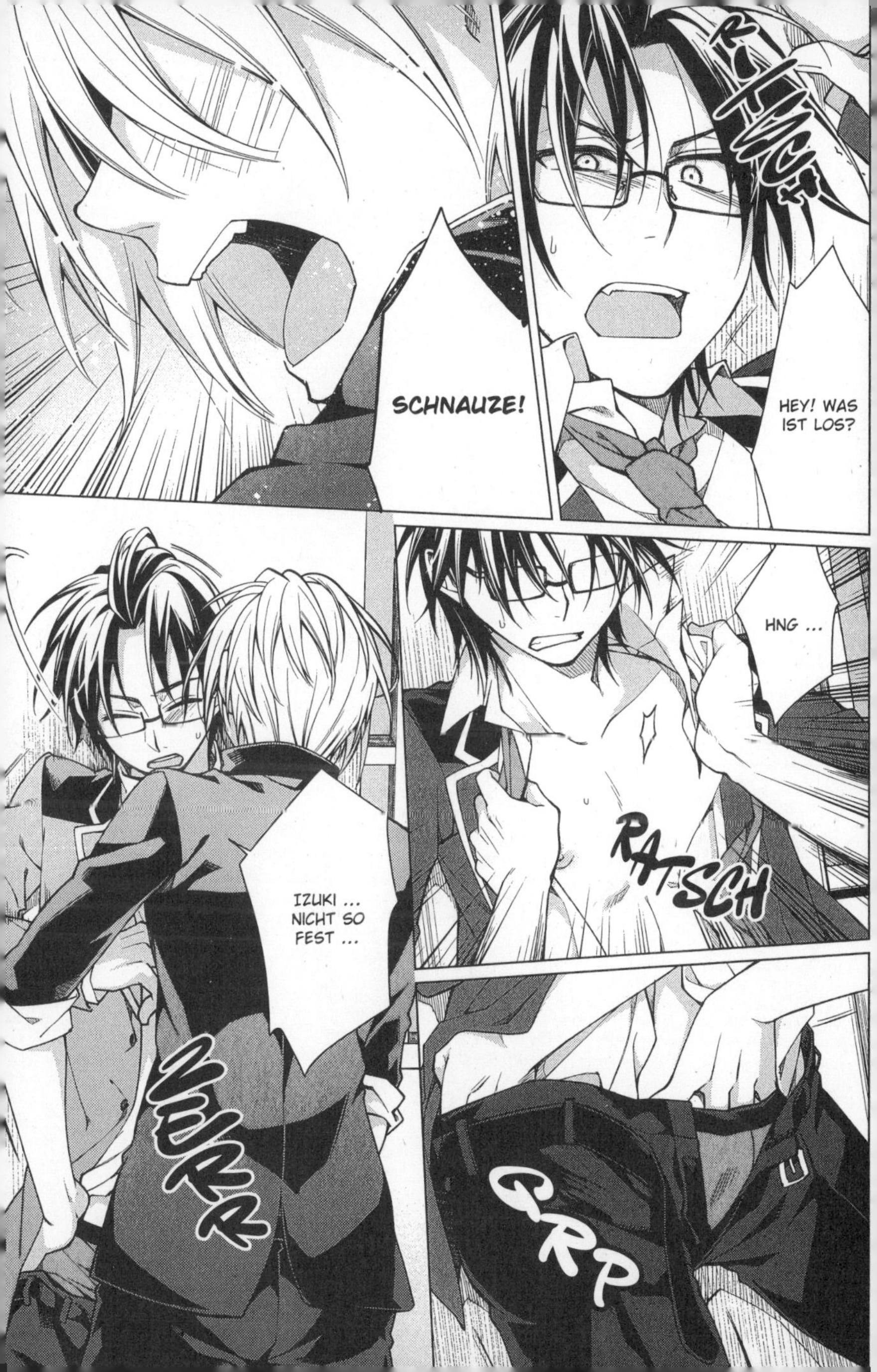
HEY! WAS IST LOS?
SCHNAUZE!
HNG ...
RATSCH
IZUKI ... NICHT SO FEST ...
GRP

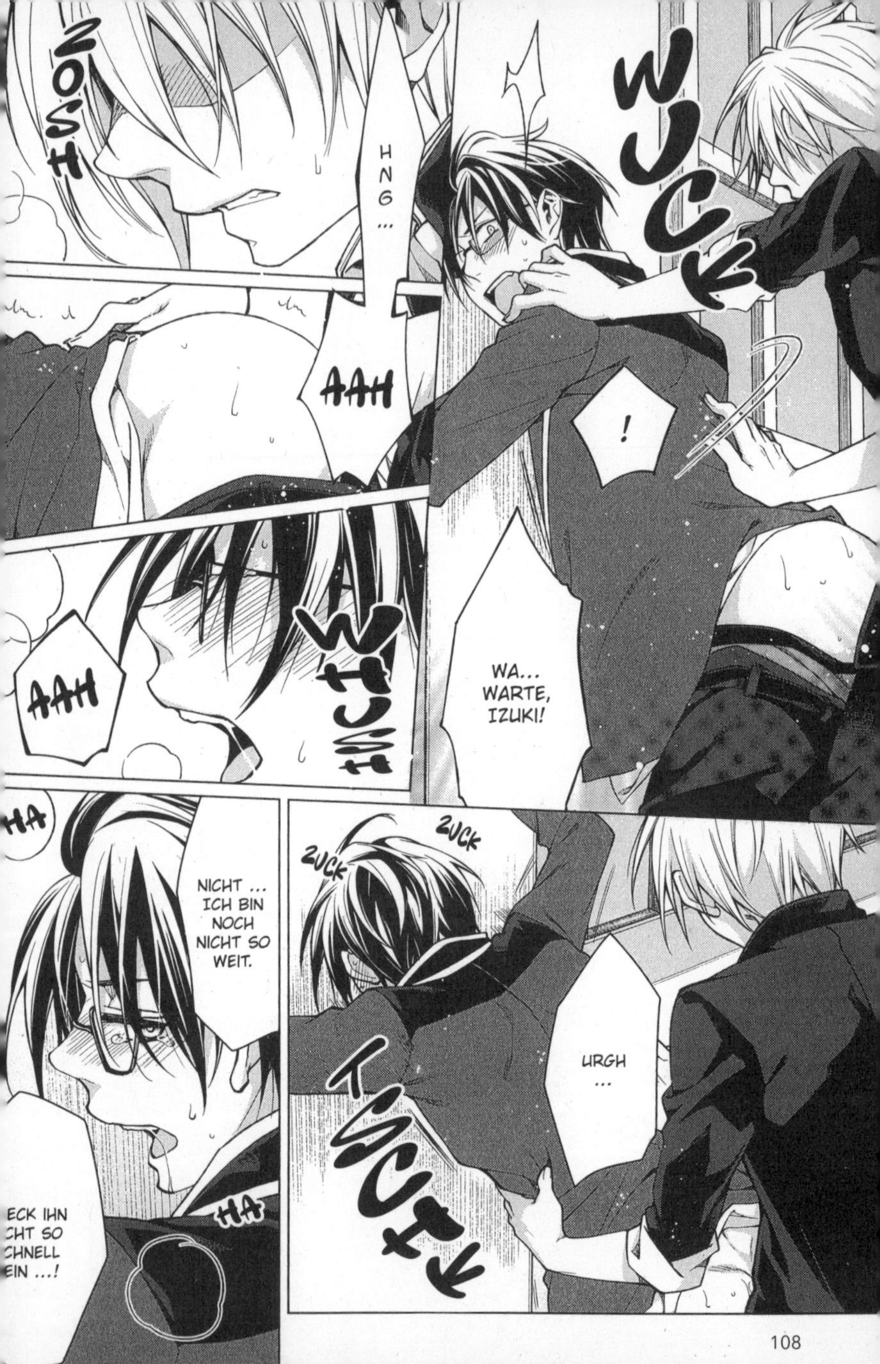

WUSCH
HNG ...
WUSCH
AAH
!
AAH
WUSCH
WA... WARTE, IZUKI!
HA
NICHT ... ICH BIN NOCH NICHT SO WEIT.
ZUCK
ZUCK
URGH ...
TSCHI
HA
ECK IHN
CHT SO
CHNELL
EIN ...!

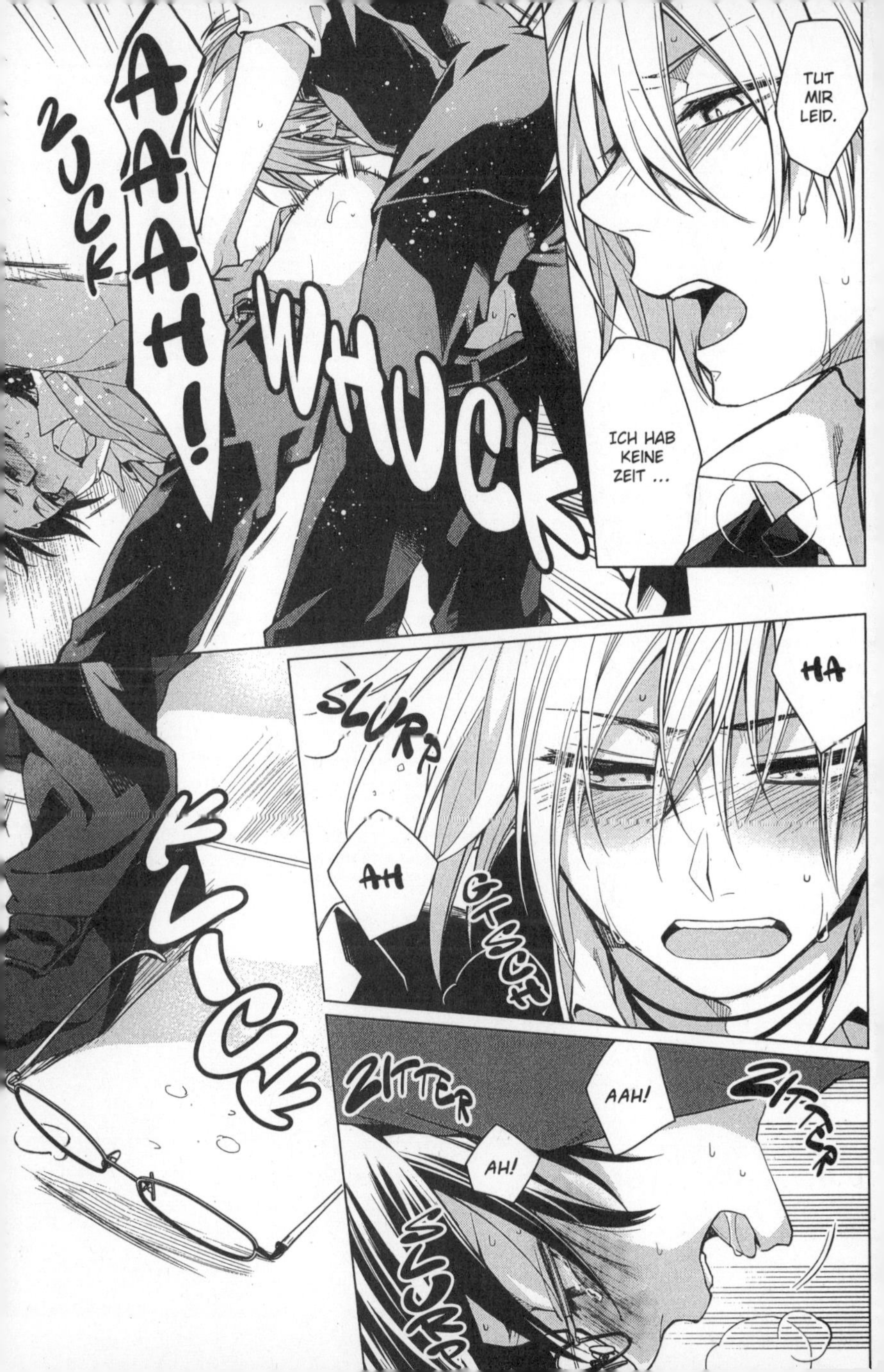
TUT MIR LEID.
ICH HAB KEINE ZEIT …
WHUCK
AAAH!
ZUCK
HA
SLURP
AH
ZITTER
AAH!
ZITTER
AH!

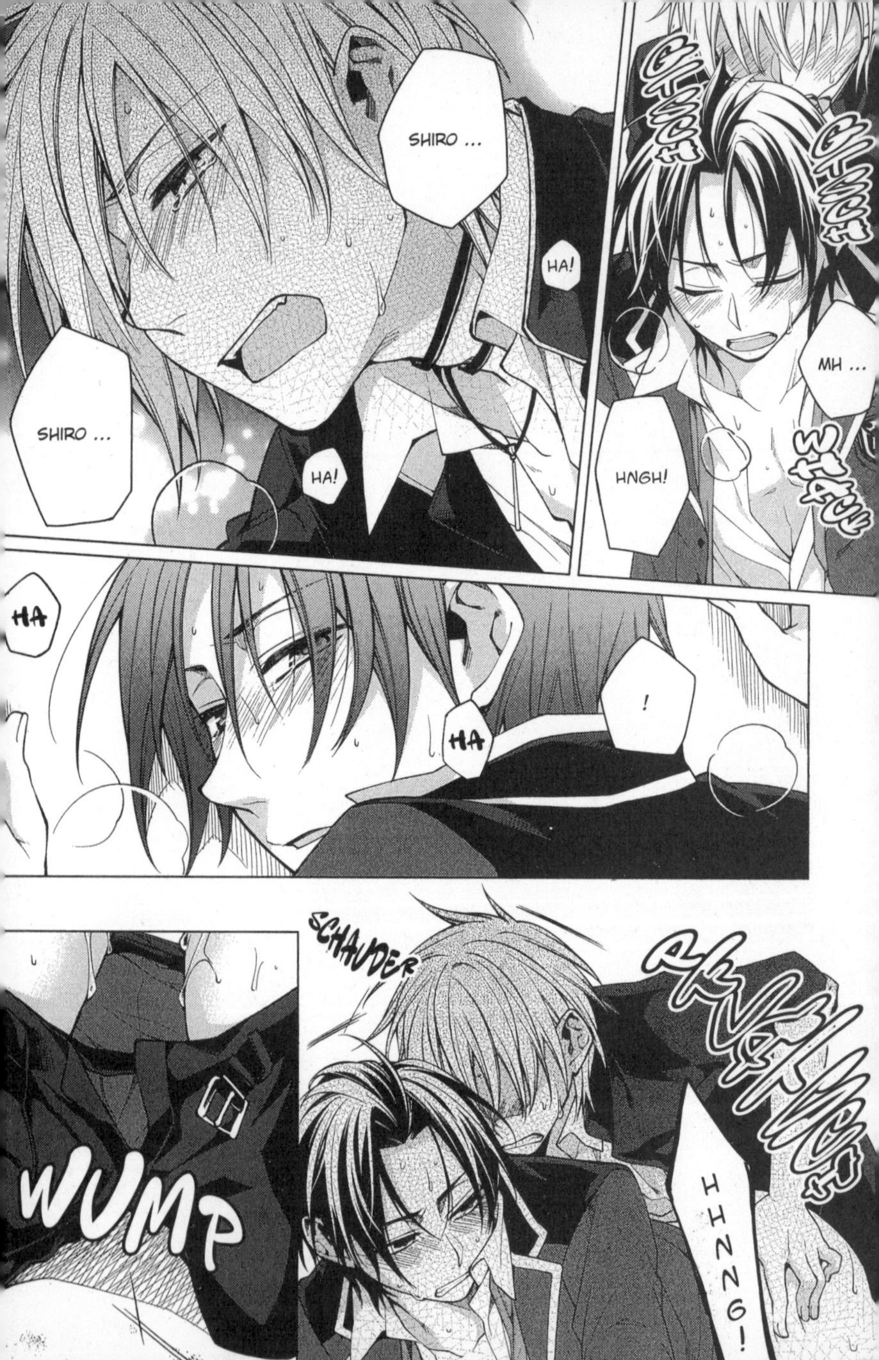
MH ...
HNGH!
SHIRO ...
HA!
SHIRO ...
HA!
!
HA
HA
SCHAUDER
HHNNG!
WUMP

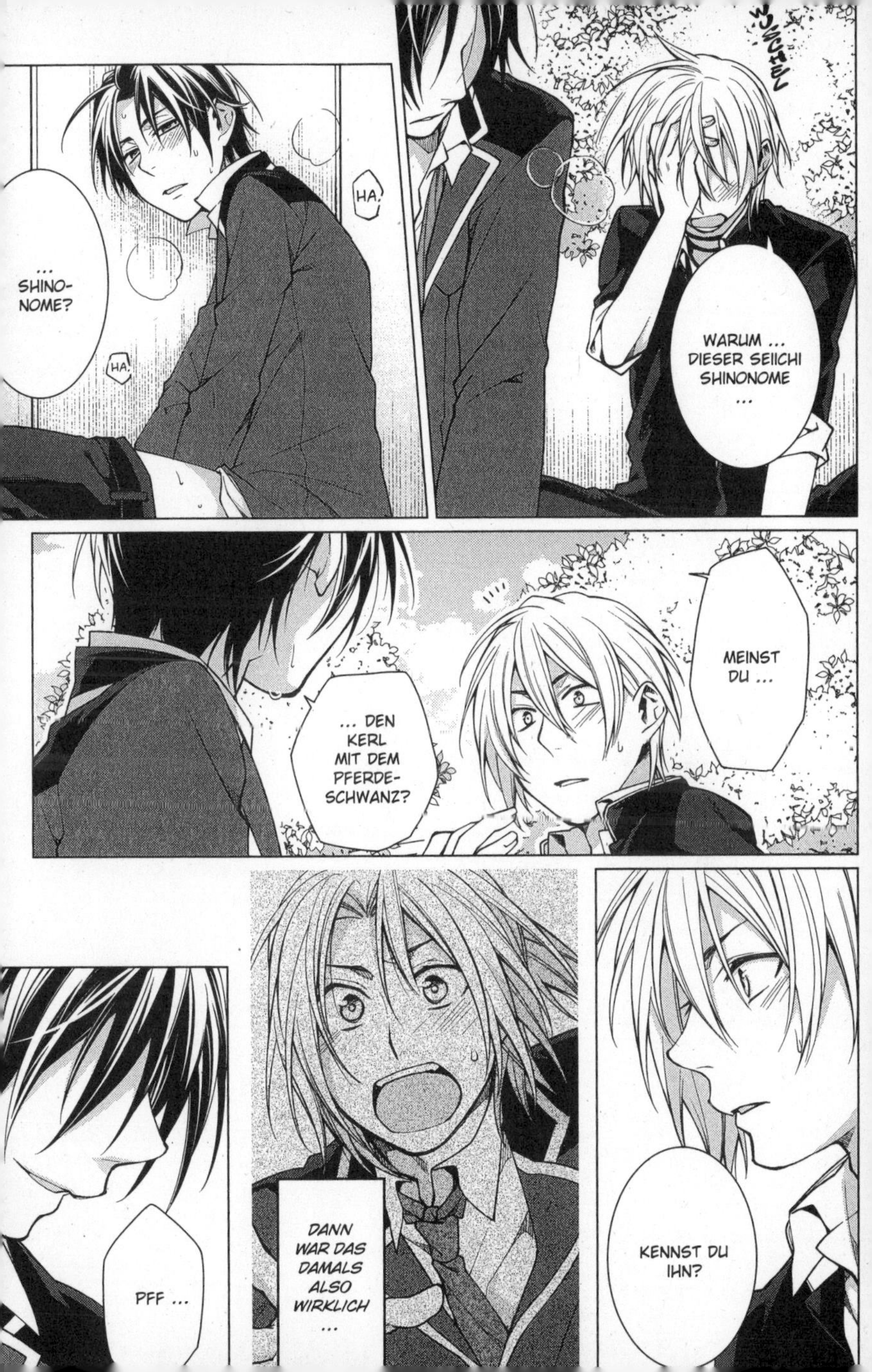

WUSCHEL
WARUM ... DIESER SEIICHI SHINONOME ...
HA.
HA.
... SHINO-NOME?
MEINST DU ...
... DEN KERL MIT DEM PFERDE-SCHWANZ?
KENNST DU IHN?
DANN WAR DAS DAMALS ALSO WIRKLICH ...
PFF ...

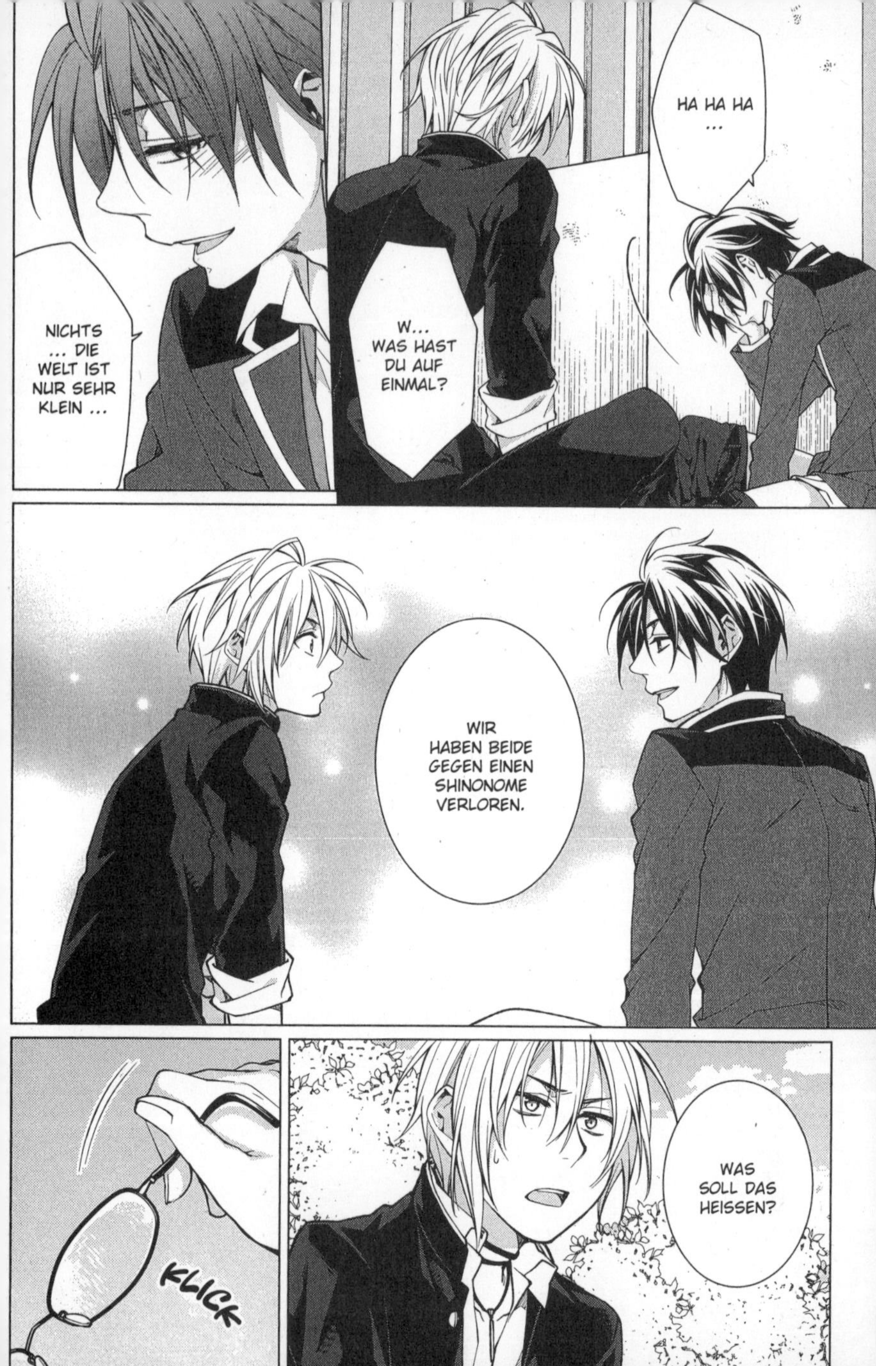
HA HA HA …
W… WAS HAST DU AUF EINMAL?
NICHTS … DIE WELT IST NUR SEHR KLEIN …
WIR HABEN BEIDE GEGEN EINEN SHINONOME VERLOREN.
WAS SOLL DAS HEISSEN?
KLICK

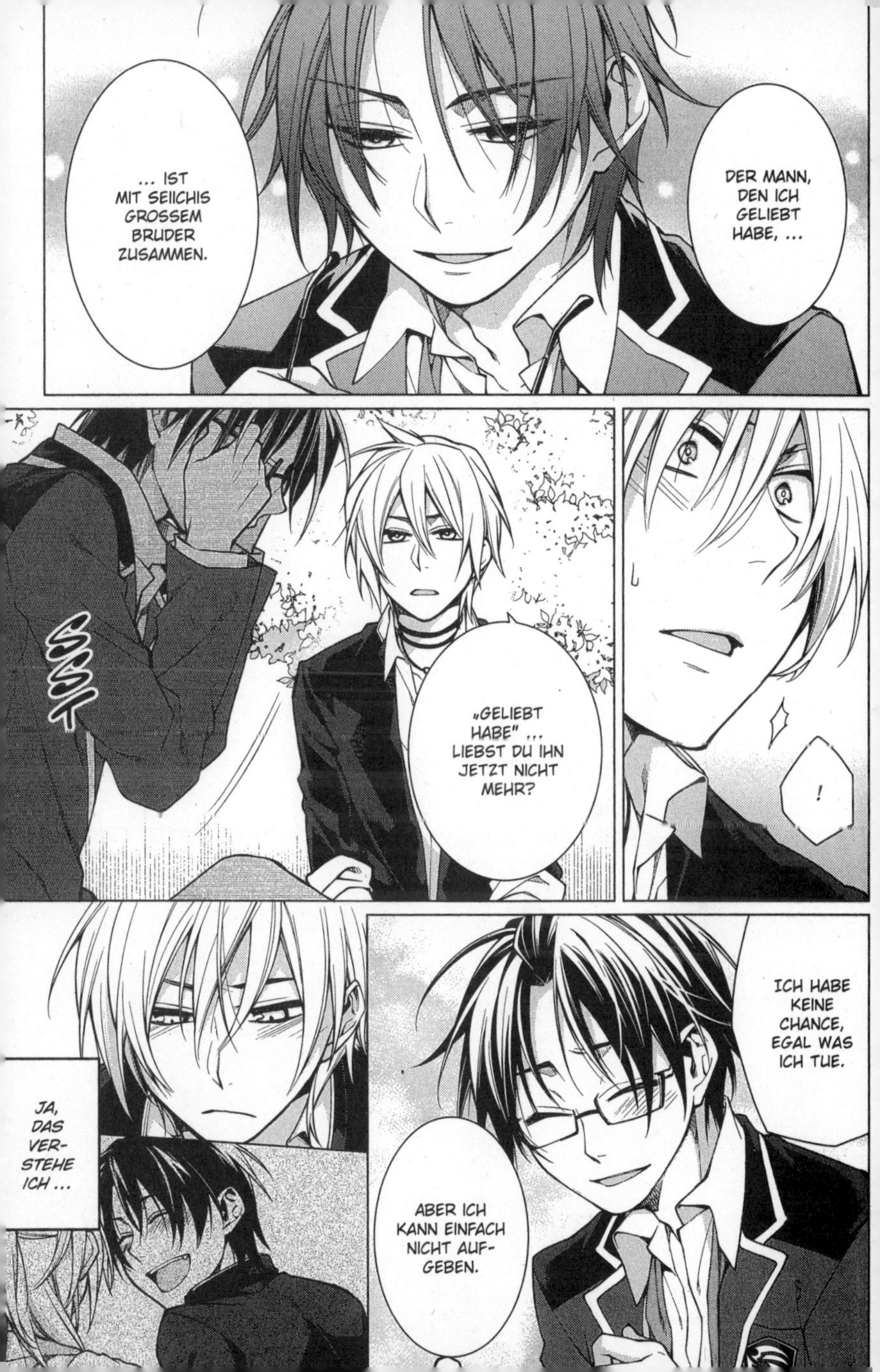

!

„GELIEBT HABE" … LIEBST DU IHN JETZT NICHT MEHR?

SSSK

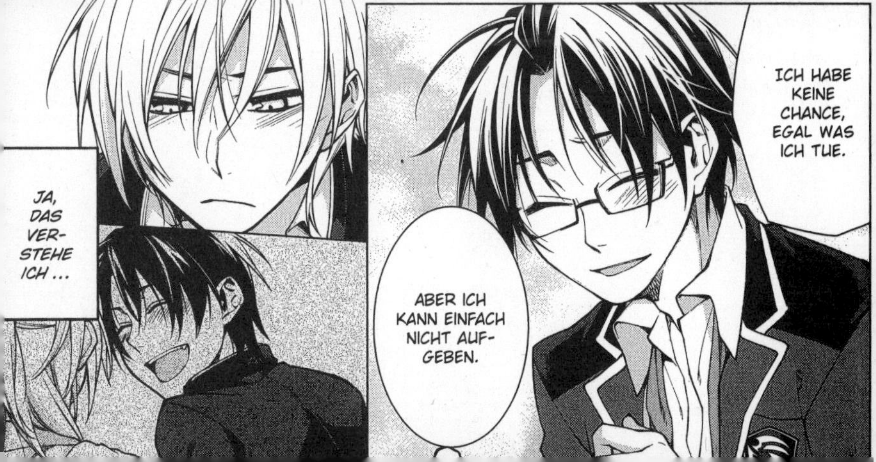

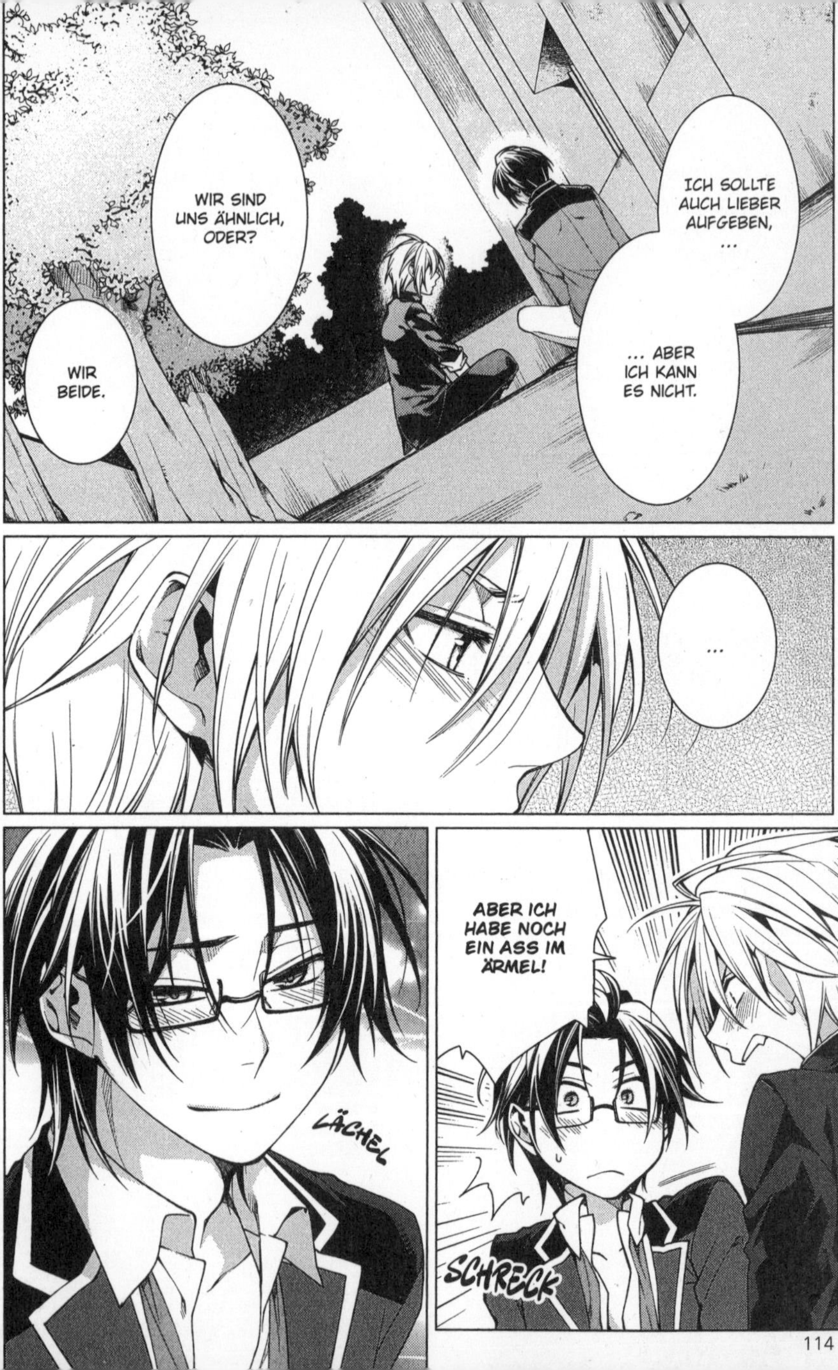

ICH SOLLTE AUCH LIEBER AUFGEBEN, ...

... ABER ICH KANN ES NICHT.

WIR SIND UNS ÄHNLICH, ODER?

WIR BEIDE.

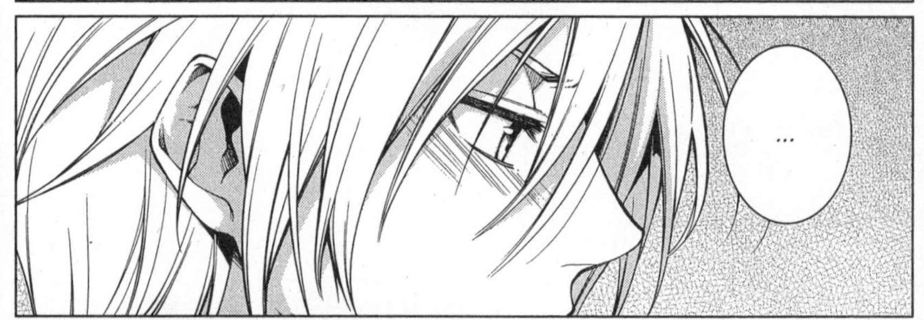

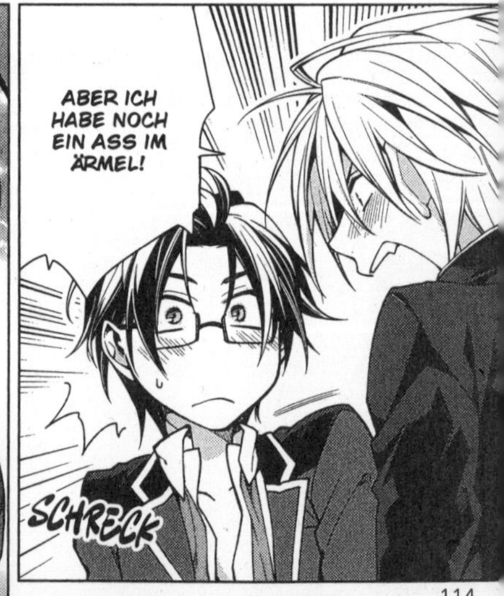

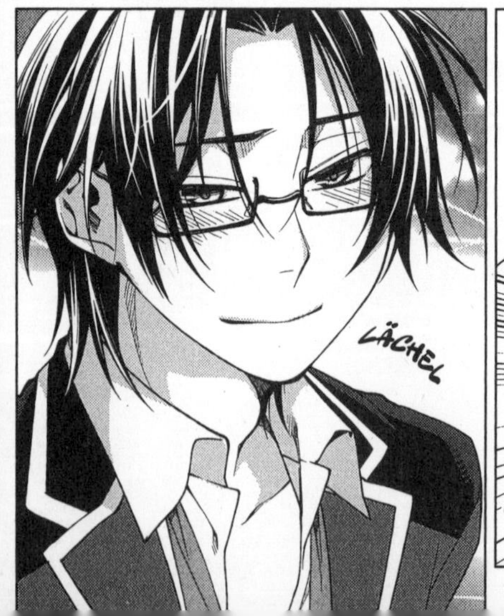

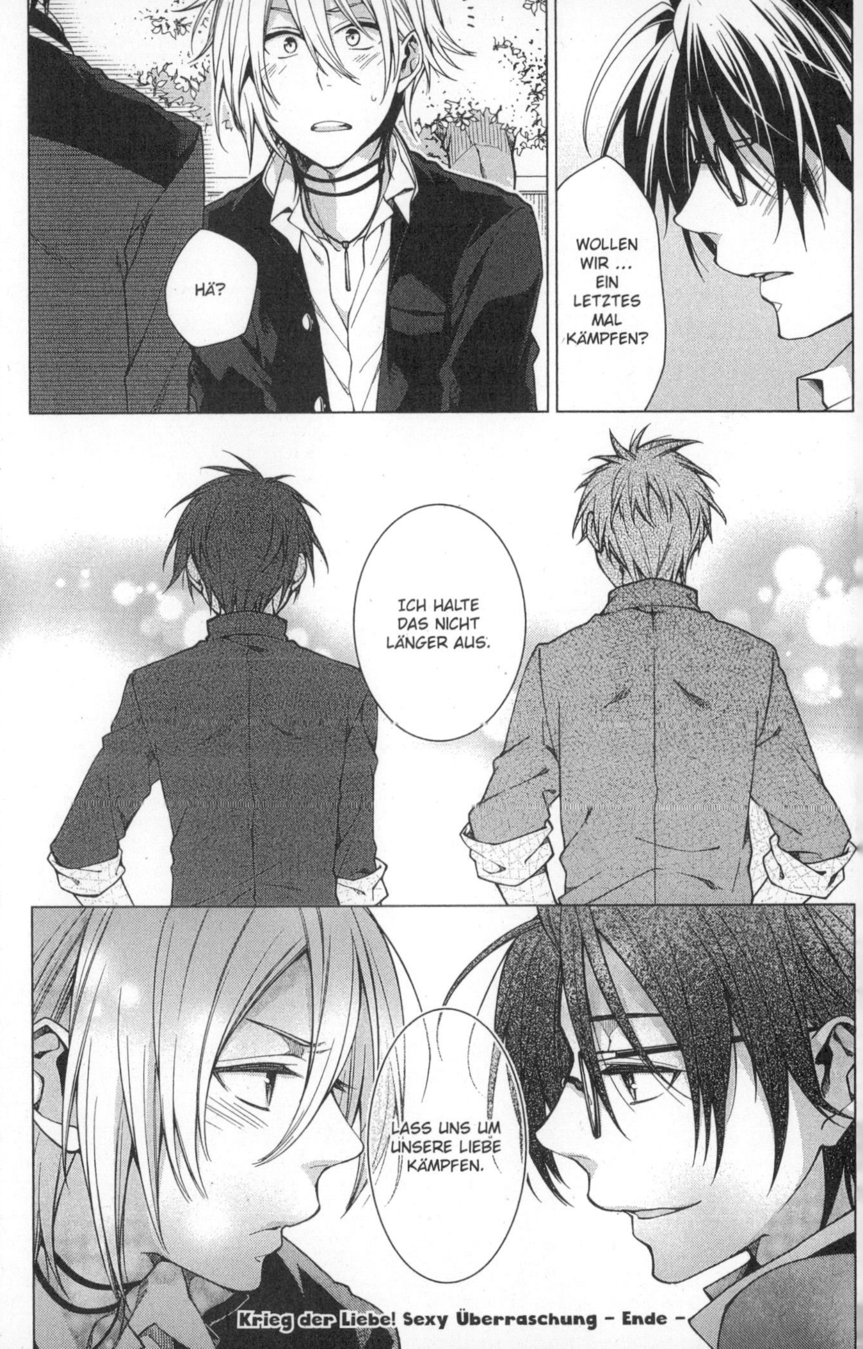
WOLLEN WIR ... EIN LETZTES MAL KÄMPFEN?
HÄ?
ICH HALTE DAS NICHT LÄNGER AUS.
LASS UNS UM UNSERE LIEBE KÄMPFEN.
Krieg der Liebe! Sexy Überraschung – Ende –

Spiel nicht mit meinem Herz

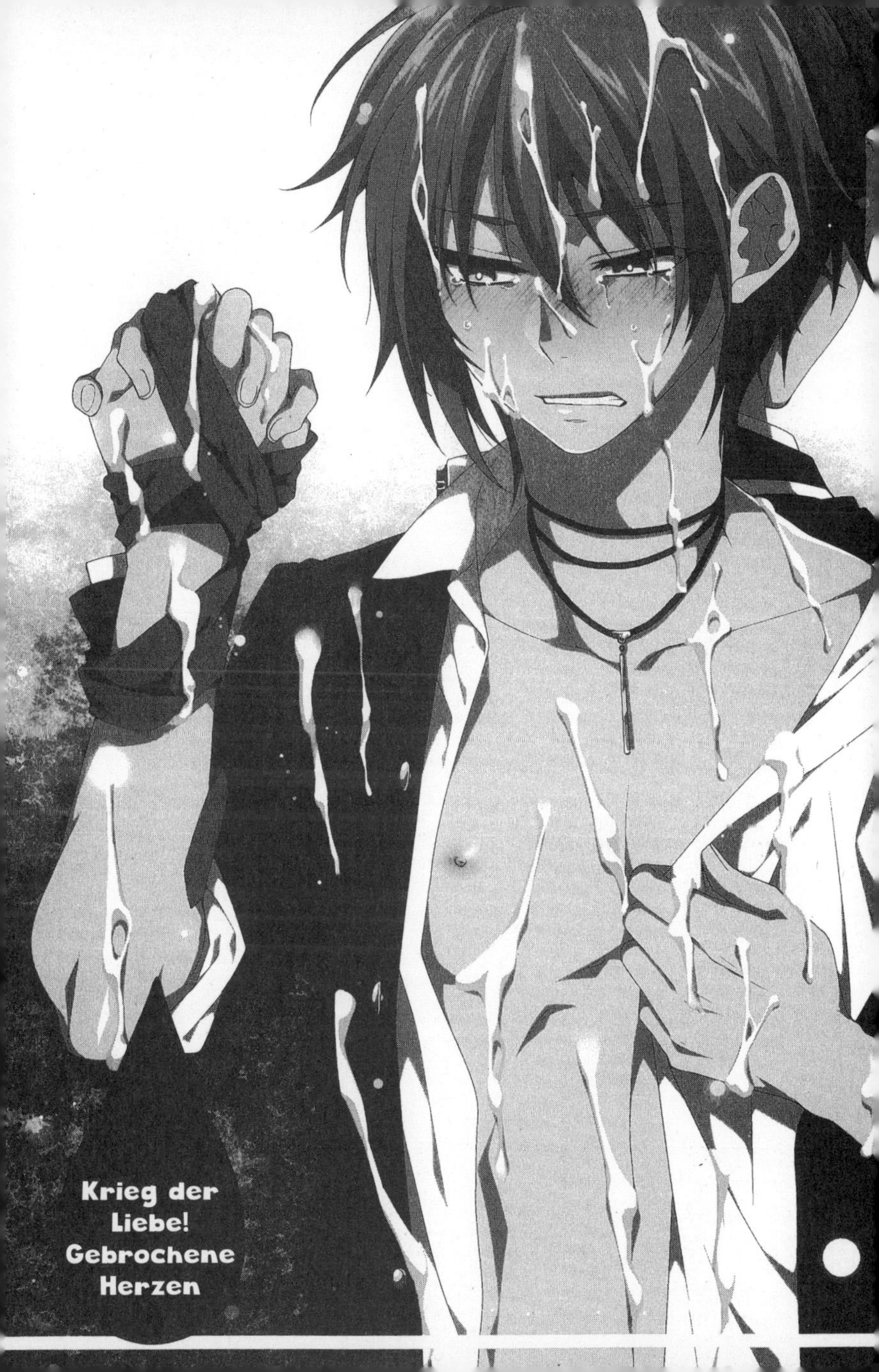
Krieg der
Liebe!
Gebrochene
Herzen

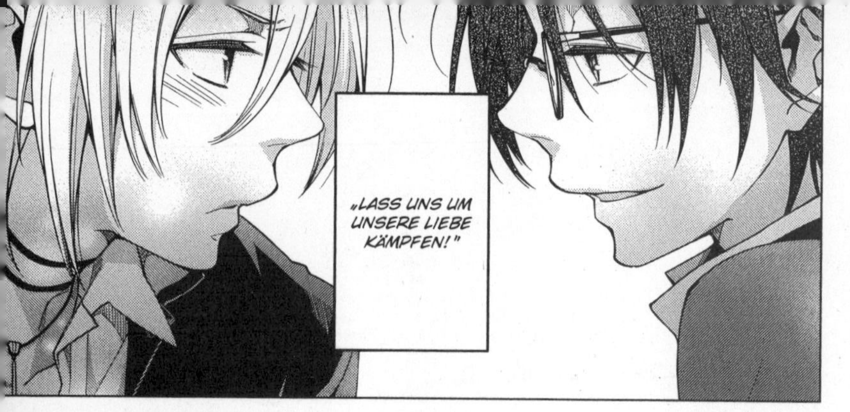

ICH HABE ES ICHIRO VERSPROCHEN …

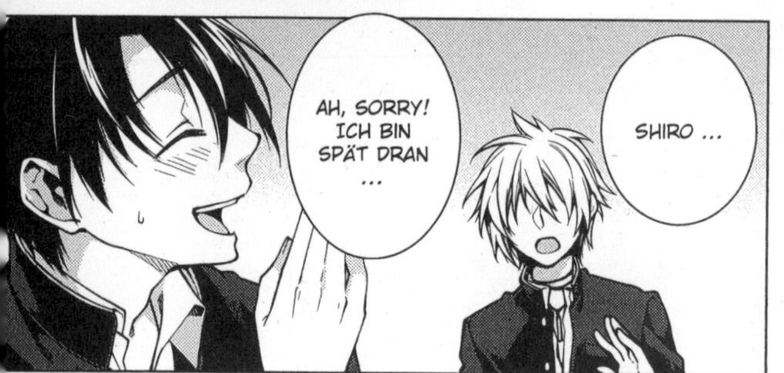

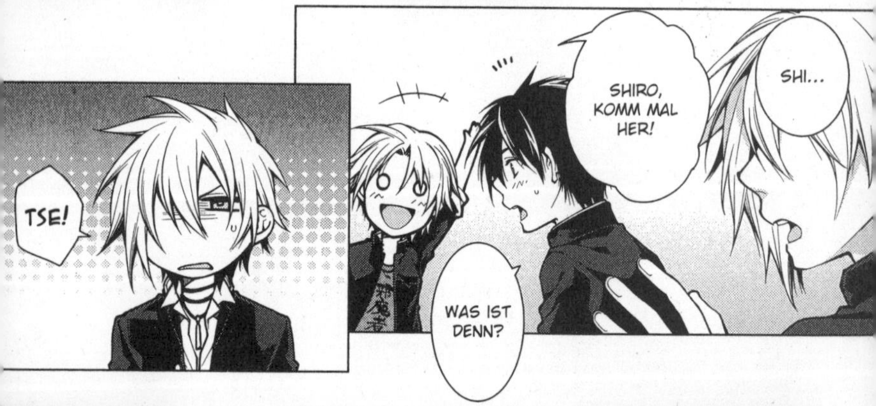

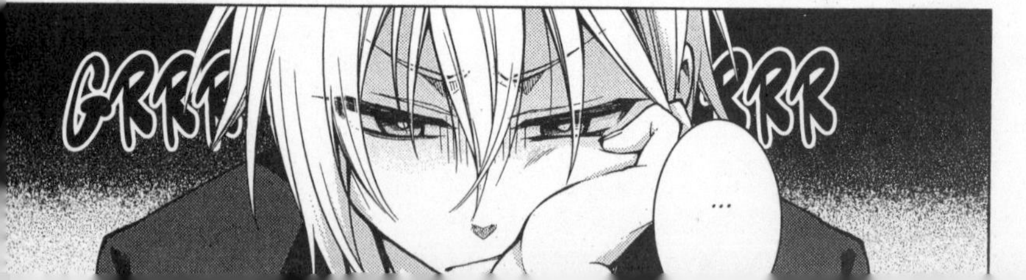

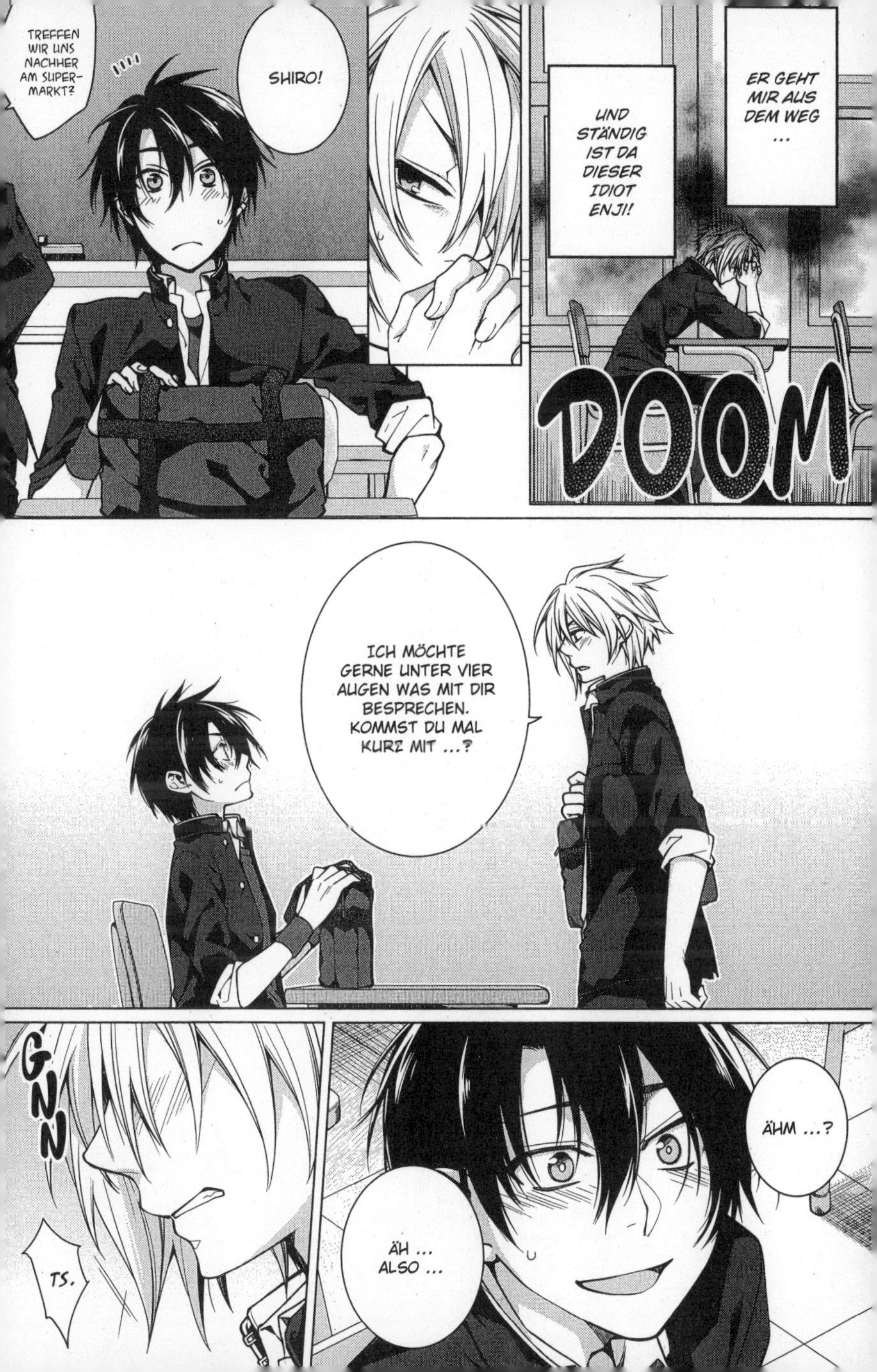

ER GEHT MIR AUS DEM WEG ...

UND STÄNDIG IST DA DIESER IDIOT ENJI!

DOOM

SHIRO!

TREFFEN WIR UNS NACHHER AM SUPER-MARKT?

ICH MÖCHTE GERNE UNTER VIER AUGEN WAS MIT DIR BESPRECHEN. KOMMST DU MAL KURZ MIT ...?

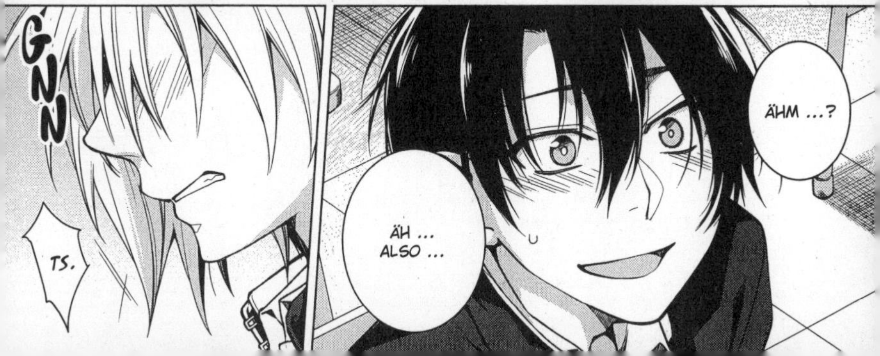

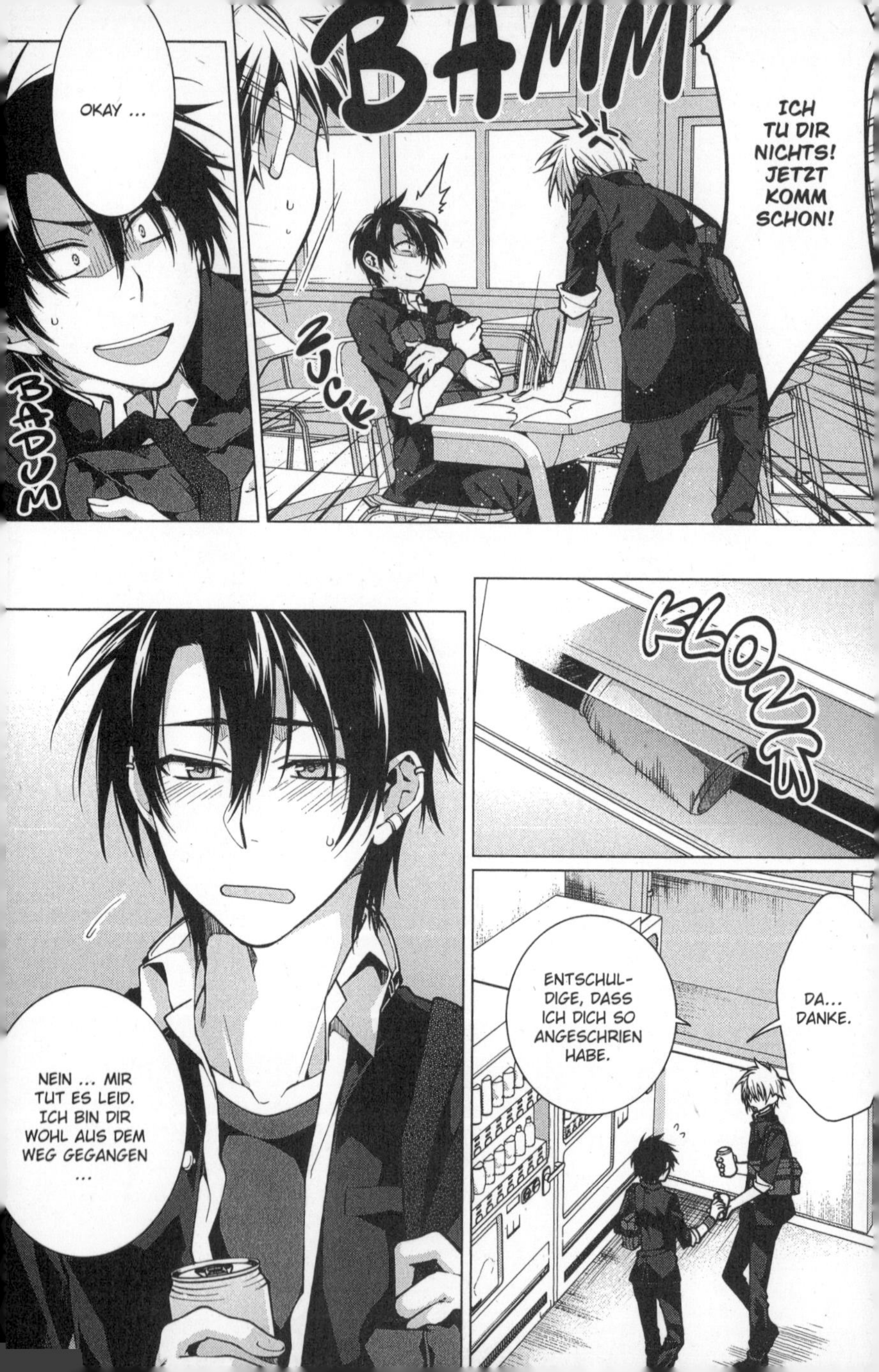

BAMM
ICH TU DIR NICHTS! JETZT KOMM SCHON!
ZUCK
OKAY ...
BADUM
KLONK
DA... DANKE.
ENTSCHULDIGE, DASS ICH DICH SO ANGESCHRIEN HABE.
NEIN ... MIR TUT ES LEID. ICH BIN DIR WOHL AUS DEM WEG GEGANGEN ...

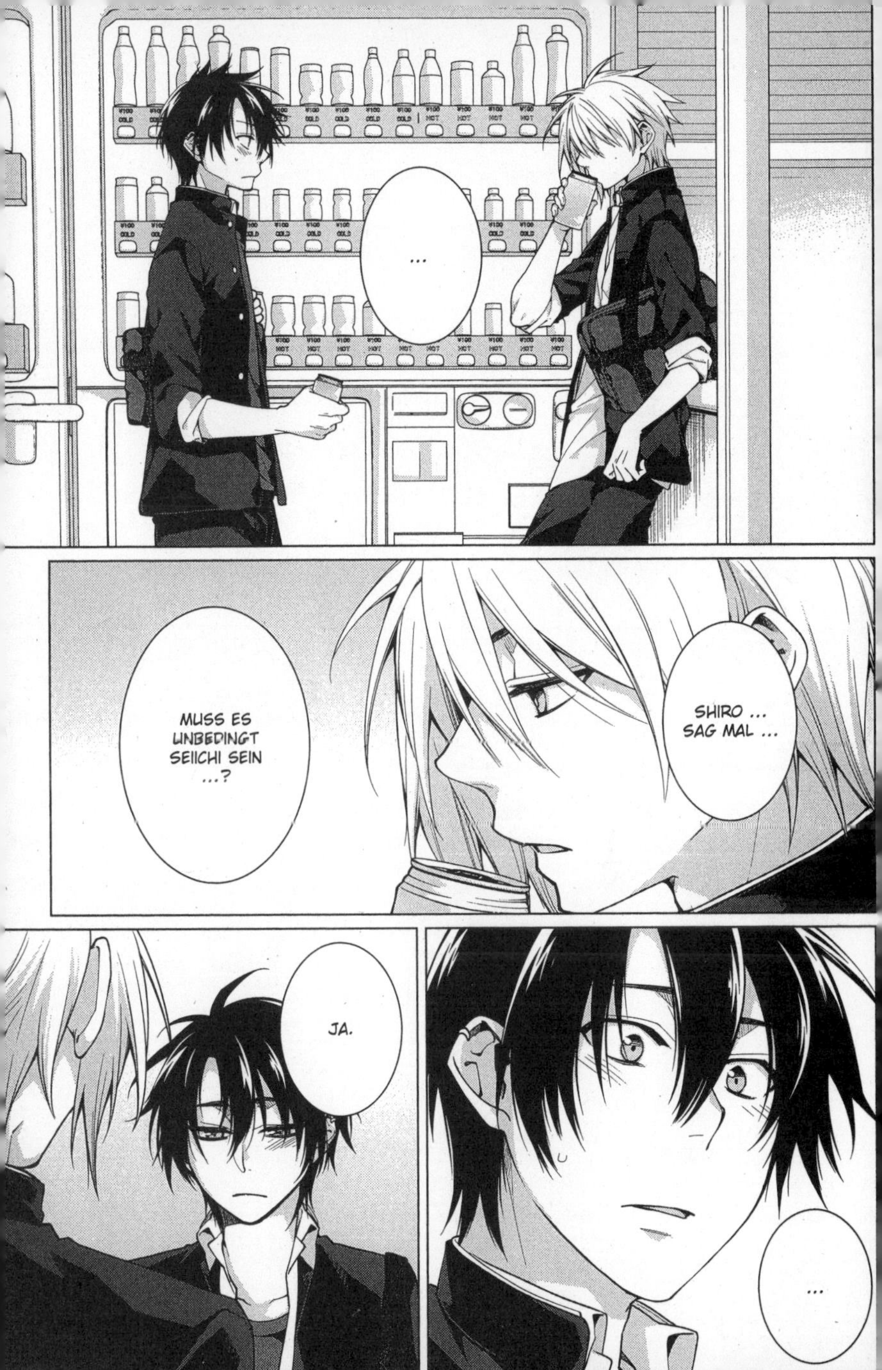
…
SHIRO …
SAG MAL …
MUSS ES
UNBEDINGT
SEIICHI SEIN
…?
…
JA.

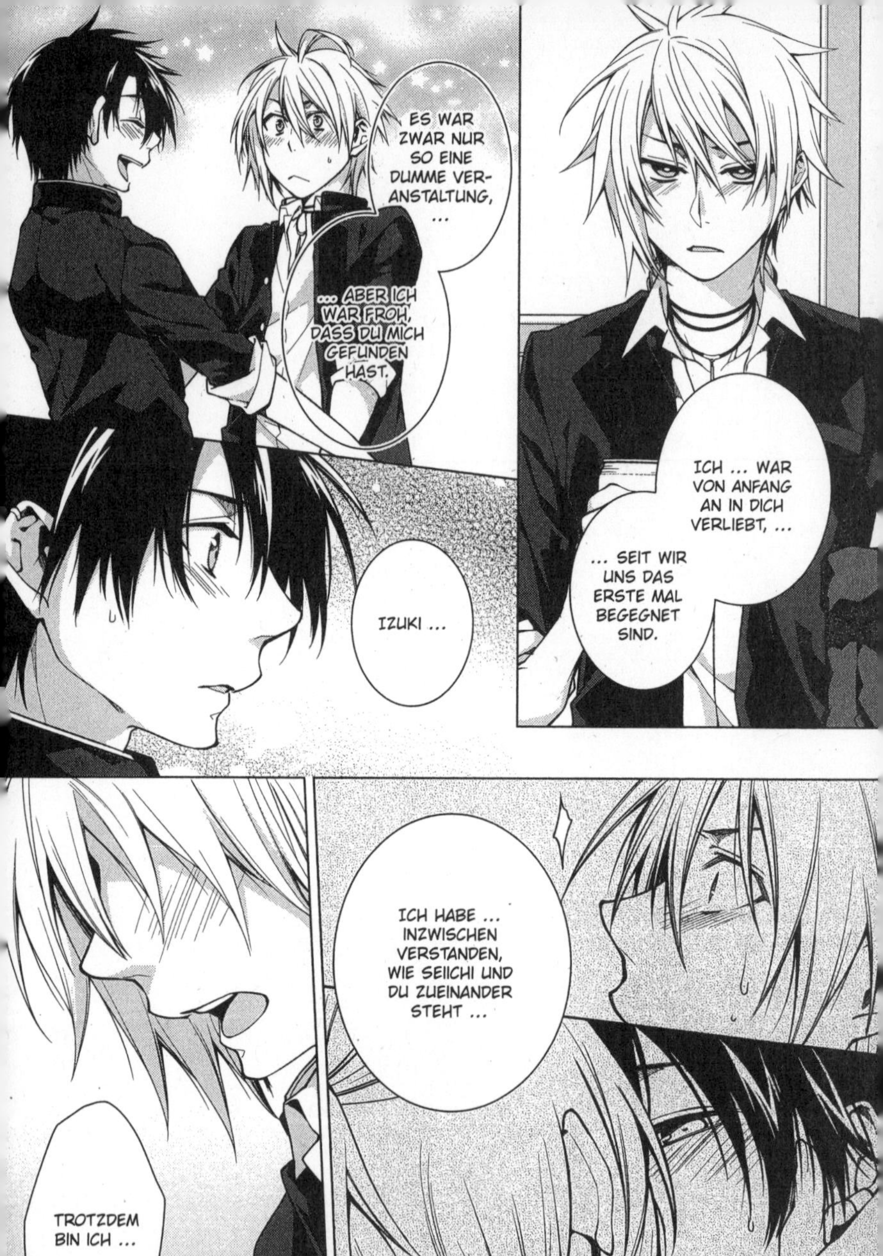
ES WAR ZWAR NUR SO EINE DUMME VERANSTALTUNG, …
… ABER ICH WAR FROH, DASS DU MICH GEFUNDEN HAST.
ICH … WAR VON ANFANG AN IN DICH VERLIEBT, …
… SEIT WIR UNS DAS ERSTE MAL BEGEGNET SIND.
IZUKI …
ICH HABE … INZWISCHEN VERSTANDEN, WIE SEIICHI UND DU ZUEINANDER STEHT …
TROTZDEM BIN ICH …

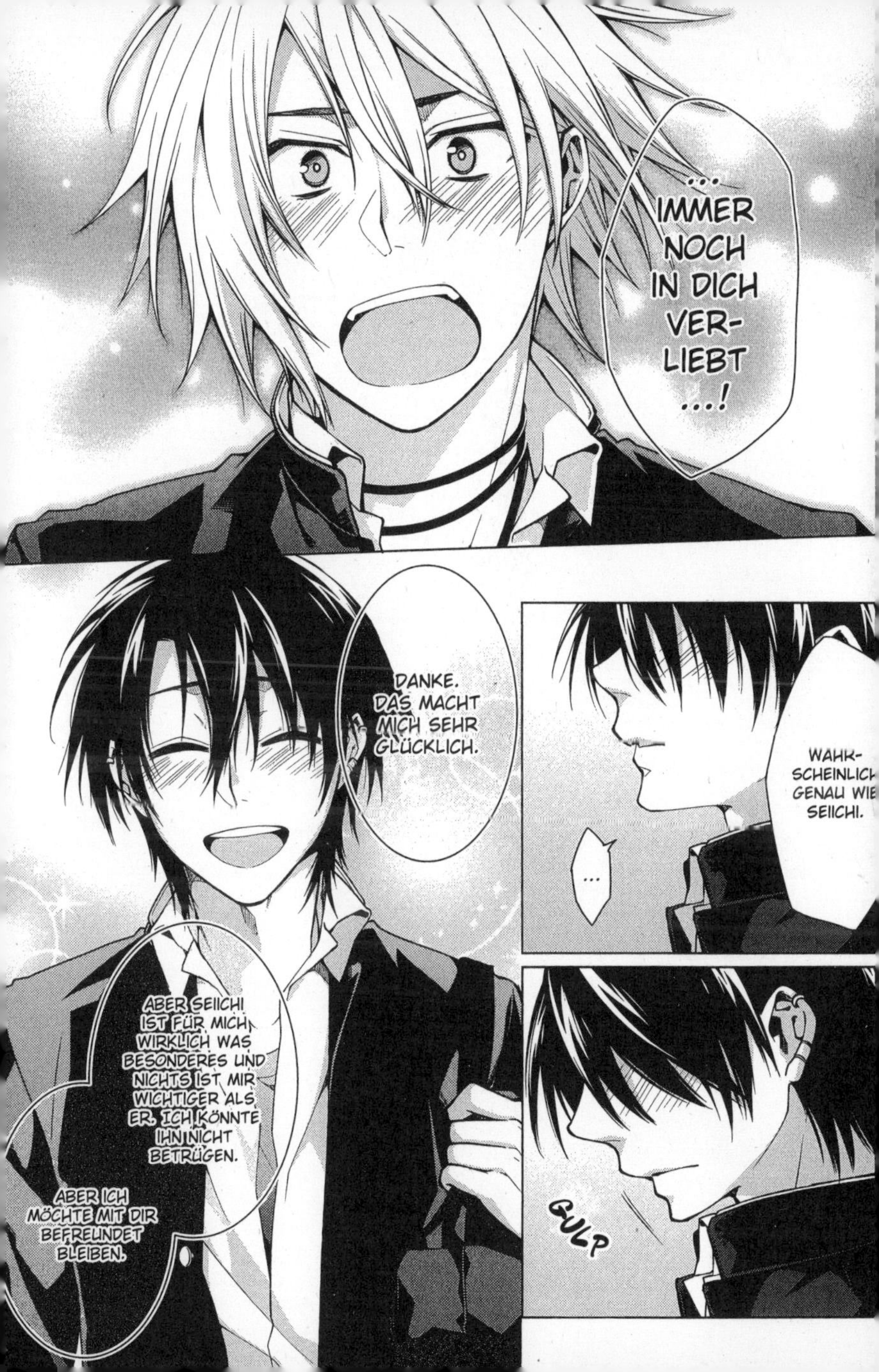
... IMMER NOCH IN DICH VER-LIEBT ...!
DANKE. DAS MACHT MICH SEHR GLÜCKLICH.
WAHR-SCHEINLICH GENAU WIE SEIICHI.
...
ABER SEIICHI IST FÜR MICH WIRKLICH WAS BESONDERES UND NICHTS IST MIR WICHTIGER ALS ER. ICH KÖNNTE IHN NICHT BETRÜGEN.
ABER ICH MÖCHTE MIT DIR BEFREUNDET BLEIBEN.
GULP

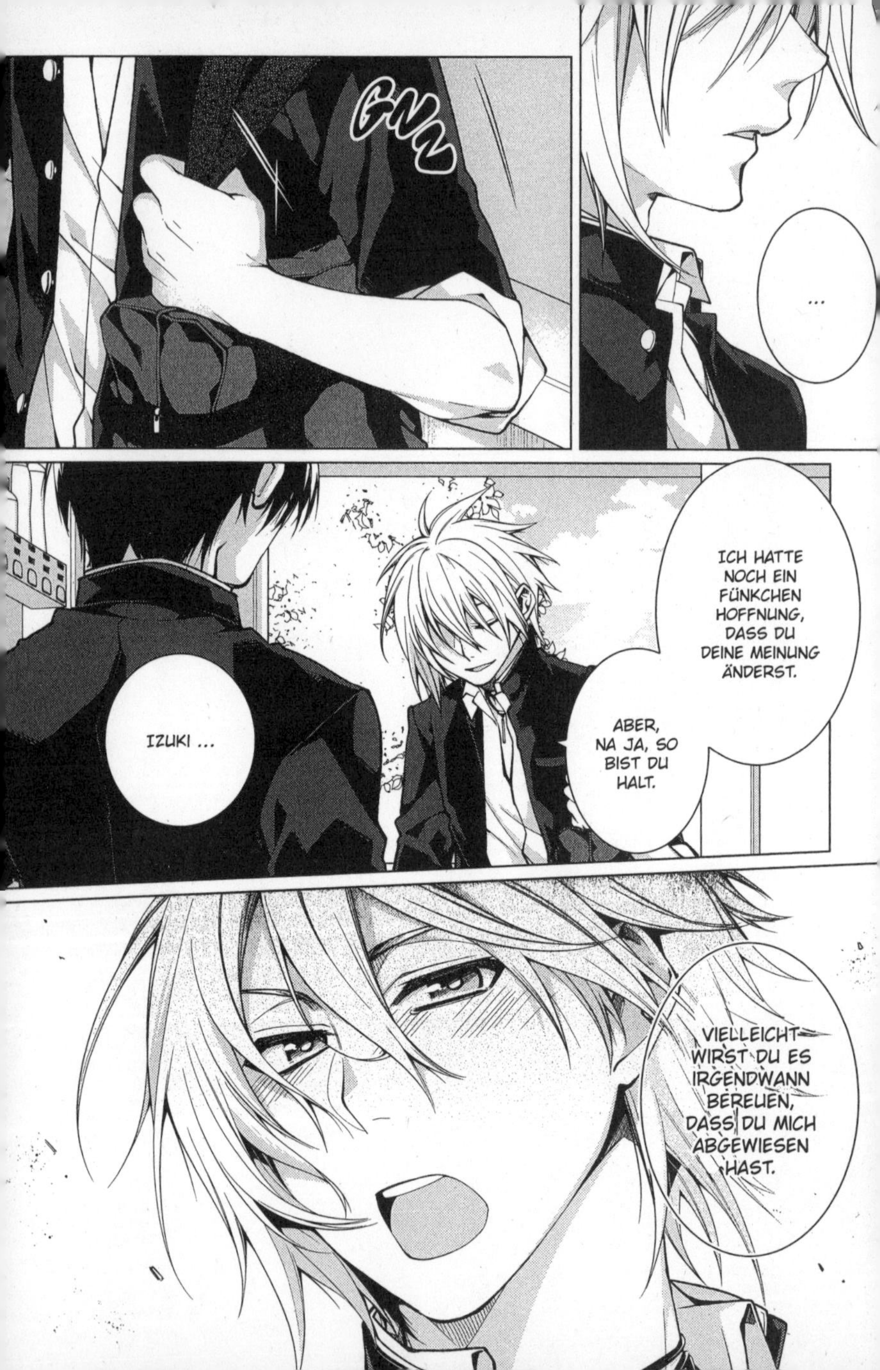
GNN
...
ICH HATTE NOCH EIN FÜNKCHEN HOFFNUNG, DASS DU DEINE MEINUNG ÄNDERST.
ABER, NA JA, SO BIST DU HALT.
IZUKI ...
VIELLEICHT WIRST DU ES IRGENDWANN BEREUEN, DASS DU MICH ABGEWIESEN HAST.

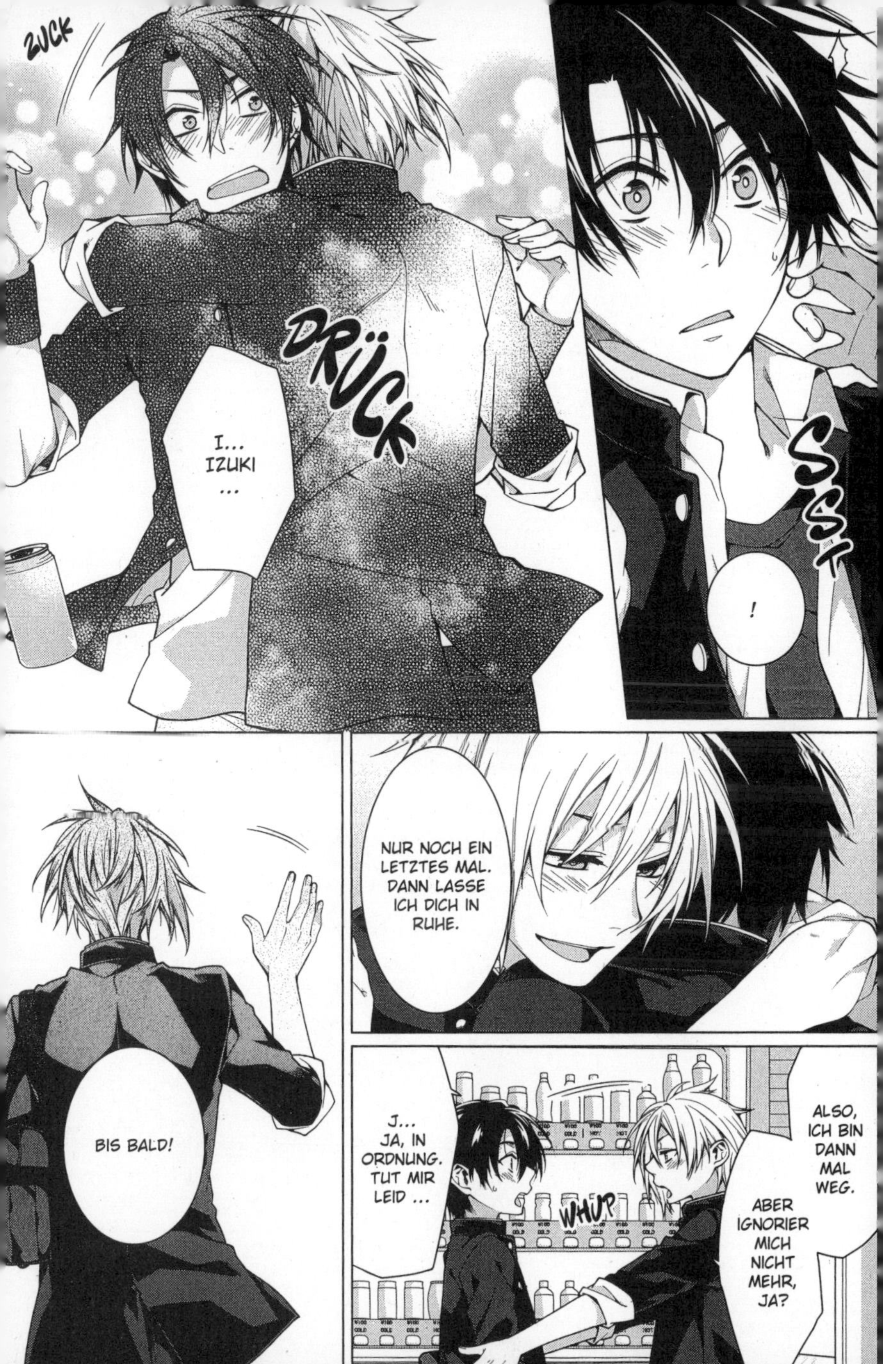
SSSK
!
ZUCK
DRÜCK
I... IZUKI ...
NUR NOCH EIN LETZTES MAL. DANN LASSE ICH DICH IN RUHE.
ALSO, ICH BIN DANN MAL WEG.
ABER IGNORIER MICH NICHT MEHR, JA?
WHUP
J... JA, IN ORDNUNG. TUT MIR LEID ...
BIS BALD!

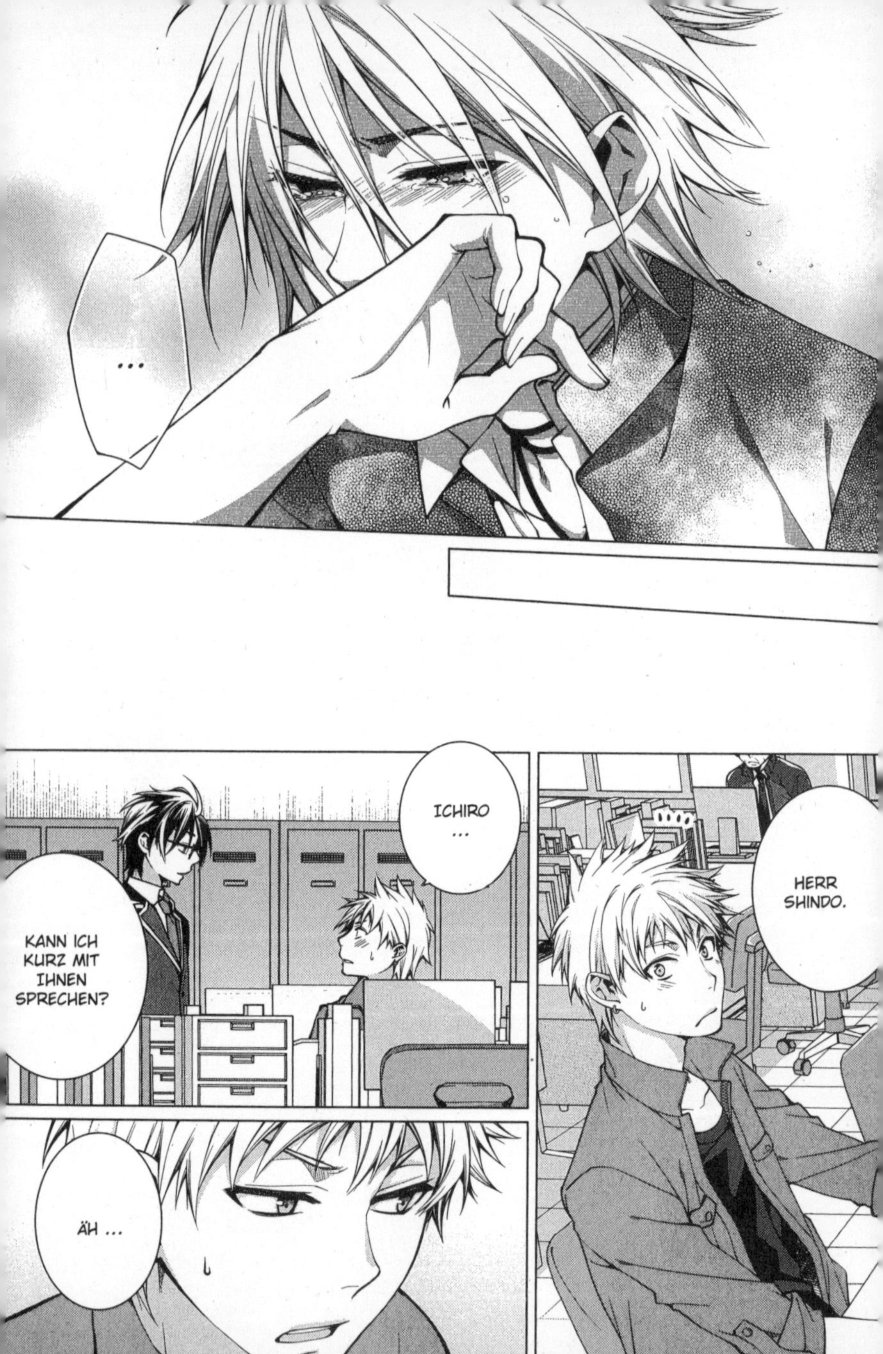
...
HERR SHINDO.
ICHIRO ...
KANN ICH KURZ MIT IHNEN SPRECHEN?
ÄH ...

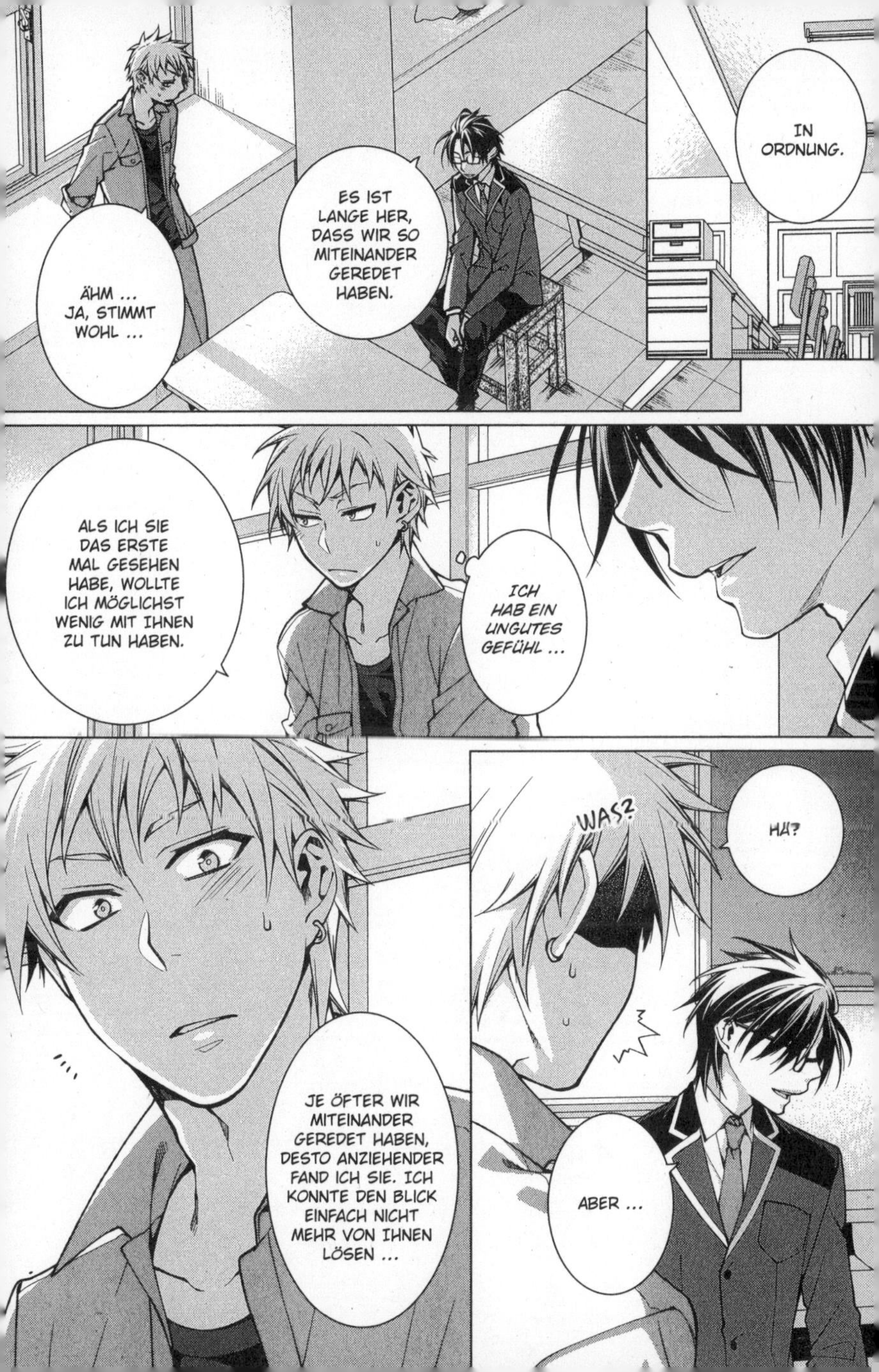
IN ORDNUNG.
ES IST LANGE HER, DASS WIR SO MITEINANDER GEREDET HABEN.
ÄHM ... JA, STIMMT WOHL ...
ICH HAB EIN UNGUTES GEFÜHL ...
ALS ICH SIE DAS ERSTE MAL GESEHEN HABE, WOLLTE ICH MÖGLICHST WENIG MIT IHNEN ZU TUN HABEN.
HÄ?
WAS?
ABER ...
JE ÖFTER WIR MITEINANDER GEREDET HABEN, DESTO ANZIEHENDER FAND ICH SIE. ICH KONNTE DEN BLICK EINFACH NICHT MEHR VON IHNEN LÖSEN ...
...

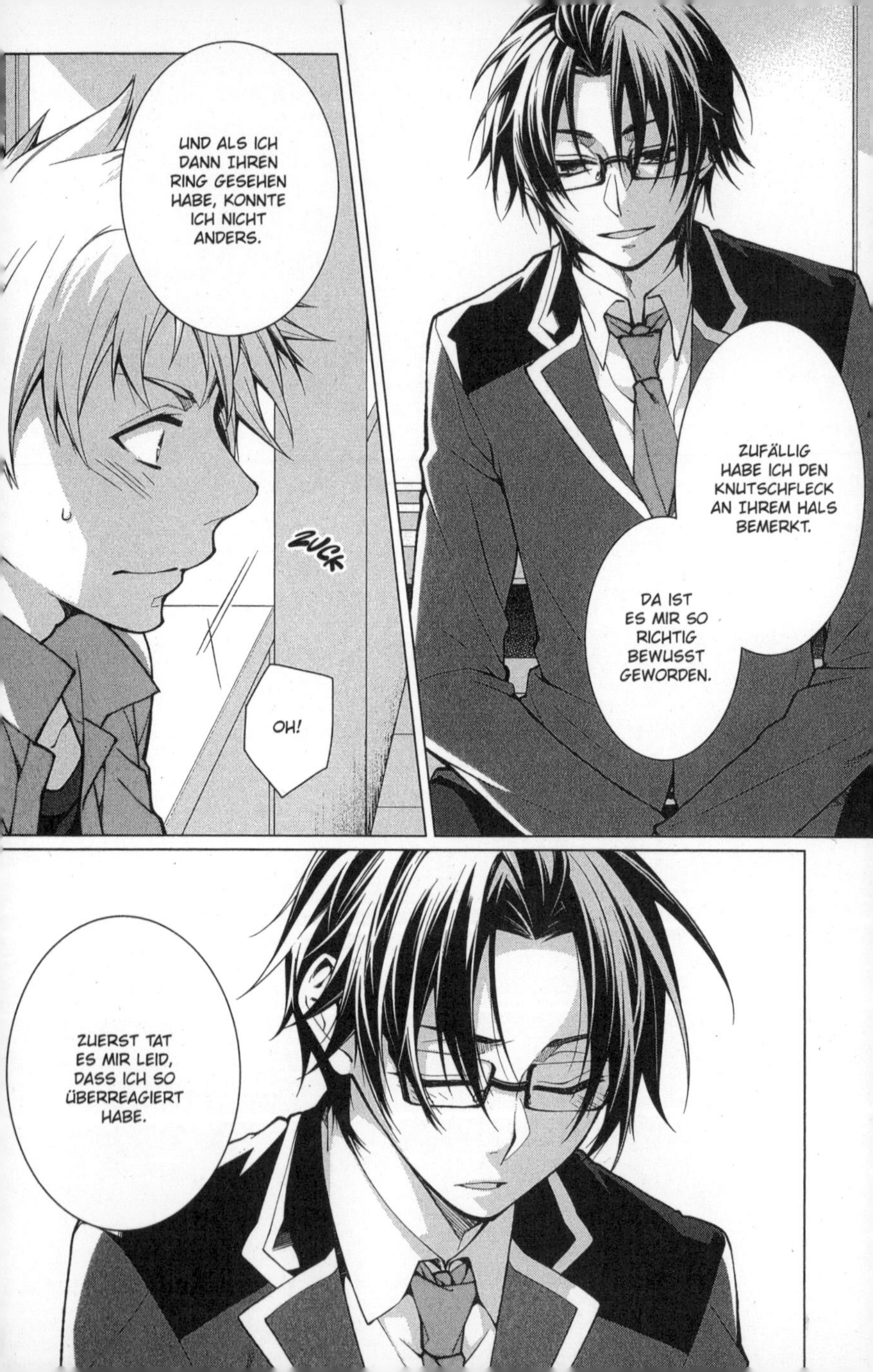

ZUFÄLLIG HABE ICH DEN KNUTSCHFLECK AN IHREM HALS BEMERKT.

DA IST ES MIR SO RICHTIG BEWUSST GEWORDEN.

UND ALS ICH DANN IHREN RING GESEHEN HABE, KONNTE ICH NICHT ANDERS.

ZUCK

OH!

ZUERST TAT ES MIR LEID, DASS ICH SO ÜBERREAGIERT HABE.

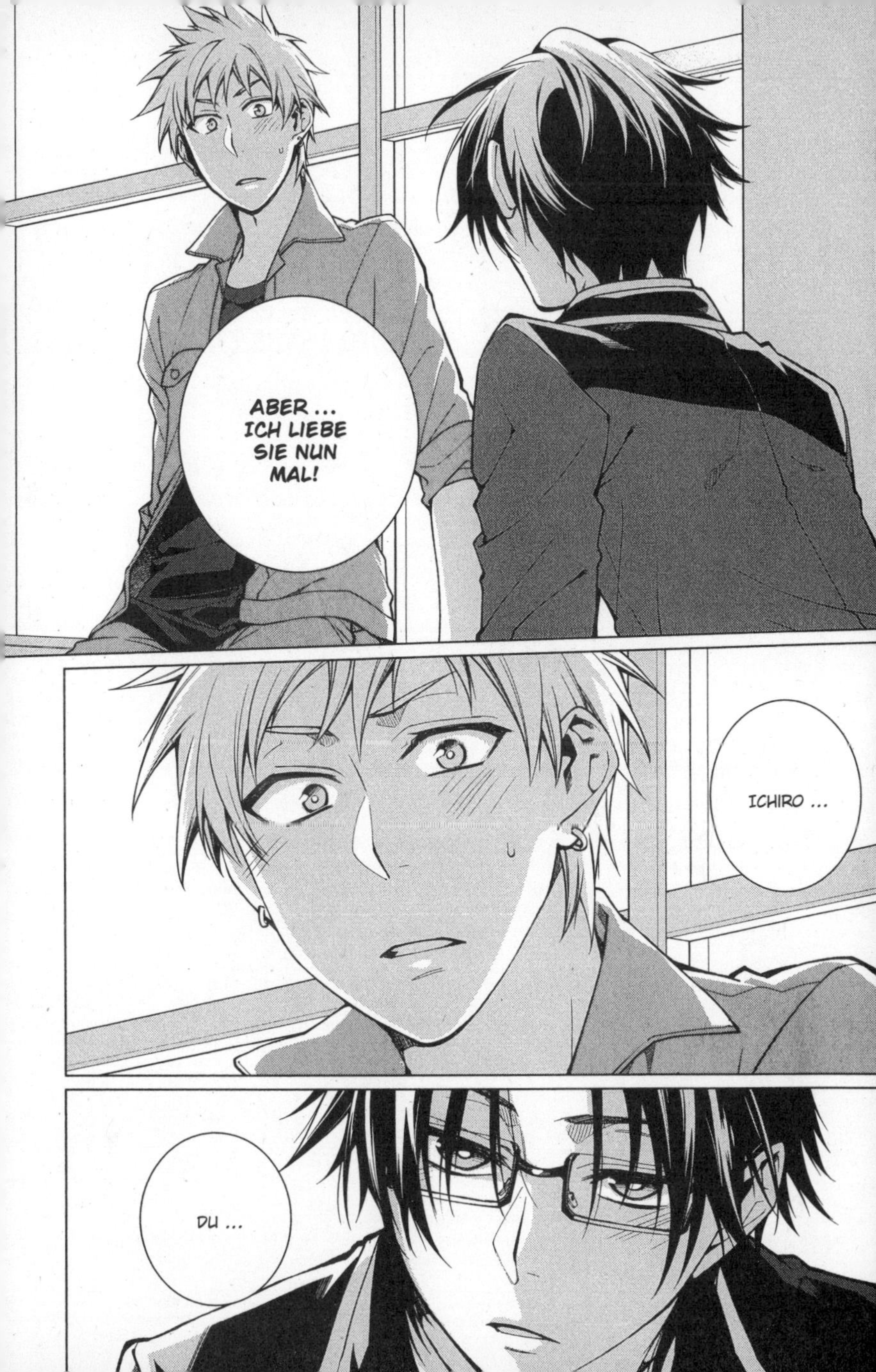
ABER ... ICH LIEBE SIE NUN MAL!
ICHIRO ...
DU ...

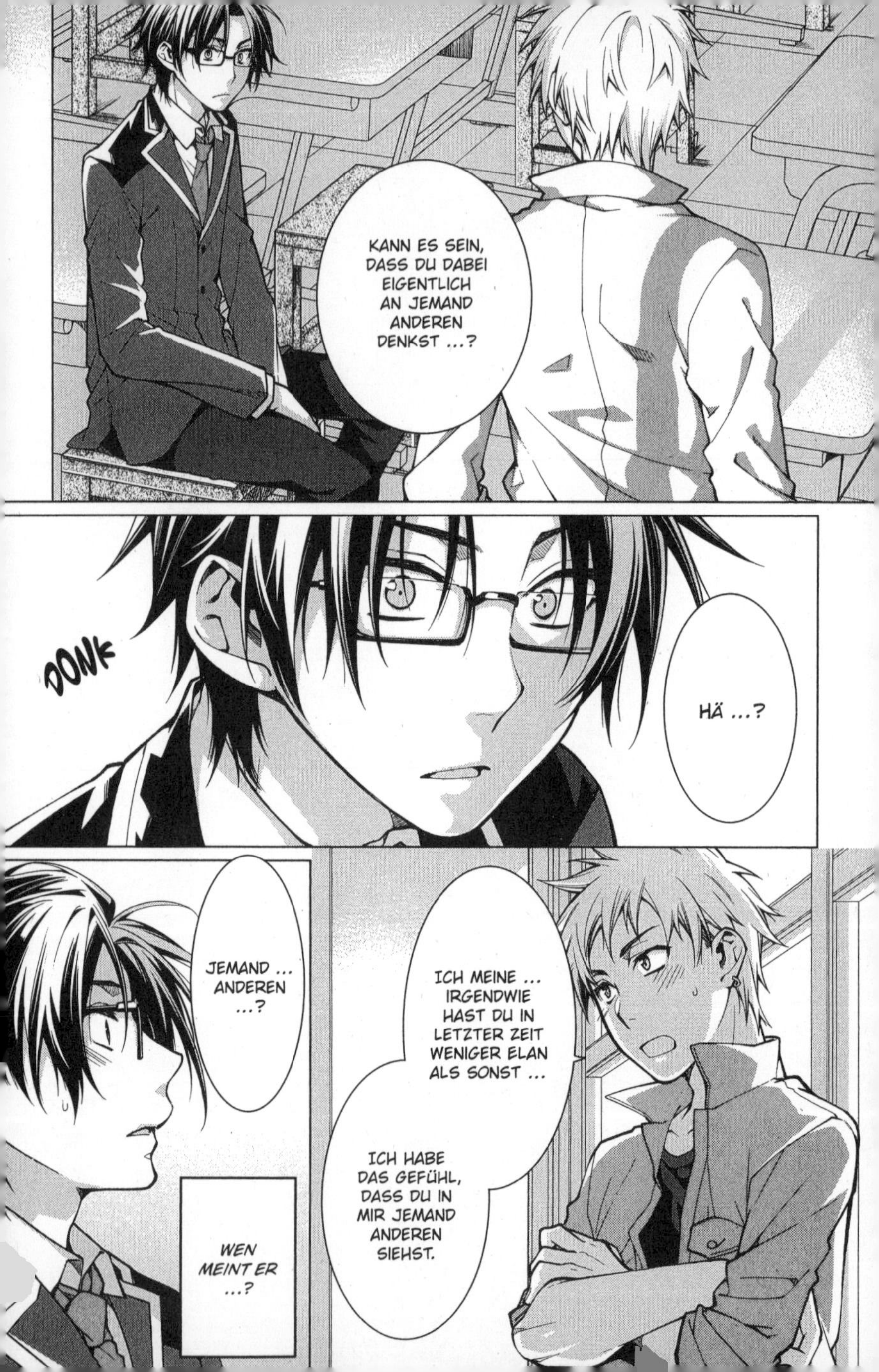

KANN ES SEIN, DASS DU DABEI EIGENTLICH AN JEMAND ANDEREN DENKST ...?

HÄ ...?

DONK

ICH MEINE ... IRGENDWIE HAST DU IN LETZTER ZEIT WENIGER ELAN ALS SONST ...

ICH HABE DAS GEFÜHL, DASS DU IN MIR JEMAND ANDEREN SIEHST.

JEMAND ... ANDEREN ...?

WEN MEINT ER ...?

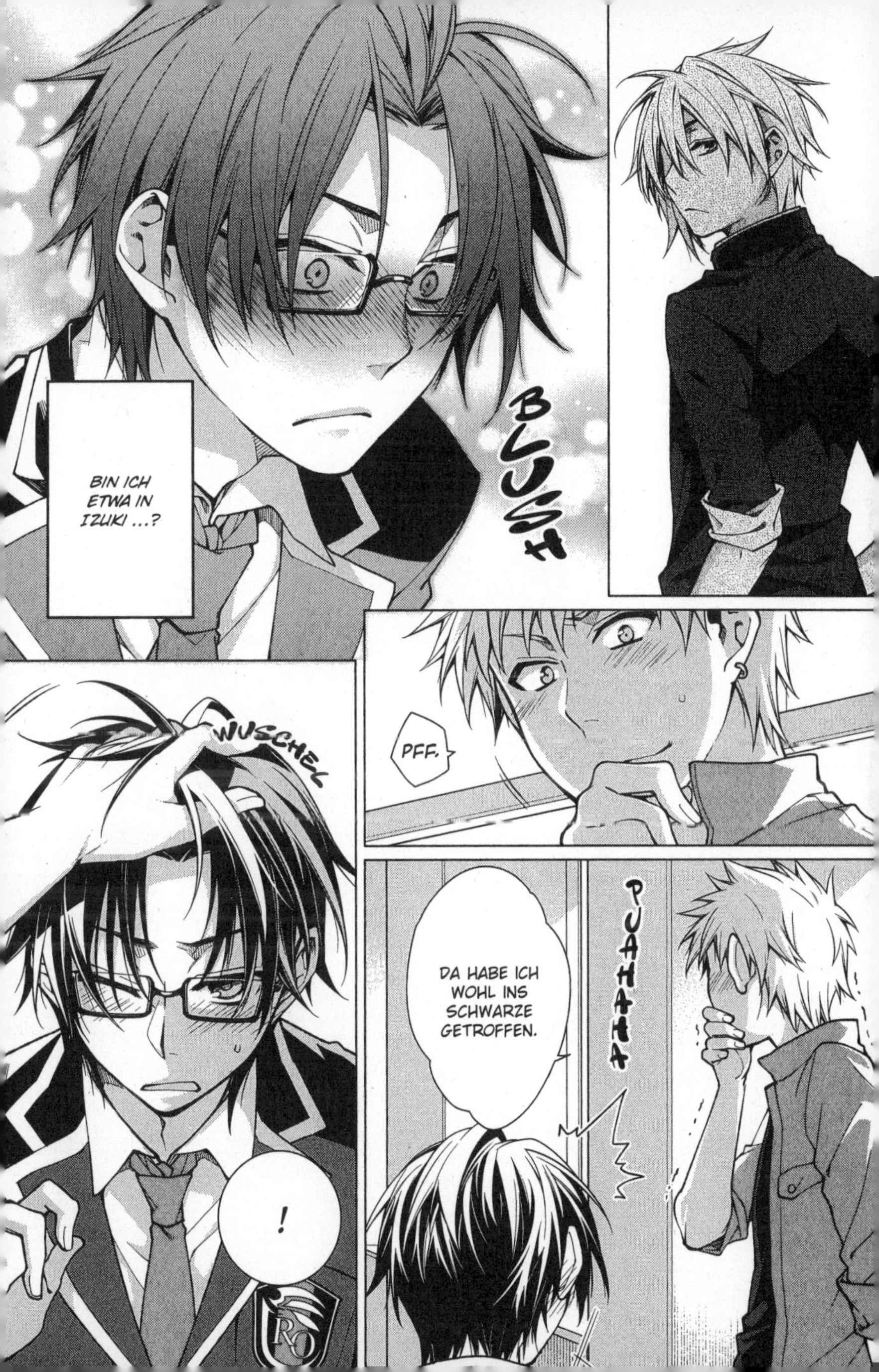
BIN ICH ETWA IN IZUKI ...?
BLUSH
PFF.
DA HABE ICH WOHL INS SCHWARZE GETROFFEN.
PUAHAHA
WUSCHEL
!

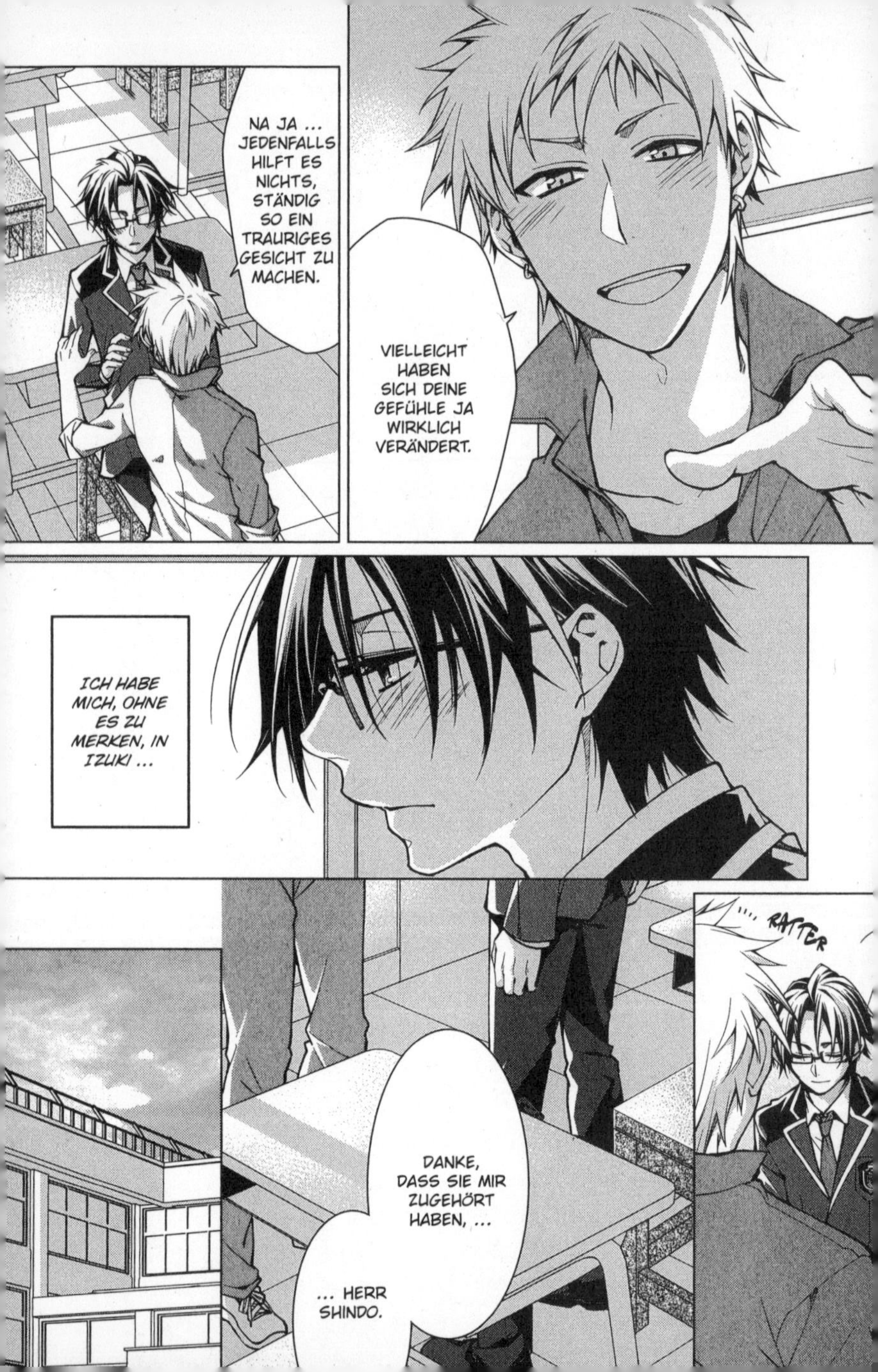

VIELLEICHT HABEN SICH DEINE GEFÜHLE JA WIRKLICH VERÄNDERT.

NA JA ... JEDENFALLS HILFT ES NICHTS, STÄNDIG SO EIN TRAURIGES GESICHT ZU MACHEN.

ICH HABE MICH, OHNE ES ZU MERKEN, IN IZUKI ...

RATTER

DANKE, DASS SIE MIR ZUGEHÖRT HABEN, ...

... HERR SHINDO.

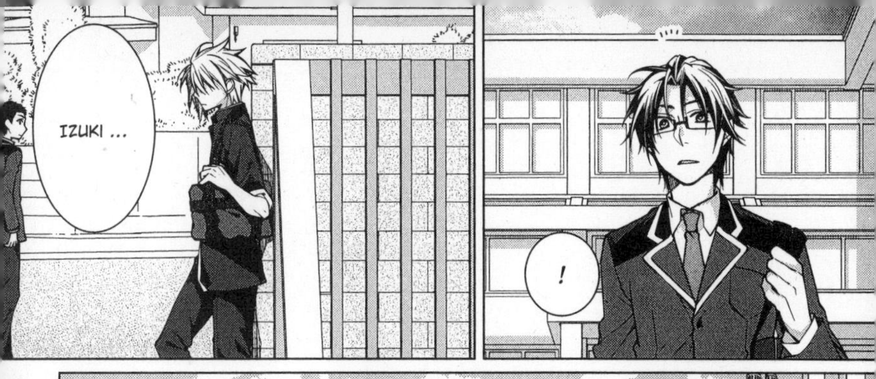
!
IZUKI ...

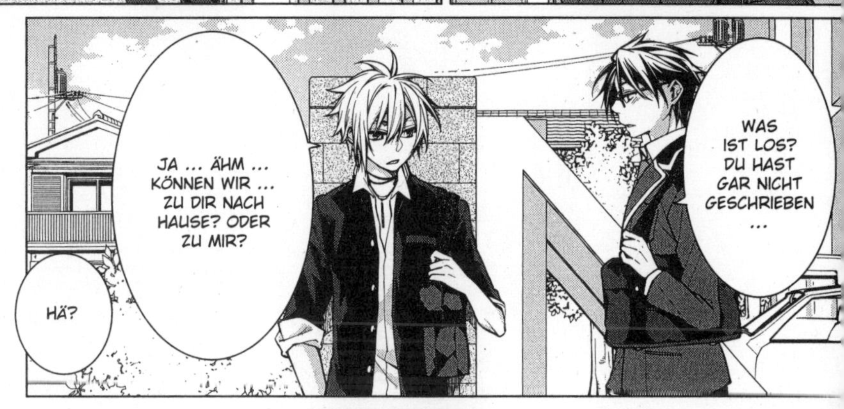
WAS IST LOS? DU HAST GAR NICHT GESCHRIEBEN ...
JA ... ÄHM ... KÖNNEN WIR ... ZU DIR NACH HAUSE? ODER ZU MIR?
HÄ?

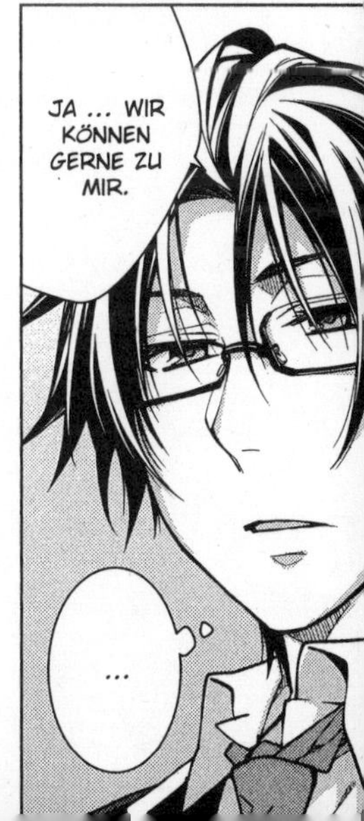
JA ... WIR KÖNNEN GERNE ZU MIR.
...

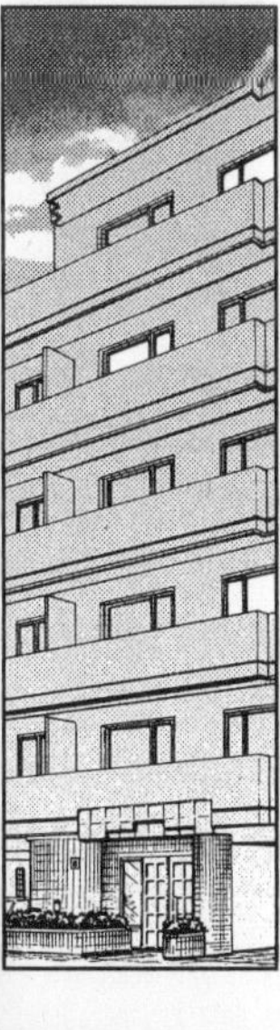

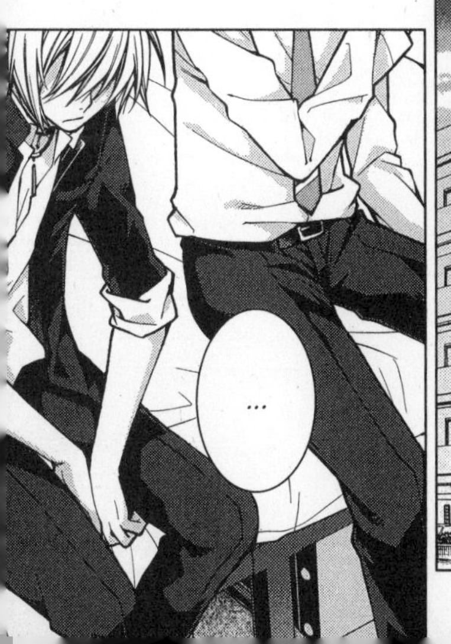
...

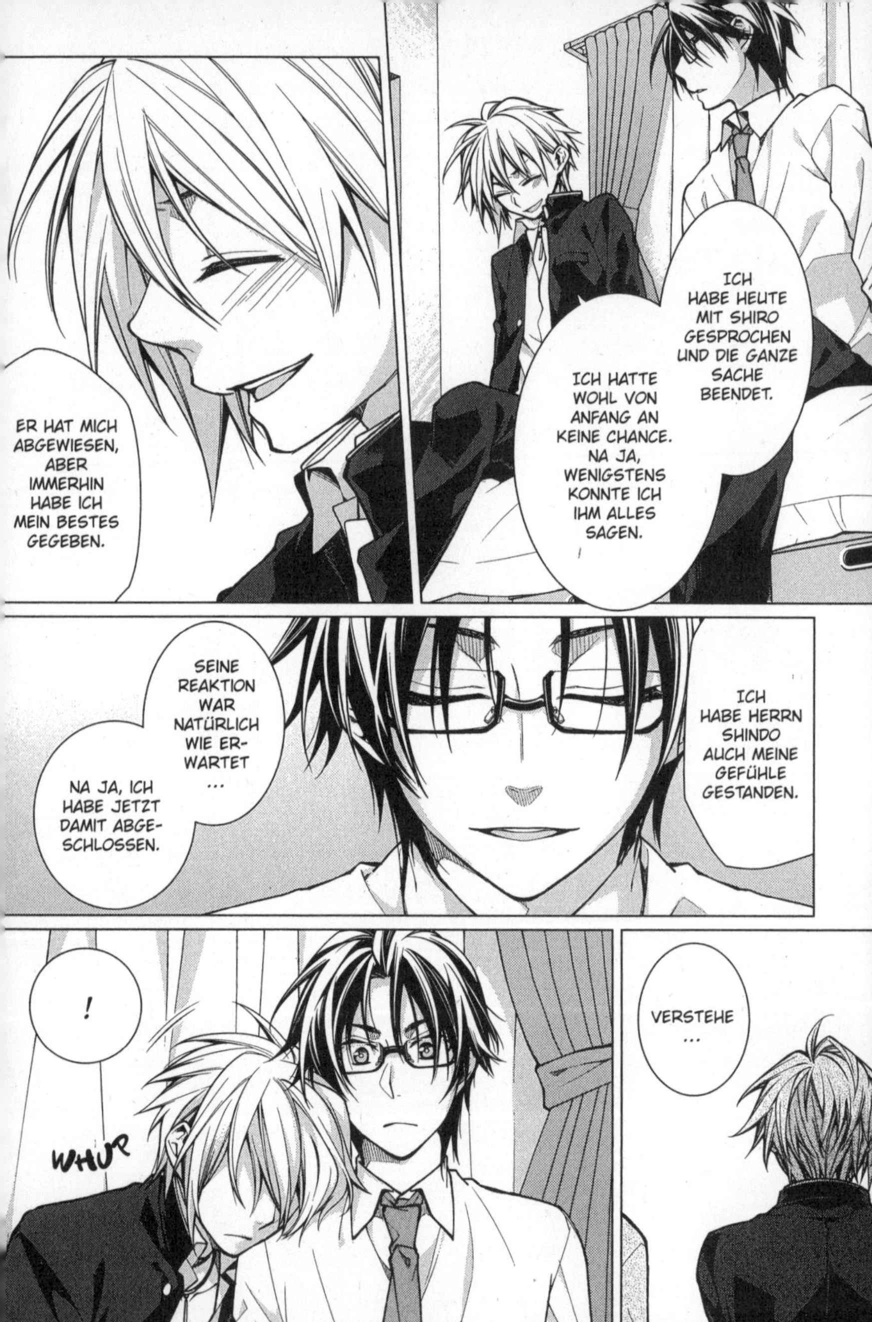
ICH HABE HEUTE MIT SHIRO GESPROCHEN UND DIE GANZE SACHE BEENDET.
ICH HATTE WOHL VON ANFANG AN KEINE CHANCE. NA JA, WENIGSTENS KONNTE ICH IHM ALLES SAGEN.
ER HAT MICH ABGEWIESEN, ABER IMMERHIN HABE ICH MEIN BESTES GEGEBEN.
ICH HABE HERRN SHINDO AUCH MEINE GEFÜHLE GESTANDEN.
SEINE REAKTION WAR NATÜRLICH WIE ERWARTET ...
NA JA, ICH HABE JETZT DAMIT ABGESCHLOSSEN.
VERSTEHE ...
!
WHUP

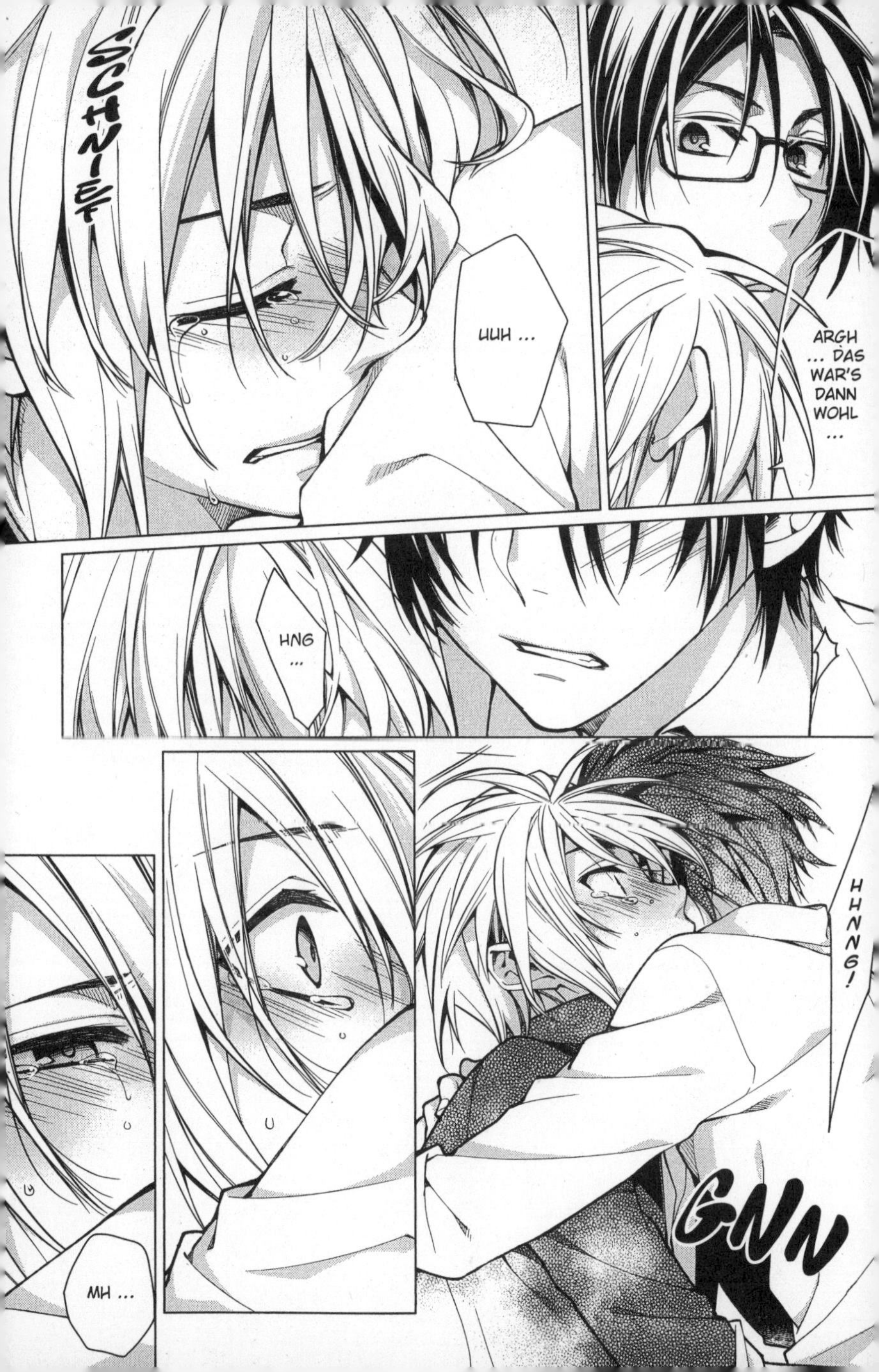
ARGH ... DAS WAR'S DANN WOHL ...
UUH ...
SCHNIEF
HNG ...
HHNNNG!
GNN
MH ...

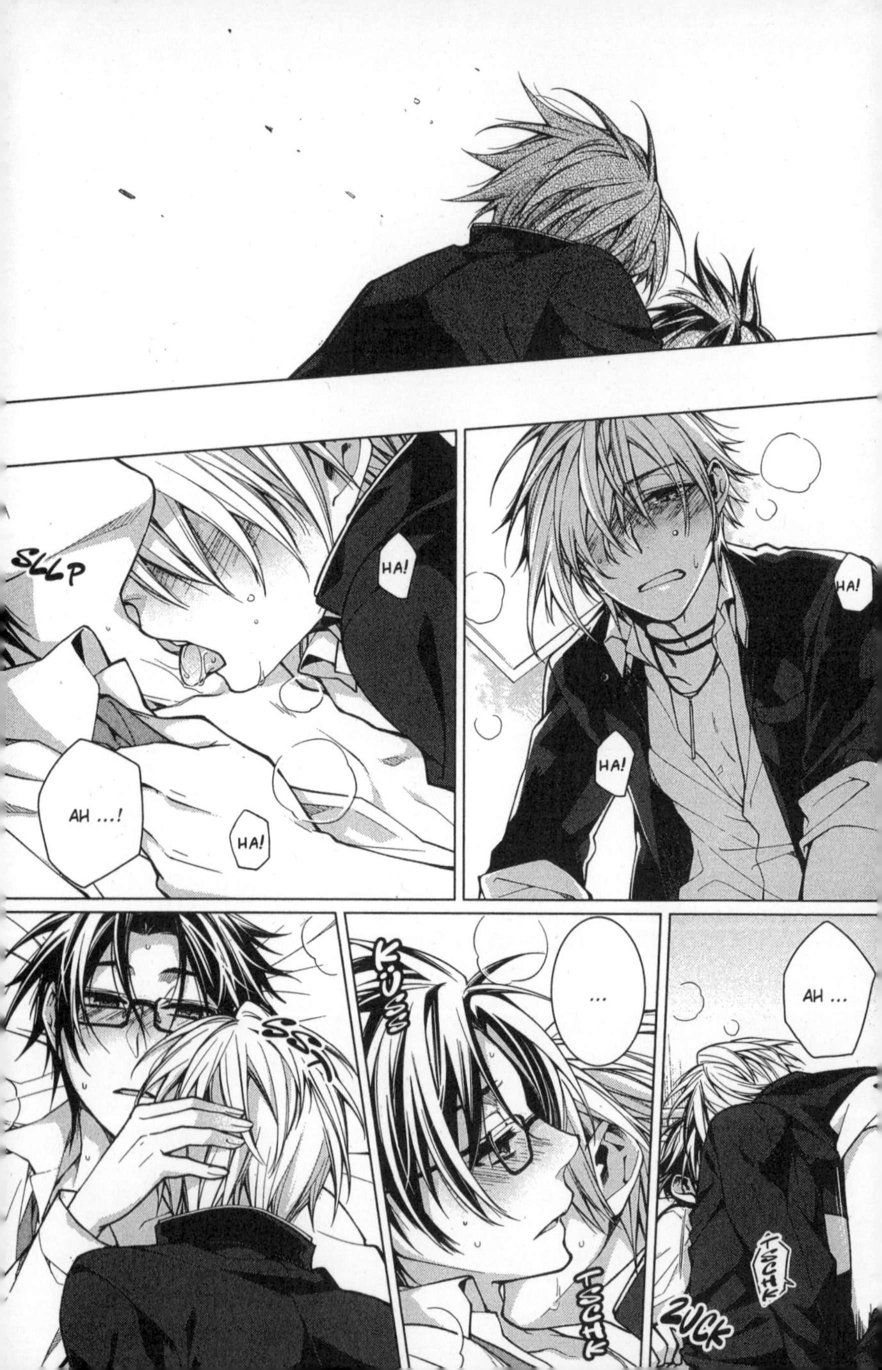
HA!
HA!
HA!
SLLP
AH ...!
HA!
AH ...
TSCHK
ZUCK
...
KÜSS
TSCHK
SSST

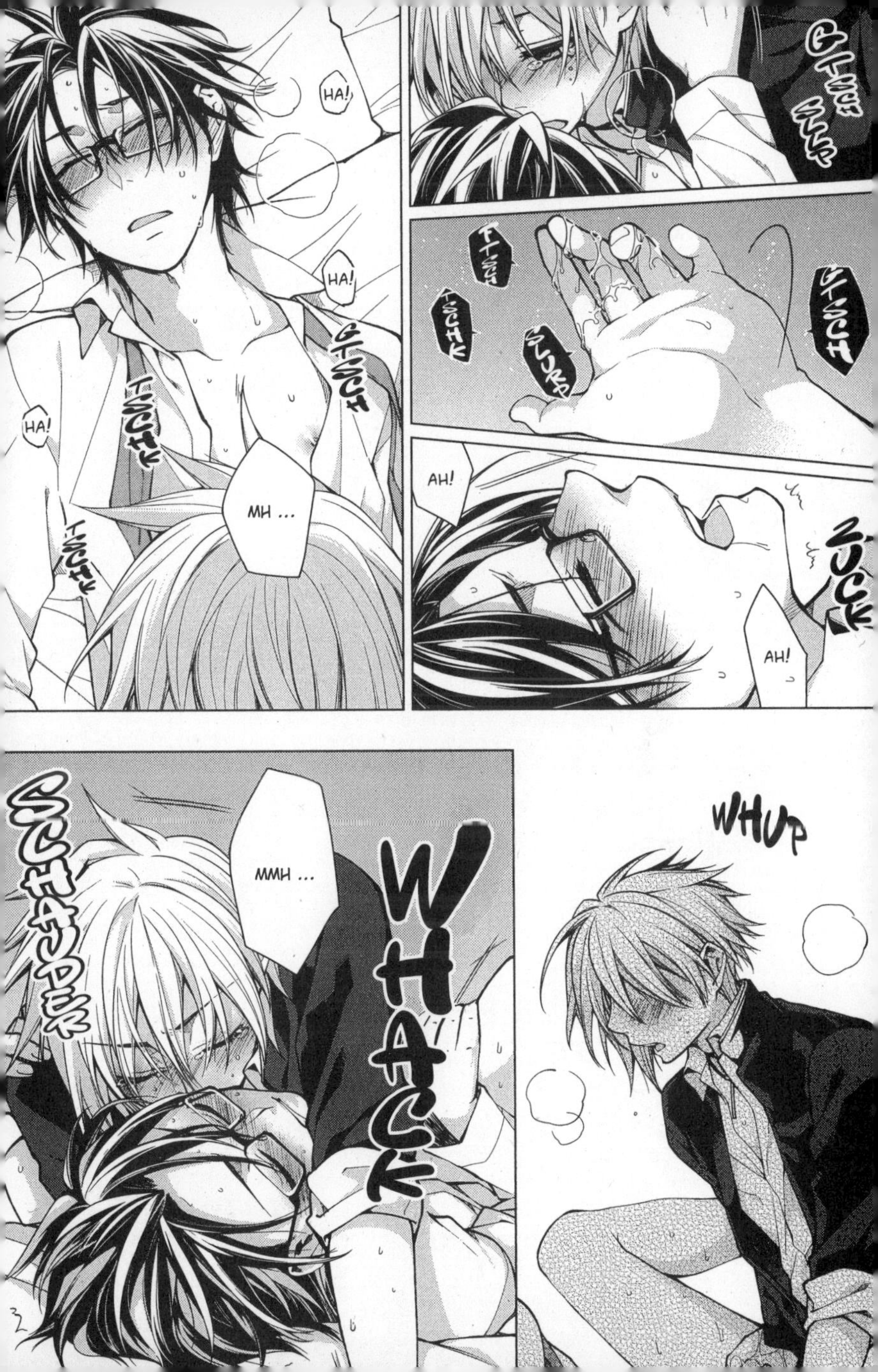

GTSCH
SLRP
FTSCH
TSCHK
SLURP
GTSCH
AH!
ZUCK
AH!
HA!
HA!
GTSCH
TSCHK
HA!
MH ...
TSCHK

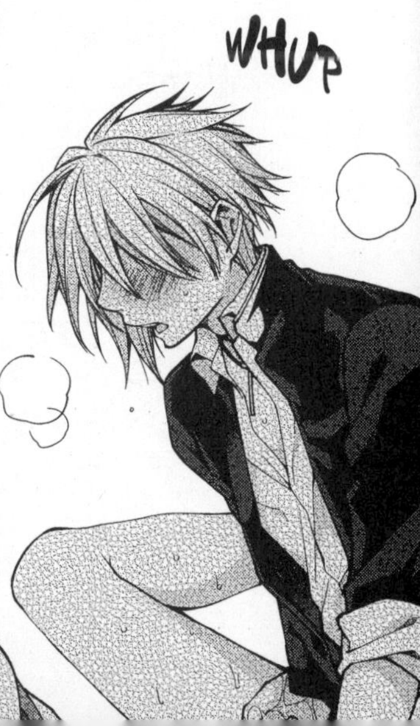

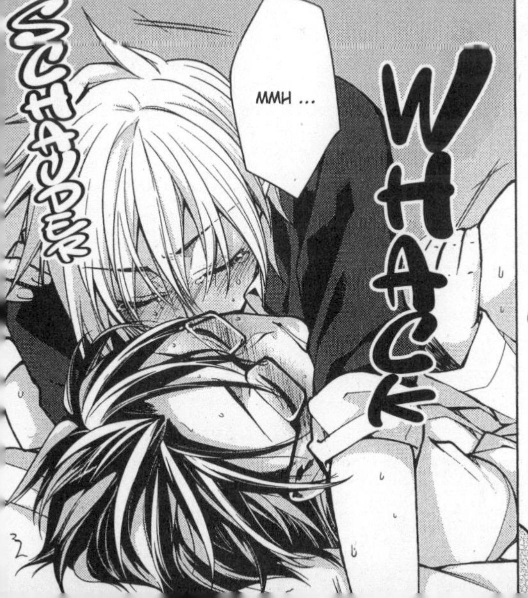

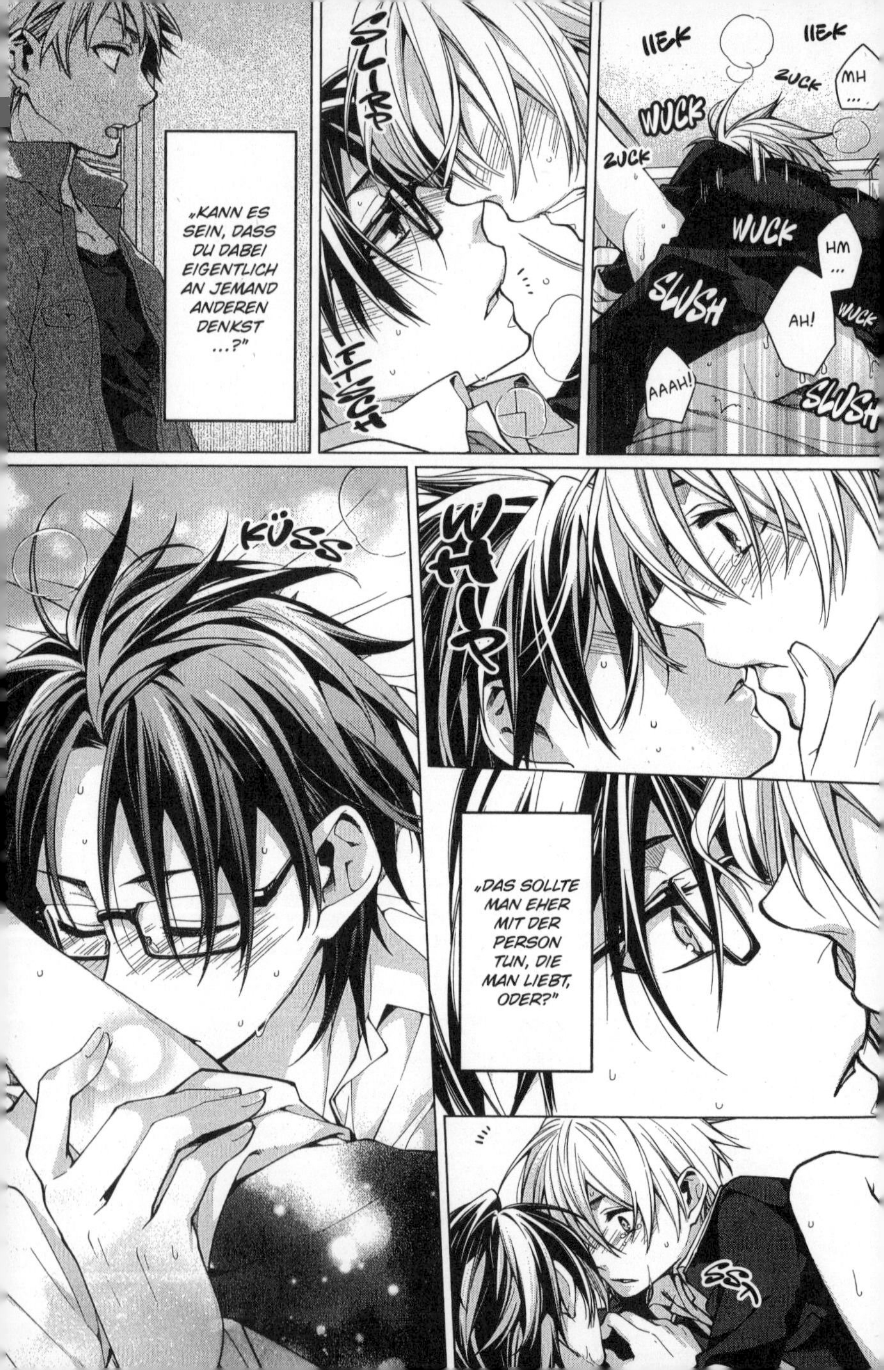
IIEK
IIEK
MH …
ZUCK
WUCK
ZUCK
WUCK
HM …
SLUSH
AH!
WUCK
AAAH!
SLUSH
SLIRP
FLUTSCH
„KANN ES SEIN, DASS DU DABEI EIGENTLICH AN JEMAND ANDEREN DENKST …?"
WHIP
„DAS SOLLTE MAN EHER MIT DER PERSON TUN, DIE MAN LIEBT, ODER?"
SST
KÜSS

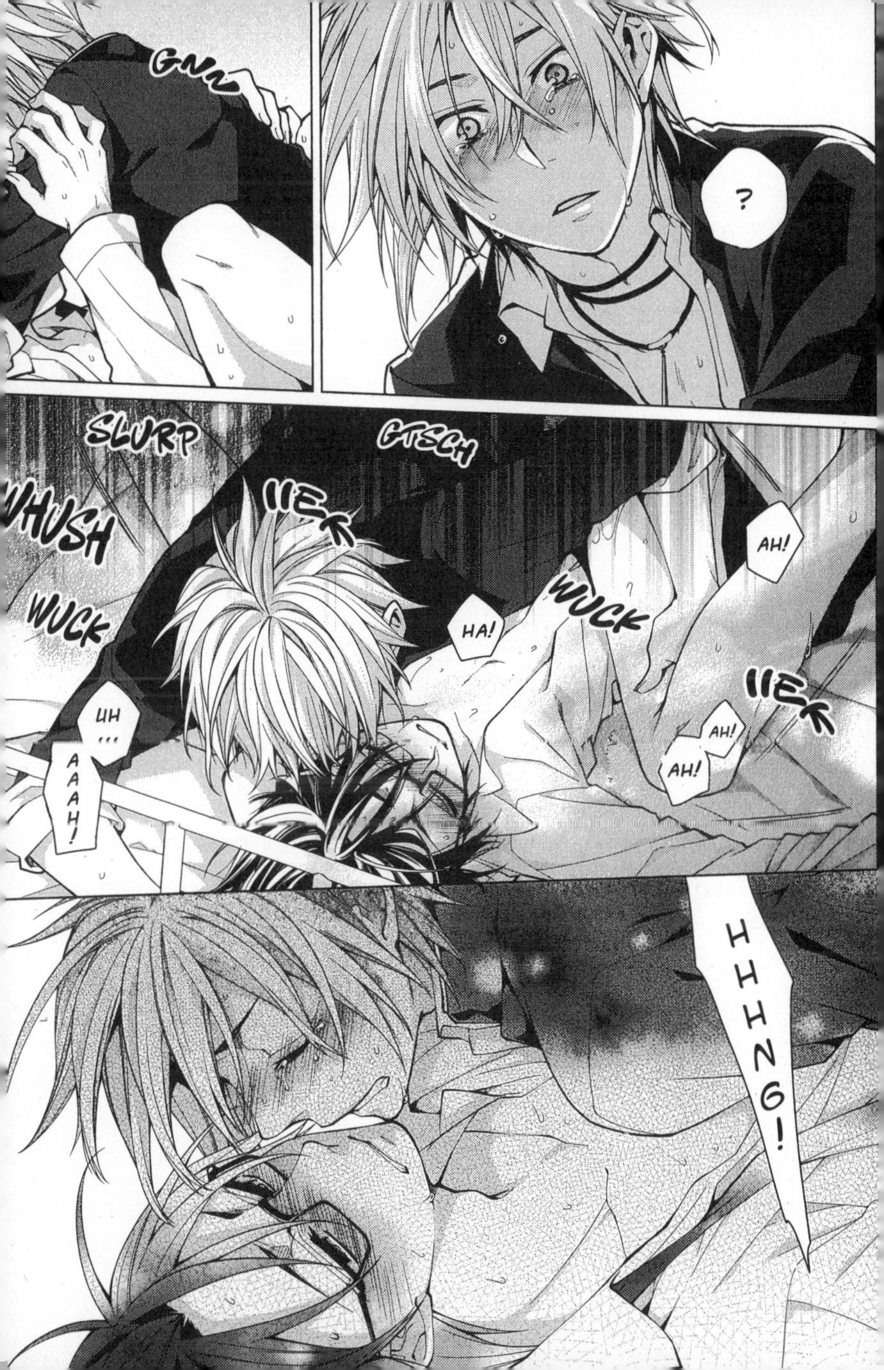

?
GNN
GTSCH
AH!
IIEK
WUCK
AH!
AH!
HA!
SLURP
WHUSH
WUCK
UH...
AAAH!
HHHNG!

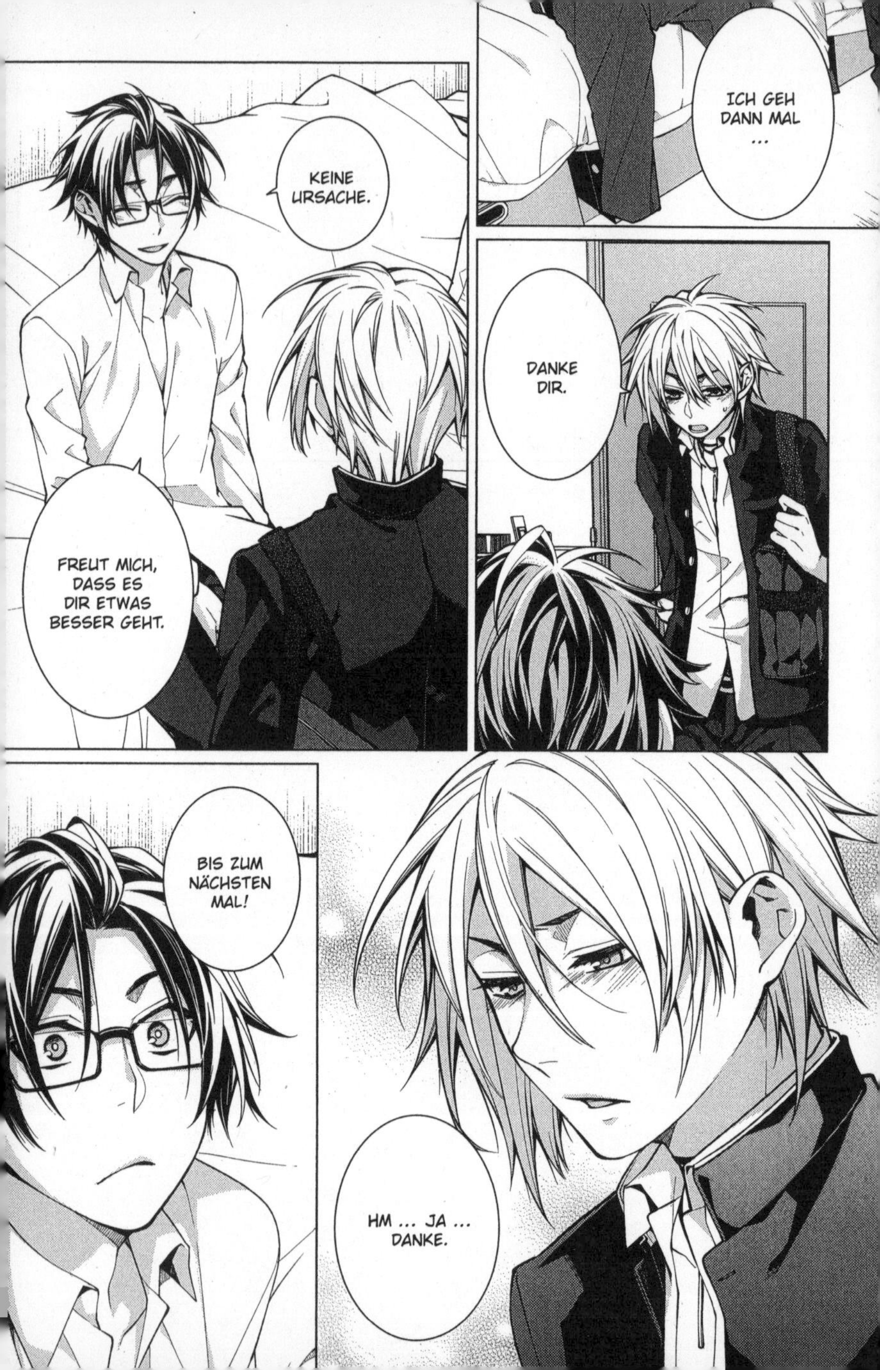
ICH GEH DANN MAL …
DANKE DIR.
KEINE URSACHE.
FREUT MICH, DASS ES DIR ETWAS BESSER GEHT.
BIS ZUM NÄCHSTEN MAL!
HM … JA … DANKE.

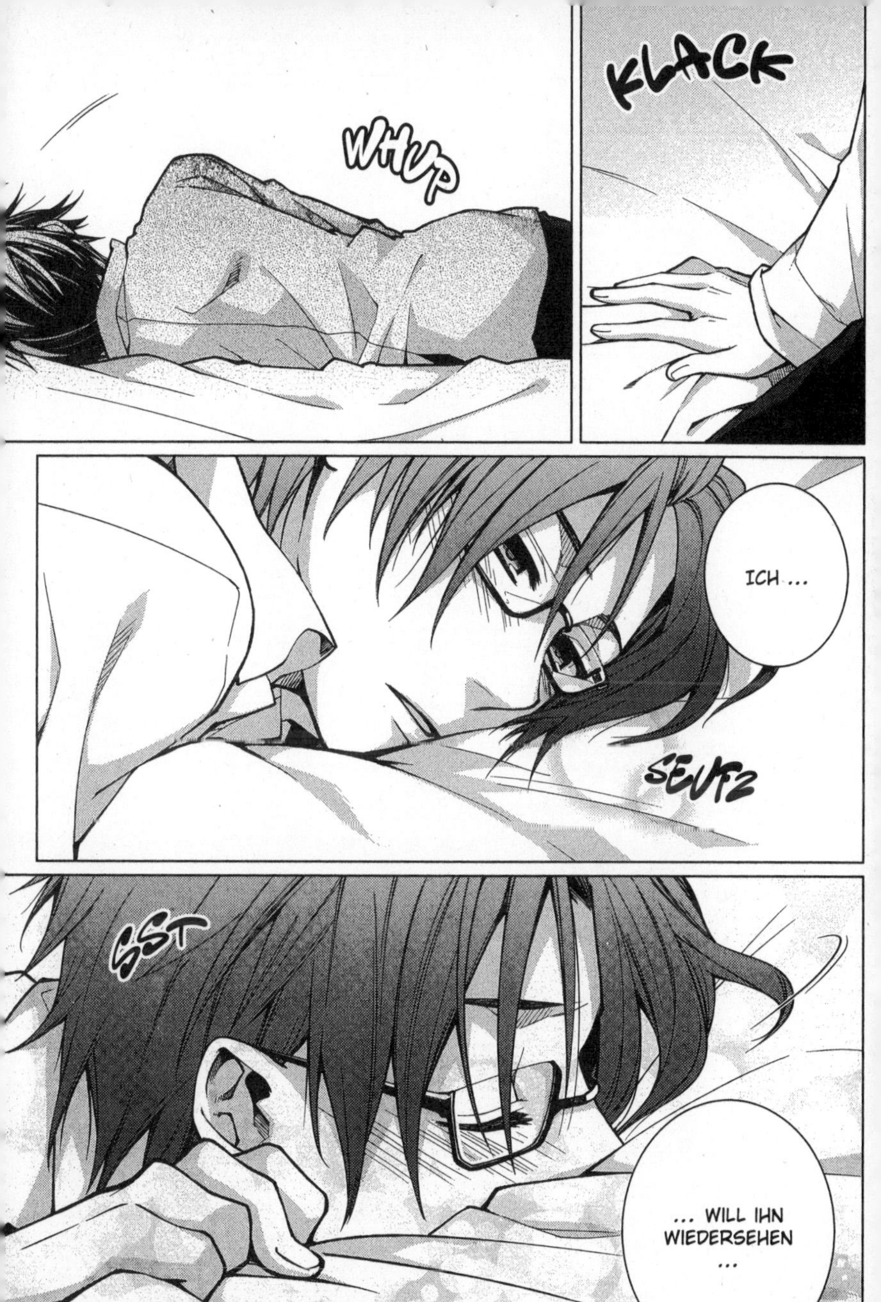

KLACK

WHUP

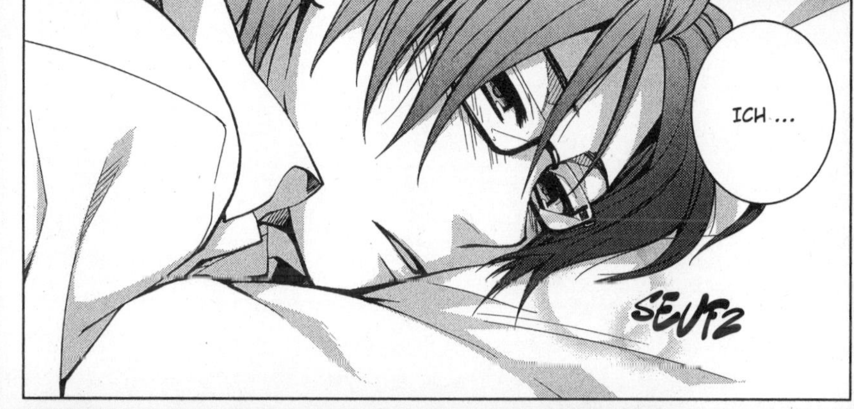

SST

... WILL IHN WIEDERSEHEN ...

Krieg der Liebe! Gebrochene Herzen – Ende –

Spiel nicht mit meinem Herz

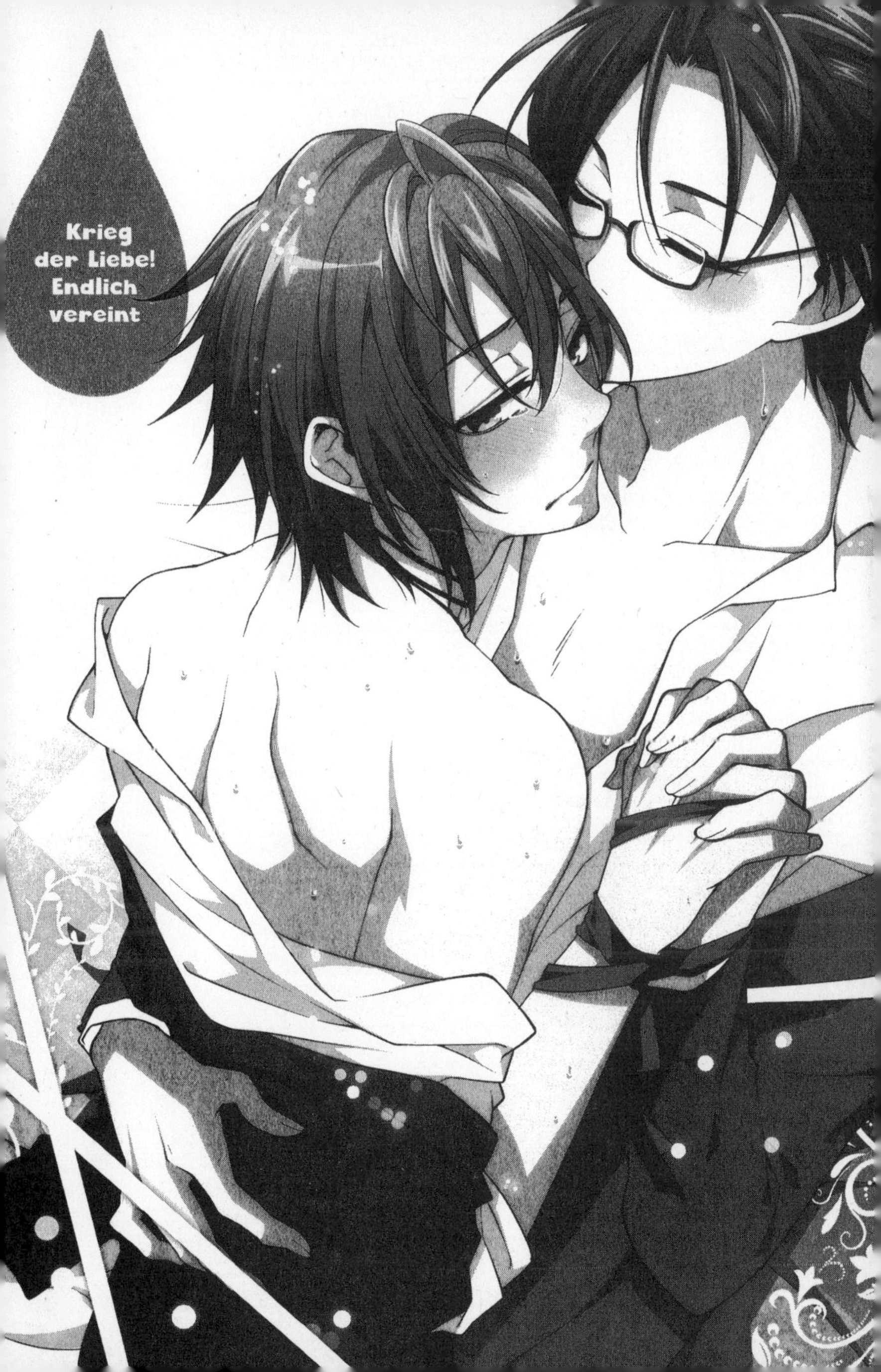
Krieg der Liebe! Endlich vereint

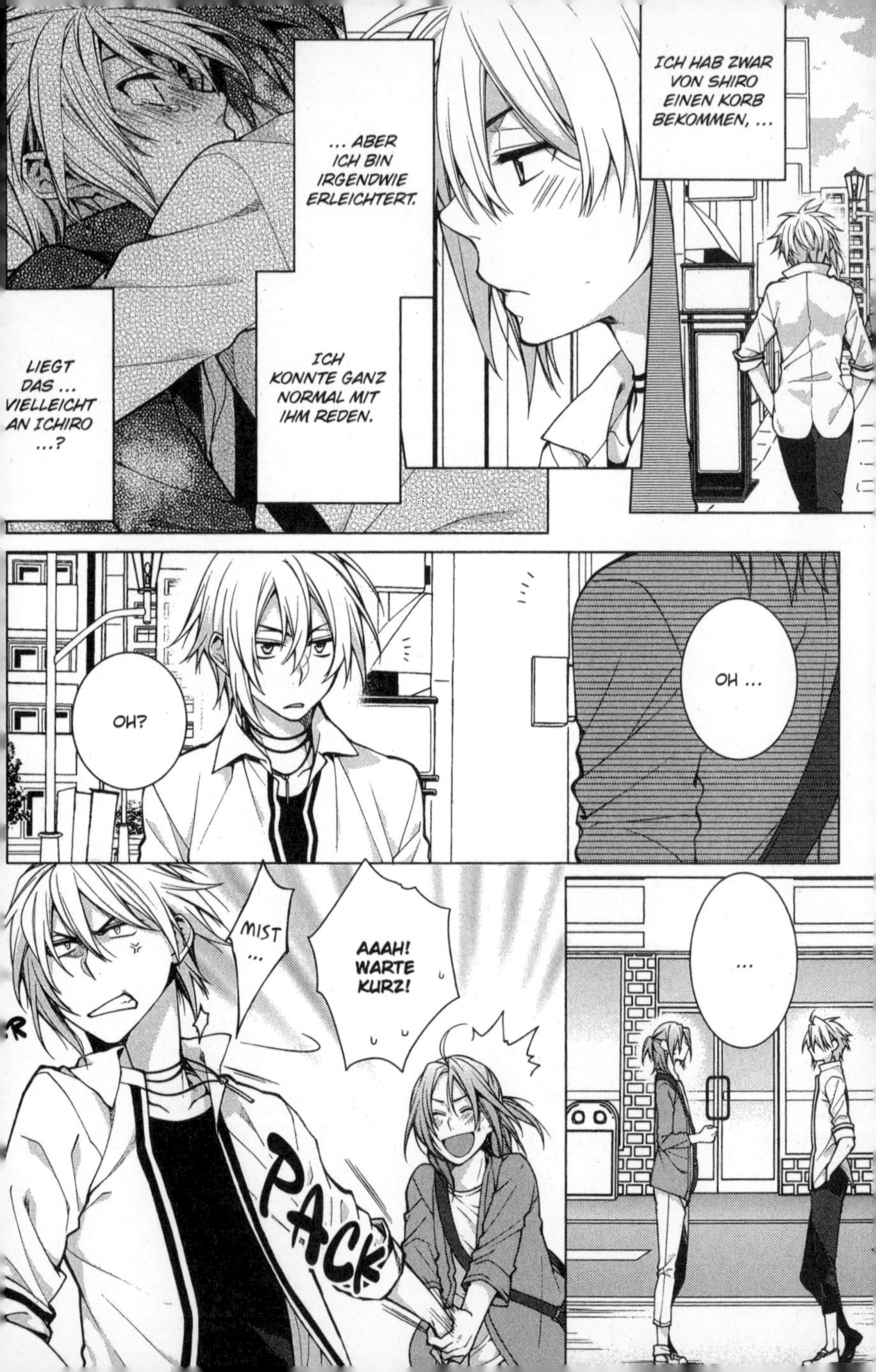
ICH HAB ZWAR VON SHIRO EINEN KORB BEKOMMEN, …
… ABER ICH BIN IRGENDWIE ERLEICHTERT.
ICH KONNTE GANZ NORMAL MIT IHM REDEN.
LIEGT DAS … VIELLEICHT AN ICHIRO …?
OH …
OH?
…
AAAH! WARTE KURZ!
MIST …
PACK

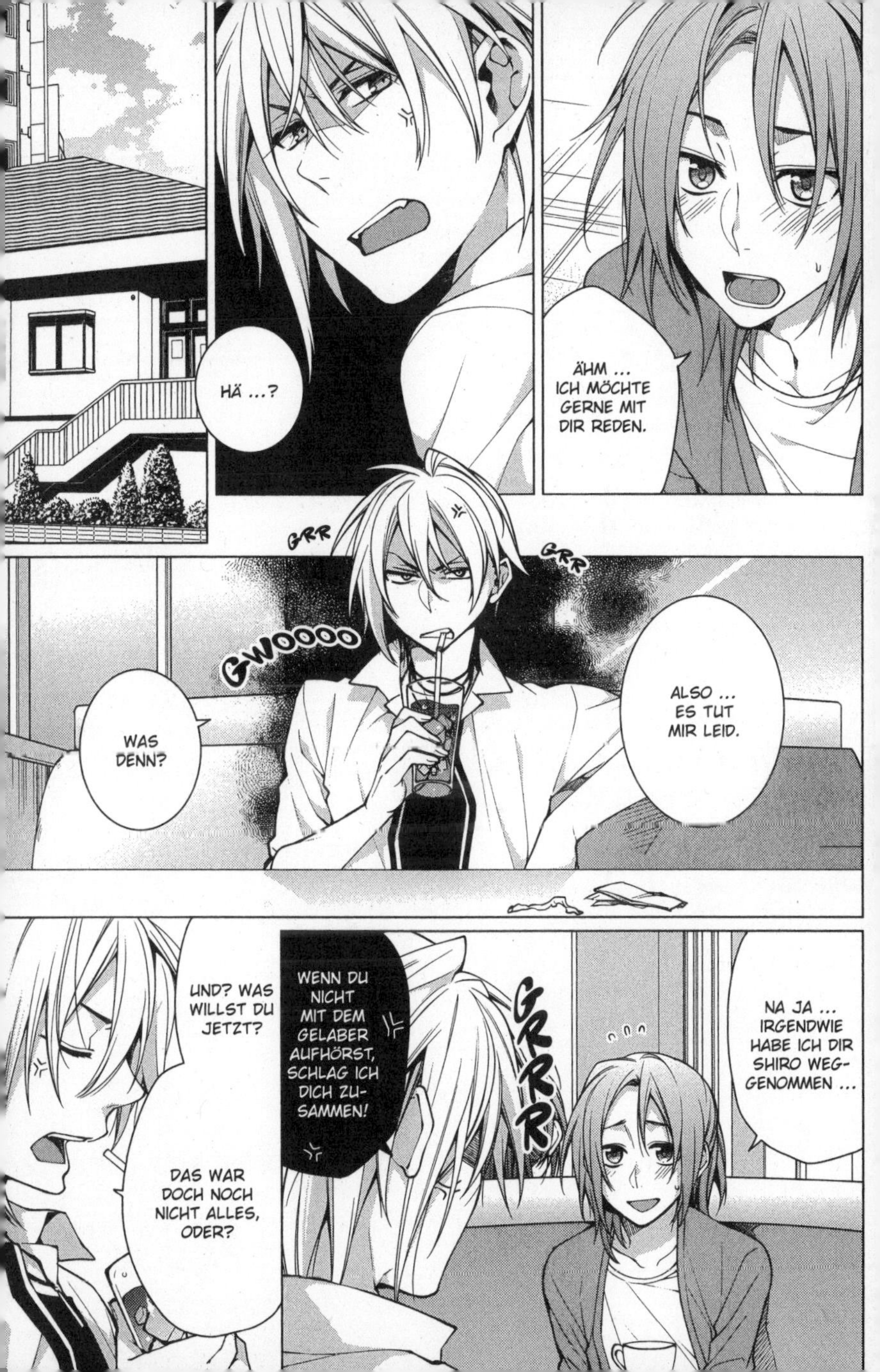
ÄHM … ICH MÖCHTE GERNE MIT DIR REDEN.
HÄ …?
GRR
GRR
GWOOOO
ALSO … ES TUT MIR LEID.
WAS DENN?
NA JA … IRGENDWIE HABE ICH DIR SHIRO WEG-GENOMMEN …
GRRRR
WENN DU NICHT MIT DEM GELABER AUFHÖRST, SCHLAG ICH DICH ZU-SAMMEN!
UND? WAS WILLST DU JETZT?
DAS WAR DOCH NOCH NICHT ALLES, ODER?

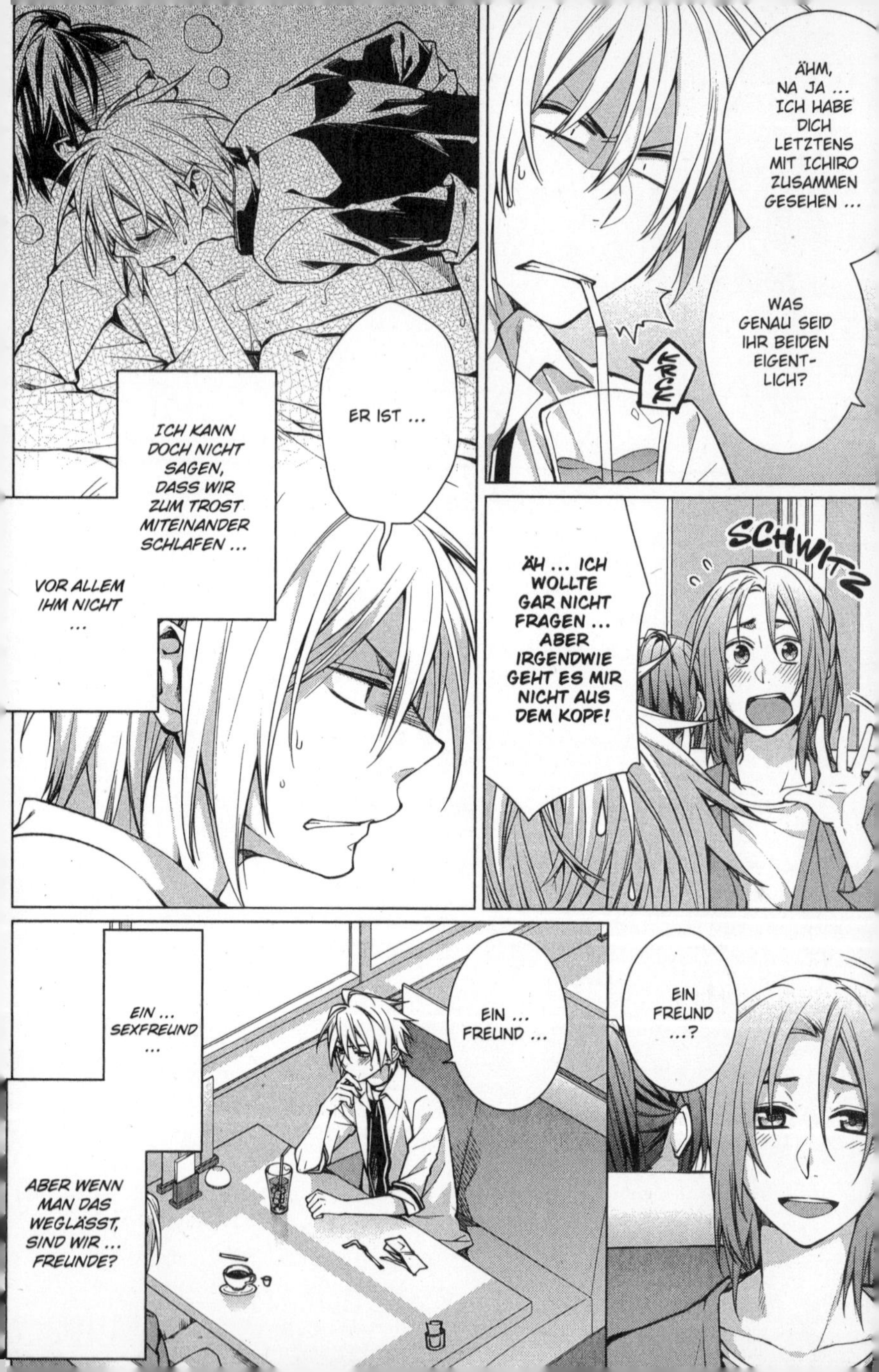
ÄHM, NA JA … ICH HABE DICH LETZTENS MIT ICHIRO ZUSAMMEN GESEHEN …
WAS GENAU SEID IHR BEIDEN EIGENT-LICH?
KRCK
ER IST …
ICH KANN DOCH NICHT SAGEN, DASS WIR ZUM TROST MITEINANDER SCHLAFEN …
VOR ALLEM IHM NICHT …
SCHWITZ
ÄH … ICH WOLLTE GAR NICHT FRAGEN … ABER IRGENDWIE GEHT ES MIR NICHT AUS DEM KOPF!
EIN FREUND …?
EIN … FREUND …
EIN … SEXFREUND …
ABER WENN MAN DAS WEGLÄSST, SIND WIR … FREUNDE?

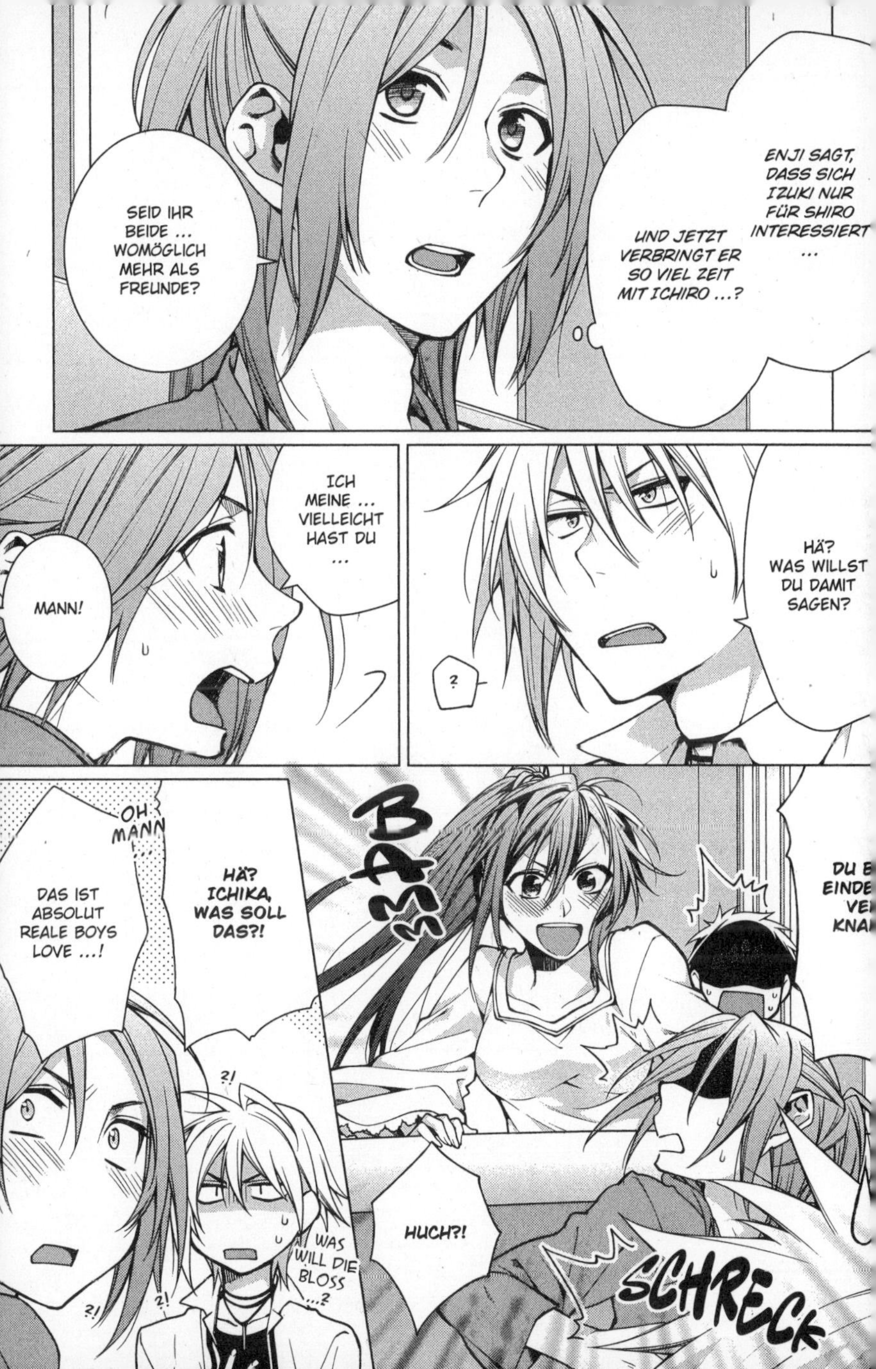
ENJI SAGT, DASS SICH IZUKI NUR FÜR SHIRO INTERESSIERT …
UND JETZT VERBRINGT ER SO VIEL ZEIT MIT ICHIRO …?
SEID IHR BEIDE … WOMÖGLICH MEHR ALS FREUNDE?
HÄ? WAS WILLST DU DAMIT SAGEN?
?
ICH MEINE … VIELLEICHT HAST DU …
MANN!
BAMM
HÄ? ICHIKA, WAS SOLL DAS?!
OH MANN …
DAS IST ABSOLUT REALE BOYS LOVE …!
?!
?!
WAS WILL DIE BLOSS …?
?!
HUCH?!
SCHRECK

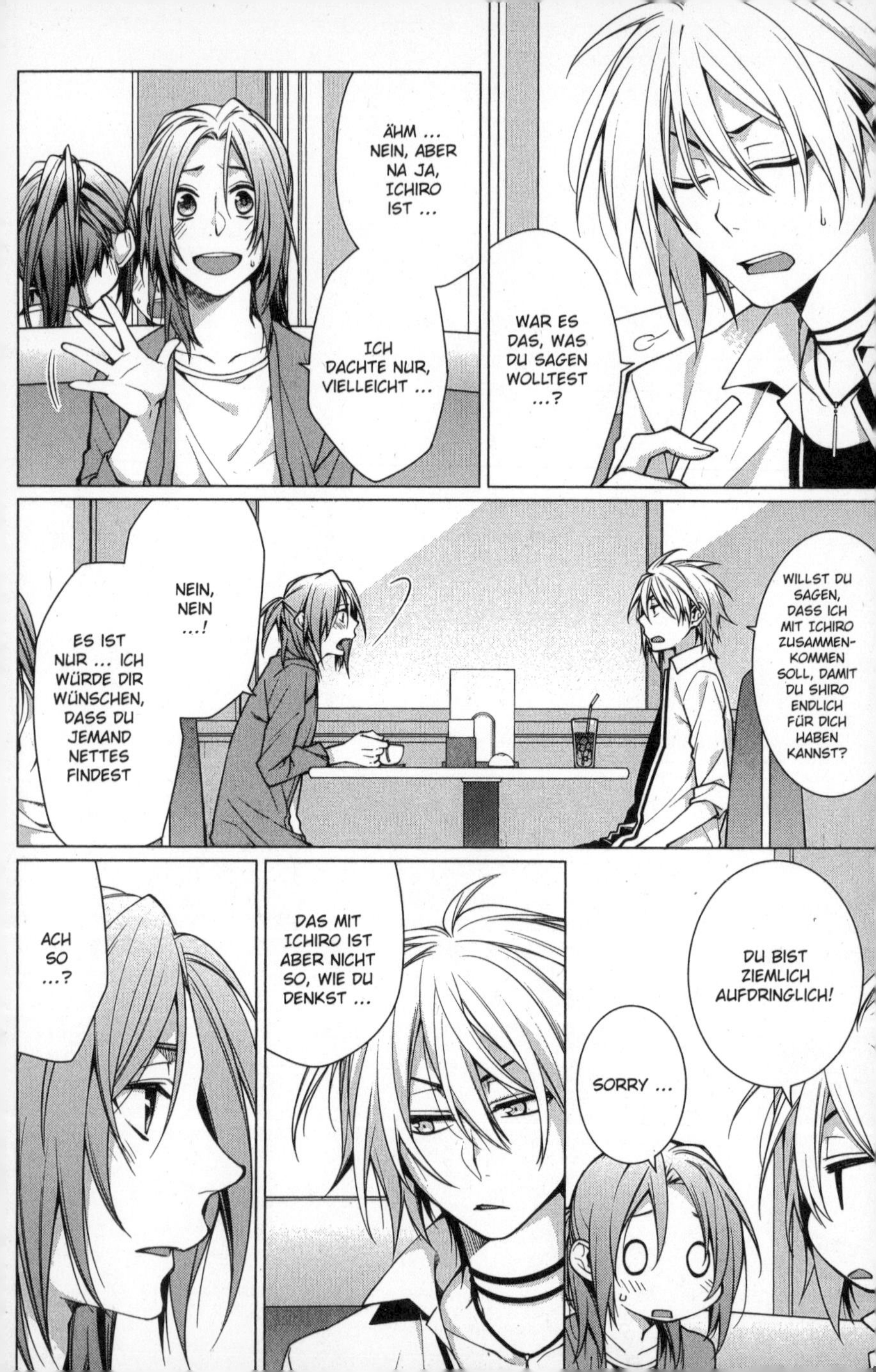
WAR ES DAS, WAS DU SAGEN WOLLTEST ...?
ÄHM ... NEIN, ABER NA JA, ICHIRO IST ...
ICH DACHTE NUR, VIELLEICHT ...
WILLST DU SAGEN, DASS ICH MIT ICHIRO ZUSAMMEN-KOMMEN SOLL, DAMIT DU SHIRO ENDLICH FÜR DICH HABEN KANNST?
NEIN, NEIN ...!
ES IST NUR ... ICH WÜRDE DIR WÜNSCHEN, DASS DU JEMAND NETTES FINDEST
DU BIST ZIEMLICH AUFDRINGLICH!
SORRY ...
DAS MIT ICHIRO IST ABER NICHT SO, WIE DU DENKST ...
ACH SO ...?

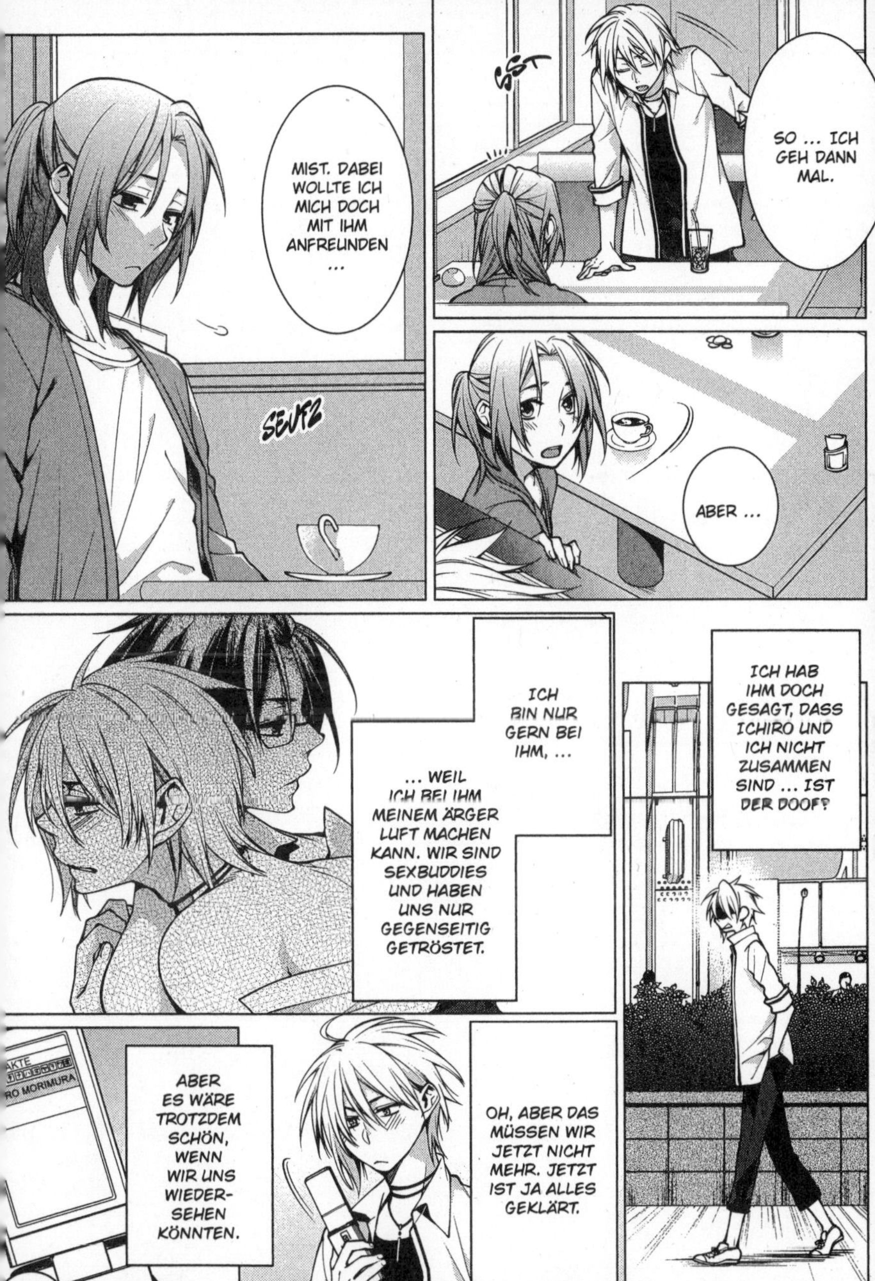
SST
SO … ICH GEH DANN MAL.
MIST. DABEI WOLLTE ICH MICH DOCH MIT IHM ANFREUNDEN …
SEUFZ
ABER …
ICH HAB IHM DOCH GESAGT, DASS ICHIRO UND ICH NICHT ZUSAMMEN SIND … IST DER DOOF?
ICH BIN NUR GERN BEI IHM, …
… WEIL ICH BEI IHM MEINEM ÄRGER LUFT MACHEN KANN. WIR SIND SEXBUDDIES UND HABEN UNS NUR GEGENSEITIG GETRÖSTET.
OH, ABER DAS MÜSSEN WIR JETZT NICHT MEHR. JETZT IST JA ALLES GEKLÄRT.
ABER ES WÄRE TROTZDEM SCHÖN, WENN WIR UNS WIEDERSEHEN KÖNNTEN.
AKTE
RO MORIMURA
PIEP

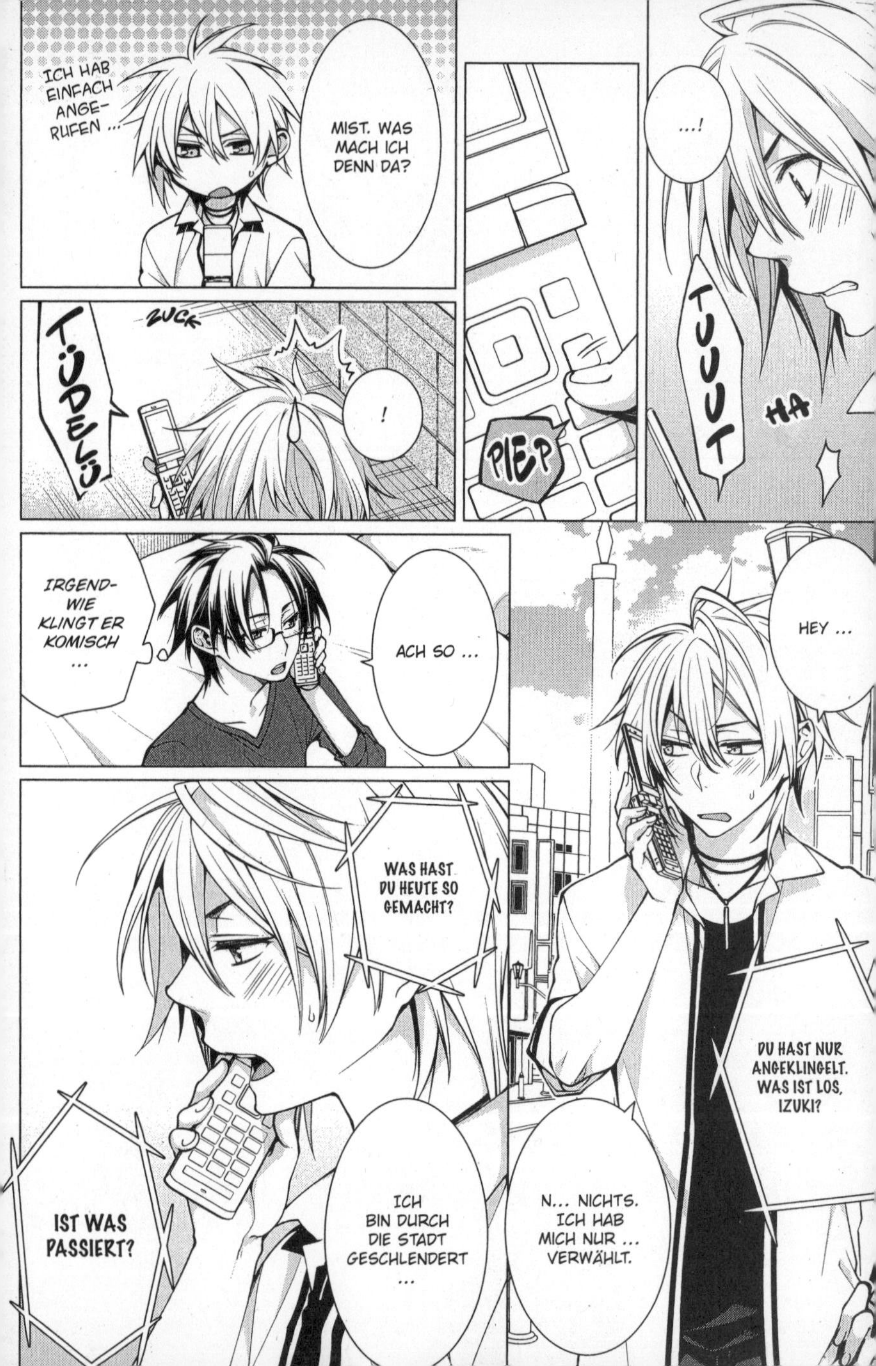
...!
TUUUT
HA
PIEP
MIST. WAS MACH ICH DENN DA?
ICH HAB EINFACH ANGE-RUFEN ...
ZUCK
TÜDELÜ
!
HEY ...
ACH SO ...
IRGEND-WIE KLINGT ER KOMISCH ...
DU HAST NUR ANGEKLINGELT. WAS IST LOS, IZUKI?
N... NICHTS. ICH HAB MICH NUR ... VERWÄHLT.
WAS HAST DU HEUTE SO GEMACHT?
ICH BIN DURCH DIE STADT GESCHLENDERT ...
IST WAS PASSIERT?

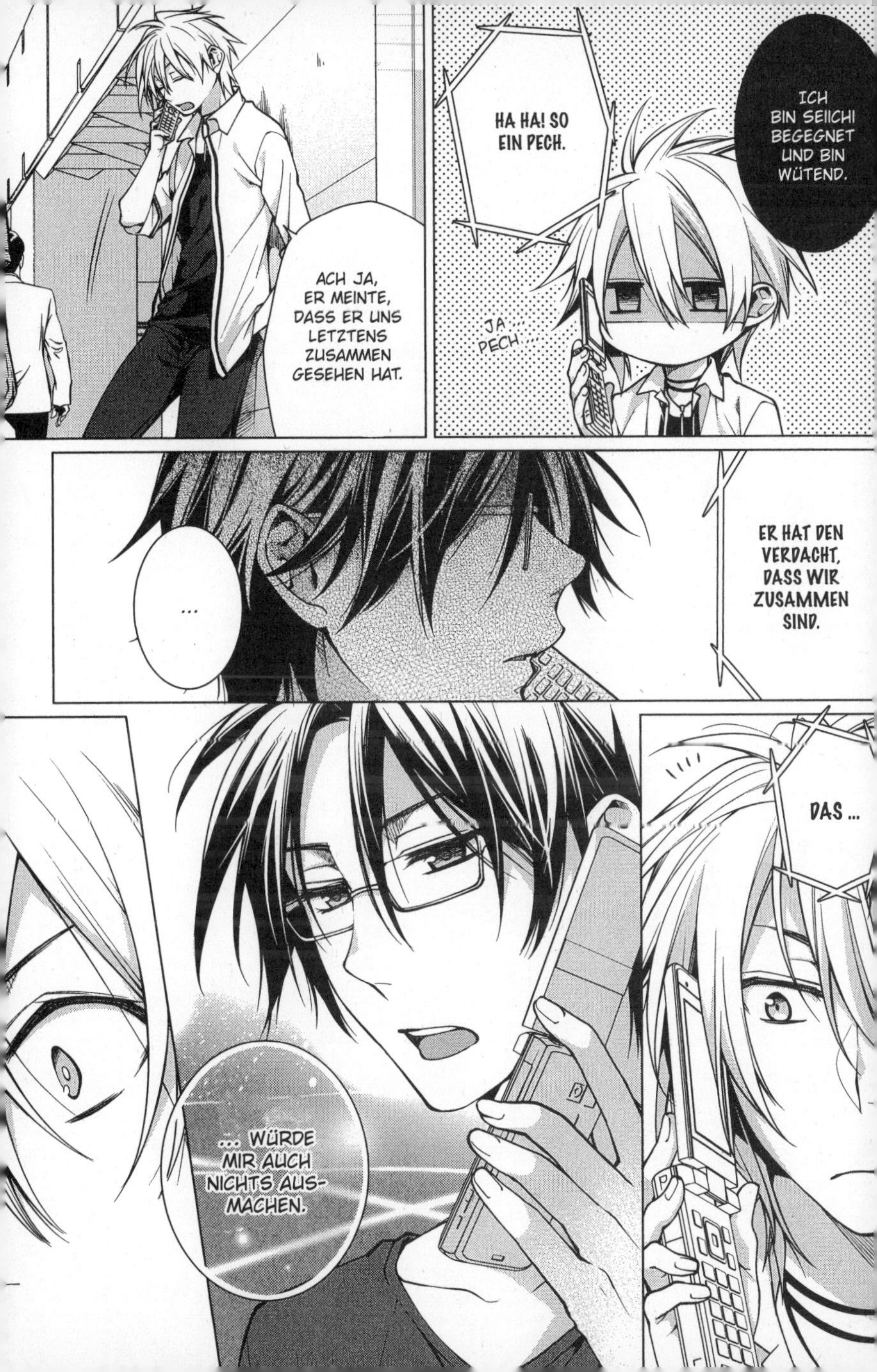
ICH BIN SEIICHI BEGEGNET UND BIN WÜTEND.
HA HA! SO EIN PECH.
JA ... PECH ...
ACH JA, ER MEINTE, DASS ER UNS LETZTENS ZUSAMMEN GESEHEN HAT.
ER HAT DEN VERDACHT, DASS WIR ZUSAMMEN SIND.
...
DAS ...
... WÜRDE MIR AUCH NICHTS AUS-MACHEN.

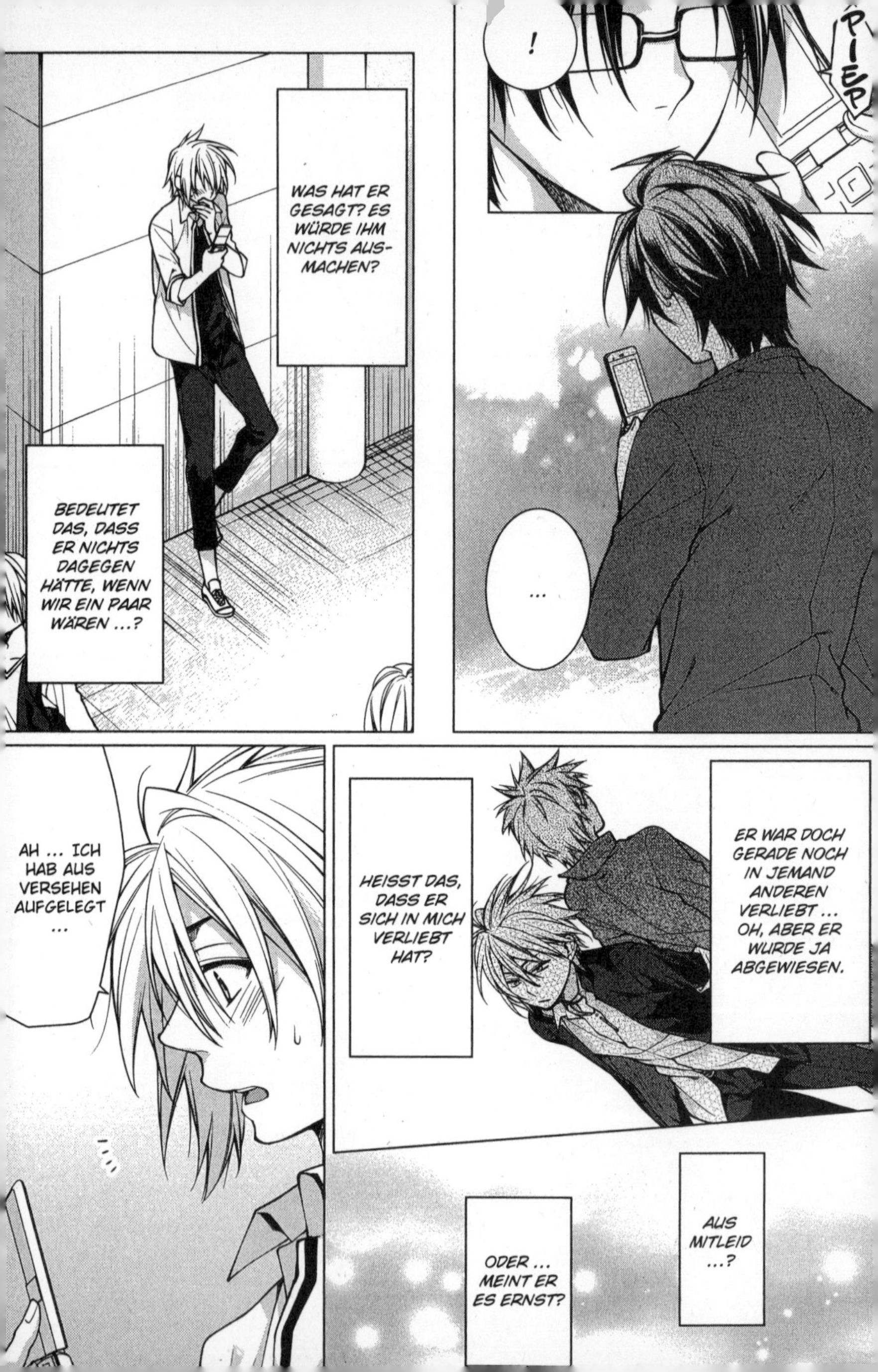

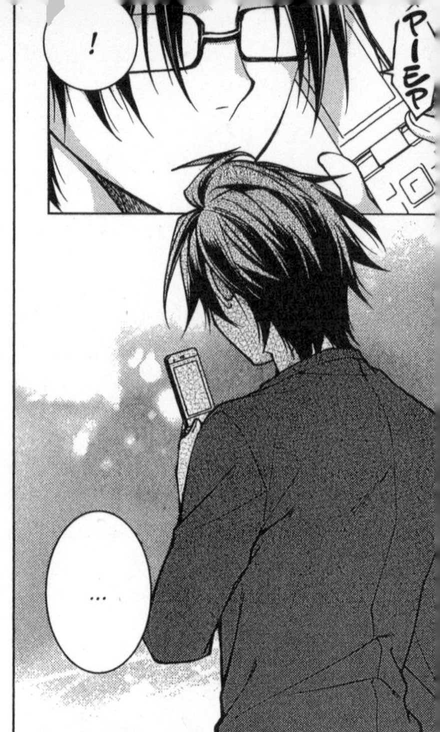

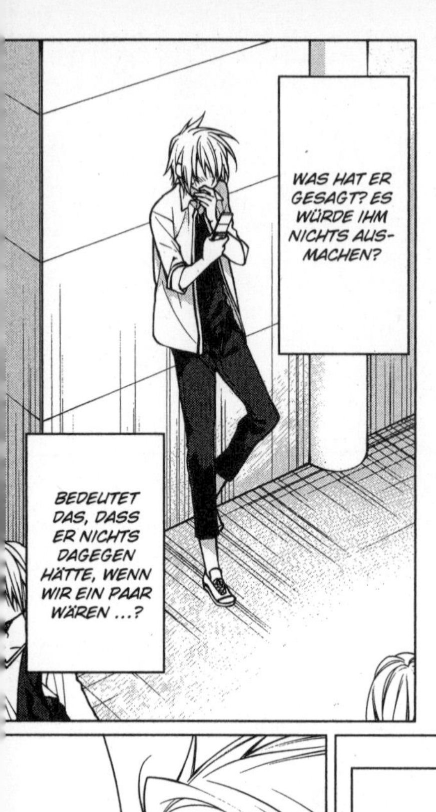

ER WAR DOCH GERADE NOCH IN JEMAND ANDEREN VERLIEBT ... OH, ABER ER WURDE JA ABGEWIESEN.

HEISST DAS, DASS ER SICH IN MICH VERLIEBT HAT?

AUS MITLEID ...?

ODER ... MEINT ER ES ERNST?

AH ... ICH HAB AUS VERSEHEN AUFGELEGT ...

...

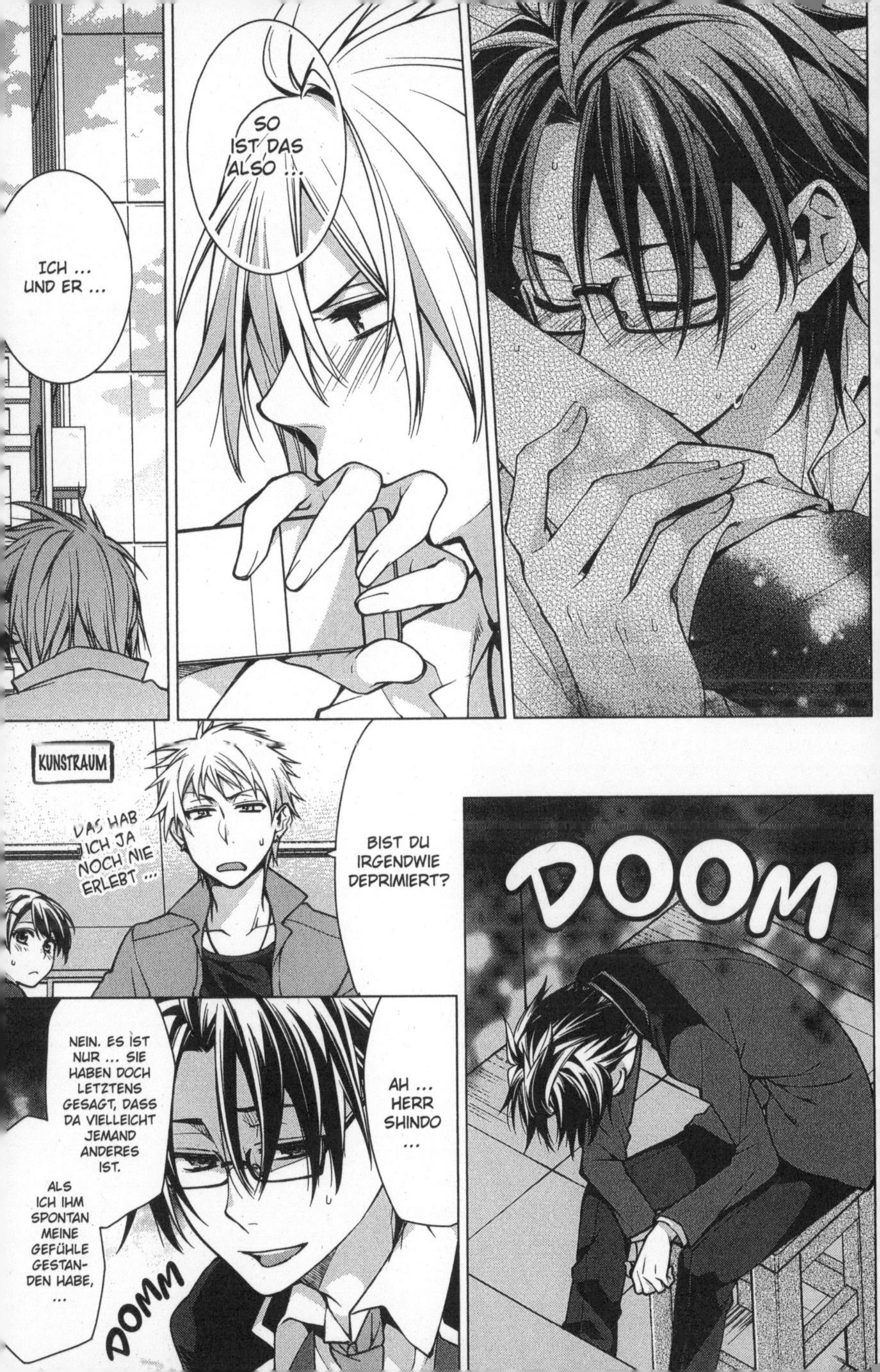
SO IST DAS ALSO ...
ICH ... UND ER ...
DOOM
BIST DU IRGENDWIE DEPRIMIERT?
KUNSTRAUM
DAS HAB ICH JA NOCH NIE ERLEBT ...
AH ... HERR SHINDO ...
NEIN. ES IST NUR ... SIE HABEN DOCH LETZTENS GESAGT, DASS DA VIELLEICHT JEMAND ANDERES IST.
ALS ICH IHM SPONTAN MEINE GEFÜHLE GESTAN-DEN HABE, ...
DOMM

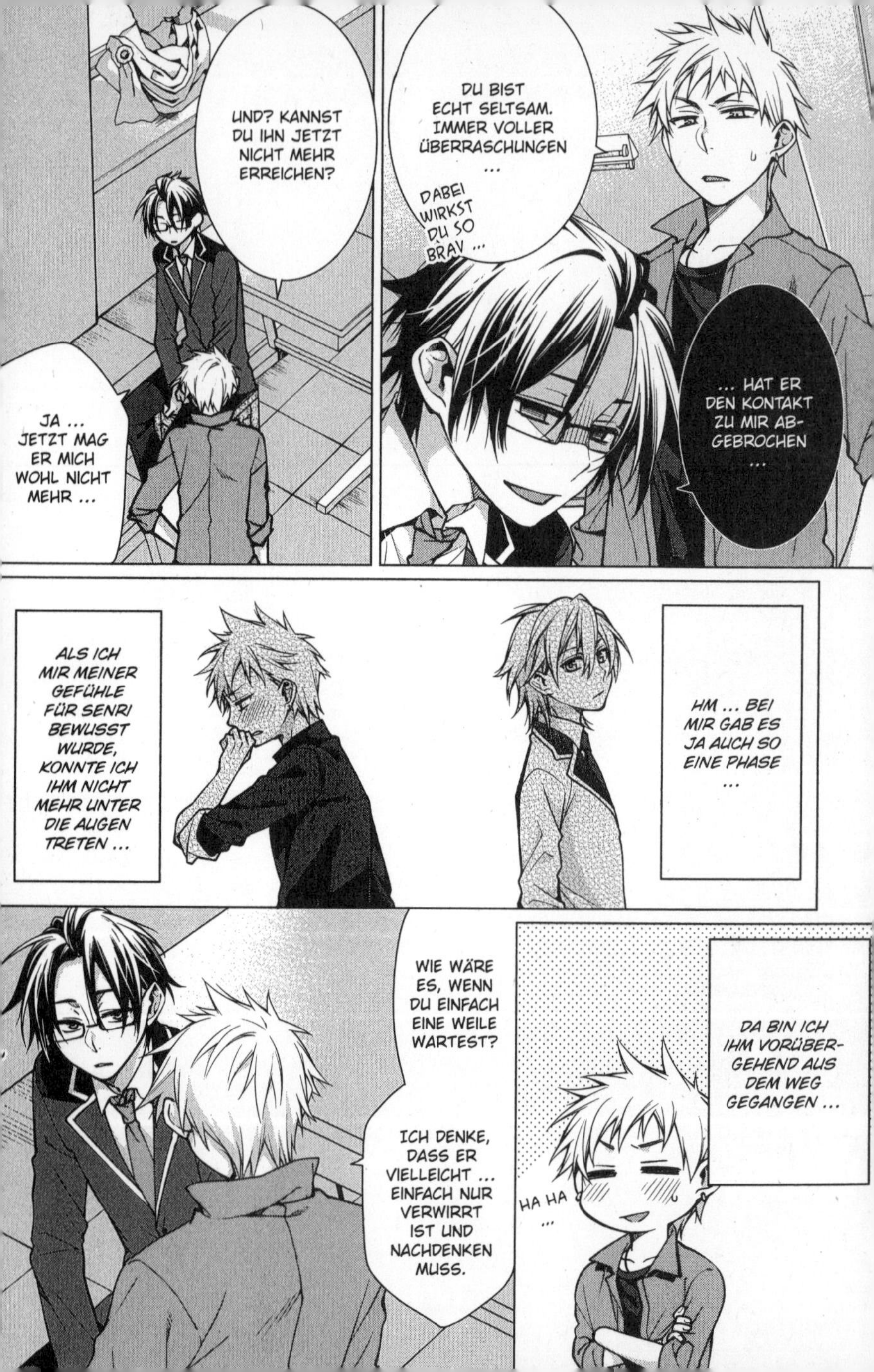

… HAT ER DEN KONTAKT ZU MIR ABGEBROCHEN …

DU BIST ECHT SELTSAM. IMMER VOLLER ÜBERRASCHUNGEN …

DABEI WIRKST DU SO BRAV …

UND? KANNST DU IHN JETZT NICHT MEHR ERREICHEN?

JA … JETZT MAG ER MICH WOHL NICHT MEHR …

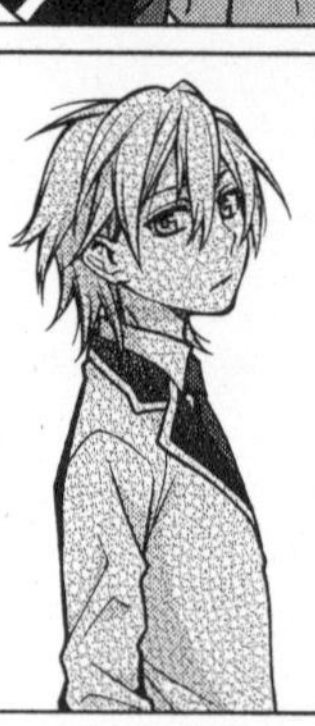

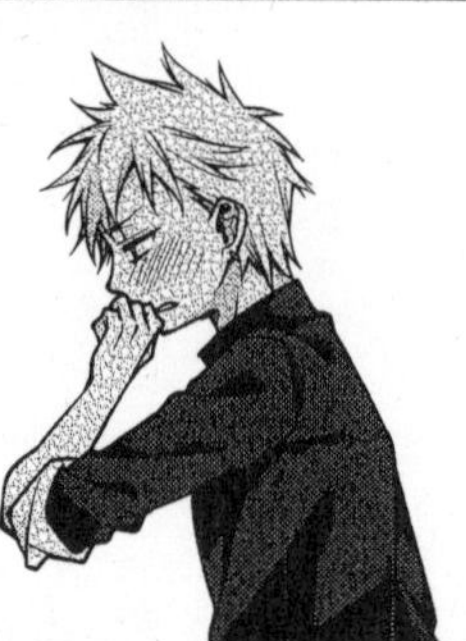

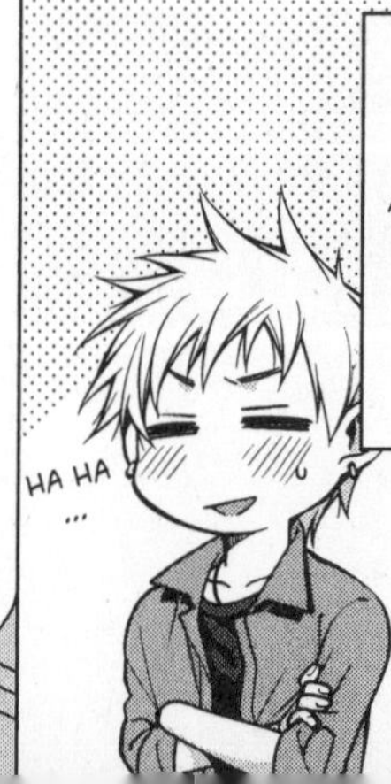

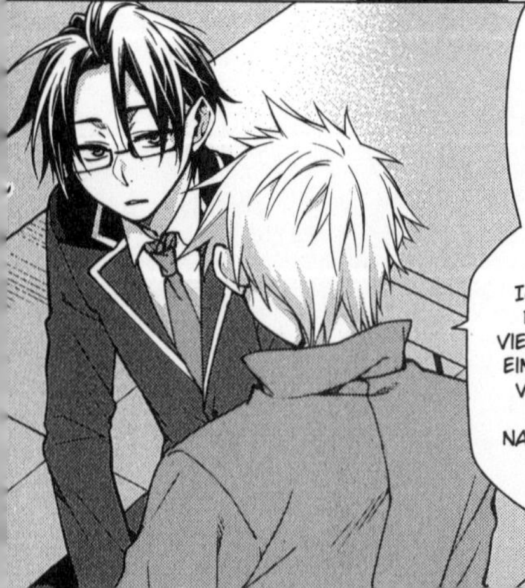

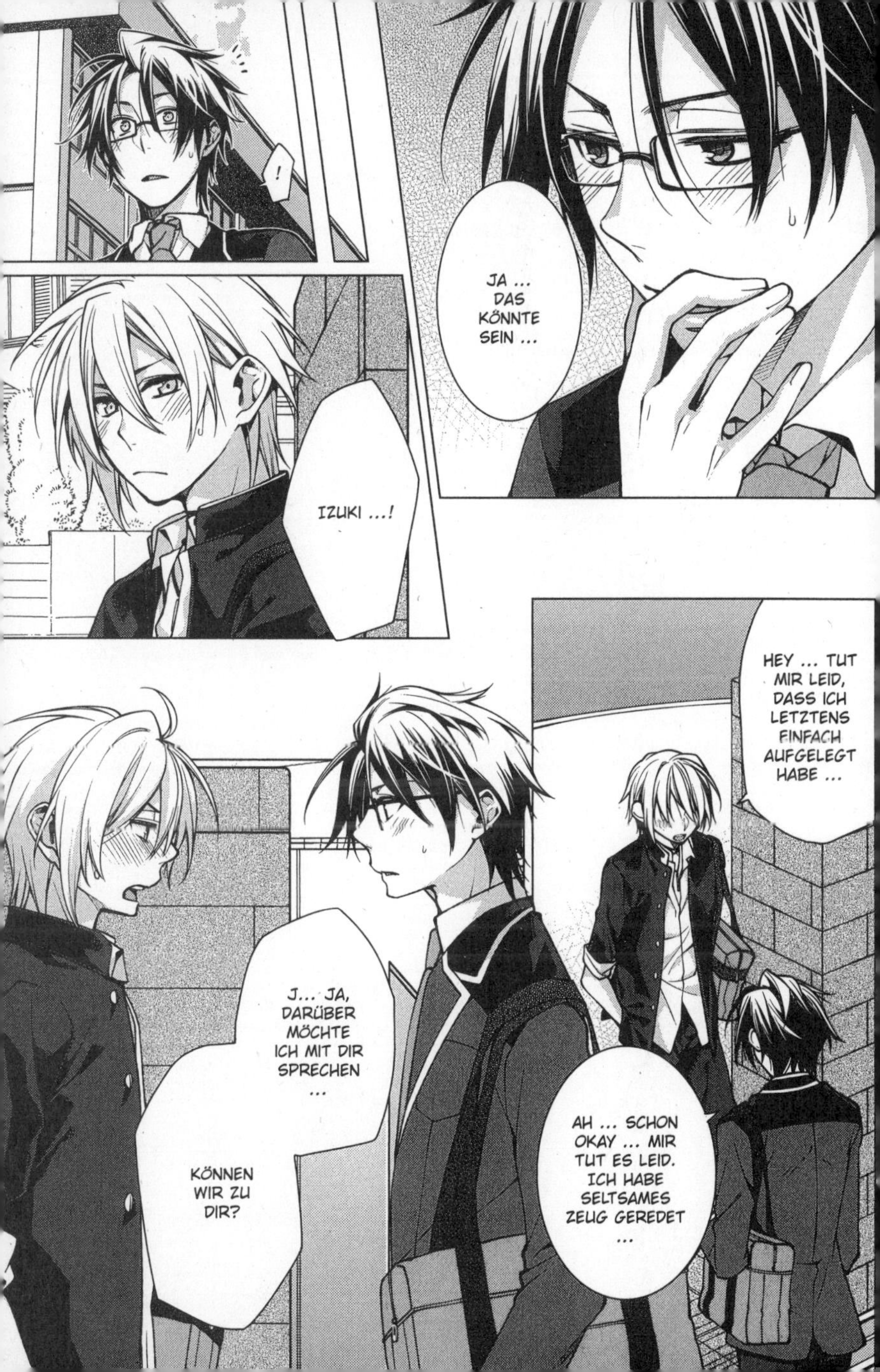
JA ... DAS KÖNNTE SEIN ...
!
IZUKI ...!
HEY ... TUT MIR LEID, DASS ICH LETZTENS EINFACH AUFGELEGT HABE ...
AH ... SCHON OKAY ... MIR TUT ES LEID. ICH HABE SELTSAMES ZEUG GEREDET ...
J... JA, DARÜBER MÖCHTE ICH MIT DIR SPRECHEN ...
KÖNNEN WIR ZU DIR?

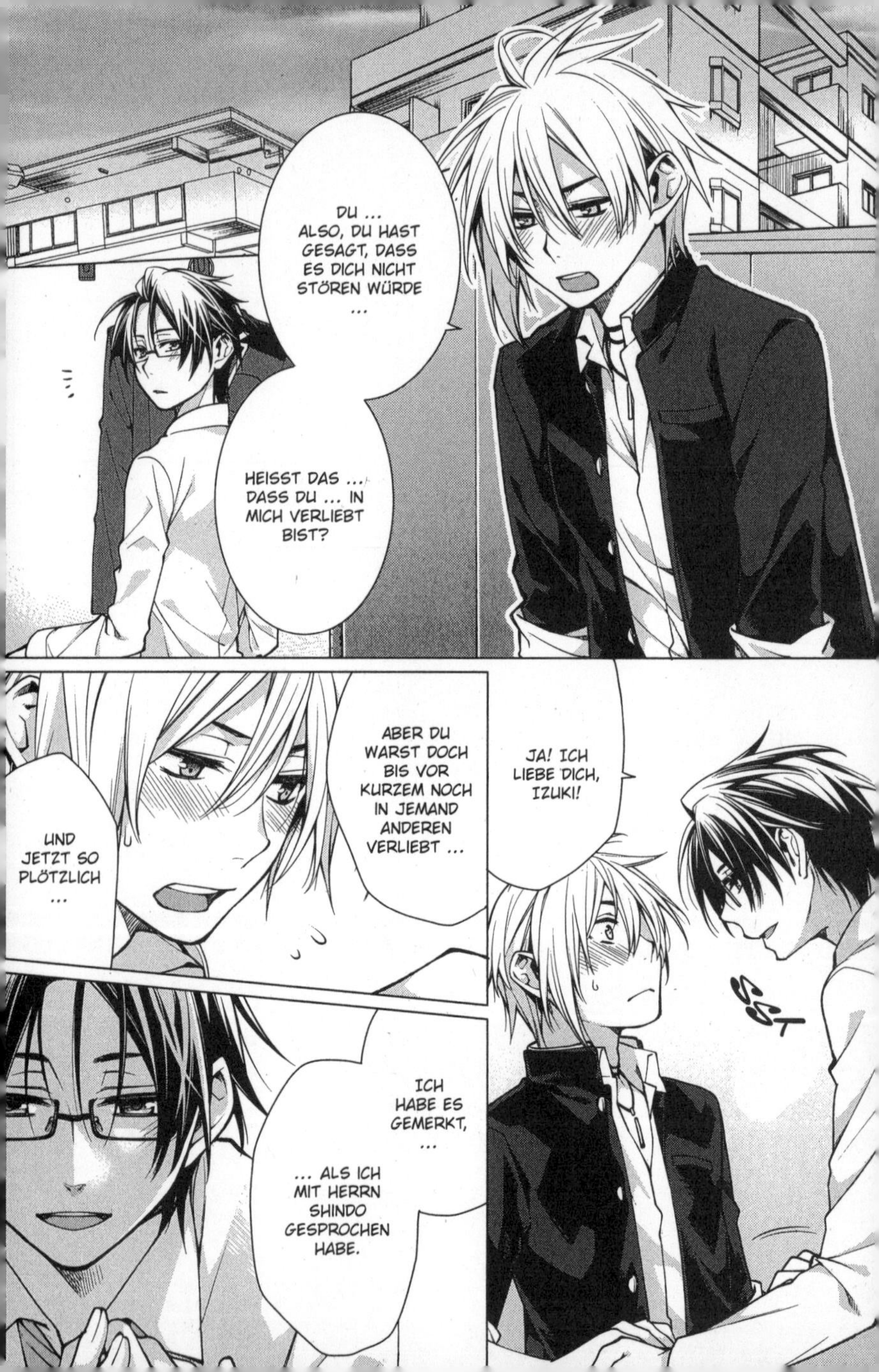
DU … ALSO, DU HAST GESAGT, DASS ES DICH NICHT STÖREN WÜRDE …
HEISST DAS … DASS DU … IN MICH VERLIEBT BIST?
JA! ICH LIEBE DICH, IZUKI!
ABER DU WARST DOCH BIS VOR KURZEM NOCH IN JEMAND ANDEREN VERLIEBT …
UND JETZT SO PLÖTZLICH …
ICH HABE ES GEMERKT, …
… ALS ICH MIT HERRN SHINDO GESPROCHEN HABE.

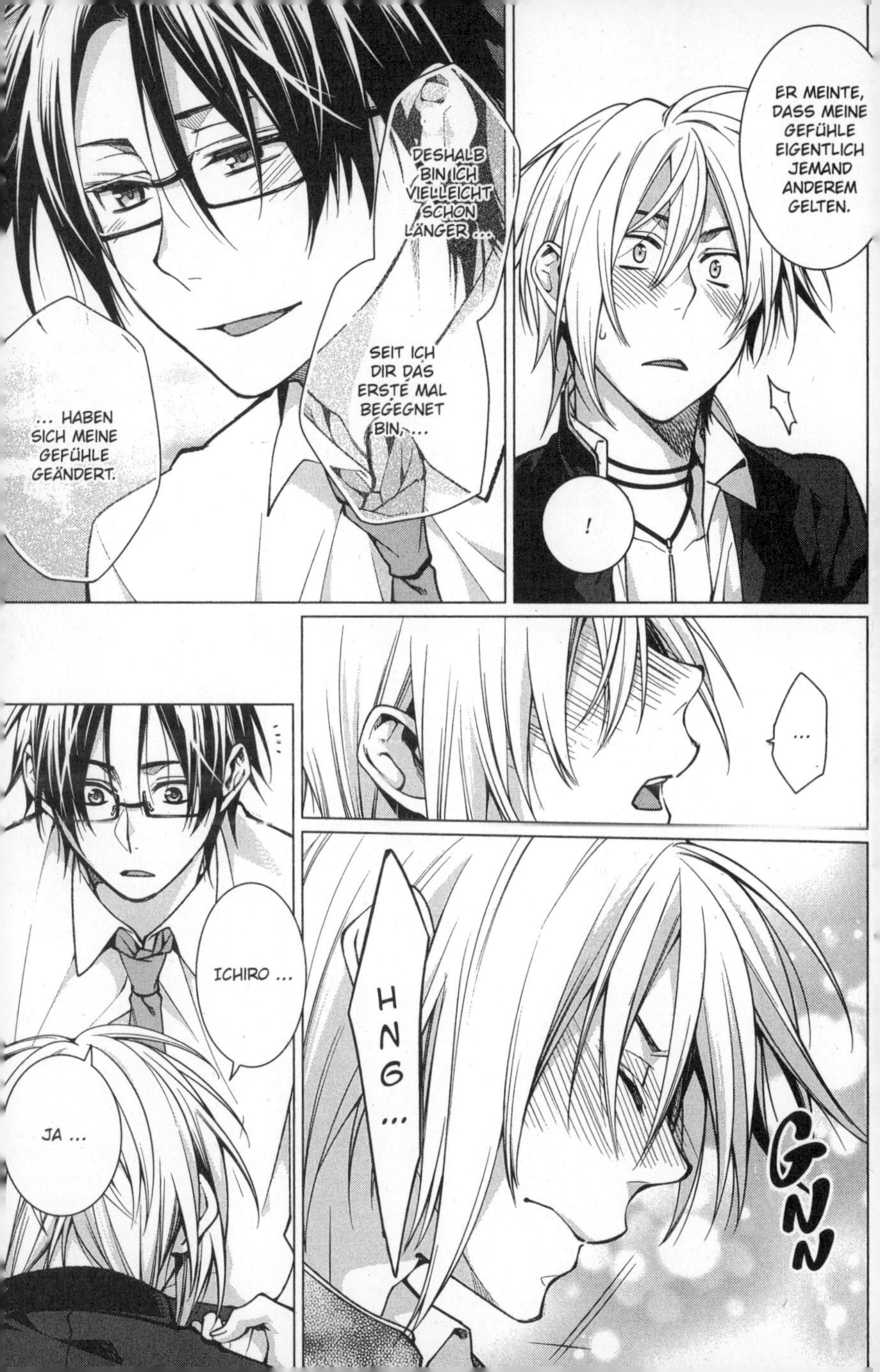
ER MEINTE, DASS MEINE GEFÜHLE EIGENTLICH JEMAND ANDEREM GELTEN.
!
DESHALB BIN ICH VIELLEICHT SCHON LÄNGER ...
SEIT ICH DIR DAS ERSTE MAL BEGEGNET BIN, ...
... HABEN SICH MEINE GEFÜHLE GEÄNDERT.
...
ICHIRO ...
JA ...
HNG ...
GNN

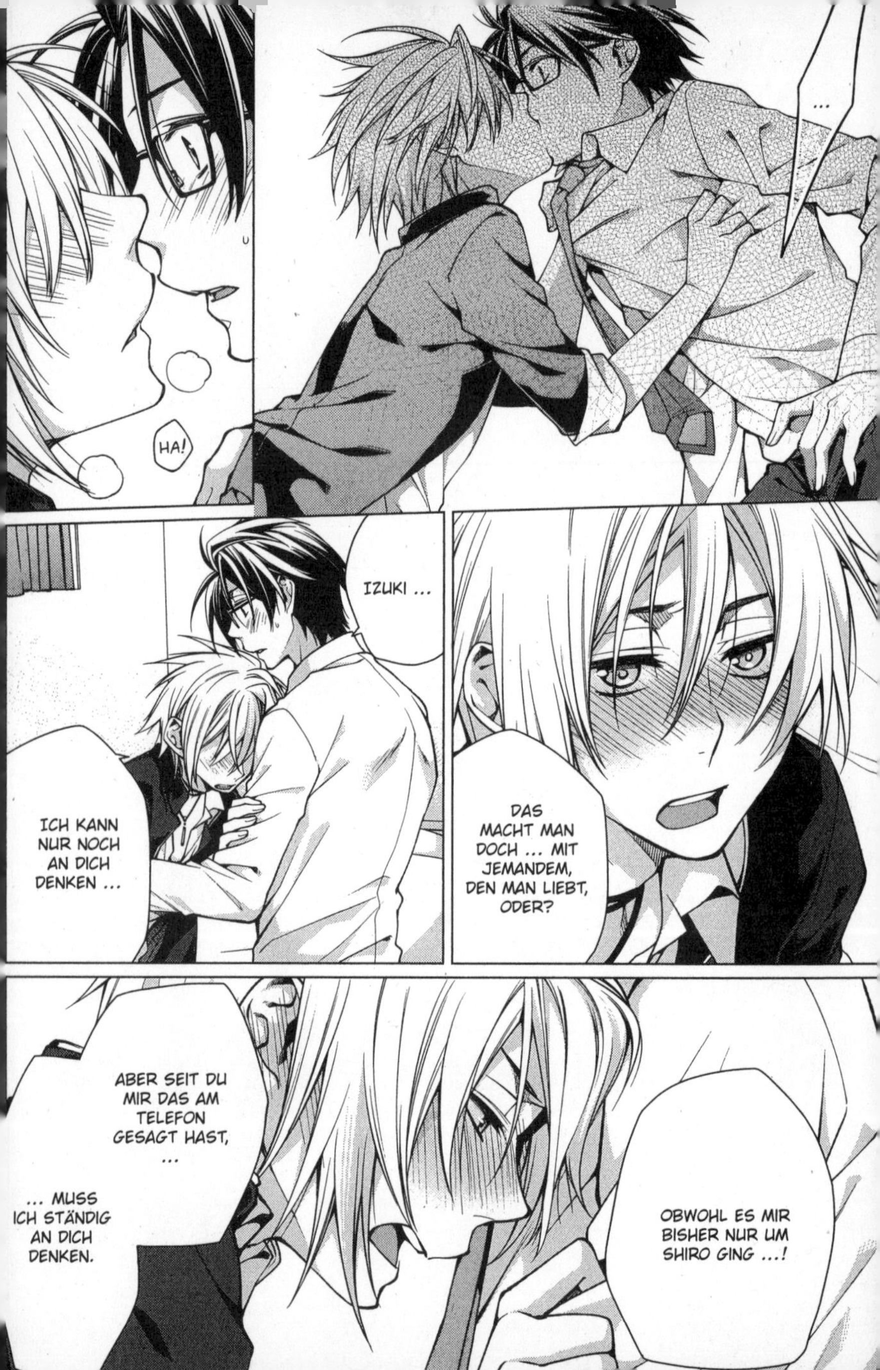
...
HA!
IZUKI ...
DAS MACHT MAN DOCH ... MIT JEMANDEM, DEN MAN LIEBT, ODER?
ICH KANN NUR NOCH AN DICH DENKEN ...
OBWOHL ES MIR BISHER NUR UM SHIRO GING ...!
ABER SEIT DU MIR DAS AM TELEFON GESAGT HAST, ...
... MUSS ICH STÄNDIG AN DICH DENKEN.

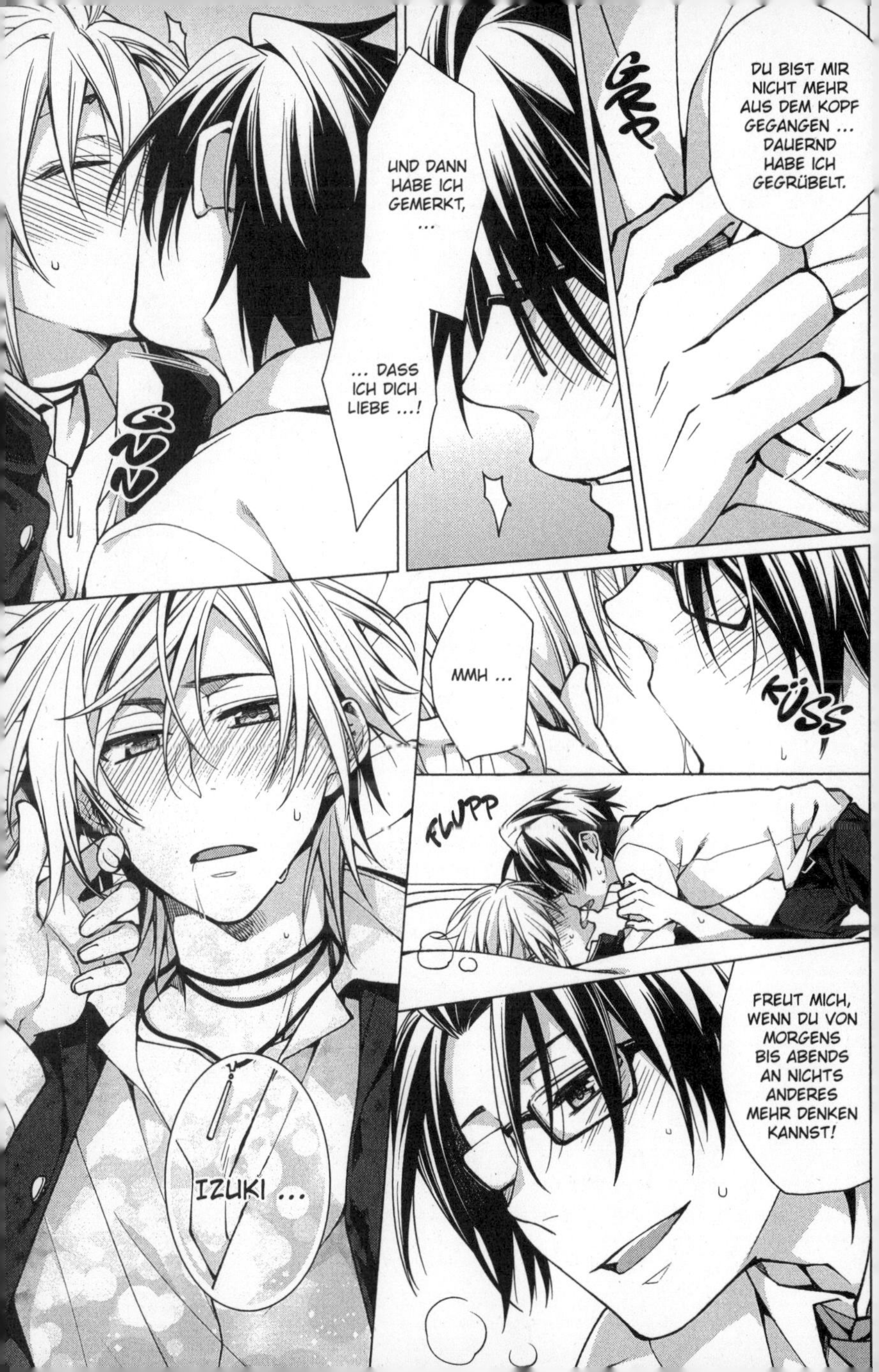
DU BIST MIR NICHT MEHR AUS DEM KOPF GEGANGEN ... DAUERND HABE ICH GEGRÜBELT.
GRP
UND DANN HABE ICH GEMERKT, ...
... DASS ICH DICH LIEBE ...!
GNN
KÜSS
MMH ...
FLUPP
FREUT MICH, WENN DU VON MORGENS BIS ABENDS AN NICHTS ANDERES MEHR DENKEN KANNST!
IZUKI ...

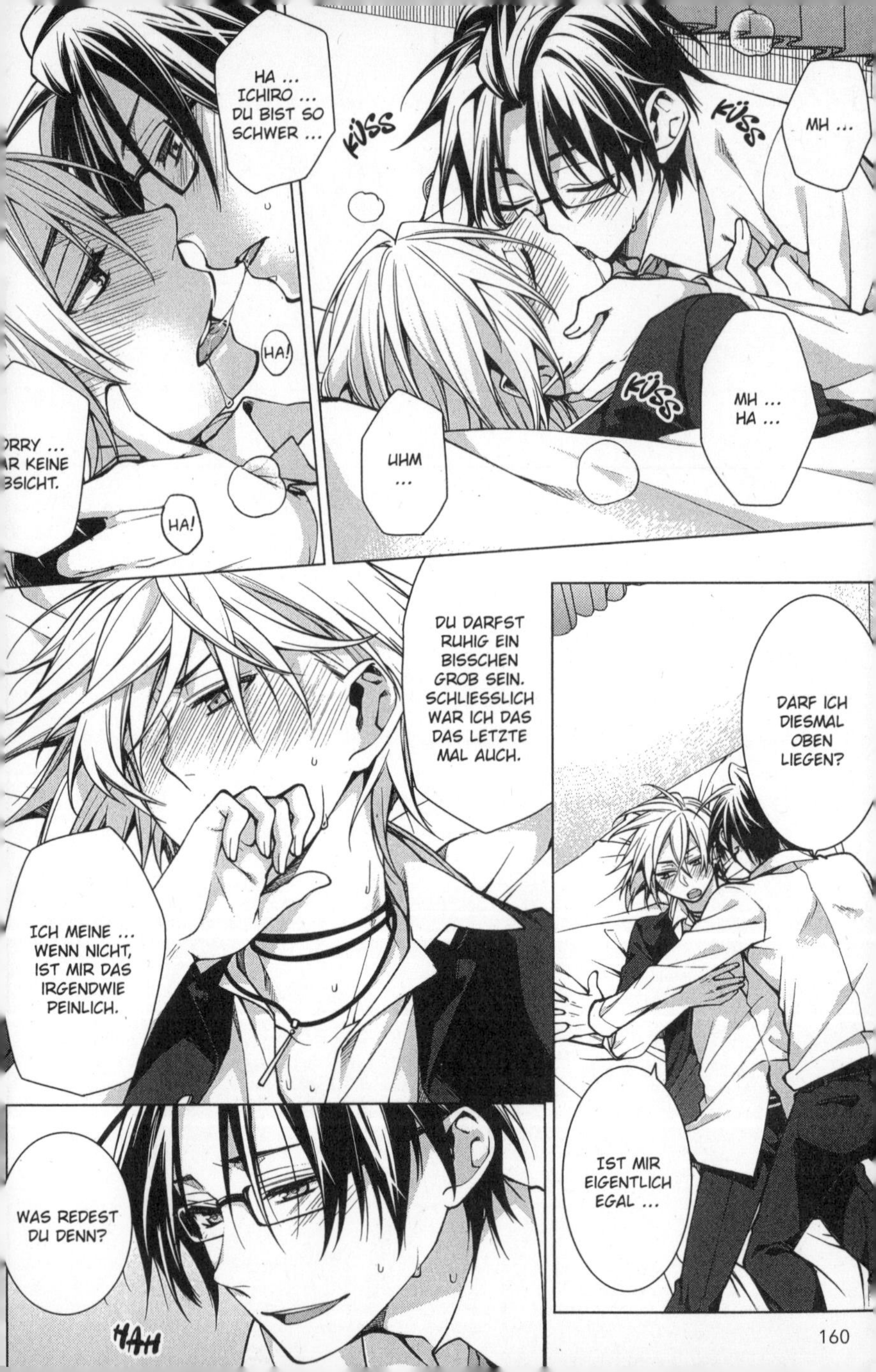
MH …
KÜSS
KÜSS
MH … HA …
UHM …
KÜSS
HA … ICHIRO … DU BIST SO SCHWER …
HA!
HA!
RRY … AR KEINE BSICHT.
DARF ICH DIESMAL OBEN LIEGEN?
DU DARFST RUHIG EIN BISSCHEN GROB SEIN. SCHLIESSLICH WAR ICH DAS DAS LETZTE MAL AUCH.
ICH MEINE … WENN NICHT, IST MIR DAS IRGENDWIE PEINLICH.
IST MIR EIGENTLICH EGAL …
WAS REDEST DU DENN?
HAH

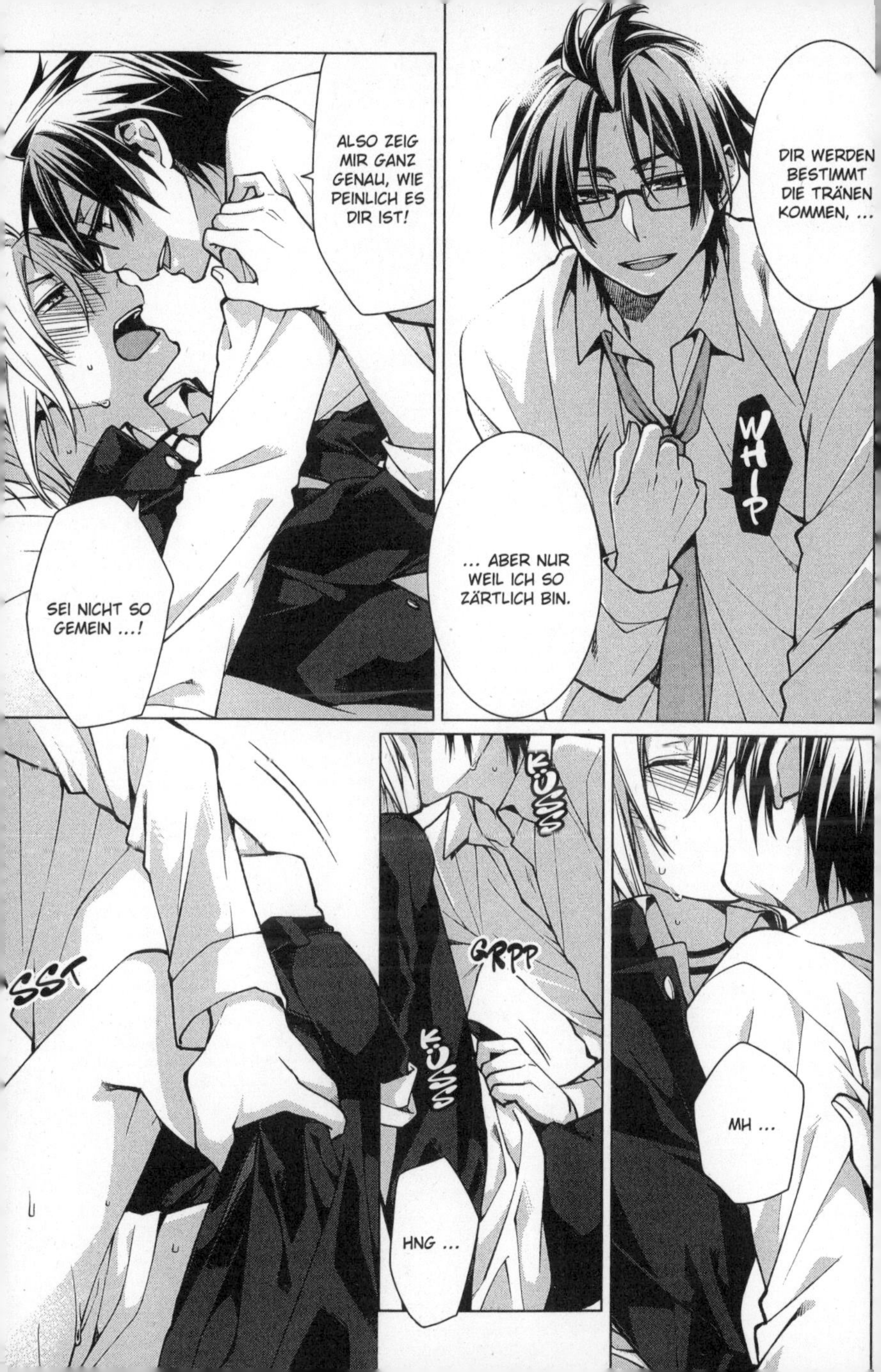
DIR WERDEN BESTIMMT DIE TRÄNEN KOMMEN, …
WHIP
… ABER NUR WEIL ICH SO ZÄRTLICH BIN.
ALSO ZEIG MIR GANZ GENAU, WIE PEINLICH ES DIR IST!
SEI NICHT SO GEMEIN …!
MH …
KÜSS
GRPP
KÜSS
HNG …
SST

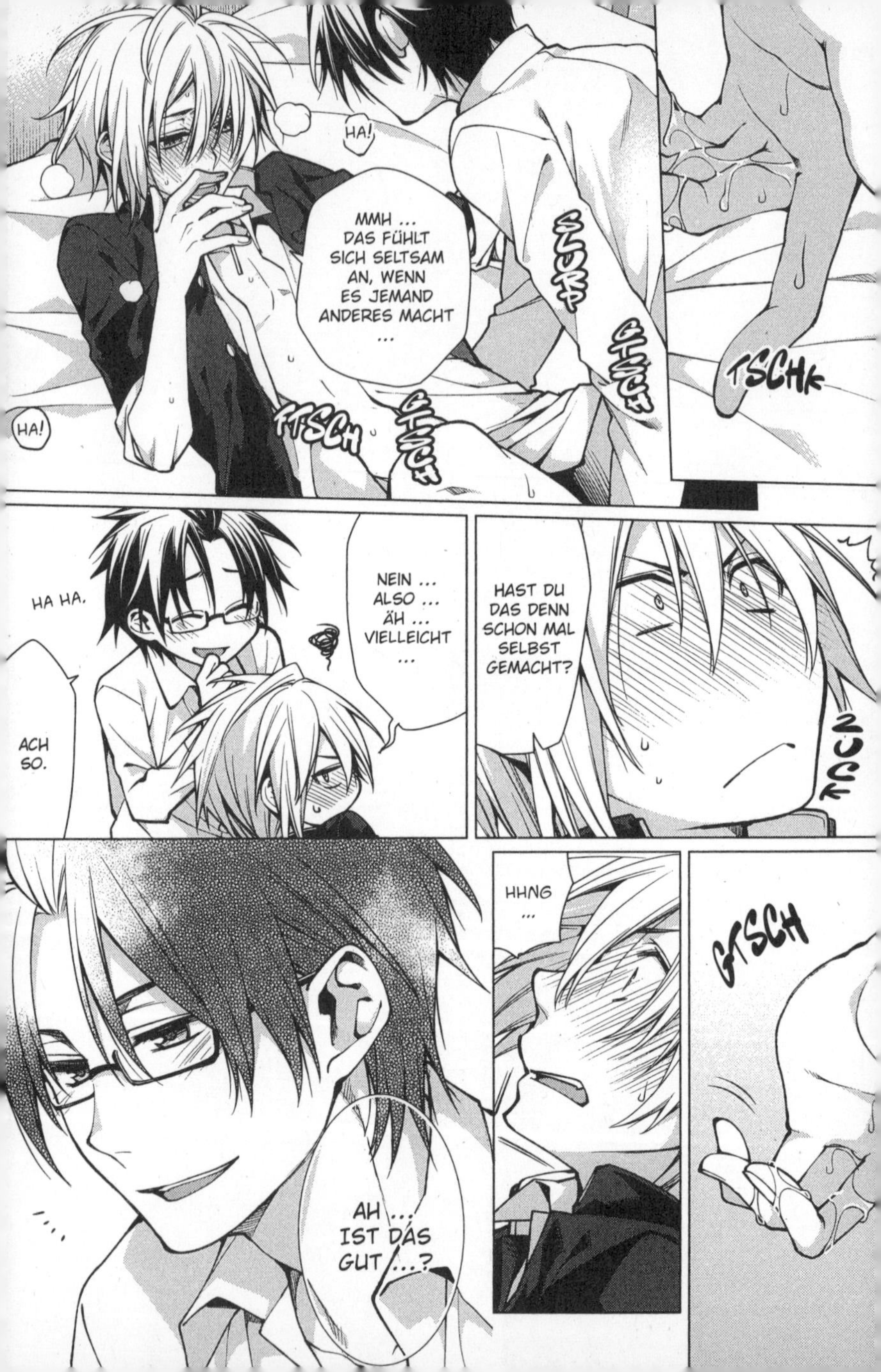
TSCHK
SLURP
GTSCH
HA!
MMH ... DAS FÜHLT SICH SELTSAM AN, WENN ES JEMAND ANDERES MACHT ...
GTSCH
FTSCH
HA!
HAST DU DAS DENN SCHON MAL SELBST GEMACHT?
ZUCK
NEIN ... ALSO ... ÄH ... VIELLEICHT ...
HA HA.
ACH SO.
GTSCH
HHNG ...
AH ... IST DAS GUT ...?
...

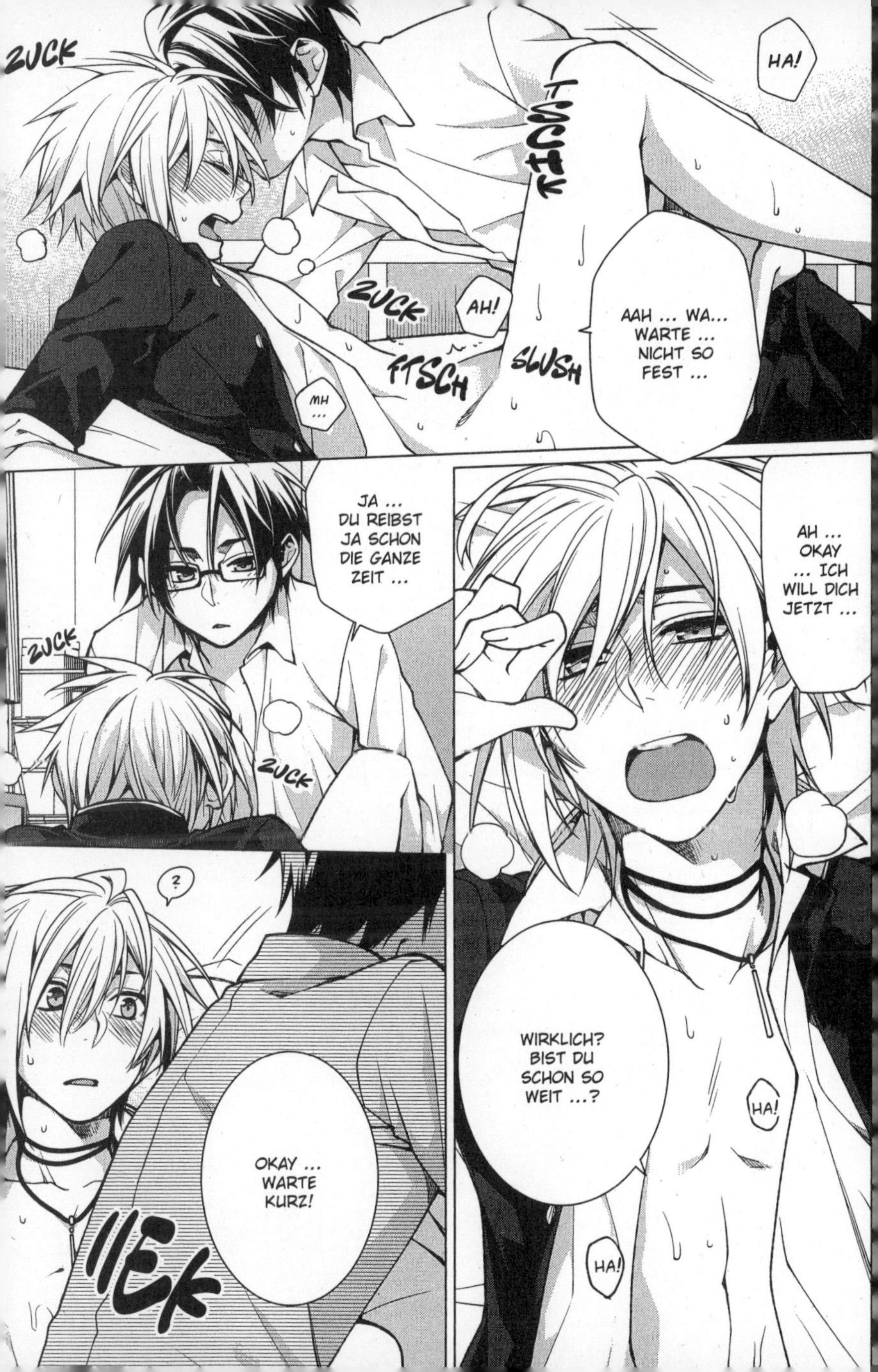
HA!
TSCHK
AAH ... WA... WARTE ... NICHT SO FEST ...
AH!
ZUCK
ZUCK
FTSCH
SLUSH
MH ...
AH ... OKAY ... ICH WILL DICH JETZT ...
JA ... DU REIBST JA SCHON DIE GANZE ZEIT ...
ZUCK
ZUCK
WIRKLICH? BIST DU SCHON SO WEIT ...?
HA!
HA!
?
OKAY ... WARTE KURZ!
IIEK

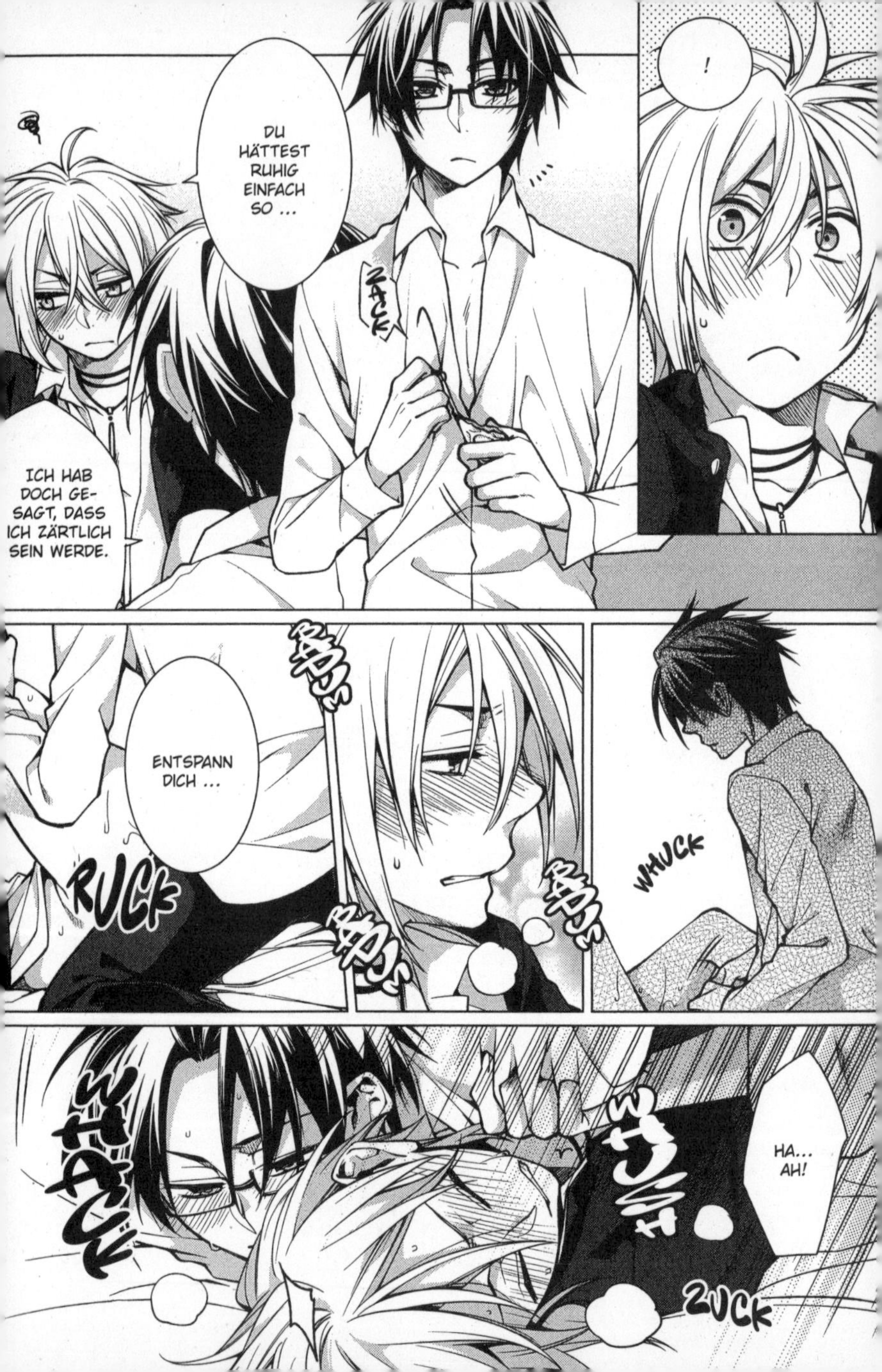
!
DU HÄTTEST RUHIG EINFACH SO …
ZACK
ICH HAB DOCH GE-SAGT, DASS ICH ZÄRTLICH SEIN WERDE.
WHUCK
ENTSPANN DICH …
RUCK
HA… AH!
ZUCK

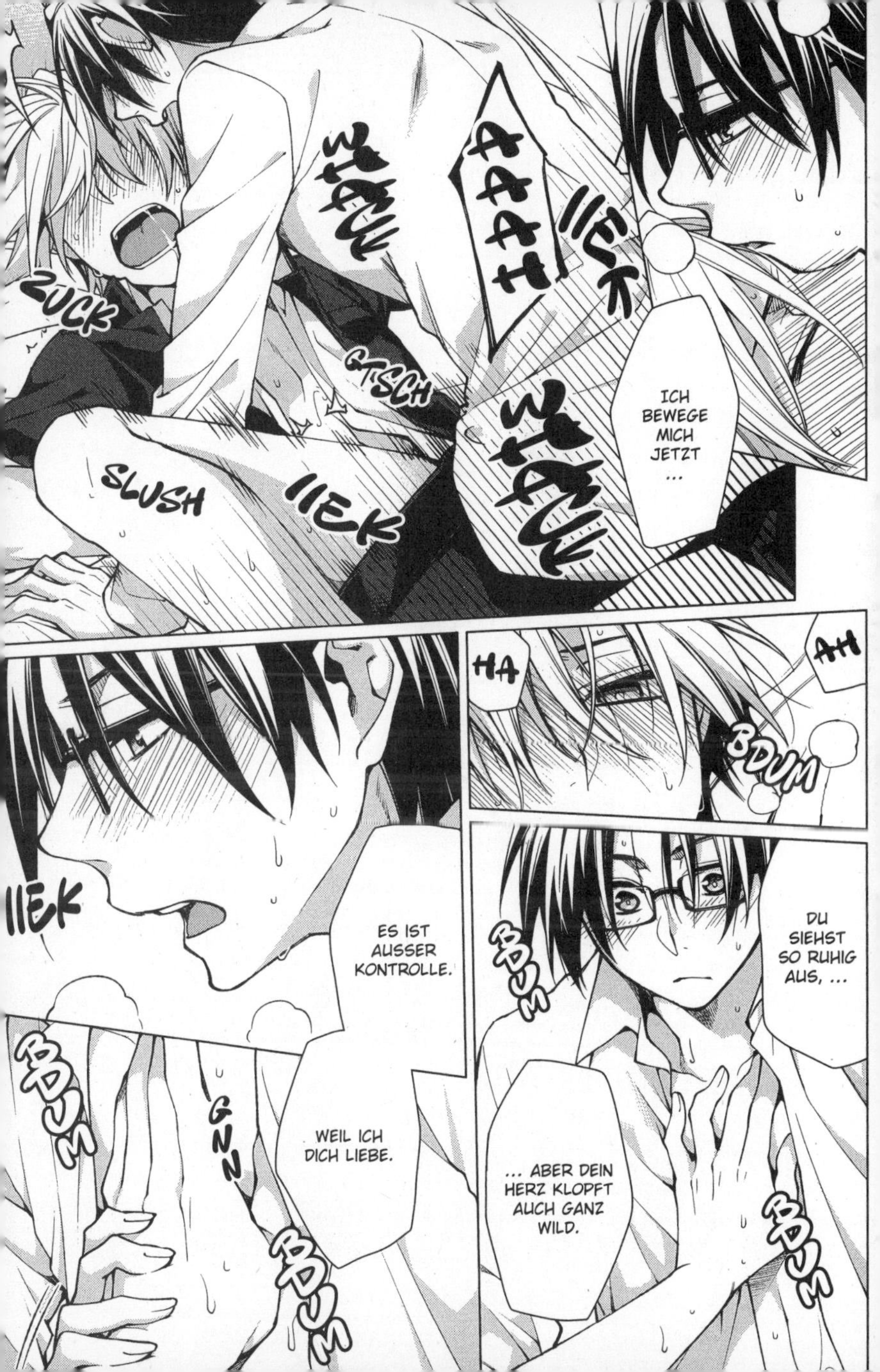

IIEK
AAAAH
ICH BEWEGE MICH JETZT ...
GTSCH
ZUCK
IIEK
SLUSH
AH
HA
BDUM
ES IST AUSSER KONTROLLE.
IIEK
DU SIEHST SO RUHIG AUS, ...
BDUM
... ABER DEIN HERZ KLOPFT AUCH GANZ WILD.
BDUM
WEIL ICH DICH LIEBE.
GNN
BDUM
BDUM

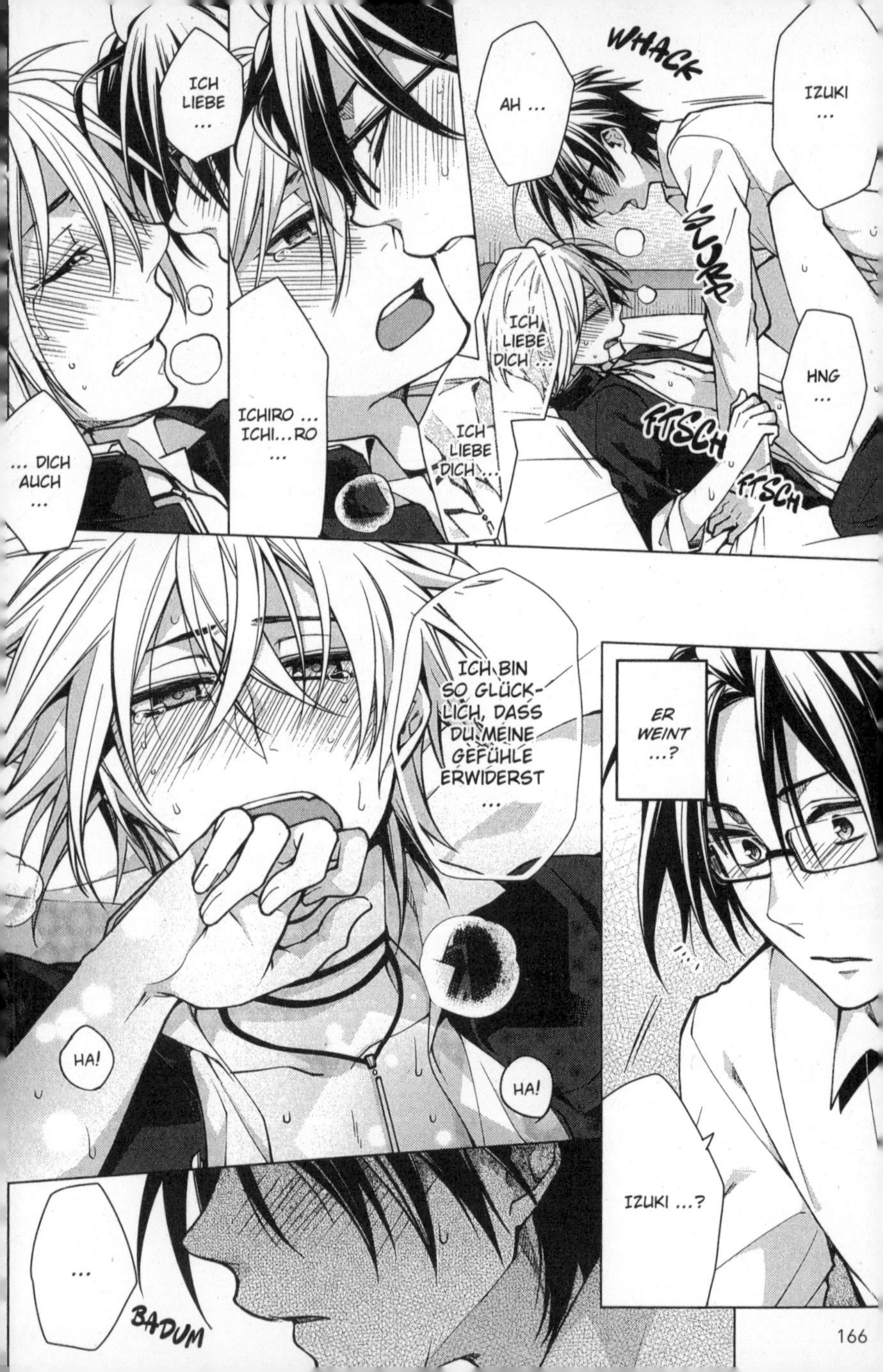
WHACK
IZUKI …
AH …
ICH LIEBE …
SLURP
ICH LIEBE DICH …
HNG …
ICHIRO … ICHI…RO …
ICH LIEBE DICH …
… DICH AUCH …
FTSCH
FTSCH
ICH BIN SO GLÜCKLICH, DASS DU MEINE GEFÜHLE ERWIDERST …
ER WEINT …?
HA!
HA!
IZUKI …?
…
BADUM

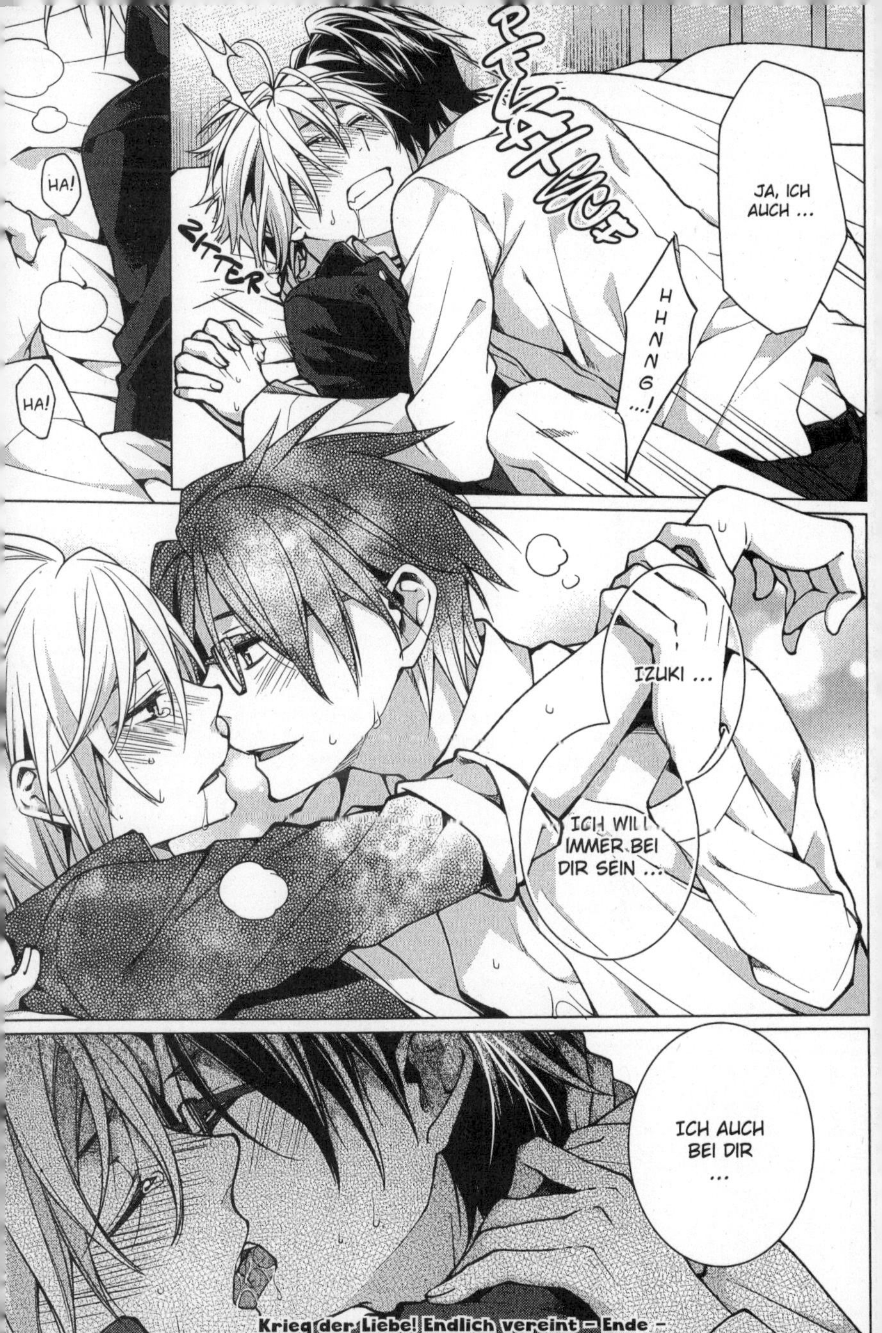
JA, ICH AUCH ...
HHNNG ...!
ZITTER
HA!
HA!
IZUKI ...
ICH WILL IMMER BEI DIR SEIN ...
ICH AUCH BEI DIR ...
Krieg der Liebe! Endlich vereint – Ende –

Spiel nicht
mit meinem
Herz

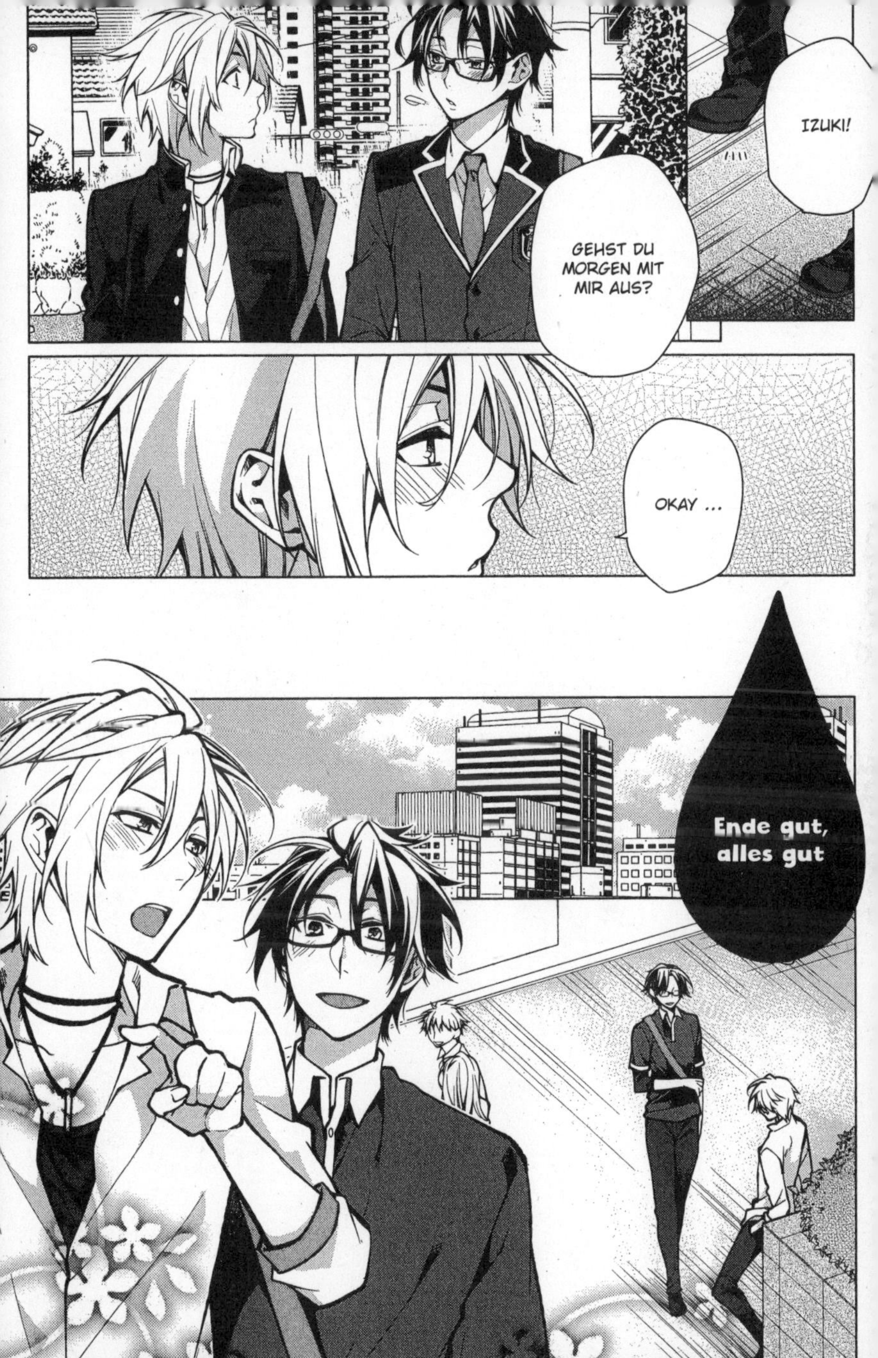
IZUKI!
GEHST DU MORGEN MIT MIR AUS?
OKAY …
Ende gut, alles gut

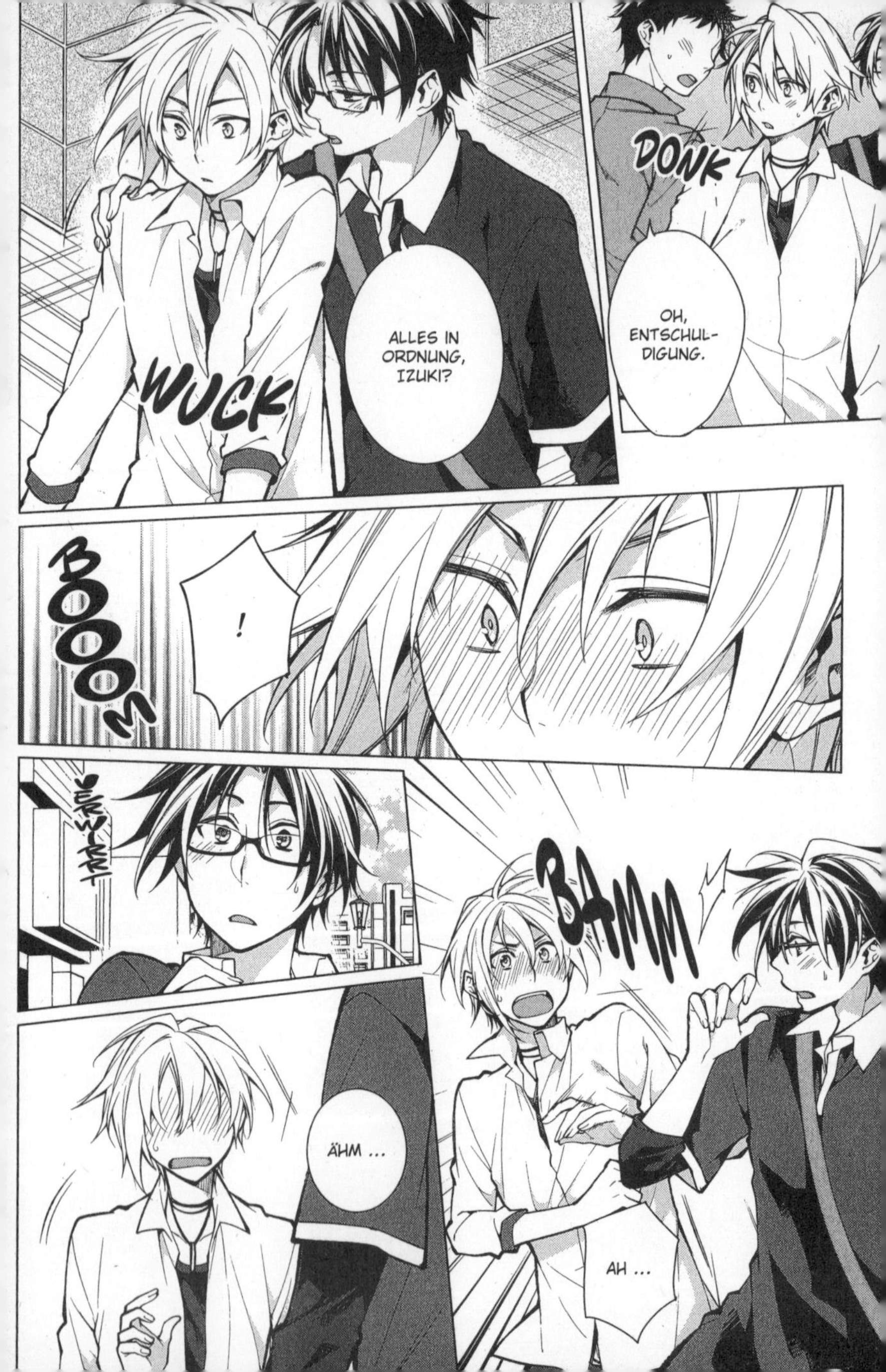
DONK
OH, ENTSCHULDIGUNG.
WUCK
ALLES IN ORDNUNG, IZUKI?
!
BOOOOM
BAMM
VERWIRRT
AH ...
ÄHM ...

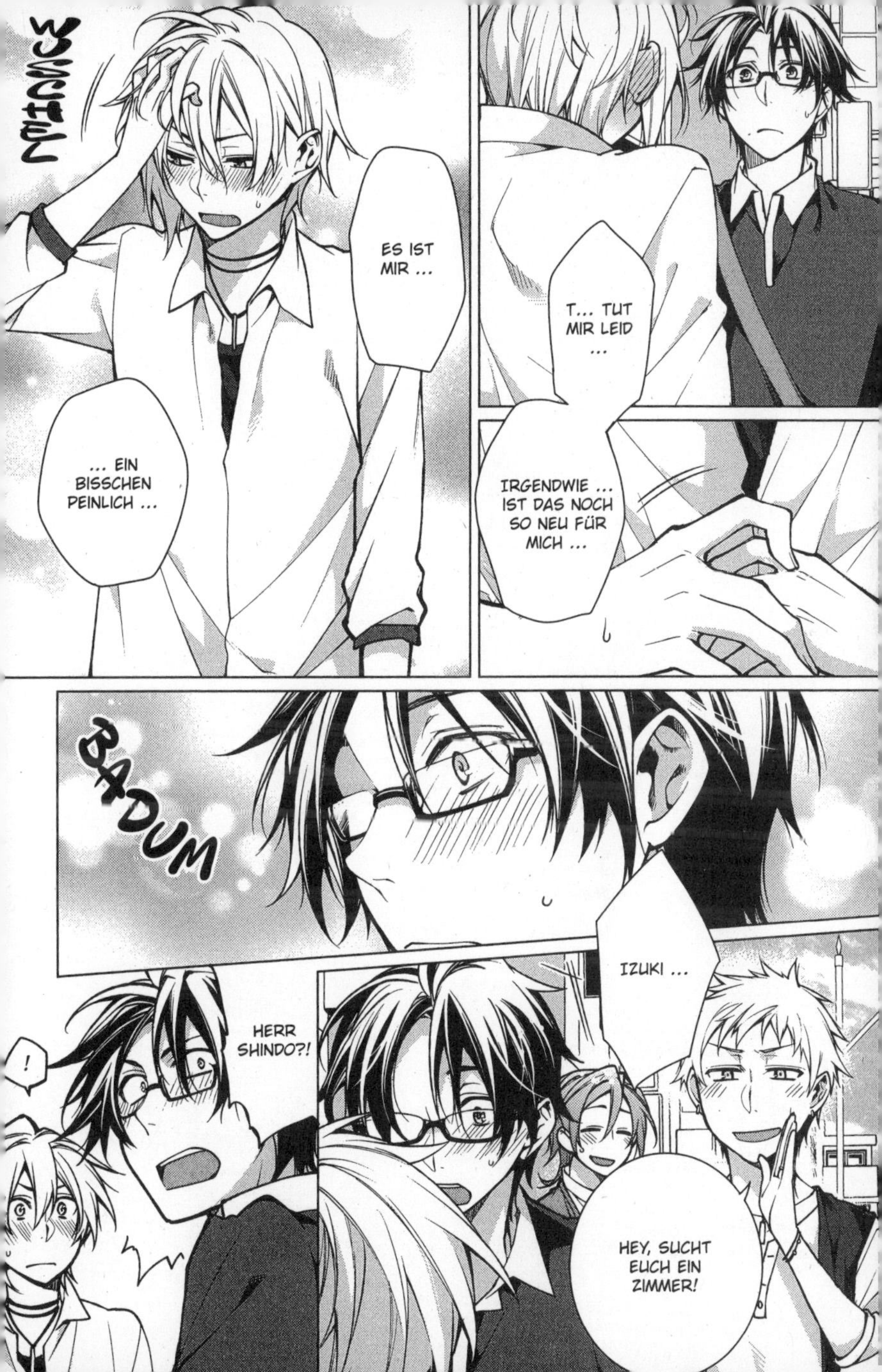
T... TUT MIR LEID ...
IRGENDWIE ... IST DAS NOCH SO NEU FÜR MICH ...
WUSCHEL
ES IST MIR ...
... EIN BISSCHEN PEINLICH ...
BADUM
IZUKI ...
HEY, SUCHT EUCH EIN ZIMMER!
HERR SHINDO?!
!

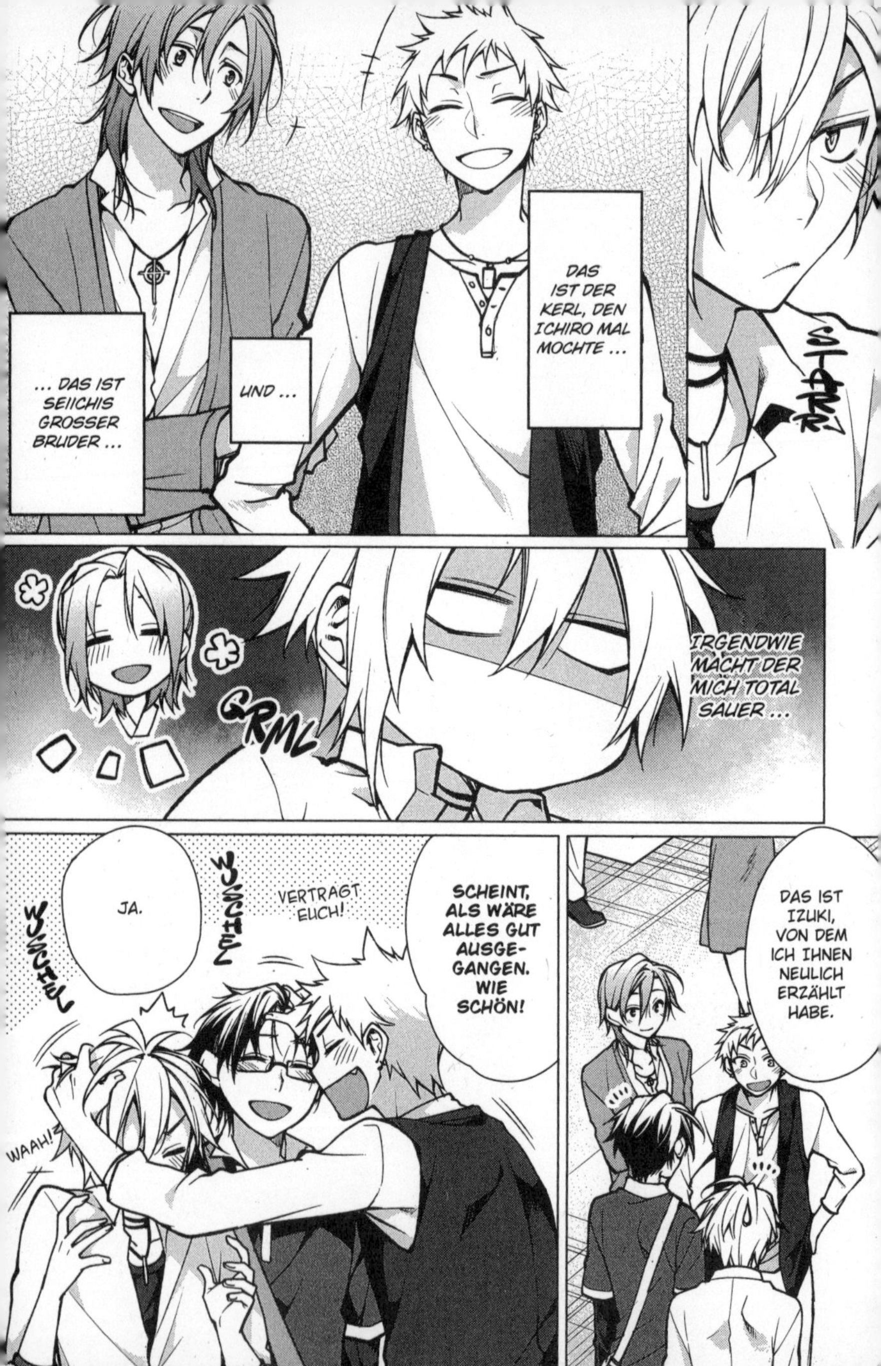
STARR
DAS IST DER KERL, DEN ICHIRO MAL MOCHTE ...
UND ...
... DAS IST SEIICHIS GROSSER BRUDER ...
IRGENDWIE MACHT DER MICH TOTAL SAUER ...
GRML
DAS IST IZUKI, VON DEM ICH IHNEN NEULICH ERZÄHLT HABE.
SCHEINT, ALS WÄRE ALLES GUT AUSGEGANGEN. WIE SCHÖN!
VERTRAGT EUCH!
WUSCHEL
JA.
WUSCHEL
WAAH!

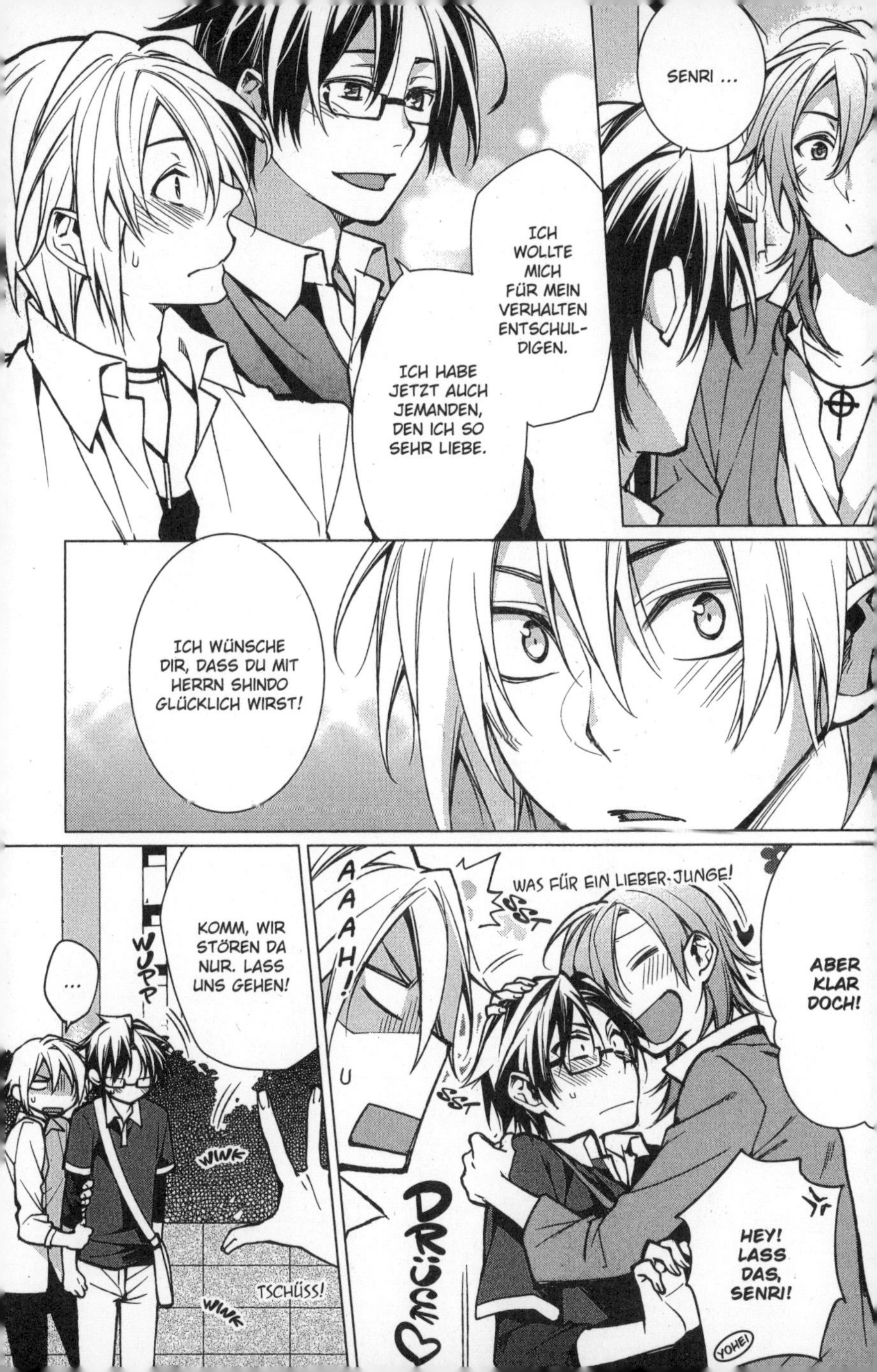
SENRI …
ICH WOLLTE MICH FÜR MEIN VERHALTEN ENTSCHUL-DIGEN.
ICH HABE JETZT AUCH JEMANDEN, DEN ICH SO SEHR LIEBE.
ICH WÜNSCHE DIR, DASS DU MIT HERRN SHINDO GLÜCKLICH WIRST!
ABER KLAR DOCH!
WAS FÜR EIN LIEBER JUNGE!
SST
AAAAH!
SST
DRÜCK
HEY! LASS DAS, SENRI!
YOHEI
KOMM, WIR STÖREN DA NUR. LASS UNS GEHEN!
WUPP
…
WINK
TSCHÜSS!
WINK

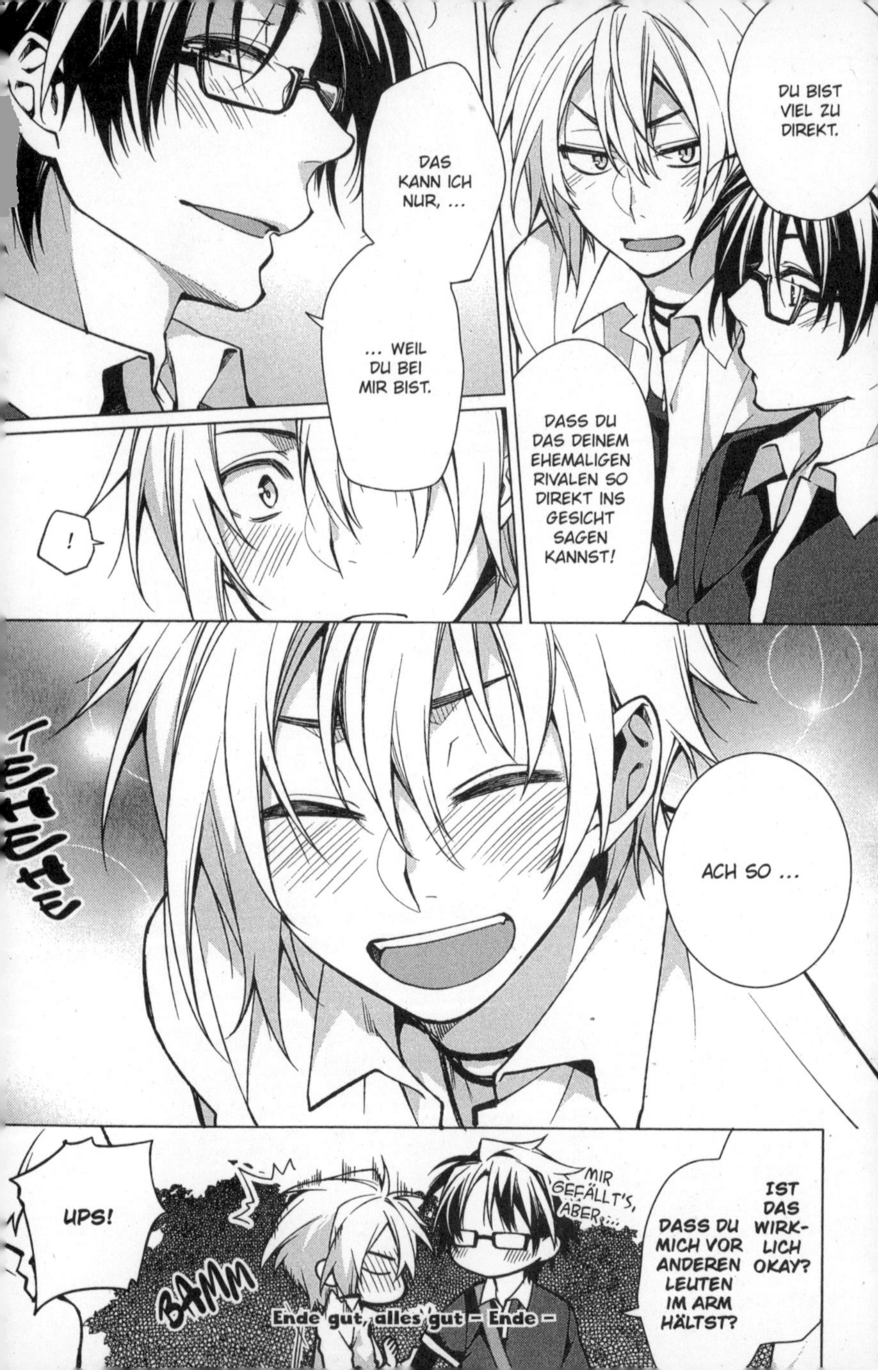
DU BIST VIEL ZU DIREKT.
DASS DU DAS DEINEM EHEMALIGEN RIVALEN SO DIREKT INS GESICHT SAGEN KANNST!
DAS KANN ICH NUR, …
… WEIL DU BEI MIR BIST.
!
ACH SO …
IST DAS WIRKLICH OKAY?
DASS DU MICH VOR ANDEREN LEUTEN IM ARM HÄLTST?
MIR GEFÄLLT'S, ABER …
BAMM
UPS!
Ende gut, alles gut – Ende –

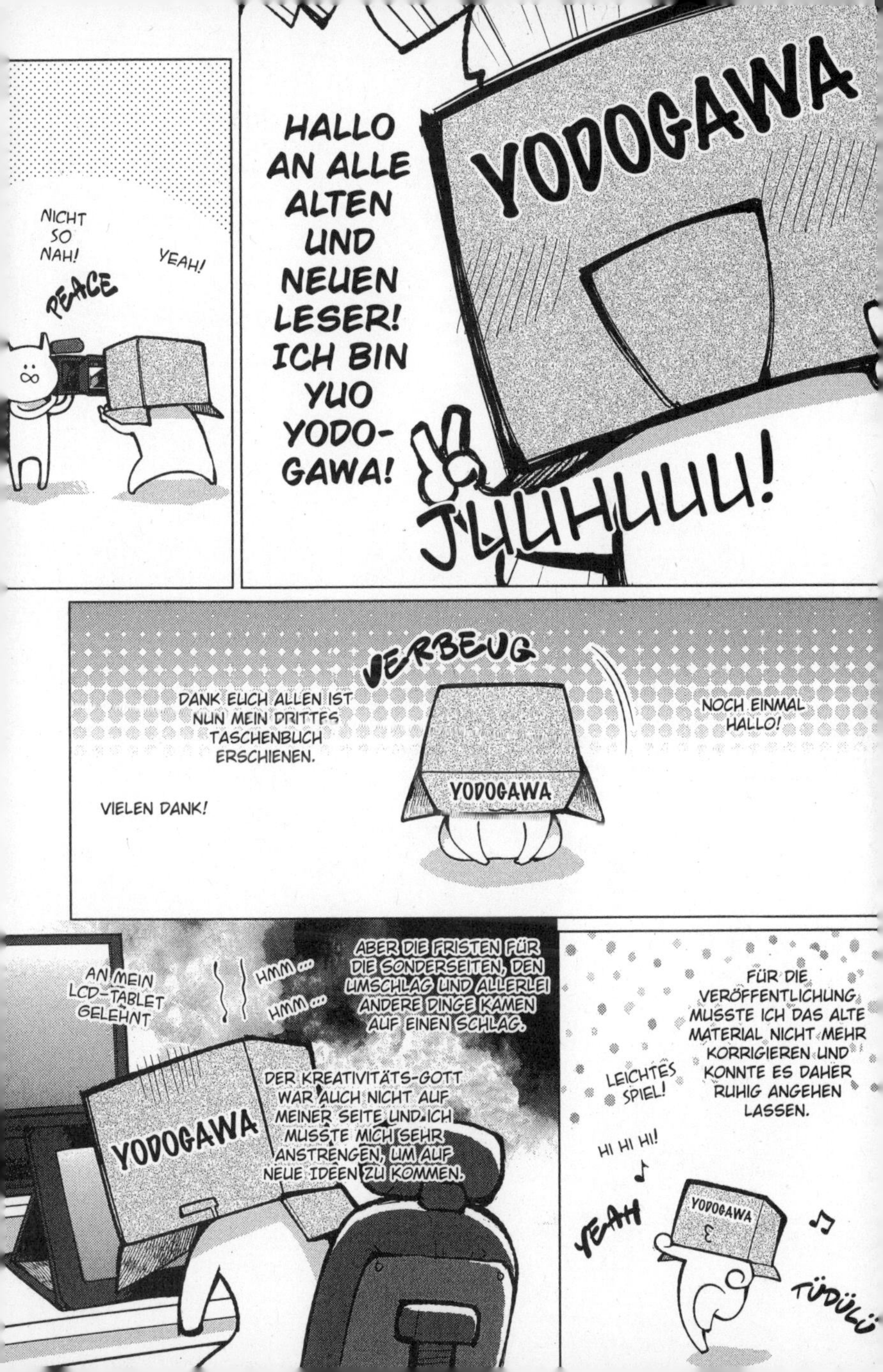

YODOGAWA
HALLO AN ALLE ALTEN UND NEUEN LESER! ICH BIN YUO YODOGAWA!
JUUHUUU!
NICHT SO NAH!
YEAH!
PEACE

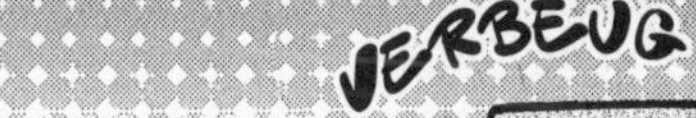
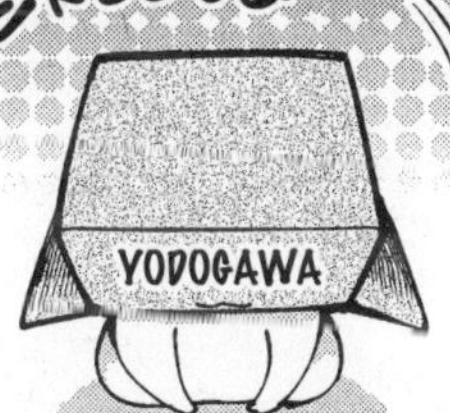

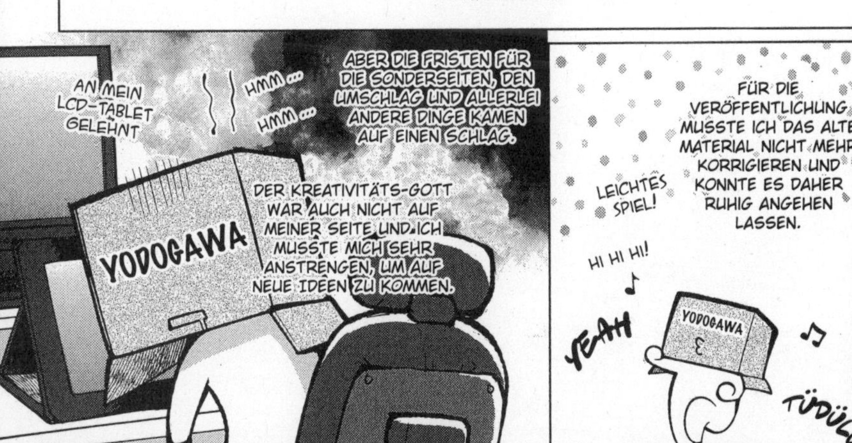

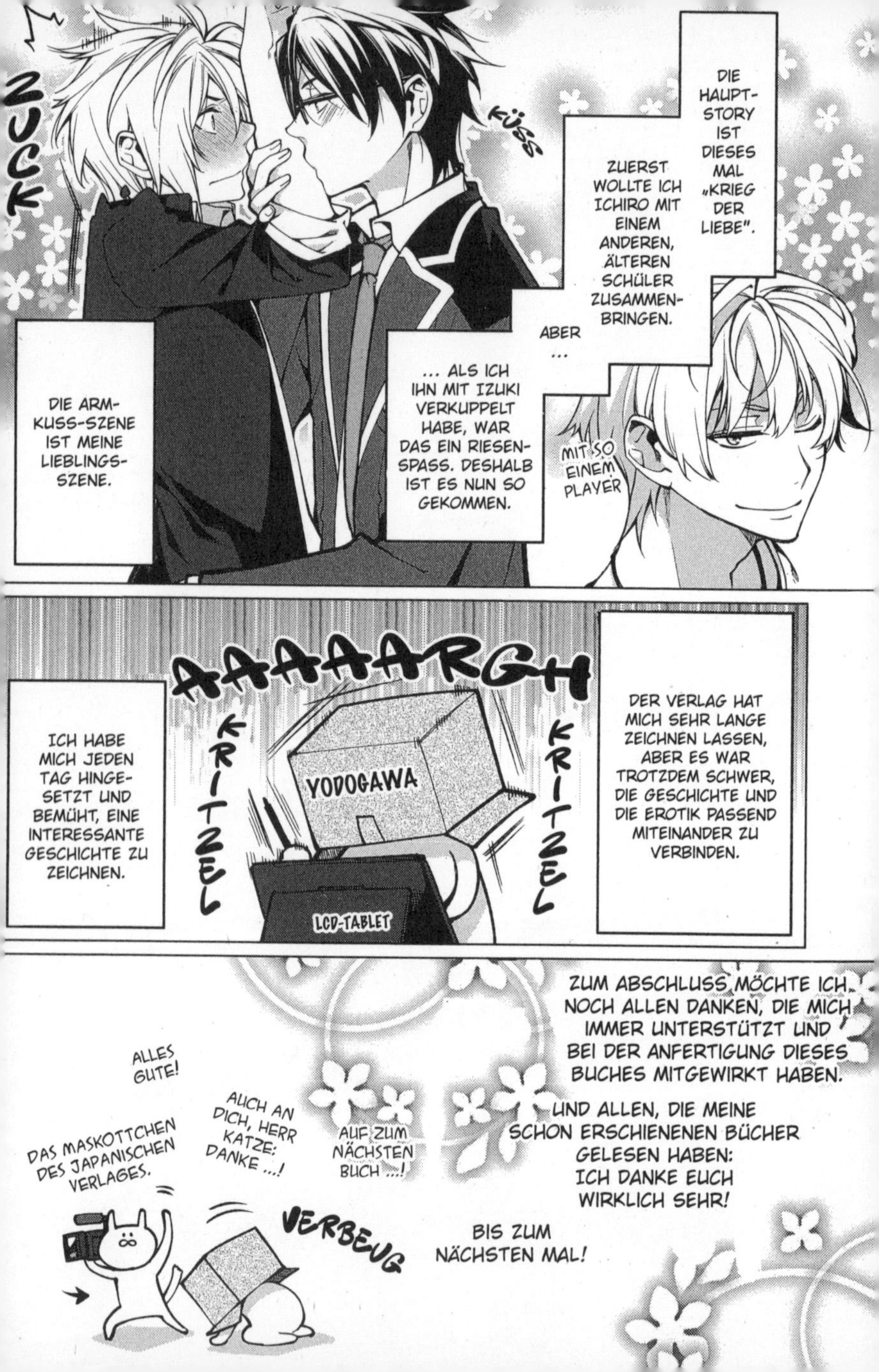

DIE HAUPTSTORY IST DIESES MAL „KRIEG DER LIEBE“.

ZUERST WOLLTE ICH ICHIRO MIT EINEM ANDEREN, ÄLTEREN SCHÜLER ZUSAMMENBRINGEN.

ABER ...

MIT SO EINEM PLAYER

... ALS ICH IHN MIT IZUKI VERKUPPELT HABE, WAR DAS EIN RIESENSPASS. DESHALB IST ES NUN SO GEKOMMEN.

KÜSS

ZUCK

DIE ARMKUSS-SZENE IST MEINE LIEBLINGSSZENE.

DER VERLAG HAT MICH SEHR LANGE ZEICHNEN LASSEN, ABER ES WAR TROTZDEM SCHWER, DIE GESCHICHTE UND DIE EROTIK PASSEND MITEINANDER ZU VERBINDEN.

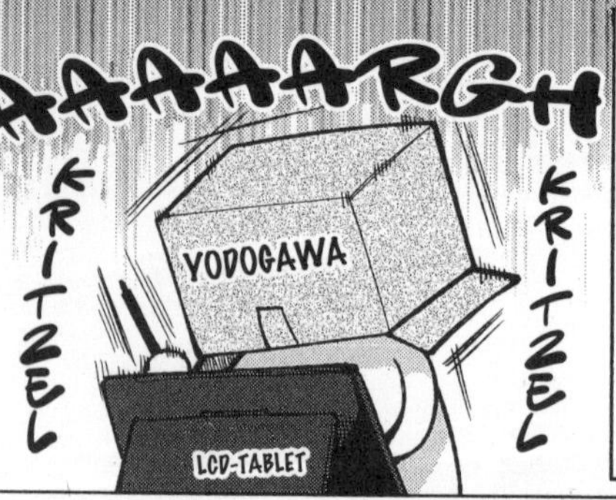

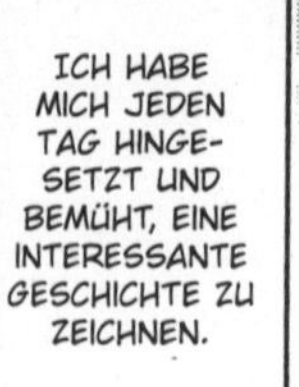

ZUM ABSCHLUSS MÖCHTE ICH NOCH ALLEN DANKEN, DIE MICH IMMER UNTERSTÜTZT UND BEI DER ANFERTIGUNG DIESES BUCHES MITGEWIRKT HABEN.

UND ALLEN, DIE MEINE SCHON ERSCHIENENEN BÜCHER GELESEN HABEN: ICH DANKE EUCH WIRKLICH SEHR!

BIS ZUM NÄCHSTEN MAL!

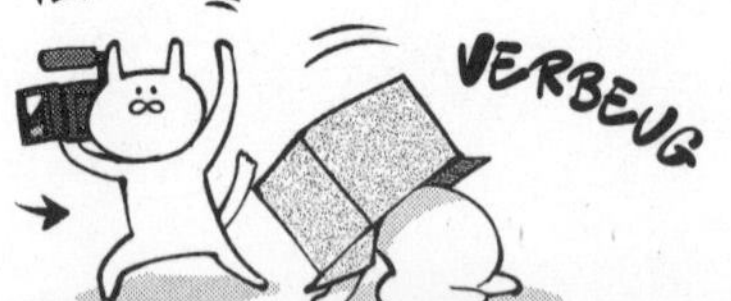

FORTSCHRITTE

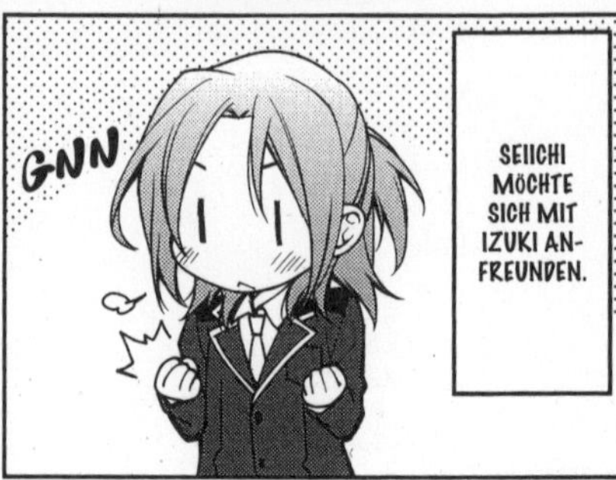

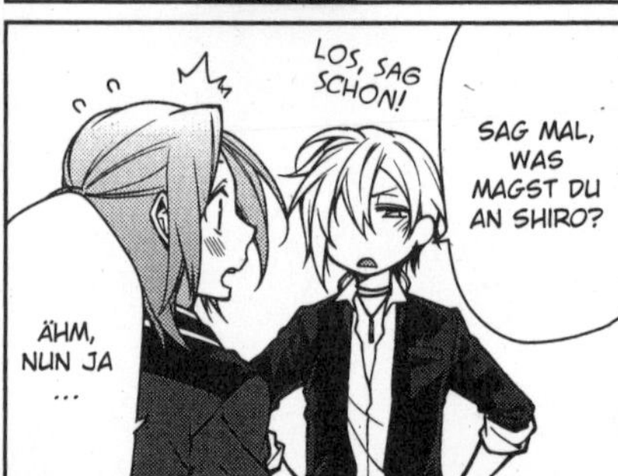

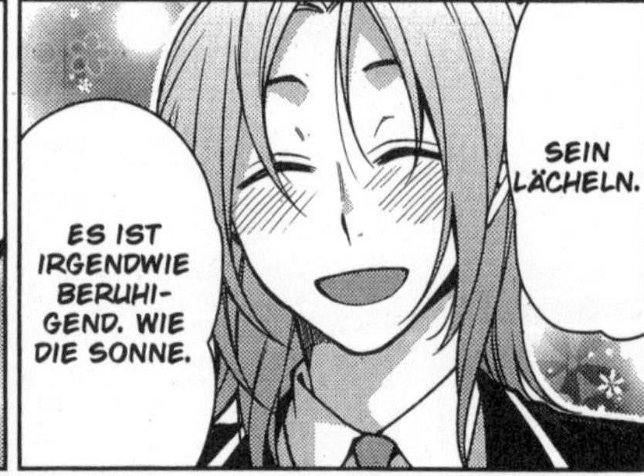

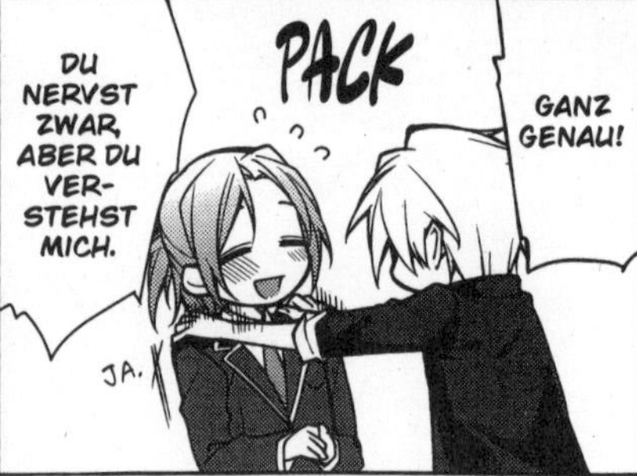

HOCHZEITSGLÜCKWÜNSCHE

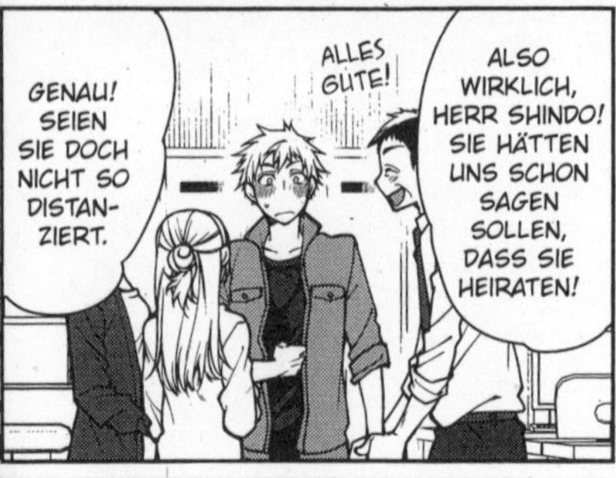

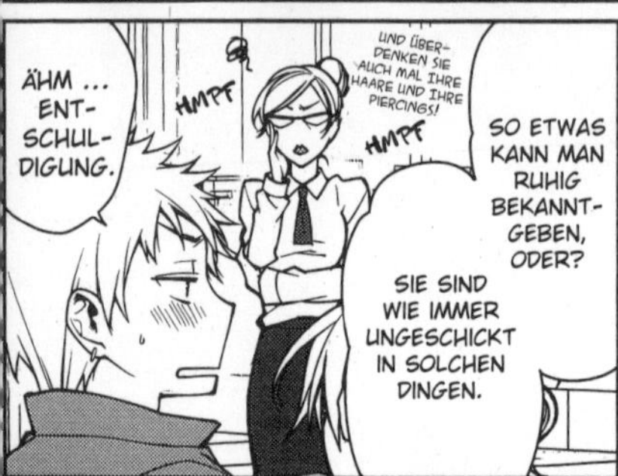

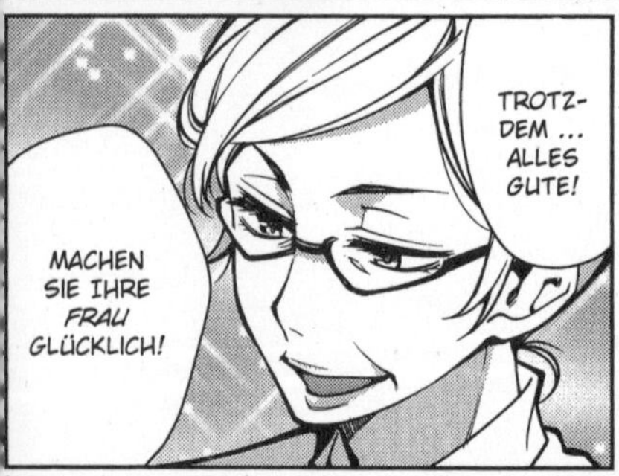

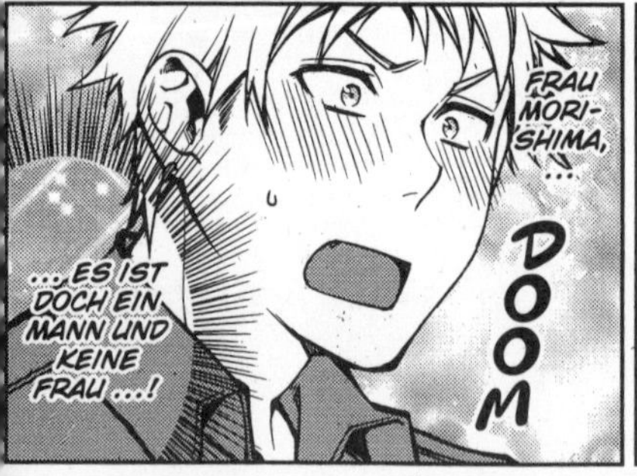

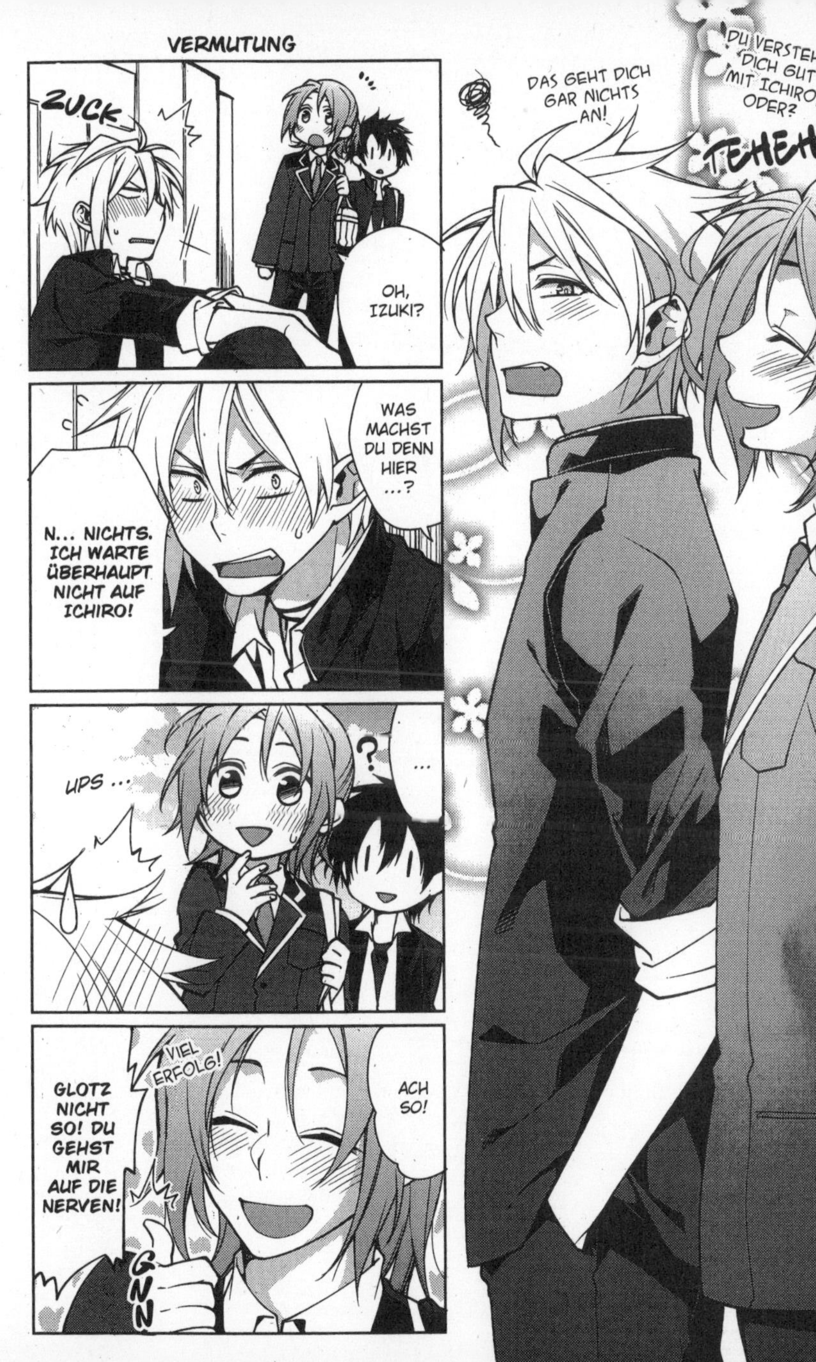
DU VERSTEHS DICH GUT MIT ICHIRO, ODER?
TEHEH
DAS GEHT DICH GAR NICHTS AN!
VERMUTUNG
ZUCK
...
OH, IZUKI?
WAS MACHST DU DENN HIER ...?
N... NICHTS. ICH WARTE ÜBERHAUPT NICHT AUF ICHIRO!
?
...
UPS ...
ACH SO!
VIEL ERFOLG!
GLOTZ NICHT SO! DU GEHST MIR AUF DIE NERVEN!
GNN

Spiel nicht mit meinem Herz

KATAOMOI LOVE GAME

First published in Japan in 2014 by
KADOKAWA CORPORATION ENTERBRAIN

German translation rights arranged with
KADOKAWA CORPORATION ENTERBRAIN
through Tuttle-Mori Agency, Inc., Tokyo.

CH-1007 Lausanne
2. Auflage

Aus dem Japanischen von Katharina Schmölders

Verantwortlicher Redakteur: Patrick Peltsch

Redaktion: Christin Tewes

Produktion: Dorothea Styra

Lettering: Paolo Gattone, Chiara Antonelli, Alessio Ravazzani

Druck und Bindung: GGP Media GmbH, Pößneck

ISBN 978-2-88921-880-6

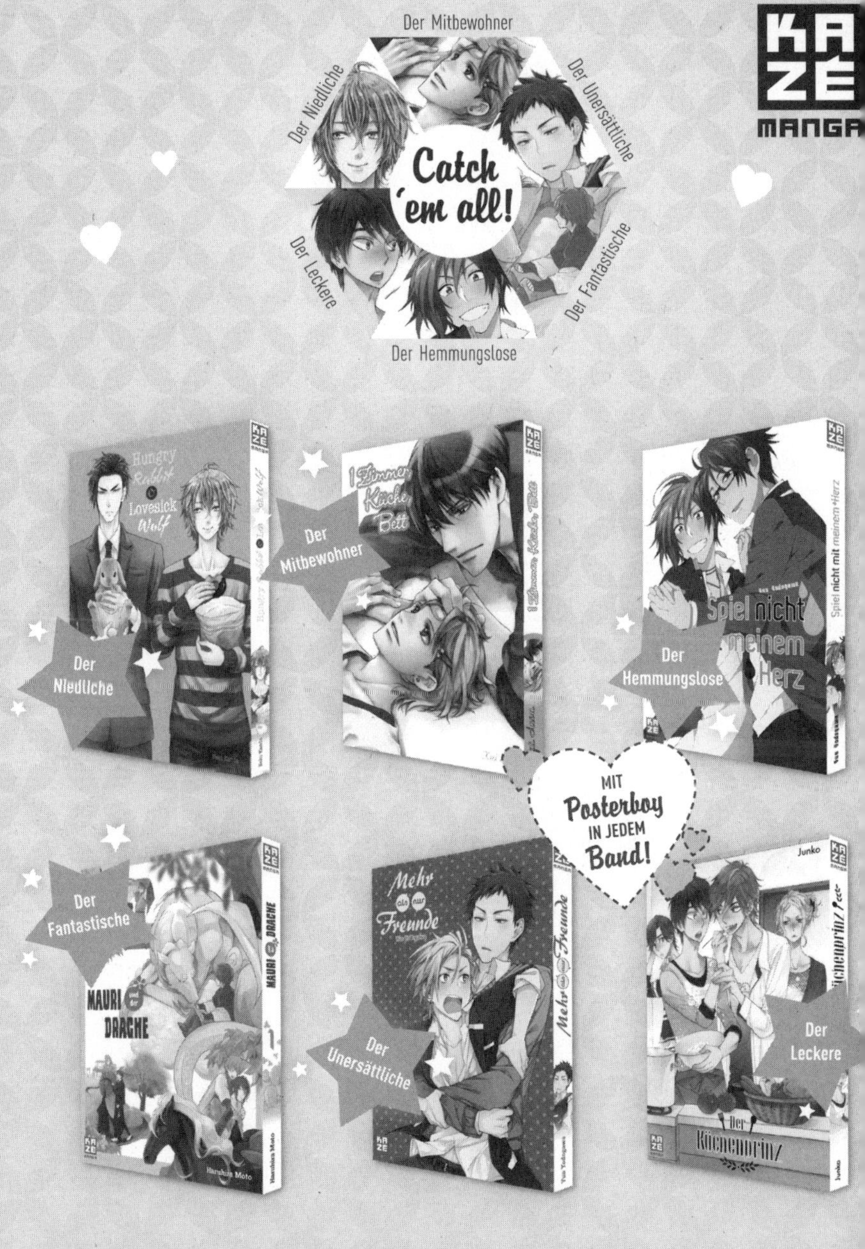

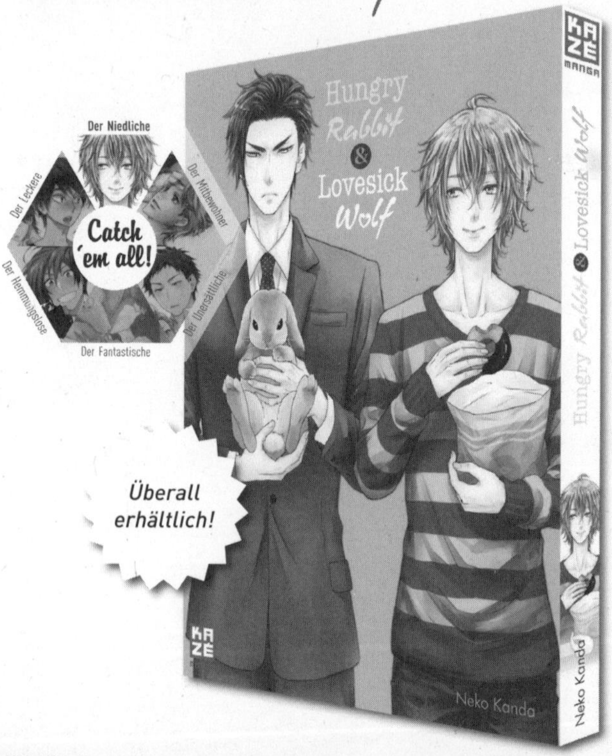

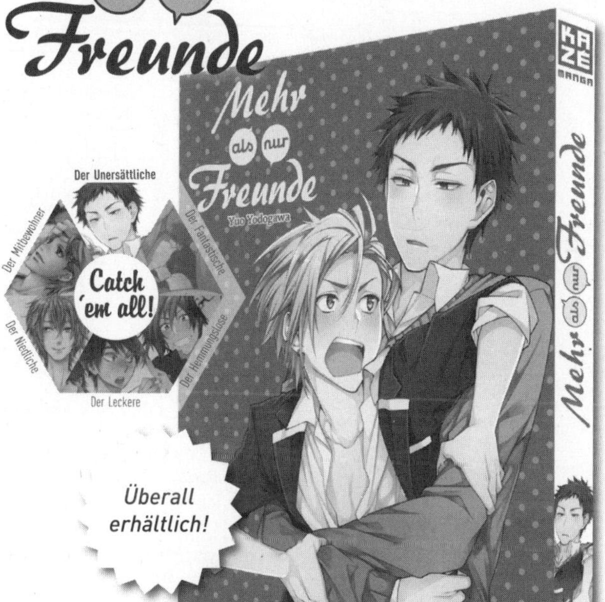

Kommst du mit zu mir?

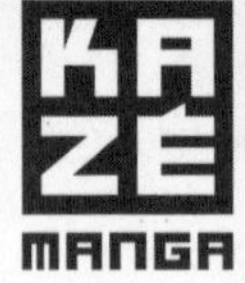

1 Zimmer, Küche, Bett

Der Mitbewohner

Der Unersättliche

Der Fantastische

Der Hemmungslose

Der Leckere

Der Niedliche

Catch 'em all!

Überall erhältlich!

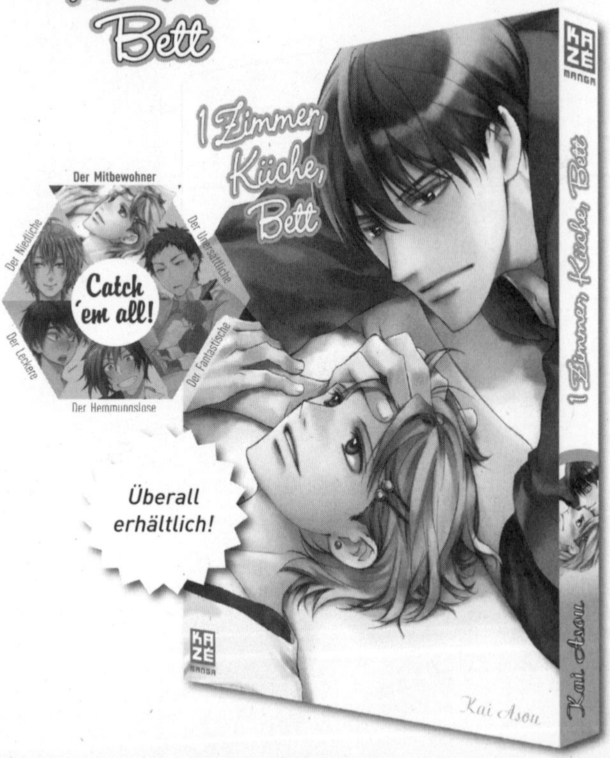

Kai Asou

ISBN 978-2-88921-874-5

Wow! Da sitzt Shiraishi jetzt mit diesem schnuckeligen Hetero-Mann in einer 1-Zimmer-Wohnung und weiß nicht, wohin mit seinen Gefühlen. Nach der Trennung von seinem Ex kommt er für eine Weile bei Kanzaki unter. Aber die Wohnung ist doch enger als gedacht. Irgendwie kommt ihm Kanzaki ständig viel zu nahe und Shiraishi entwickelt Gefühle, die er eigentlich nicht haben sollte.

www.kaze-online.de  www.facebook.com/kaze.deutschland